Die berühmtesten Segelflugzeuge

Motor
buch
Verlag

GEORG BRÜTTING

DIE BERÜHMTESTEN SEGELFLUGZEUGE

MOTORBUCH VERLAG STUTTGART

Einbandgestaltung: Siegfried Horn unter Verwendung eines Farbfotos von Franz Thorbecke.

Fotos und Zeichnungen:

Archiv Brütting: Abb. 1, 2, 3, 4, 5, 6, 7, 8, 9, 10, 11, 12, 13, 14, 15, 16, 17, 18, 19, 20, 21, 22, 23, 24, 25, 27, 30, 33, 35, 36, 39, 40, 41, 43, 45, 46, 50, 51, 53, 57, 62, 64, 67, 69, 76, 77, 80, 85, 89, 91, 94, 101, 109, 186, 187, 188, 189, 190, 191, 192, 193, 198, 207.
Foto Georg Brütting: Abb. 47, 55, 60, 66, 70, 72, 73, 78, 82, 83, 86, 96, 115, 116, 119, 123, 137, 139, 144, 154, 157, 159, 161, 165, 177, 179 a, 181, 214, 216, 218.
Werk-Fotos: Abb. 59, 87, 97, 99, 108, 113, 117, 122, 128, 132, 133, 136, 141, 143, 146, 149, 150, 151, 153, 163, 183, 185, 194, 196, 200, 202, 203, 204, 205, 208, 212, 220.
Aero-Club von Polen: Abb. 166, 167, 169, 171, 175.
Bundesbildstelle Bonn: Abb. 111, 173.
Deutsches Museum, München: Abb. 31.
Schieferstein, Karl: Abb. 211.
Stöcker, Berlin: Abb. 29, 37.
Thorbecke, Franz, Lindau: Abb. 102, 104, 110, 126, 130.

Zeichnungen: Sämtliche Werk-Zeichnungen; Seite 195: Profil-Zeichnung: Hans Zacher, München; Seite 195: Flugzeug-Entwicklung aus Hirth/Brütting: Handbuch des Segelfliegens, Franckh'sche Verlagsbuchhandlung Stuttgart.

ISBN 3-87943-171-X

3. Auflage 1973

Eine Abteilung des Buch- und Verlagshauses Paul Pietsch GmbH & Co. KG.

Satz und Druck: Verlagsdruckerei Carle, W. Wimmershof, Vaihingen an der Enz.
Buchbind. Verarbeitung: Großbuchbinderei H. Wennberg GmbH., Leonberg.
Printed in Germany.

Inhaltsverzeichnis

EINSITZER

DEUTSCHLAND

SCHWEIZ

ÖSTERREICH

GROSSBRITANNIEN

FRANKREICH

ITALIEN

FINNLAND

JUGOSLAWIEN

POLEN

UdSSR

USA

DOPPELSITZER

DEUTSCHLAND

JUGOSLAWIEN

CSSR

POLEN

Die Geschichte des Segelflugs ist gleichzeitig die Geschichte seiner Segelflugzeuge und so läßt sich auch sagen, daß eine Darstellung über die zeitliche Entwicklung der Segelflugzeuge ein Spiegelbild ist für die geschichtliche Entwicklung des Segelflugs.

Aber welche Art technischer Nüchternheit birgt sich in einer Absicht dieser Art.

Daß mit einem glücklichen Konzept all das Nüchterne gebannt und das lebendige Geschehen in den Vordergrund gestellt worden ist, das ist das Wertvolle an diesem Buch und das ist das, wofür wir dem Verfasser dankbar sind.

Wir nehmen Anteil an der Kühnheit konstruktiver Ideen, an der Kraft geistigen Schaffens und neuer wissenschaftlicher Erkenntnisse und an einem beispielhaften Mut für technische Neuerungen.

Wir erkennen die Erfolge leidenschaftlichen Wirkens jener Pioniere des Segelflugs aus alter und neuester Zeit - mit all ihren bewundernswerten konstruktiven und technischen Leistungen und den daraus entstandenen fliegerischen Leistungen.

Und nicht zuletzt sehen wir am Ende dieser Entwicklungsreihe der Segelflugzeuge jene Vollendung künstlerischer Gestaltung als eine Einheit von Funktion und Schönheit der Form, die sich in so harmonischer Weise einfügt in die Erlebniswelt des Segelflugs.

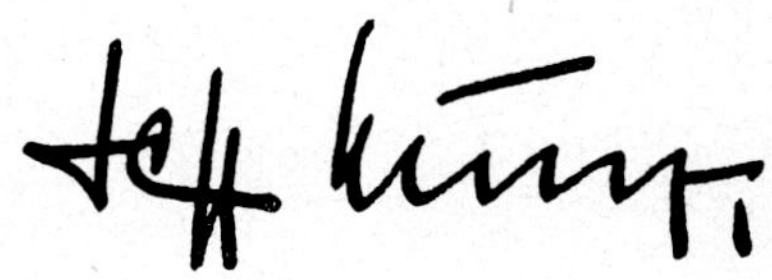

Ehren-Vorsitzender der Deutschen Segelflugkommission

Uralt ist das Sehnen des Menschengeschlechts, den Vögeln gleich durch die Lüfte zu gleiten. Das erste wirkliche Fliegen nach Märchen und Sagen, nach zeichnerischen und baulichen Versuchen gelang erst dem deutschen Flugtechniker Otto Lilienthal. Von 1890 bis zum 9. August 1896 führte er Tausende von Gleitflügen auf seinem Hängegleiter aus – einem Weidenholzgestell, mit wachsgetränktem Schirting bespannt. Dann war er das erste Opfer seiner Idee. „Opfer müssen gebracht werden" waren seine letzten Worte . . .

AUSWEIS NR.

Vor= u. Zuname

Stand

Wohnort

Verein

Geschäftsstelle der Oberleitung.

1920 rief der „Verband Deutscher Modell- und Gleitflugvereine" zu einem Gleit- und Segelflugwettbewerb in die Rhön. Der Aufruf löste große Begeisterung aus. Die Rhön wurde so zur Geburtsstätte des Segelfluges. Botho von Römer entwarf Plakat, Teilnehmerkarte und Urkunde für den 1. Segelflug-Wettbewerb 1920 auf der Wasserkuppe in der Rhön. Angefangen haben die Pioniere mit nicht viel mehr als dem guten Willen.

Erich Meyer (rechts neben dem Leitwerk) schrieb zu diesem Bild: „Die Aufnahme zeigt den Augenblick von 1920, als wir (Meyer, Geheimrat M. F. Gutermuth, Jacob Goedecker) das Leitwerk des Doppeldekkers von Eugen von Loeßl kritisch besichtigen, dessen Bruch dann den Unfall einleitete. Die Verantwortung hat lange auf uns gelastet . . ." Eugen von Loeßl, schon Teilnehmer an den Gleitflügen der Darmstädter Studenten in der Rhön von 1912 und 1913 und Frontflieger des Ersten Weltkrieges, hatte einen Doppeldecker entworfen und in sechs Wochen gebaut: Leergewicht 43 kg, Spannweite 7,2 m, Länge 4,8 m, Fläche 21 qm. Am 8. August 1920 machte er seinen ersten Probeflug: 395 m in 40,5 Sekunden. Am 9. August startete er am Westhang zu einem Flug ins Tal. Nach 80 Sekunden und einer Entfernung von 770 m stürzte er durch Bruch des Leitwerks ab, am 24. Todestag von Otto Lilienthal, der allseits anerkannte Fachmann: Eugen Ritter Edler von Loeßl.

Die Berliner Friedrich Wilhelm Richter und Bruno Hauenstein, die sich schon 1912 im Gleitflugwesen betätigten, hatten einen Dreidecker mitgebracht, so hoch wie breit und lang, 30 kg Gewicht, 4 Meter Spannweite, 18 qm Fläche. Von links: Gottlob Espenlaub, Nesemann, Hauenstein, Karl Kammermeyer (Ulm), Nesemann jr. und Fr. W. Richter im Pilotensitz . . .

. . . Richter im Fluge mit dem Dreidecker. E. Meyer meint: „Jede Landung ohne Überschlag war ein kleines fliegerisches Meisterstück." Wolf Hirth schrieb: „Bei jeder Landung brach natürlich der Sitz samt unterer Fläche durch!" Aber Richter gehörte zu den erfolgreichsten Teilnehmern des 1. Wettbewerbs: 206 m in 22,4 Sekunden. Er erhielt den Preis des „Bundes Deutscher Flieger".

Einige Teilnehmer des Ersten Rhön-Wettbewerbs brachten noch Hängegleiter nach dem Vorbild des Pioniers Otto Lilienthal mit. Die beste Konstruktion und die beste fliegerische Leistung zeigte Willi Pelzner aus Nürnberg. Erst flog er am Südhang, dann am Hang über der Fuldaquelle. Pelzners Doppeldecker-Hängegleiter kurz vor dem Start am Hang. 15 kg Gewicht, 5 m Spannweite, 3,1 m Länge, 13 qm Fläche.

„Mit einem Schneid, der in seiner Art einzig geblieben ist" – so schreibt Erich Meyer, flog Pelzner 148 m, 343 m und schließlich 452 m in 52,2 Sekunden. Leistungen, die nie wieder erreicht wurden. Noch heute trägt dieser Hang auf der Wasserkuppe den Namen Pelzners. Die Gesamtherstellungskosten betrugen 18,50 RM (bei einem damaligen Pensionspreis von 20 bis 25 RM!!). Pelzner gewann mit diesem Hängegleiter Preise von zusammen 3000 RM!

Versuche über Versuche kennzeichnen das erste Treffen auf der Wasserkuppe. Wolf Hirth schrieb zu diesem Bild: „Der tolle Vogel des Holzbildhauers Robert Heinzmann aus Frankfurt. Er stammt aus Sulgen bei Schramberg im Schwarzwald. Die Flächen waren zurückklappbar. Da aber Konstruktion und Bau unzulänglich waren, erhob sich dieser Vogel nicht vom Boden." 100 Kilogramm Leergewicht, 16 Meter Spannweite, 8 m Länge, 16 qm Fläche, 16 kg/qm Flächenbelastung bei Leergewicht. Robert Heinzmann aber erhielt mit Recht als „Anerkennung der Eigenartigkeit des Systems und der Konstruktion des Flugzeugs, sowie der beim Bau desselben aufgewendeten Mühe und Kosten" einen Preis von 500 RM.

Der dreifache Tandem-Eindecker „Maikäfer“ von Maykamper. Daß er nicht flog, lag vielleicht nur an der falschen Kufenanordnung. Der „Maikäfer“ hatte keinen Anstellwinkel!

6. August 1920, gegen 16 Uhr „sieht man“, so schreibt begeistert Oskar Ursinus, „ein weißes Gebilde von Menschenhand 8 Sekunden in der Luft stillstehen. Es ist Poelke mit seinem kleinen, weißen Doppeldecker.“ Drei Wochen nach Beginn des 1. Rhön-Wettbewerbes gelang Bruno Poelke aus Frankfurt, der schon 1909 auf der ILA in Frankfurt erfolgreiche Flugversuche durchführte, der erste Start im Wettbewerb. Sein Doppeldecker, 35 kg Leergewicht, 7 m Spannweite, 4 m Länge, 14 qm Fläche brachte eine Neuheit, die manchem zu kühn erschien, nur e i n e mittlere Kufe. Doch Poelke flog – und die Flügelenden blieben ganz. So sind die Erfahrungen gesammelt worden, die heute Selbstverständlichkeit im Segelflugzeugbau sind.

Eine der saubersten Werkarbeiten der 1. Rhön: Der Eindekker von Zeise-Altona. Senator Alfred Zeise, sein Sohn Arnold und August Nesemann hatten ihn aus Sperrholz, Bambus und geölter Seide mit viel Mühe und Liebe gebaut. Der Eindecker von 30 kg Gewicht, 9,5 m Spannweite, 4,5 m Länge, 11,5 qm Fläche hatte einen geschlossenen Rumpf ohne Fahrgestell. Der Start erfolgte laufend, im „Flug“ saß der Führer, das „Fahrgestell“ der Landung waren die Beine. Im Führersitz der Miterbauer August Nesemann.

Polizeileutnant Theo Suchla aus Halle hatte sich viel Mühe gegeben, mit diesem interessanten Muster über Sprünge hinauszukommen. Alfred Zeise erhielt einen Anerkennungspreis „für die beste und leichteste Konstruktion eines geschlossenen Flugzeugrumpfes bei größter Festigkeit und Wetterbeständigkeit“.

Die drei alten Berliner Modellflugsportler Willy Drude, Ernst Schalk und Paul Schlack hatten einen Doppeldecker von 6 m Spannweite und 16 qm Fläche gebaut. Alle drei Anmelder waren als Flugzeugführer vorgesehen – aber keiner konnte fliegen. Man wollte es gleich mit lernen.

Und der Vogel flog. Zum Start benutzte man Anlaufräder, die Landung erfolgte auf zwei Kufen. Drude konnte es am besten. Er erhielt den Preis des „Reichsamts für Luft- und Kraftfahrwesen".

Drude flog am Westhang, bis beim 5. Flug dieses Mißgeschick passierte. Kleinholz, aber der Pilot heil. Links Baeumker u. Prof. v. Karman aus Aachen, zwei der ersten Wissenschaftler, die sich zum Segelflug bekannten und auf die weitere Entwicklung entscheidenden Einfluß nahmen.

So kamen noch die vornehmsten Teilnehmer zum ersten Wettbewerb in die Rhön. Man vergleiche dieses Bild mit den Wagen und Transportanhängern von 1971!

Eine weitere Überraschung der 1. Rhön: Aus Berlin kam ein 14jähriger Gymnasiast. Es war Peter Riedel. Er hatte bereits sein zweites Gleitflugzeug gebaut, einen Doppeldecker mit 55 kg Gewicht und 22 qm Fläche. Er lernte damals fliegen und fliegt noch heute, 50 Jahre später. Er ist der einzige Pilot, der in diesen 50 Jahren aktiv und – sehr erfolgreich blieb!

So lernte Peter Riedel fliegen. Zwei Mann zogen an kurzen Seilen an den Außenflächen. Der „Fluglehrer“ sprang voraus und rief Peter zu, was er zu machen habe. Der Anfang einer langen, erfolgreichen und unfallfreien Laufbahn.

Oskar Ursinus schrieb in seinem „Flugsport“: „Wolf Hirth besuchte vor ungefähr 14 Tagen die Veranstaltung. Der Eindruck, welchen der Flugbetrieb auf ihn machte, war so groß, daß er eiligst nach Stuttgart fuhr, den Stuttgarter Verein mobilisierte und innerhalb 8 Tagen einen Gleiter baute, mit dem er am 5. September in der Rhön erschien.“ Der Flugtechnische Verein Stuttgart erhielt einen Anerkennungspreis für „die erfolgreichen Übungsflüge“ und für den „geschickt konstruierten Doppeldecker“. Für Wolf Hirth selbst war es der Beginn einer großen Laufbahn. Das Bild zeigt von links: Hauenstein-Berlin, Wolf Hirth, Paul Brenner, Eduard Ulbert (die drei Erbauer) und Willi Pelzner-Nürnberg.

Der erste wissenschaftliche Vortrag auf der Wasserkuppe, gehalten am 8. August 1920 von Ingenieur Jacob Goedekker aus Mainz-Gonsenheim. Goedecker bewies, daß der Wirkungsgrad der bisherigen Flugzeuge zu schlecht sei und gab Richtlinien, in welcher Weise das Flugzeug zu entwickeln sei.

Teilgruppe von Zuhörern des Vortrages und der Wettbewerbsleitung beim Mittagessen, einfach, wie alles am Beginn dieser großartigen Sportgeschichte.

Einsitzer / Deutschland

Die Dreiheit von Mensch, Maschine und Meteorologie in ihrer Wechselwirkung, ihre gegenseitige Befruchtung waren verantwortlich für den Fortschritt im Segelflug. Der Mensch in doppelter Hinsicht. Einmal mit seinem Können und Mut, mit seinem Geschick und seiner Einsatzbereitschaft als Flugzeugführer und zum anderen als Wissenschaftler und Techniker, der die Erkenntnisse aus Flugerfahrung und neuen meteorologischen Einsichten umzusetzen verstand in Konstruktion und Bauweise neuer Segelflugzeuge.

Mit dem Erschließen des Hangsegelfluges war das Entwurfsziel eine geringe Sinkgeschwindigkeit. Diese Forderung bestimmte lange Jahre den Flugzeugbau. Mit dem Streckenflug begann eine neue Epoche des Segelfluges. Die Verbesserung des Gleitwinkels trat nunmehr in den Vordergrund. Die Entdeckung des thermischen Segelfluges führte zum Bau von Segelflugzeugen mit großen Flügelstreckungen. Der Bau war nunmehr ein aerodynamisches Problem und ein Fertigungsproblem.

Je länger die Streckenflüge wurden, desto notwendiger wurde ein hoher Stundendurchschnitt. Die gute Geschwindigkeitsspanne war ein neues Ziel.

Fritz Hoppe und Rudolf Spies von der Akaflieg Darmstadt brachten die Erkenntnis, daß zur Erzielung guter Flugleistungen, die gute Gleitzahl bei hoher Geschwindigkeit und damit eine höhere Flächenbelastung anzustreben sei. Die Forderung nach guten Flugeigenschaften, 1930 erstmals von Robert Kronfeld in einem Vortrag gefordert, stellte neue Aufgaben an die Konstrukteure.

Mit den immer wachsenden Aufgaben wurde die äußere Formgebung mehr verfeinert, immer eleganter. Die Leistungen der Konstrukteure zeigten sich auch in der Entwicklung von Einzelteilen und in der Verbesserung der Montagemöglichkeiten. Erinnert sei nur an die Führersitzverkleidung, die schließlich zum Einbau in den Rumpf führte und hier wieder zu immer besseren Hauben mit steigenden Sichtverhältnissen. Erinnert sei an den Flächen-Rumpf-Übergang.

Die Jahre 1933 bis 1937 standen im Zeichen der ersten Standardtypen, die in Serie hergestellt wurden.

Das Jahr 1938 brachte dann eine ganze Reihe grundsätzlicher Neuentwicklungen in der aerodynamischen Formgebung, in konstruktiver Gestaltung und in der Ausrüstung. Die Flächenbelastung stieg von 12 kg/qm bis zu 28 kg/qm, der Gleitwinkel von 1:20 wurde bis zu 1:35 verbessert. Die Sinkgeschwindigkeit erreichte eine Bestzahl von 0,55 m/sek. Die Leistungen früherer Sonder- und Einzelkonstruktionen wurden am Ende dieser Entwicklungsepoche zwischen den beiden Weltkriegen von wesentlich billigeren Serienflugzeugen erreicht. Die Segelflieger der Welt flogen fast ausschließlich deutsche Typen. Noch bei den Weltmeisterschaften 1950 in Oerebro flogen die acht Erstplacierten der Weihe — mit Ausnahme des dritten Platzes, den zur großen Überraschung die jugoslawische Orao belegte. Von diesem ersten Vorstoß an begann das Ausland den deutschen Vorsprung in der Konstruktion von Segelflugzeugen einzuholen. Es kamen nun Konstruktionen aus Jugoslawien (Orao und Meteor), aus Großbritannien (Sky und Skylark), aus Frankreich (Bréguet 901), aus Polen (Mucha, Jaskolka, Foka, Zefir), die in aller Welt sehr beliebt wurden. Die konventionelle Bauweise mit Sperrholz wurde in aller Welt in Vollendung durchgeführt.

Es ist das unbestrittene Verdienst von Prof. Dr. Eppler und Dipl.-Ing. Nägele, aus ihrer Erfahrung im Modellbau, nach vielen Untersuchungen und Versuchen die GFK-Bauweise, glasfaserverstärkten Kunststoff, kurz die Kunststoffbauweise im Segelflug erprobt und eingeführt zu haben. Die Erfahrung der Firma Hänle-Glasflügel kam dazu, nicht minder der Forscherdrang der Akademischen Fliegergruppen Stuttgart, Darmstadt und Braunschweig. Der Bau von außen nach innen hat die konventionelle Herstellung mit Holmen und Rippen, mit Beplankung und Lackierung abgelöst. Die Profiltreue und die ausgezeichnete Oberfläche erreichten ein Maß der Vollendung, wie es vorher nie zu erträumen war. Es begann der Siegeszug der Segelflugzeuge in GFK-Bauweise aus Deutschland in alle Welt, mit einem solchen Erfolg, daß die Nationen der Segelflugweltmeisterschaften 1970 und 1972 fast alle deutsche Segelflugzeuge vorzogen und zur Meisterschaft flogen. Diesen Weg vom Tasten bis zum Supervogel in allen jenen Stationen, die Einfluß auf die Entwicklung genommen haben, soll dieses Buch aufzeigen.

Schwarzer Teufel – Blaue Maus

In den Augusttagen 1920 waren Flieger aus allen Teilen Deutschlands mit großer Begeisterung dem Aufruf zum 1. Rhön-Segelflug-Wettbewerb auf der Wasserkuppe gefolgt. Vier Wochen vergingen und es blieb viel Kleinholz als Rest der meisten stolzen Vögel. Der Wettbewerb näherte sich seinem Ende ohne die Hoffnungen und Erwartungen erfüllt zu haben. Da kamen Wolfgang Klemperer und die Aachener Studenten in letzter Stunde mit dem *Schwarzen Teufel* auf die Wasserkuppe. Nicht zuletzt wegen des Erscheinens dieses Flugzeuges wurde der Wettbewerb bis Mitte September verlängert. Am 4. September flog Klemperer vom Westhang der Wasserkuppe nach dem Dorf Tränkhof, legte dabei 1830 m zurück und blieb zwei Minuten 22 Sekunden in der Luft. Der Höhenunterschied zwischen Start und Landung betrug 33 m. Am 7. September flog Klemperer im Hangaufwind von 15 bis 18 m/sec eine Strecke von 220 m und blieb dabei 75 Sekunden in der Luft. Der Höhenunterschied zwischen Start und Landung war 47 m, die Startüberhöhung etwa 10 m. Mit diesem Flug war der Segelflug im Aufwind am Hang gefunden. Wie war es dazu gekommen?
Viele Jahre später hat mir Klemperer aus Amerika geschrieben: »Als ich nach Kriegsende kaum Gelegenheit zum Fliegen mehr hatte und sah, daß es vielen Kameraden, die mit Leib und Seele Flieger waren, ähnlich ging, wurde mir bewußt, daß eine Wiederaufnahme des fast vergessenen Gleitflugsportes, den ich von den Flügen von Euler, Reichelt und den Darmstädter Studenten vor dem Kriege her kannte, eine willkommene Möglichkeit bieten würde »weiterzufliegen«, und zwar ohne das damals unerschwingliche Benzin und ohne Gefahr, seitens der Alliierten wegen verkappter kriegerischer Handlungen behindert zu werden.

Vom wissenschaftlichen Standpunkt erwachte das Interesse an Flugversuchen ohne Propellerbeeinflussung. Auch lockte die Hoffnung, daß Anwendung der Kriegsflugerfahrungen auf motorlosen Flugzeugen die Lösung der menschlichen Nachahmung des Segelfluges der Vögel bringen möchte. In all diesen Gedanken traf ich mich mit mehreren Gleichgesinnten, insbesondere mit Oskar Ursinus und Professor Linke, Frankfurt, und Erich Meyer, Dresden. Zusammen gaben wir den Anstoß zum ersten Besichtigungsausflug zur Wasserkuppe nach dem Kriege, Pfingsten 1920, an dem auch Eugen von Loeßl und Professor Hoff teilnahmen und sich für die Idee begeisterten.
Als ich unmittelbar darauf als Assistent von Professor von Karmàn an die Technische Hochschule Aachen kam, fand ich dort die erste studentische Fliegergruppe unter Führung von Dipl.-Ing. Paul Stock und Dr. Ing. Carl Fromm im Entstehen. Man übertrug mir die technische Leitung, und so entstand in fieberhafter Arbeit unter großen Hindernissen und den mißtrauenden Augen der belgischen Besatzungsbehörde mit tatkräftiger Unterstützung von Professor von Karmàn der *Schwarze Teufel,* der erste freitragende motorlose Eindecker, in Anlehnung an Junkers'sche Prinzipien. Wir kamen spät zur Wasserkuppe und die Kiste wurde erst dort fertig. Wir waren die ersten, die (zum Schrekken der anderen) ein Gummistartseil verwendeten, bzw. ausprobierten. Von einem »Sieg« kann man kaum reden. Ich machte den längsten Rutsch, einen Talflug von 2 Minuten 22 Sekunden und einen »Segelflug« von etwa einer Minute über Starthöhe, mit Landung oben. Es war eben genug, um zu beweisen, daß man weitermachen müsse, und daß die Idee wert ist, weiter verfolgt zu werden. Daß man mal von Berg zu Berg oder Wolke zu Wolke segeln würde, prophezeiten wir wohl, daß man aber schon so wenige Jahre später viele Stunden und Hunderte von Kilometern segeln würde, ahnten wir nicht.«
Der *Schwarze Teufel* war ein Tiefdecker mit freitragendem dicken Flügel, der sich – allerdings in Holzkonstruktion – eng an die Formgebung und auch an den konstruktiven Aufbau der Junkers-Flugzeuge anlehnte, die damals am Anfang ihrer Erfolge standen. Er war ein verspannungsloser Eindecker mit leicht V-förmig gestellten Flügeln, die ein sehr dickes Profil aufwiesen. Die Maschine, die an einen Saurier der Urzeit erinnerte, verriet aerodynamisches Wissen und konstruktives Können ihrer Erbauer. Bemerkenswert vor allem die Tragflächenkonstruktion. Sie bestand aus drei durchlaufenden Holmen, die aus einem Fourniersteg mit je zwei aufgeleimten Gurtleisten gebildet wa-

Mit dem Erscheinen des Schwarzen Teufels war der 1. Rhönwettbewerb gerettet, die Flüge von Klemperer bewiesen die Richtigkeit der Idee.

Flügelteilansicht des Schwarzen Teufels mit Erkenntnissen, die sich lange im Segelflugzeugbau hielten. Die Aachener brachten noch eine Neuheit mit. Sie verwandten zum Start kein normales Wäscheseil, sondern erstmals ein Gummiseil.

Mit diesem Flug war der Segelflug im Aufwind am Hang Wirklichkeit geworden. Klemperer flog am 7. September 20 im Hangaufwind von 15 bis 18 m/sek. eine Strecke von 220 Meter, blieb dabei 75 Sekunden in der Luft und erzielte erstmals mit einem motorlosen Flugzeug eine Startüberhöhung von 10 Meter.

1921 kam Klemperer mit der Blauen Maus zur Rhön. Das Flugzeug war, nach den Erfahrungen mit dem Schwarzen Teufel, besser konstruiert und auch gebaut. Klemperer flog am 30. August bis kurz vor Gersfeld und stellte mit diesem Flug neuen Dauer- und Streckenrekord auf.

ren. Der Steg war zur Gewichtserleichterung dreieckig ausgespart. Die Spanten bestanden ebenfalls aus einem durchbrochenen Fourniersteg und ganz dünnen Gurten. Die Flügeldicke betrug in der Mitte 42 cm. Eine ganz leichte, aus Stäben und Stoff gebildete Karosserie verminderte den Luftwiderstand des Führers. Das Kufenuntergestell wuchs organisch aus den Flächen hervor und war vollkommen verkleidet. Die Maschine besaß Klappenverwindung, Höhen- und Seitensteuer am Rumpfende. Das Seitensteuer war etwas zu klein und wirkte nicht genügend.

Der *Schwarze Teufel* war das erste Segelflugzeug mit einem dreiholmigen, freitragenden Flügel und einer Spannweite von 9,3 m. Auffallend waren die Tiefdeckerbauweise und die Anordnung von zwei verkleideten Kufenträgern. Zum verhältnismäßig einfachen Bau fanden noch weitgehend Pappe und Bambus Verwendung. Das spezifische Flügelgewicht betrug für dieses Flugzeug 1,6 kg/m², eine Zahl, die mit unseren heutigen Festigkeits- und Steifigkeitsforderungen unerreichbar erscheint.

Der *Schwarze Teufel* wurde für die Geschichte des Segelfluges von größter Bedeutung. Deshalb seien die Gedanken, die zur Konstruktion und zum Bau dieses historischen Flugzeuges führten, mit dem Wortlaut und den Ideen der damaligen Zeit für die Geschichte der berühmtesten Segelflugzeuge der Welt festgehalten. Wolfgang Klemperer schrieb kurz nach dem 1. Rhöntreffen im Herbst 1920: »Für den Entwurf des ersten Seglers der Flugw. Verein. Aachen, mit welchem beim Rhön-Segelflug die besten Erfolge erzielt wurden, waren im wesentlichen die Überlegungen leitend gewesen, daß auch für den motorlosen Flug die möglichste Heraufsetzung des Verhältnisses von Auftrieb zu Gesamtwiderstand mehr noch als die Beschränkung mit der spezifischen Flächenbelastung von grundlegendem Nutzen ist. Daher die ungewöhnliche Dicke der Fläche von 42 cm. Sämtliche Rippen wiegen zusammen 3,74 kg. Sie sind in kunstvoller Weise durch die Aussparungen der Holme hindurchgesteckt, und ihre Stege sind mit besonderen Leistchen mit den Holmstegen verleimt. Den Stirndruck nimmt eine Diagonalstrebenkonstruktion auf, und ein besonderes System raumdiagonal gespannter Bänder verleiht dem Gerüst eine ausgezeichnete Steifigkeit gegen Torsion. Anstelle einer Nasenleiste ist der Teil der Flügel vor dem Vorderholm mit Karton umkleidet. Von vorn gesehen zeigen die Flügel V-Form und zwar sind sie nach Art der Vogelflügel etwas durchgebogen. Der Grundriß der Fläche ist trapezförmig. An einem Hilfsholm sind 0,75 qm große Querruder angelenkt, die außen eine leichte Aufbiegung zeigen. Eine Querruderklappe wiegt 870 g! Dabei ist sie ohne Verspannung formstarr. Der ganze fertig bespannte Flügel hat mit ca. 15 qm Flächeninhalt ein Gewicht von 24 kg. Zur Bespannung diente ein besonders feiner schwarzer Voilestoff, der mit einem besonderen, hier erstmalig verwendeten kollodiumhaltigen Mittel imprägniert, bei 6 kg/cm Reißfestigkeit knapp 90 g/qm wog. Die Imprägnierung hat sich bei dem nassen Wetter in der Rhön vorzüglich bewährt. Der Führersitz ist zwischen Haupt- und Vorderholm eingebaut und lastet im wesentlichen auf letzterem. Der Knüppel aus Duraluminiumrohr von 130 g Gewicht ist mit einer hohlen Stahlkugel von 46 g Gewicht in einem aus Aluminiumlegierung herausgearbeiteten Hohlkugelschalenring von 32 g allseitig beweglich gelagert. Das Gelenk ist an einem pyramidenartigen Sperrholzträger am Vorderholm befestigt. Der Fußhebel für die Seitensteuerbetätigung ist hohl zusammengebaut und wiegt bei großer Festigkeit 150 g incl. Aluminiumblechfußrasten. Die Rumpfspitze, welche so stark gebaut war, daß sie auch beim Kopfstand den Führer zu schützen imstande war, trägt eine verkleidete Karosserie aus Bambusgerippe. Der aus den Flächen herauswachsende Rumpfvorderteil endigt hinter der Flächenhinterkante in dem Sperrholztrennspant. In etwas eigenartiger Weise sind die Landungsgestellkörper, ohne seitliche Verstützung aus den Holmen der Fläche herauswachsend, ausgebildet. Sie haben sich von vorzüglicher Festigkeit gezeigt und gestatteten auf den allseitig gummigefederten eschenen Kufen ein überaus angenehmes Landen. Ihre völlige stromlinienförmige Verkleidung sichert ihnen den denkbar geringsten Luftwiderstand. Ein ungünstiger Einfluß derselben auf die Richtungsstabilität hat sich nicht gezeigt. Der Schwanz wird von einem aus zusammengebundenen Rohrstöcken gebildeten niedrigen Sporn gestützt. Das durchgehende Höhenruder von 1400 g Gewicht und das 600 g schwere Seitenruder sind auf Duraluminbolzen in Duraluminbüchsen gelagert

und leicht demontierbar. Die Steuerseile können an eigenartigen, sehr sicheren Karabinerhaken getrennt und mit sicherheitsnadelartigen stählernen Zapfen an den Steuerschwingen gelöst werden, ohne daß die mit Stahldraht ausgeführte Spannschloßsicherung gelöst zu werden braucht. Die Demontage oder Montage des ganzen Schwanzes, der übrigens komplett nur 11 kg wiegt, kann in zwei Minuten von drei Männern bewirkt werden. Zum Straßentransport konnte der Hauptteil des Apparats querschiffs auf einem eigens dazu gebauten zweirädrigen Wagen gefahren werden. Der Start erfolgte durch Anziehen an einer Gummischnur, die um Haken an den hinteren Kufenenden geschlungen wurde und die die Hilfsmannschaft nach dem Start in den Händen behielt. Die Maschine startete, trotzdem sie mit 62 kg Leergewicht ca. 8,5 bis 9 kg Flächenbelastung mit Führer besitzt, bereits glatt bei 4 m/sec Wind, andererseits hielt sie sich auch in den starken Böen der letzten Rhönflugtage sehr stabil. Die vorzügliche Sicht, die richtige Lage des Schwerpunktes, die gute Steuerempfindlichkeit und Wendigkeit sowie die guten Eigenschaften des dicken Profils beim schnellen und beim langsamen Fluge machen sie zu einem Typ von überaus angenehmen Flugeigenschaften, und zu Segelversuchen durch Ausnutzung von Böenenergie ebenso geeignet wie zum Schulen.
Die Maschine wurde nach einem ursprünglichen Entwurf von Dipl.-Ing. Klemperer von den Mitgliedern der Flugwissenschaftlichen Vereinigung Aachen, Herren der Aachener Studentenschaft und einigen Praktikern erbaut. Herr Professor von Karmàn hatte die Arbeiten in der weitherzigsten Weise durch Zurverfügungstellung von Räumlichkeiten, Werkstatt etc. des aerodynamischen Institutes der Technischen Hochschule für die Montage unterstützt und gefördert.«

Blaue Maus

Übers Jahr brachten die Aachener Studenten zum Wettbewerb 1921 nach dem *Schwarzen Teufel* als Weiterentwicklung die *Blaue Maus*. Die Änderungen gegenüber dem *Schwarzen Teufel* waren gering. Der Flugzeugführer, der bei dem *Schwarzen Teufel* sehr weit aus dem Rumpf herausragte und hierdurch die einwandfreie Strömung störte, wurde tiefer gesetzt. Das Rüstgewicht wurde von 62 kg auf 53 kg gesenkt. Mit der *Blauen Maus* steigerte Klemperer den Segelflugdauerrekord auf 13 Minuten. Wieder wurde er Sieger des Wettbewerbes – mehr noch: durch diese beiden Konstruktionen und durch diese beiden Wettbewerbe wurde Wolfgang Klemperer zum Vater des Segelfluges.

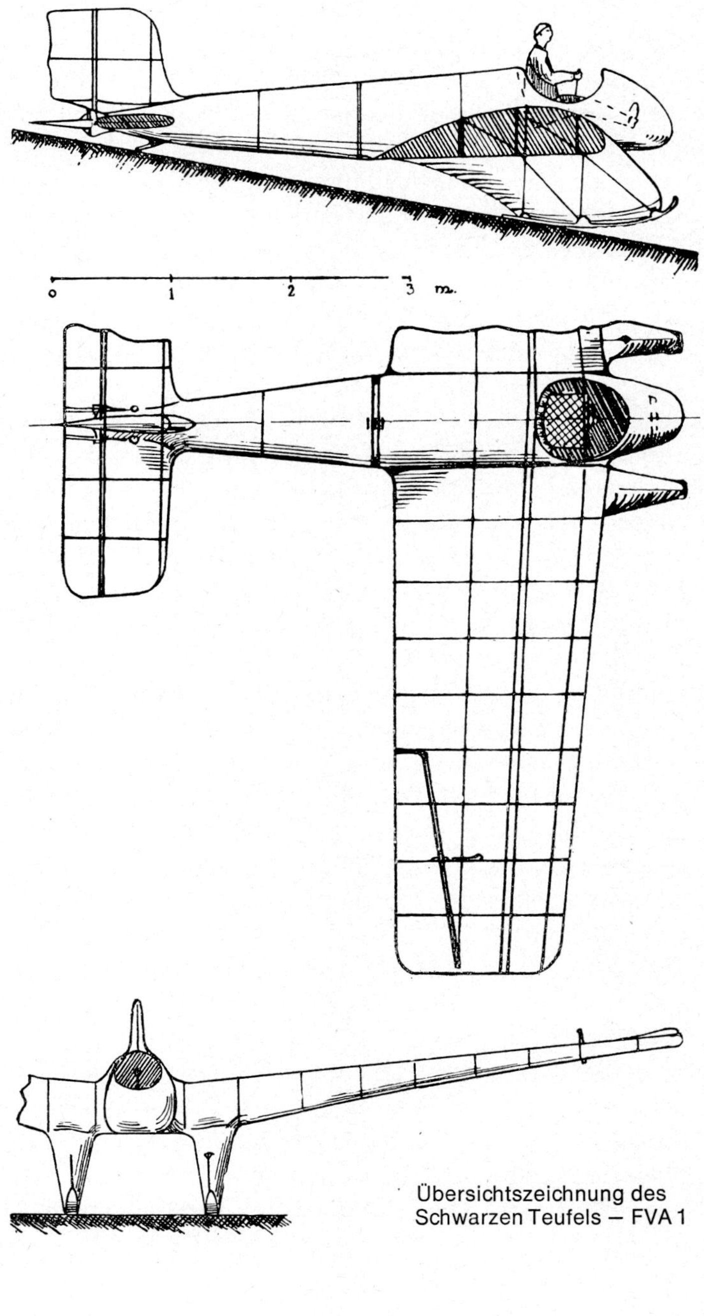

Übersichtszeichnung des Schwarzen Teufels – FVA 1

Baumuster	Schw. Teufel	
Abmessungen (dimensions)		
Spannweite	9,30	m
Länge	6,00	m
Flügelfläche	15,00	m^2
Seitenverhältnis	5,6	
Gewichte (weights)		
Rüstgewicht	62,00	kg
Zuladung	75,00	kg
Fluggewicht	137,00	kg
Flächenbelastung	8,5 - 9,00	kg/m^2

Baumuster	Blaue Maus	
Abmessungen (dimensions)		
Spannweite	9,70	m
Länge	6,00	m
Flügelfläche	15,50	m^2
Seitenverhältnis	6	
Gewichte (weights)		
Rüstgewicht	53,00	kg
Zuladung	75,00	kg
Fluggewicht	128,00	kg
Flächenbelastung	8,30	kg/m^2
Profil	Gö 422	

Flügelgesteuerte Segelflugzeuge Harth-Messerschmitt

In der Geschichte der Segelflugzeugentwicklung darf die Idee der flügelgesteuerten Segelflugzeuge nicht vergessen werden. Ihr Pionier war Regierungsbaumeister Harth aus Bamberg, der über ein Jahrzehnt von 1912 bis 1923 als Konstrukteur und als Pilot auf diesem Gebiet arbeitete.

Harth kam zu dem Schluß, daß eine Steuerung mit Hilfe der direkten Anstellwinkeländerung der Flügel die Möglichkeit bieten müsse, ein motorloses Flugzeug auch bei starken Winden steuerfähig zu halten. Auf Grund dieser neuen Gedankengänge baute er einen Eindecker und begann noch vor dem Ersten Weltkrieg mit den ersten Flugversuchen auf dem Bamberger Exerzierplatz und an den Jurahängen in der Nähe von Bamberg. Schon um diese Zeit fand Harth in dem damaligen Gymnasiasten Willy Messerschmitt, dem späteren Flugzeugkonstrukteur, einen Gehilfen, der immer mehr zu seinem Mitarbeiter wurde.

Harth verwendete zum ersten Male einen doppelseitig bespannten Flügel mit keulenförmig dickem Profil, das dem Flügelschnitt der Landsegler nachgebildet war. Den Aufbau des Flügels gestaltete er so, daß die Rippen, durch einen Nasenholm miteinander verbunden, drehbar um einen im Druckpunkt des Normalfluges angebrachten Hauptholm angeordnet waren. Dieser Hauptholm war mit dem Rumpf verspannt. Mit je einem Steuerhebel wurde das Flügelgerüst (Rippen und Hilfsholme) über Steuerzüge um den Hauptholm gedreht. Dieses Steuerungssystem ließ sich Harth am 4. Dezember 1918 und am 11. Juli 1922 patentieren.

Nach dem Kriege zog Harth in die Rhön, aber nicht auf die Wasserkuppe, sondern auf den Heidelstein. Seine Flugversuche in den Jahren 1919/1920 hatten in der Steuerfähigkeit weitere gute Fortschritte gezeigt. Nun wollte er die Kurvenwendigkeit des Flugzeuges erproben und verbessern. Er sah die endgültige Lösung in einer richtigen Durchbildung der Flügelsteuerung und wollte am Rumpfende nach Möglichkeit nur festeingestellte Steuerflächen zur Dämpfung der Flugbewegungen verwenden. Aus den Flugerfahrungen des Jahres 1920 entstand der verbesserte Typ S9. Nach einem Versuchsflug startete Harth am 13. September 1921 zum zweiten Male auf dem flachen Teil des Heidelsteins, in Richtung der Straße Wüstensachsen. Er kehrte zurück und überflog die Startstelle. Nach mehrfacher Wiederholung dieses Flugweges verlor Harth offenbar durch einen Bruch in der Steuerung, die Herrschaft über das Flugzeug und stürzte aus einer Höhe von 70 m ab. Harth hat sich von den Folgen dieses Unfalles nie mehr ganz erholt. Der Flug hatte 21 Minuten gedauert. Das war neuer Weltrekord. Infolge der ungenügenden Beurkundung konnte dieser Dauerflug nicht anerkannt werden. Niemand aber bezweifelte die Leistung. Das verwendete Flugzeug war ein verspannter Hochdecker mit offenem Stahlrohrgitterrumpf.

Wolf Hirth auf S 10. Deutlich sieht man die Verwindung der gesamten Fläche als Flügelsteuerung.

Während des Krankenlagers von Harth übernahm Messerschmitt den Bau zweier Typen als Weiterentwicklung des erfolgreichen Flugzeuges, S 10 und S 11. Die S 10 hatte eine vergrößerte Spannweite; an Stelle der Verspannung war der Flügel abgestrebt. Der Flügelschnitt blieb mit dem Profil Göttingen 534 der alte. Die S 10 wurde der am meisten geflogene Typ dieser flügelgesteuerten Flugzeuge. Harth und Messerschmitt eröffneten nämlich im Frühjahr 1922 auf der Wasserkuppe, dort wo später das Ursinus-Haus entstand, eine Segelflugschule. Zu den Schülern zählte auch mit Wolf Hirth einer der später berühmtgewordenen Flieger der Rhön. Die S 11 war eine Rumpfmaschine mit geschlossenem Sperrholzrumpf. Sie war infolge des stark gewölbten Profils 535 nicht voll steuerfähig. Mit ihr stürzte Wolf Hirth noch vor dem Rhön-Wettbewerb 1922 ab.

Im Winter 1922/23 baute Messerschmitt die S 14, einen Hochdecker mit geschlossenem Sperrholzrumpf und einer Spannweite von 14 m. Die Flügelsteuerung wurde wiederum angewendet, wobei der Verwindungsantrieb bei diesem Typ durch ein am Holm gelagertes dickes Stahlrohr besorgt wurde. Das Flügelprofil war das hochgewölbte *Vampyr*-Profil 482. Messerschmitt und Harth gehörten auch zu den Pionieren der einkufigen Bauweise, sowie der Benützung des Starthakens für das Gummiseil am Rumpfbug. Wie gut das Flugzeug flog, bewies Hackmack bei stürmischem Wetter anläßlich der Einweihung des Fliegerdenkmals auf der Wasserkuppe im August 1923, wobei er die größte Höhe des Rhön-Segelflug-Wettbewerbes 1923 erreichte.

In der Folgezeit begann Messerschmitt mit der Entwicklung von Motorflugzeugen und gab die Flügelsteuerung ganz auf. Harth zog sich in seine Bamberger Heimat zurück. Die Fliegergruppe Bamberg verwendete die Harth'schen Typen für Schulzwecke und flog damit noch Anfang der dreißiger Jahre am vielbesungenen Staffelberg bei Staffelstein.

F. S. 3 – Besenstiel

Eine Sonderstellung unter allen Flugzeuuen der Segelfluggeschichte nimmt die F. S. 3 des ostpreußischen Volksschullehrers Ferdinand Schulz ein. Ferdinand Schulz (geb. 18. Dezember 1892, abgestürzt 16. Juni 1929) kehrte als Flugzeugführer aus dem Ersten Weltkrieg zurück, begann sofort mit dem Bau von Segelflugzeugen und schuf sich selbst bis 1924 unter größten Opfern zehn Segelflugzeuge, von denen F.S.3 zu Weltruhm kam. Mit dem Doppeldecker F. S. 1 mit einer Spannweite von 6,40 m kam Ferdinand Schulz zum Rhön-Segelflug-Wettbewerb 1921 auf die Wasserkuppe

So saß und steuerte Ferdinand Schulz im Besenstiel – so flog er 8 Stunden 42 Minuten, eine unglaubliche körperliche Leistung. Rechts: Ferdinand Schulz startet mit der F.S.3 von den Dünen bei Rossitten.

und erflog sich am 13. August mit sechs Prüfungsflügen den Segelfliegerausweis. Seine Bestzeit betrug 46 Sekunden bei 365 m Flugstrecke. F.S.2 war ein Hängegleiter. 1922 kam er mit einem Eindecker von 12,5 m Spannweite und 4,5 m Länge wieder zur Wasserkuppe. Das Flugzeug fiel durch seine beiden Steuerknüppel auf, die über dem Führersitz angeordnet waren. Die »Teko«, die Technische Kommission, ließ diese Konstruktion wegen mangelnder Baufestigkeit nicht zum Flug zu. Der stille Mensch Ferdinand Schulz war darüber sehr erbost und kehrte in seine ostpreußische Heimat zurück. Böse Zungen hatten behauptet, das Flugzeug sei aus Besenstielen und Bettlaken seiner Mutter entstanden. Dieser Spottname »Besenstiel« sollte zu einem Ruhmesblatt des deutschen Segelfluges werden. Über die F. S. 3 schreibt Ferdinand Schulz Ende 1922: «Mein diesjähriges Segelflugzeug ist ein einkufiger, normal verspannter Eindecker mit zweiholmigem, offenen Gitterträger. Es mußte bei seiner Konstruktion auf größte Einfachheit und Billigkeit gesehen werden, da nur äußerst beschränkte Zeit zur Verfügung stand und kein Gönner das Werk unterstützte. Trotzdem sollte die notwendige Festigkeit gewahrt bleiben. In der Hauptsache war das Flugzeug ein Versuchstyp, um die neue Steuerung auszuprobieren. Sie besteht aus einem normalen Höhensteuer und je einer an den äußeren Flügelenden, unabhängig von der anderen zu betätigenden Klappe unter Fortfall des Seitensteuers. Die Maschine gehorchte ihr in jeder Lage, und bei fast jedem Flug wurden Kurvenflüge ausgeführt.

Die Verspannung ist in normaler Weise durchgebildet. 2,5 und 2 mm Stahldraht halten die Flächen. Die Holme sind Doppel-T-Träger von 7 cm Höhe und liegen ca. gleichweit vom Druckmittel. Das Flächenprofil wurde nach eigenen Überlegungen herauskonstruiert und hat sich trotz der zusätzlichen Widerstände durch Drähte und Körper des Führers als recht leistungsfähig erwiesen. Der Rumpf besteht aus zwei übereinanderliegenden Holmen, die nach dem ersten Innenverspannknotenpunkt verspannt sind. Da sie, um Start und Landung zu ermöglichen, stark gebogen werden mußten, kam nur gewachsenes Rundholz in Frage, das bei bedeutend größerer Belastungsfähigkeit eine Elastizität aufweist, an die geschnittenes Holz nicht im entferntesten heranreicht.

Das Flugzeug konnte in der Rhön infolge Beanstandungen der Teko nur auf die Steuerfähigkeit hin ausprobiert werden. Die Segeleigenschaften haben nicht erkundet werden können. Deshalb sind in der Heimat bei starkem Wind ca. 12 Flüge ausgeführt worden, bei denen die Maschine längere Zeit den Auffliegepunkt

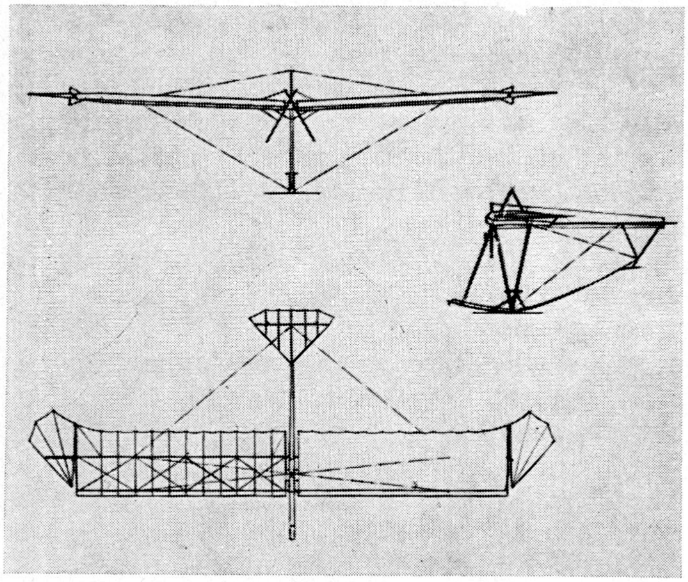

Die primitive Übersichtszeichnung des Besenstiel.

Baumuster	F. S. 3
Abmessungen (dimensions)	
Spannweite	12,00 m
Länge	5,20 m
Flügelfläche	17,00 m^2
Seitenverhältnis	8,46
Gewichte (weights)	
Rüstgewicht	65,00 kg
Zuladung	80,00 kg
Fluggewicht	145,00 kg
Flächenbelastung	8,53 kg/m^2
Profil	Joukowsky; abgeändert

bedeutend überhöhte. Plötzliche Flauten verhinderten jedoch längere Flüge. Die Versuche werden in günstigerem Gelände fortgesetzt. – Insgesamt sind bis jetzt 30 Flüge mit 5,5 Minuten Höchstdauer ausgeführt worden.«

Bereits im Mai 1923 segelte Ferdinand Schulz im 1. Küsten-Segelflug-Wettbewerb auf seinem »Besenstiel« 5,2 km an den Dünen. Man lachte nicht mehr über den »schnellen Ferdinand«.

Es kam der 2. Küsten-Segelflug-Wettbewerb vom 10. bis 16. Mai 1924. Am 18. Mai endlich blies in früher Morgenstunde ein ordentlicher Wind gegen die Dünen. Schulz startete früh um 7 Uhr, ohne Frühstück. Bei empfindlicher Kälte, ohne Handschuhe und Wollzeug, dem Wind frei ausgesetzt, beide Arme zu den Steuerstangen erhoben, auf einem Sitz in der Größe eines Zigarrenkistendeckels, die Beine Fuß vor Fuß auf die schmale Kufe gestellt, hielt er in dem »flugzeugähnlichen Instrument« 8 Stunden 42 Minuten und 9 Sekunden aus. Die Nachricht ging durch die Weltpresse. Damit hatte Schulz den seit zwei Jahren von den Franzosen gehaltenen Dauerweltrekord wieder nach Deutschland gebracht. Ferdinand Schulz wurde weltberühmt und hat diesen Ruhm durch viele Rekorde noch untermauert. Seine Besenstielkiste, die F. S. 3, erhielt einen Ehrenplatz im Deutschen Museum. Sie blieb ohne Einfluß auf die konstruktive Entwicklung, wurde aber durch die Leistung zu einem der berühmtesten Flugzeuge in der Geschichte des Segelfluges.

Vampyr

Im Rhön-Wettbewerb 1921 erschienen die Studenten der Akademischen Fliegergruppe Hannover mit dem *Vampyr,* der – so urteilt kein geringerer als der erfolgreiche Konstrukteur Hans Jacobs – »mit einem Schlag dem Leistungssegelflugzeug die Entwicklungsrichtung zeigte, und zwar in aerodynamischer wie auch konstruktiver Weise. Von dem Gedanken ausgehend, ein Flugzeug mit möglichst geringer Sinkgeschwindigkeit zu schaffen, wurde ein möglichst geringer Luftwiderstand angestrebt. Die sonst üblichen Doppeldecker, verspannte Flugzeuge, Bootsmaschinen oder ähnliche Bauweisen wurden verlassen, es entstand, vielleicht angeregt durch den *Schwarzen Teufel,* ein freitragender Hochdecker von 12,6 m Spannweite, bei dem der Führer unter dem Flügel sitzt. Der Führerraumausschnitt wurde durch ein Leder verkleidet, so daß nur noch der Kopf des Flugzeugführers im Luftstrom lag.

Von großer Bedeutung für die Entwicklungsmöglichkeiten des Segelflugzeuges war weiter die beim *Vampyr* gezeigte einholmige Flügelbauweise mit drehsteifer, sperrholzbeplankter Flügelnase, so daß hiermit der Weg gewiesen wurde, leichte Flügel von großer Spannweite mit genügender Steifigkeit gegen Drehung und Biegung zu entwerfen und auszuführen. Wie groß die Bedeutung dieser Bauweise ist, kann man aus der Tatsache ersehen, daß noch fast sämtliche heute fliegenden Leistungssegelflugzeuge einholmige Flügel mit drehsteifer Sperrholznase aufweisen. Die Quersteuerung des Flugzeuges wurde mittels Querruder erzielt. Der Flügel war dreiteilig, eine Bauweise, die durch Montage und aus Transportgründen einerseits und durch statische Gründe andererseits bedingt und für lange Zeit im Segelflugzeugbau vorherrschend war. Der Flügel war auf dem Rumpf an drei Punkten gelagert und gegen Flügellandungen noch durch kurze

Vampyr – Vater aller Segelflugzeuge, ein freitragender Hochdecker mit großer Spannweite. Im Hintergrund von links Blume und Martens.

Streben zwischen Rumpf und Flügelhauptholm abgestrebt. Der Rumpf war eckig mit stark heruntergezogener Rumpfschnauze, eine Formgebung, wie sie später noch bei vielen Segelflugzeugen wiederkehrte. Ursprünglich wurde diese Form gewählt aus aerodynamischen Rücksichten. Heute wird der Rumpf nach vorne mehr abfallend entworfen, da sich eine Verbesserung der Sicht ergibt. Für die Landung des *Vampyr* wurden drei drehbar gelagerte Lederbälle vorgesehen. Diese Bälle waren widerstandsmäßig auch ein Fortschritt gegenüber den Fahrgestellen mit Rädern oder Doppelkufen.«

Ohne eine Entwicklungsreihe, ohne Vorbilder, zeigte der *Vampyr* den Weg, der beschritten werden mußte. Bis in unsere Zeit wurde allen Leistungsflugzeugen die Flügelkonstruktion des *Vampyr* zu Grunde gelegt. Die Hauptmerkmale waren das gute Seitenverhältnis bei freitragendem Flügel, die Anordnung nur eines Holmes an der höchsten Stelle des Profils zur Aufnahme der Biegekräfte und die sperrholzbeplankte Flügelnase zur Aufnahme der Drehkräfte, sowie die konsequent durchgeführte Verringerung des Luftwiderstandes durch die erstmalig aerodynamisch günstige Anordnung des Führersitzes. Der geistige Vater dieser wesentlichen Charakteristiken des Flugzeugs war Dr. Georg Madelung.

Über die Entwicklungsgeschichte des *Vampyr* berichtete F. H. Hentzen, der am Bau und an den Flugerfolgen hauptsächlich beteiligt war: «Der Entwurf des Segelflugzeuges *Vampyr* stammt von Herrn Dr. Madelung und ganz sicher auch der Gedanke des freitragenden, einholmigen Flügels mit großem Seitenverhältnis.

Die Konstruktion nach dem Entwurf von Herrn Dr. Madelung wurde ausgeführt von den drei Studenten: Blume, Martens und Hentzen, die alle drei vor ihrem Diplom-Examen standen.

Die drei Konstrukteure hatten die Aufgabe, den Entwurf von Dr. Madelung in die Wirklichkeit umzusetzen. Jede Zeichnung, die wir machten, wurde, bevor sie in die Werkstatt der Hannov. Waggon-Fabrik ging, von Herrn Direktor Dorner durchgesehen und mit uns besprochen. Wir drei hatten dadurch den ungeheuren Vorteil, daß ein Mann mit der großen, praktischen Erfahrung wie Dipl.-Ing. Dorner, uns zeigte, wie man richtig, werkstattreif zu konstruieren hatte. Ganz beson-

ders zeigte sich Herr Dipl.-Ing. Dorner erfahren in der feinsten Verarbeitung von Sperrholz, da er ja auf diesem Gebiet eine große Erfahrung durch den Bau der Militärmaschinen besaß.
Herr Professor Pröll (verstorben 29. Juni 1957 in Hannover durch Verkehrsunfall) überwachte natürlich auch die Konstruktionsarbeiten, hatte aber auf den Bau des *Vampyr* keinen entscheidenden Einfluß.«*)
Der sperrholzbeplankte Rumpf besaß für die damalige Zeit eine erstaunliche Oberflächenglätte. Die Bespannung des *Vampyr* bestand aus Voile, der mit Spannlack gespannt wurde.
Das angewendete Profil erhielt die Bezeichnung Göttingen 441. Von den Daten interessieren noch: Anstellwinkel zur Rumpfoberkante 0°, Profildicke am Rumpf 25 cm; das große Höhensteuer hatte eine Fläche von 1,875 m^2.
Georg Madelung hat das Verdienst, dem Segelflug und damit auch dem Motorflug, den Weg zum Bau von Flugzeugen geringsten Widerstandes gewiesen zu haben. Wegen der grundsätzlichen Bedeutung dieser Tatsache sei für die Geschichte auch die Darstellung von Professor Dr.-Ing. Georg Madelung festgehalten: »Während des Ersten Weltkrieges war ich längere Zeit in der Flugzeugmeisterei. Um das Kriegsende erfand ich den »Einholmigen Flügel«. Von ihm handelte meine Diplomarbeit von 1919. Verwirklichen konnte ich ihn zum erstenmal beim *Vampyr.* Ein anderer meiner konstruktiven Gedanken betraf den Hochdecker. Ich strebte an, daß der Rumpf auf dem Erdboden aufliegen sollte und das Fahrgestell tief in den Rumpf eingezogen sein solle, damit es möglichst wenig Luftwiderstand hat und man auch in ungünstigem Gelände landen kann. Auch diesen Gedanken konnte ich beim *Vampyr* zum erstenmal anwenden.
1919/20 war ich bei Professor Junkers' Forschungsanstalt. Dort arbeitete ich wieder unter anderem über die Torsionsfestigkeit und -Steifigkeit von Flügeln und deren Berechnung, konnte aber meine Erfindung des einholmigen Flügels nicht anwenden, weil Junkers vielholmige Flügel vorzog.
Bei Junkers machte ich auch flugmechanische Leistungsberechnungen und Gewichtsberechnungen. Sie zeigten die große Bedeutung der Flügelstreckung für die Sinkgeschwindigkeit, aber auch, daß dann der Flug mit geringster Sinkgeschwindigkeit bei hoher Auftriebszahl ist, und daß die damals gebräuchlichen Flügelprofile für hohe Auftriebszahl wenig geeignet waren. So suchte ich nach besser geeigneten Flügelprofilen und fand diese bei den stark gewölbten, keulenförmigen Joukowsky-Profilen. Diese hatten sowohl ein hohes Auftriebs-Maximum als auch in dessen Nähe eine sehr günstige Profil-Gleitzahl. Sie eigneten sich aber nicht für die damals gebräuchlichen mehrholmigen Flügel, weil sie hinten dünn waren. Umso besser waren sie geeignet für den von mir angestrebten einholmigen Flügel.
Meine Gewichtsberechnungen zeigten mir, daß eine hohe Flügelstreckung mit annehmbarem Gewichtsaufwand erreichbar ist, wenn nur die Flächenbelastung genügend hoch und der Flügel genügend dick ist.
Windkanal-Versuche bei Junkers zeigten mir die Schädlichkeit der Interferenz zwischen Flügel und Rumpf, besonders bei hoher Auftriebszahl. Ich erkannte, daß es darauf ankommt, die Vorderkante und die Oberseite des Flügels völlig ungestört zu lassen. Im Frühjahr und Sommer 1921 zog ich mich in mein Göttinger Elternhaus zurück, um dort meine Dissertation zu schreiben. Als ich ihren Entwurf Herrn Professor Pröll in Hannover vorlegte, sagte er mir zum Schluß, er habe eine Bitte: Ich solle ein motorloses Gleitflugzeug für den Rhön-Wettbewerb konstruieren.
Ich legte darauf Herrn Professor Pröll meine Gedanken über den Flug mit geringster Sinkgeschwindigkeit dar: Beim Rhön-Wettbewerb komme es darauf an, daß die Sinkgeschwindigkeit des Flugzeuges geringer sei als die Aufwärts-Komponente der Windgeschwindigkeit. Darauf erteilte er mir den Auftrag, einen Entwurf vorzulegen und die zugehörigen Windkanalversuche bei der Aerodynamischen Versuchsanstalt in Göttingen zu veranlassen. Die grundlegenden Gedanken für den Entwurf des *Vampyr* habe ich dann auf der Rückfahrt von Hannover nach Göttingen skizziert und tags darauf an Professor Pröll gesandt. Das Flügelprofil setzte ich zusammen aus der stark gewölbten Oberseite eines Göttinger Profils und der schwach gewölbten Unterseite eines anderen, von denen beiden die Modellschablonen vorhanden waren. So konnte sofort ein Flügelmodell gemacht und durchgemessen werden. Die Meßergebnisse entsprachen den Erwartungen. Trotz großer

*) Originalbrief vom 27. Februar 1963

Dicke war der Höchstauftrieb und die Profil-Gleitzahl in dessen Nachbarschaft günstig. Auch das Modell des ganzen Flugzeuges ergab die erwarteten günstigen Werte, insbesondere keine schädliche Interferenz im Bereich hoher Auftriebszahl. Die Meßergebnisse sind veröffentlicht in den »Ergebnissen der aerodynamischen Versuchsanstalt zu Göttingen« III. Lieferung, Seiten 37, 53 und 118 ff. und in der ZFM 1921, Seite 313. Nach diesem Entwurf ist dann der *Vampyr* im wesentlichen unverändert konstruiert und gebaut worden. Die Elastizität und Festigkeit des einholmigen Flügels wurde von mir bei der HAWA an einem Großmodell untersucht; einem rechteckigen Flügelstück im Maßstab 1:1 von rund 2 m Länge; Elastizität und Festigkeit entsprachen den Vorausberechnungen.
Schwierig war die Verbindung zwischen Flügel und Rumpf. In aerodynamischer Hinsicht sollte die Flügel-Vorderkante und Oberseite völlig ungestört bleiben. Die allgemeine Auslegung ordnete den Führersitz vor dem Hauptspant an und diesen Spant unter dem Holm, also unter dem ersten Drittel der Flügeltiefe. Die tragende Flügelröhre erstreckte sich aber von der Vorderkante bis zum Holm. Unter ihr war der Führersitz, aber nichts wogegen sie hätte abgestützt werden können. Der Holm saß in der Mitte nur auf einem Punkt, denn der Flugzeugführer sollte über seine Schultern gut nach rechts und links hinten sehen können. Erst an der Flügel-Hinterkante sollte die Basisfläche, in der der Flügel auf dem Rumpf aufsaß, die volle Rumpfbreite haben. Festigkeitsmäßig aber sollte der Flügel räumlich fest mit dem Rumpf verbunden sein. Diese Festigkeitsaufgabe löste ich mit Hilfe zweier tragender Rippen im Flügel, welche alle Kräfte von der vor ihnen liegenden Flügelröhre auf den unter ihnen liegenden Rumpfverband übertrugen.
Im übrigen lehnte sich die Detailkonstruktion des Rumpfes an die bewährten Vorbilder von Direktor Dipl.-Ing. Hermann Dorner's HAWA Doppeldeckern an. Insbesondere waren die im Rumpf halbversenkten «Fußball-Räder» eine Dorner'sche Erfindung. Sie bildeten den Prototyp der später üblich gewordenen felgenlosen Räder, bei denen Nabe und Felgen eins waren.«*
Gegen Ende des Rhön-Wettbewerbs 1921 kamen die Hannoveraner Martens und Blume mit dem *Vampyr* zur Wasserkuppe. Am 5. September segelte Martens von der Wasserkuppe nach Batten bei Hilders in 15 Minuten und 40 Sekunden und legte dabei eine Strecke von 7,5 km zurück. Beide Leistungen bedeuteten neue Rekorde. Ferner gelang Martens in diesen Tagen der erste Kreisflug im Segelflug. Mit 21 000 Reichsmark holten sich die Hannoveraner mit Abstand die größte Summe der Geldpreise, was ebenfalls ihre Erfolge unterstreicht. So erhielt der *Vampyr* u. a. die Preise für die geringste »Fallgeschwindigkeit« (gemeint ist die Sinkgeschwindigkeit) und für die höchste Gleitzahl. Ursinus schrieb in seinem »Flugsport«: »Die vortrefflichen Leistungen des Hannover-Flugzeuges haben wohl alles bisherige überboten.«
Übers Jahr kam der *Vampyr* mit geringen Veränderungen wieder zum Rhön-Segelflug-Wettbewerb. Martens hatte sich in der Winterzeit überlegt, wie es ihm gelänge, mit dem *Vampyr* in der schmalen Aufwindzone des Hangaufwindes am Westhang bleiben zu können. Er kam dabei auf den Gedanken, in einer langen Acht vor dem Hang zu segeln. Das war die Lösung. Martens selbst gelang am 18. August 1922 der erste Stundenflug im motorlosen Flug. Es war die Geburtsstunde des eigentlichen Segelfluges. Nach einer Stunde und 6 Minuten landete er 8,9 km von der Wasserkuppe entfernt bei Hilders. Er hatte seinen Startplatz um 108 Meter überhöht. Drei neue Weltbestleistungen!
Nachdem mit diesem Flug das Problem des Segelfluges im Hangaufwind gelöst war, steigerten sich die Leistungen von Flug zu Flug. Am nächsten Tage, am 19. August 1922, segelte F. H. Hentzen 2 Stunden und 1 Minute, landete nach 9 km und erreichte eine Startüberhöhung von 200 m, am 24. August blieb Hentzen 3 Stunden und 6 Minuten in der Luft und schwebte 350 m über dem Westhang – neue Weltrekorde. An diesen Tagen gab es auf der Wasserkuppe Freudenfeuer. Die Flugleistungen des *Vampyr* ließen die Welt aufhorchen. Das Flugzeug fand Aufnahme im Deutschen Museum in München.
In Hannover arbeitete die Gruppe, die sich unter dem Protektorat des Lehrstuhls für Flugzeugbau gefunden hatte, weiter. 1922 entstand aus den Erkenntnissen mit dem *Vampyr* der *Greif,* für den Arthur Martens und Professor A. Pröll verantwortlich zeichneten. Der *Greif* ging im Februar 1925 bei Vorführungen anläßlich des Zugspitzfluges bei Garmisch-Partenkirchen zu Bruch.

*) Originalbrief vom 22. Oktober 1962

Durch Stiftungen war anschließend der Bau des *Pelikan* möglich, mit dem Gustav Koch auf der Wasserkuppe abmontierte. Arthur Martens verfolgte die Linie weiter. Mit Karl Bremer zusammen konstruierte er den *Strolch*. Und als Leiter der Martens-Fliegerschule auf der Wasserkuppe konstruierte er *Max und Moritz,* sowie den Doppelsitzer *Deutschland.* Gebaut wurden diese Flugzeuge bei den Rhön-Möbelwerken in Fulda. Mit dem *Strolch* verbesserte Martens den Streckenweltrekord am 25. August 1923 in der Rhön auf 12 km, mit dem *Moritz* am 14. Oktober 1924 am Monte Mazza in Italien auf 21,2 km. Ferdinand Schulz segelte über der Krim in Rußland am 2. Oktober 1925 auf dem *Moritz* neuen Dauerweltrekord mit 12 Stunden und 6 Minuten. Die Jahre 1921 bis 1925 waren die große Zeit der Hannoveraner in der Geschichte des Segelfluges. Der *Vampyr* hatte den Weg gewiesen.

Bei den schweren Luftangriffen im Juli 1944 wurden in München im Deutschen Museum fast sämtliche Original-Flugzeuge zerstört. Am besten erhalten blieb der *Vampyr.* Bei einem Besuch fand ihn Dr.-Ing. Heinz Cordes, der als Lehrling am Bau des *Vampyr* mitgewirkt hatte, im Keller des Deutschen Museums. Nach jahrelangen Bemühungen brachte Dr. Heinz Cordes die Reste des berühmten Vogels nach Schleswig-Holstein. In der Segelflug-Werkstatt Rendsburg wurde festgestellt, daß der Holm und das Mittelstück der Tragfläche noch brauchbar waren, während sämtliche Spieren einschließlich der Torsionsnase neu angefertigt werden mußten. Auch die Bespannung und das Bugrad wurden in mühevoller Kleinarbeit unter Leitung von Dr. Heinz Cordes erneuert. Alle anderen Bauteile am *Vampyr* sind original. Am 6. Mai 1967 fand der *Vampyr* in einem Festakt zum 42. Deutschen Luftfahrertag erneut Aufnahme in die Luftfahrtabteilung des Deutschen Museums.

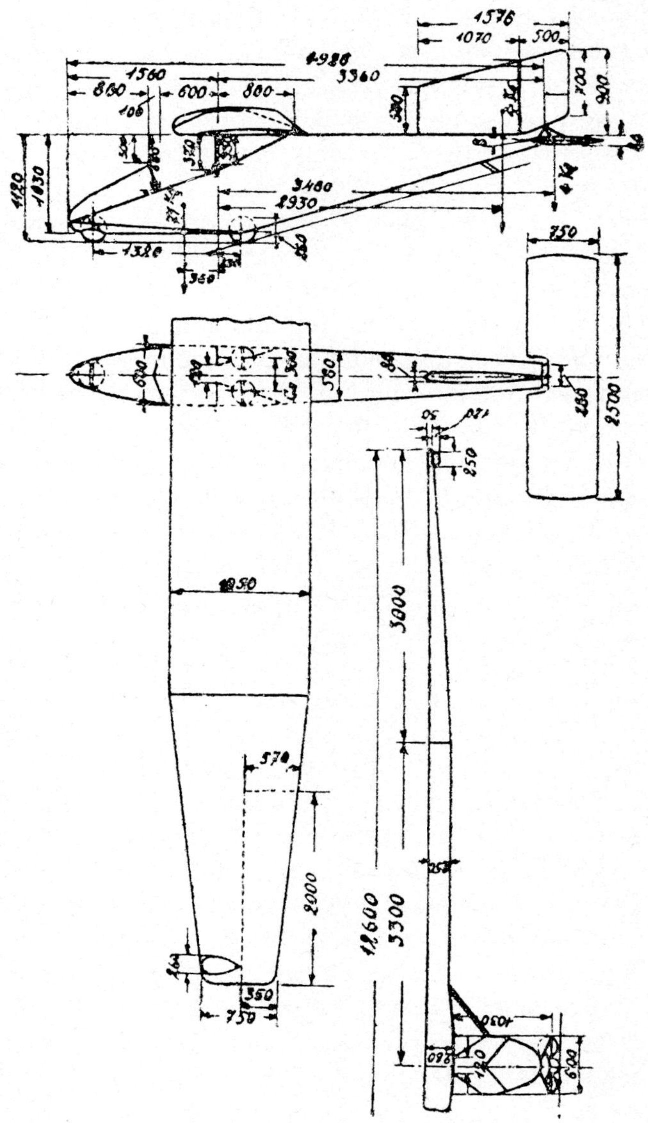

Die Original-Übersichtszeichnung aus dem Jahre 1921.

Baumuster	Vampyr	
Abmessungen (dimensions)		
Spannweite.	12,60	m
Länge	5,00	m
Flügelfläche	16,00	m^2

Seitenverhältnis	10	
Gewichte (weights)		
Fluggewicht	210,00	kg
Flächenbelastung	13,10	kg/m^2
Leistungen (performances)		
Mindestgeschwindigkeit	39,00	km/h
Sinkgeschwindigkeit	0,80	m/sec
Gleitzahl.	16	
Profil	Gö 441	

D 9 „Konsul"

Nach den Erfolgen im Rhön-Wettbewerb 1922 mit D 4 *Edith* (genannt nach der Tänzerin Edith Bielefeld), Konstrukteur Erik Thomas, und D 6 *Geheimrat* (genannt nach Geheimrat Bernd von der Technischen Hochschule Darmstadt), Konstruktion Ludwig Hoffmann und Friedrich Nikolaus, entstanden im folgenden Winter bei der Akademischen Fliegergruppe in Darmstadt als D 7 der Doppelsitzer *Margarete* (genannt nach Margarete Edle von Loeßl, der Witwe von Eugen von Loeßl), Konstrukteur E. Schatzki und Rudolf Kercher und als D 9 der Einsitzer *Konsul* (genannt nach Leistungssegelflugzeuge. Es zeigte alle Merkmale unserer heutigen Leistungssegelflugzeuge.

Der Konstruktion lagen zwei verschiedene Gedankengänge zu Grunde: das Flugzeug sollte sich möglichst weitgehend die kleinen Schwankungen der Windrichtung zunutze machen, darüber hinaus das Augenmerk auf den Streckenflug richten. Erforderlich dazu war vor allem ein Profil, das in einem großen Bereiche von Anstellwinkeln eine gute Profilgleitzahl aufweist. Die aerodynamische Forderung für den Dauer- und Höhenflug war die kleinste Sinkgeschwindigkeit, für den Streckenflug aber eine möglichst gute Gleitzahl über einen möglichst großen Geschwindigkeitsbereich. Deshalb kam die Akaflieg in ihrer Konstruktion auf die große Spannweite. Man wagte 18,7 Meter!

Bei einholmiger Bauart wurde der dreiteilige Flügel

Nach Espenlaub bauten die Darmstädter Studenten mit dem Konsul ebenfalls ein Flugzeug mit großer Spannweite. Der Konsul wurde das erste Leistungssegelflugzeug. Das Bild zeigt den Konsul mit Botsch am Steuer.

Konsul Dr. Kotzenberg). Für die Geschichte sei festgehalten, daß die von der Gruppe konstruierten Flugzeuge meistens gleichzeitig Diplomarbeiten waren.

Mit diesen vier Flugzeugen erschienen Darmstädter Studenten zum Rhön-Wettbewerb 1923. Rückschauend muß man feststellen, daß der freitragende Schulterdecker *Konsul* für die damaligen Begriffe das Maximum in aerodynamischer und konstruktiver Hinsicht darstellte. Der *Konsul,* von Albert Botsch und Rudolf Spies konstruiert, von der Bahnbedarf AG Darmstadt gebaut, war das beste Segelflugzeug seiner Zeit und beeinflußte entscheidend die weitere Entwicklung der

von 18,7 m Spannweite sowohl unter sich wie auch mit dem Rumpf dreipunktig verbunden. Um trotz der großen Spannweite eine genügende Wendigkeit zu erreichen, waren die Verwindungsklappen derart mit dem Seitensteuer gekoppelt, daß sie dessen Wirkung unterstützten. Besondere Sorgfalt legte die Gruppe auf den Bau und auf die Betätigung der Steuerorgane. So besaß der Konsul erstmals ein Quer-Seitensteuerdifferential. Die mit dem Seitensteuerausschlag veränderliche Differenzierung der Querruder wurde erstmalig beim *Konsul* zur Verbesserung der Wendigkeit benutzt. Der elliptische Rumpfquerschnitt, der ge-

nügend feste und steife Flügel großer Schlankheit, die hohe Streckung, das Profil Göttingen 535 und das Seitenleitwerk mit gutem Seitenverhältnis wurden durch den *Konsul* in den Segelflugzeugbau eingeführt. Ebenso neuartig war die Führerunterbringung in dem eleganten Rumpf.
In einer zeitgenössischen Darstellung berichtet Fritz Hoppe von der Akaflieg Darmstadt weiter über die neue Konstruktion: »Die Konstruktion ging Hand in Hand mit der Untersuchung der wichtigsten Bauteile, so der drehungsfesten Sperrholznase, der Holmstege usw. Bei einholmiger Bauart wurde der dreiteilige Flügel sowohl unter sich wie auch mit dem Rumpf dreipunktig verbunden. Die Hauptholmstücke sind mittels Überwurfmutter miteinander verschraubt, die Stirnholme mit Konusbolzen verbunden. In dem 8 Meter langen Mittelstück ist der Holm kastenförmig, in den Außenstücken I-förmig. Das Profil nimmt außen stark ab und wird unter Verkleinerung des Anstellwinkels symmetrisch, um eine einwandfreie Verwindungswirkung und gleichzeitig günstigere Auftriebsverteilung zu erreichen. Die Verwindungsklappen sind mit der Seitensteuerung so verbunden, daß bei nicht ausgetretenem Seitensteuer die Verwindung wie üblich arbeitet, bei Rechts-Seitensteuer aber ein etwaiger Verwindungsausschlag am Steuerknüppel die rechte Klappe mehr, die linke weniger betätigt – bei Links-Seitensteuer umgekehrt. Eine solche Unterstützung des Seitensteuers durch die Verwindung war bei der Riesenspannweite nötig. Der fischförmige Sperrholzrumpf hat oben und unten scharfe Kanten, die für die nötige Kielwirkung sorgen. Die mit Stoff verkleidete Landekufe ist durch Gummiwicklung sorgfältig gefedert und ermöglicht auch auf dem Boden Höhensteuerwirkung. – Die unbeabsichtigt hohe Geschwindigkeit, die der *Konsul* gezeigt hat, erklärt sich teils durch das etwas zu groß ausgefallene Gewicht, andererseits durch die genügende Glätte der Bespannung – die Strömung reißt infolge der Dicke und starken Wölbung des Profils offenbar schon bei verhältnismäßig geringen Ca-Werten ab.«
Schon nach wenigen Erprobungsstarts und einigen Änderungen erzielte Albert Botsch am 29. September 1923 in der Rhön mit 18,7 km einen neuen Streckenweltrekord. Noch einmal wurde dieser Rekord mit dem *Konsul* überboten, als Bubi Nehring am 9. Oktober 1925 über der Krim 24,4 km zurücklegte. 1927 ging der *Konsul* restlos zu Bruch. Das Nachfolgeflugzeug in der Akaflieg Darmstadt wurde die *Darmstadt.*

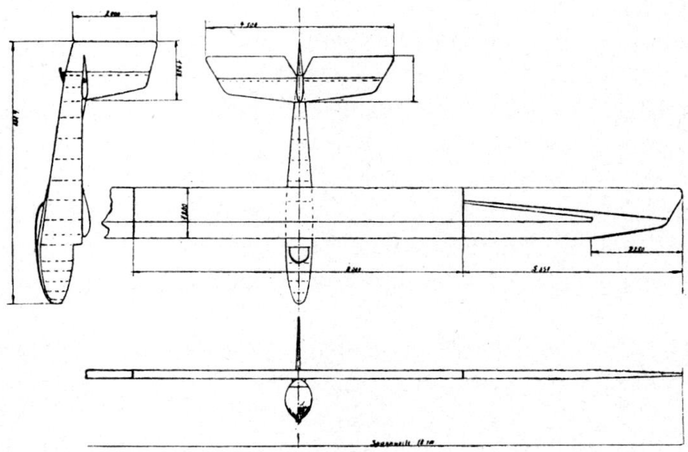

Übersichtszeichnung des Konsul aus dem Jahre 1923.

Baumuster		Konsul	
Abmessungen (dimensions)			
Spannweite		18,70	m
Länge		5,50	m
Flügelfläche		21,00	m^2
Seitenverhältnis		18	
Gewichte (weights)			
Rüstgewicht		185,00	kg
Zuladung		85,00	kg
Fluggewicht		270,00	kg
Flächenbelastung		9,10	kg/m^2
Leistungen (performances)			
Gleitzahl	21,4	bei 14,80	m/sec
Profil		Gö 535	

Darmstadt

Nach dem Bruch des *Konsul* benötigten die Studenten der Akademischen Fliegergruppe Darmstadt zum Rhön-Segelflug-Wettbewerb 1927 ein neues Flugzeug. Kurt Völker entwarf den freitragenden Hochdecker *Darmstadt* mit 16 m Spannweite. Die bereits beim *Konsul* bewährten konstruktiven Neuheiten des elliptischen Rumpfquerschnittes, des festen Flügels großer Schlankheit mit dem Profil Göttingen 535, des Seitenleitwerkes mit gutem Seitenverhältnis wurden auch bei der *Darmstadt* mit Erfolg angewandt – technische Tatsachen, die sich seitdem im Segelflugzeugbau bewährt haben. Die D-17 wurde in der Hauptsache für die Erfordernisse der Hangfliegerei konstruiert, war doch Johannes Nehring, von seinen Kameraden »Bubi« genannt, der Meister des Hangfluges, der diese Flugart mit geradezu wissenschaftlicher Genauigkeit ausführte. Deshalb achtete Völker bei der *Darmstadt* im wesentlichen auf besten Gleitwinkel bei guter Sinkgeschwindigkeit. Von Hang zu Hang mußten aufwindlose oder auch Abwindgebiete überbrückt werden, wofür weniger die Sinkgeschwindigkeit maßgebend war als der beste Gleitwinkel mit großer Geschwindigkeit. Die Absicht hat sich voll erfüllt. Schon nach wenigen Starts wurde Bubi Nehring im August 1927 Sieger im Rhön-Wettbewerb, erflog sich mit 51,8 km an den Bergen und Hängen des Thüringer Waldes den Streckenpreis und schaffte als erster den Flug zum Heidelstein und zurück, die berühmte Heidelsteinumrundung, die damit der erste Zielflug mit Rückkehr war.

1928 ging Hesselbach mit der *Darmstadt* nach Amerika, erregte dort mit mehreren Dauerflügen großes Aufsehen. Bei einer harten Landung ging das Flugzeug zu Bruch, wurde von den Amerikanern gekauft, wieder aufgebaut und flog noch Jahre in den Vereinigten Staaten. Für die Akademische Fliegergruppe Darmstadt aber wurde ein neues Flugzeug notwendig, um im Rhön-Wettbewerb 1928 starten zu können. Auf Grund der gemachten Erfahrungen entwarf Franz Gross eine verbesserte *Darmstadt,* die als *Darmstadt II* in die Geschichte des Segelfluges einging. In zwei Monaten war sie gebaut. Auch diese *Darmstadt,* D-19, war ein freitragender Hochdecker in Holzbauweise mit einer vergrößerten Spannweite von 18 m und einem Joukowsky-Profil. Es gelang, die *Darmstadt II* trotz der vergrößerten Spannweite leichter zu bauen als die erste *Darmstadt.*

Im Juli 1928 gehörte Nehring mit der *Darmstadt* zu den deutschen Teilnehmern des Internationalen Wettbewerbs von Vauville in Frankreich. Er holte sich dort den 2. Höhenpreis, den 2. Streckenpreis, den 3. Preis im Wettbewerb um die Gesamthöhe und um die Gesamtflugdauer. Ein leichter Bruch wurde in vier Tagen behoben und dann ging es zum Wettbewerb in die Rhön. Am 8. August verbesserte dort Johannes Nehring den Streckenweltrekord mit einem Flug von der Wasserkuppe nach Treffurt auf 71,2 km und gewann gleichzeitig den Preis in der Streckenleistung. Am 24. April 1929 steigerte er diesen Rekord bei seinen Forschungsflügen entlang der Bergstraße von Malchen nach Upstadt auf 72,3 km – sein letzter großer Flug.

Im Rhön-Wettbewerb 1929 startete Neininger auf *Darmstadt II,* gewann mit 24 Stunden und 13 Minuten den 1. Preis für die größte Gesamtflugdauer, mit 2724 m den 3. Preis für die größte Höhensumme und die Rekordprämie für die Überbietung des Rhön-Dauerrekords auf 7 Stunden und 54 Minuten. Jahr um Jahr startete die *Darmstadt* im Rhön-Segelflug-Wettbewerb, 1934 zum achten Male. Ihr letzter großer Meister war Fritz Utech, der mit ihr 1934 trotz der großen Zahl modernster Maschinen den 2. Preis in der Streckensumme erflog, der 1934 allein 1088 km auf der *Darmstadt* zurücklegte. Ihr letzter großer Erfolg war die Teilnahme an der Segelflug-Expedition 1934 nach Finnland, ehe sie durch Absturz zerstört wurde.

In die gleiche Entwicklungsrichtung *Konsul-Roemryke*

Darmstadt II beim Gummiseilstart auf der Wasserkuppe. Rechts unten das Fliegerdenkmal.

Berge (Konstrukteur E. Schatzki) gehörten auch die von dem Darmstädter Akafliegmitglied H. Hoffmann für Ferdinand Schulz 1927 gebaute *Westpreußen* sowie die 1928 von P. Laubenthal für Wolf Hirth entworfene *Lore* und *Württemberg* (1929). Die *Westpreußen* wurde das bekannte Rekordflugzeug von Ferdinand Schulz, mit dem er als einziger Segelflieger der Welt alle damals geführten Weltrekorde erflog: am 3. Mai 1927 über den Dünen von Rossitten 14 Stunden 7 Minuten Dauerflug, am 14. Mai 1927 an den Dünen entlang von Rossitten nach Memel 60,2 km Strecke und am 10. Juli 1928 über Grunau im Riesengebirge 560 m über Start. Dazu den damals noch geführten Rekord über Entfernung in geschlossener Bahn bei dem genannten Dauerflug mit 455,8 km. Die *Westpreußen* wurde von verschiedenen Gruppen nachgebaut und einige dieser Flugzeuge wurden bis in die Jahre 1933/34 geflogen.

Baumuster . . . . .Darmstadt

Abmessungen (dimensions)	I	II
Spannweite	16,00 m	18,00 m
Flügelfläche	16,60 m²	16,90 m²
Seitenverhältnis		19,40
Gewichte (weights)		
Rüstgewicht	155,00 kg	162,00 kg
Zuladung	95,00 kg	90,00 kg
Fluggewicht	250,00 kg	252,00 kg
Profil	Gö 535	Joukowsky mittelstark

„Professor" – „Wien"

Nach den Erfolgen des Segelfluges in den Jahren 1926/27 entstand der Wunsch nach einem Leistungssegelflugzeug mit einfachem Aufbau. Alexander Lippisch löste die Aufgabe mit dem *Professor,* den er 1928 bei der Rhön-Rossitten-Gesellschaft baute. Es war ein mit einem V-Stiel abgestrebter Hochdecker mit

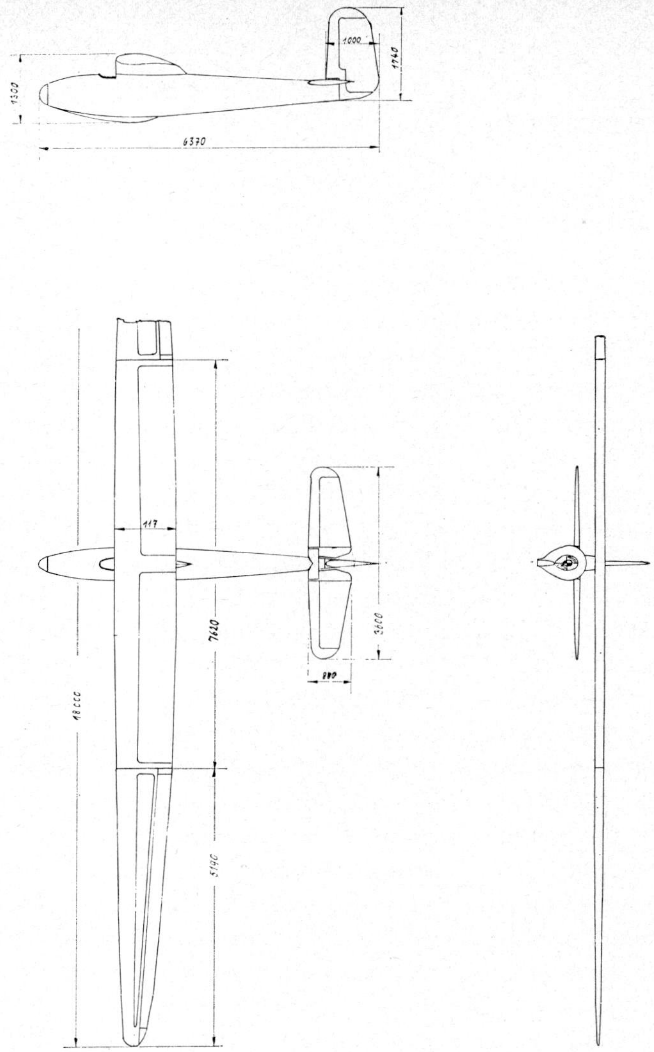

Übersichtszeichnung der D 19 Darmstadt.

16 m Spannweite. Die Fläche war dreiteilig gebaut, einholmig und mit drehsteifer Flügelnase. Der Rumpf hatte einen sechseckigen Querschnitt. Mit dem *Professor »Rhöngeist«* wurde Robert Kronfeld im Rhön-Wettbewerb 1928 Gesamtsieger mit 41 km Strecke, 660 m Höhengewinn und einen Dauerflug von 7 Stunden 54 Minuten. Kronfeld war in diesem Wettbewerb der erste Segelflieger, der ein Variometer mitführte. Bislang hatten die Segelflugzeuge höchstens Fahrtmesser und Höhenmesser eingebaut. Kronfeld war es auch, der den Segelflug vom Hangflug zur Ausnützung des Wolkenfluges führte. Dabei war er wiederum der erste Flugzeugführer, der im Segelflug den Fallschirm benützte. Um die Leistungen weiter zu steigern, entwickelte Alexander Lippisch 1929 aus dem *Professor* für Robert

Kronfeld eine Sonderkonstruktion, die *Wien,* die vor allem aerodynamisch wesentlich besser durchkonstruiert war und sich durch sehr niedrige Sinkgeschwindigkeit auszeichnete. Aus 16 m wurden 19 m Spannweite und das Seitenverhältnis wurde von 1:14 auf 1:20 erhöht. Lippisch benützte das Profil Gö 549 mit verdickter Nase und etwas stärker gewölbt. Der Rumpf wurde rund und konnte im Querschnitt möglichst klein gehalten werden, da Kronfeld von kleiner Statur war. Um die schwächsten Aufwinde zum Segeln ausnützen zu können, waren geringste Sinkgeschwindigkeit und geringe Flächenbelastung nach wie vor das Ziel der Konstruktion. Wenn alles »absoff«, blieb Kronfeld noch immer über dem Westhang. »Meine *Wien* stellt eine Hochzüchtung des so bewährten *Professor*-Typs der Rhön-Rossitten-Gesellschaft dar«, urteilte Kronfeld selbst über diese Einzelkonstruktion von Lippisch.

Mit der *Wien* wurde Robert Kronfeld der erfolgreichste Segelflieger der Jahre 1929 und 1930. Am 15. Mai 1929 gelang ihm noch im Hangaufwind des Teutoburger Waldes der erste Segelflug der Geschichte mit über 100 km. Die 102,2 km waren neuer Weltrekord, den er für zwei Jahre nicht mehr abgab. Am 20. Juli 1929 stellte er im Rhön-Wettbewerb bei einem Gewitterflug nach Hermsdorf mit 143 km Strecke und 2025 m Höhe zwei neue Weltrekorde auf. Zehn Tage später, am 30. Juli, verbesserte er diese Leistung mit einem Gewitterflug von der Wasserkuppe nach Sienlas auf 150 km und 2560 m Höhe, und am 24. August 1930 landete er nach erneutem Weltrekord bei Marktredwitz, 164 km von der Wasserkuppe entfernt. Im Juli 1931 überquerte er als erster den Kanal zwischen Calais und Dover in beiden Richtungen mit dem Segelflugzeug und gewann den 1000-Pfund-Preis der »Daily Mail«. »Nach meiner Landung in der Nähe der alten Burg von Dover haben mir viele Autofahrer ihre Unterstützung und Betriebsstoff angeboten. Sie waren fast enttäuscht, als ich ihnen erklärte, daß das Flugzeug motorlos sei.« Seinen letzten großen Flug mit der *Wien* flog Robert Kronfeld in der »12. Rhön« mit 156 km am 5. August 1931 von der Wasserkuppe nach Arnsberg/Westfalen. Dies war zugleich sein längster Thermikflug.

Baumuster	Professor	
Abmessungen (dimensions)		
Spannweite	16,10	m
Länge	7,00	m
Flügelfläche	18,60	m²
Seitenverhältnis	14	
Gewichte (weights)		
Fluggewicht	246,00	kg
Flächenbelastung	13,00	kg/m²
Profil	Gö 549	

Baumuster	Wien	
Abmessungen (dimensions)		
Spannweite	19,10	m
Länge	6,50	m
Flügelfläche	18,60	m²
Seitenverhältnis	20	
Gewichte (weights)		
Fluggewicht	248,00	kg
Flächenbelastung	13,80	kg/m²
Profil	Gö 549 geändert	

Professor im Flug.

Die Wien startet mit Robert Kronfeld am Westhang der Wasserkuppe. Deutlich sieht man, daß der Kopf des Flugzeugführers immer noch frei aus dem Rumpf ragte.

Fafnir

Mit dem Jahre 1930 begannen im deutschen Segelflug die Konstruktionen für große Gleitzahlen, für größere Flächenbelastung und höhere Reisegeschwindigkeit. Höhepunkte dieser Entwicklung stellen die Einzelkonstruktionen *Fafnir II, Austria* und die D-30 *Cirrus* dar. Urvater war der *Fafnir* aus dem Jahre 1930. Mit dem Knickflügel und dem aerodynamisch neuartig gelösten Rumpf-Flächenübergang ging Lippisch neue Wege und schuf zwei Merkmale der »Wasserkuppen-Schule«, die dann in vielen späteren Typen wiederzufinden waren.

Um die Forderung nach höchster Festigkeit bei großer Spannweite zu erfüllen, wählte Lippisch einen geknickten und stark verwundenen Flügel. Die Verwindung des Flügels wurde im wesentlichen durch Änderung der Profilform erreicht. Am Rumpfanschluß, der erst beim *Fafnir II* wesentlich besser gelöst werden konnte, wurde auf das Profil Gö 652, am Flügelknick auf das bewährte Segelflugprofil Gö 535 und nach außen auf das amerikanische Clark-Y-Profil gestrakt. In der drehsteifen Nase wurde vor dem Hauptholm noch ein Stützholm eingezogen, um eine möglichst große Biegesteifigkeit des Flügels zu erreichen. Der Flügel war zweiteilig und an einem kurzen Mittelstück, das fest mit dem Rumpf zusammengebaut war, an drei Punkten angeschlossen. Durch den Flügelknick erhielt der freitragende Schulterdecker von 19 m Spannweite eine gute Kursstabilität und an den Flügelenden genügend Bodenfreiheit.

Der Rumpf zeigte den bereits damals üblichen eiförmigen Querschnitt. Das Höhenleitwerk war, wie beim *Professor* und der *Wien*, ein auf einer auf dem Rumpf gelagerten Achse aufgestecktes Pendelruder. Die Kufenfederung war weitgehend in den Rumpf eingebaut. Erstmalig in der Geschichte der Segelflugzeugkonstruktionen war beim *Fafnir* der Flugzeugführer vollkommen im Rumpf untergebracht, um den schädlichen Widerstandsquerschnitt weiterhin zu vermindern. Der Kopf des Flugzeugführers war durch eine aerodynamisch geschwungene Verkleidung, die in den Flügelzusammenstoß hineinwuchs, geschützt. Diese erste Form der Verkleidung gab dem Vogel sein gespenstisches Aussehen und damit den Namen *Fafnir.* Sie bewährte sich nicht, da die seitlichen Schaulöcher in der Kopfverkleidung und die ungünstige Flügelausrundung im Mittelflügel die Strömung abreißen ließen. Durch eine Änderung wurde dieser Fehler dann behoben. Trotzdem blieben die Sichtverhältnisse, wie die Aufnahme aus dem Jahre 1932 deutlich zeigt, sehr schlecht. Man muß Groenhoff bewundern, wie er unter solchen Umständen seine großartigen Leistungen erflog.

Nach dem Absturz von Günther Groenhoff am 23. Juli 1932 wurde beim Umbau des *Fafnir* vor allem die Verkleidung des Führersitzes und der Flügel-Rumpf-Zusammenschluß geändert. Damit aber verlor der *Fafnir* sein für ihn typisches Aussehen. Die Entwicklungsreihe *Professor, Wien* und *Fafnir* zeigte gegenüber den früheren Konstruktionen einen wesentlich längeren Rumpf. Dieses neue Konstruktionsmerkmal diente zur Erzielung besserer Flugeigenschaften um die Hoch- und Querachse.

Günther Groenhoff, einer der unvergleichlichen Meister des Segelfluges, wurde mit dem *Fafnir* weltberühmt. Er schreibt: »Das Flugzeug war speziell für Segelflüge in Gewittern und für Forschungsflüge konstruiert, mir nach Maß angepaßt (daher möglichst kleiner Rumpfquerschnitt), vollkommen geschlossen und hatte an beiden Seiten je ein kleines Fenster, aus dem ich hinauslugen konnte. Die Arbeiten zogen sich arg in die Länge; erst am Tage des Wettbewerbbeginns 1930 konnte ich den ersten Versuchsflug machen.« (10. August 1930).

Groenhoff bezeichnete den *Fafnir* als den »elegantesten aller Sperrholzvögel« – und damit dürfte er recht haben; denn in jenen Jahren bot der *Fafnir* ein bestechend schönes Flugbild, er war mit Groenhoff zum Sinnbild des Segelfluges geworden.

Gleich beim zweiten Start gelang ihm am 17. August 1930 als zweitem Segelflieger nach Kronfeld die Umrundung des Kreuzbergs mit Rückkehr zur Wasserkuppe. Im Herbst 1930 galten die Flüge von Günther Groenhoff der Forschungsarbeit zur Erprobung des Flugzeugschlepps. Am 13. April 1931 führte er die neue Startmethode zum ersten großen Erfolg. Nach einem Flugzeugschlepp segelte er von Darmstadt, an der

Das formschönste Flugzeug seiner Zeit: Fafnir mit Günther Groenhoff beim Start auf der Wasserkuppe.
Rechts: Beim Fafnir wurde zum erstenmal der Flugzeugführer vollkommen im Rumpf untergebracht. Für Günther Groenhoff blieb bei dieser ersten Bauausführung nur wenig Möglichkeit zur Sicht.

Bergstraße entlang, 138 km nach Bühl. Seine großartigste Leistung gelang ihm wenige Wochen darauf, als er am 4. Mai bei einem Münchner Flugtag die neue Schleppmethode demonstrieren wollte, ausklinkte und mit einer Gewitterwand nach Nordosten weiterflog. Im wohl aufsehenerregendsten Streckenflug der Segelfluggeschichte durchflog er zwei schwere Gewitter und landete nach 8,5 Stunden und 272 km Strecke in Kaaden/CSSR. Es war eine neue Weltbestleistung – als Weltrekord wurde dieser Flug nicht anerkannt, da der Flugzeugschlepp von der FAI noch nicht genehmigt war. Erst drei Jahre später wurde diese Leistung von Wolf Hirth und Heini Dittmar überboten. Nach diesem Gewitterflug führte Groenhoff Forschungsflüge im Hochgebirge durch. Bei einem gewagten Start auf dem Jungfraujoch verlor er durch Höhensteuerbruch die ganze rechte Seite der Steuerfläche, stürzte 1000 m tief, fing den *Fafnir* aber doch noch ab und landete glatt nach 58 Minuten bei Interlaken. Im Rhön-Wettbewerb 1931 wurde er Sieger durch einen Gewitterflug von 220 km in die Nähe von Magdeburg (neuer offizieller Weltrekord), einen Thermikflug von 107 km und den Höhenpreis von 2050 m. Ein Jahr später, am 23. Juli 1932, zog gegen 18 Uhr wieder ein Gewitter über die Wasserkuppe. Günther Groenhoff startete mit leichtem Rükkenwind, kam schlecht vom Boden ab, stieß mit dem Leitwerk an einen Felsbrocken, wobei das Seitenruder beschädigt wurde und das Höhenruder blockierte. Der *Fafnir* stürzte in den Wald und wurde nur wenig beschädigt. Groenhoff aber war nur wenige Meter über den Bäumen ausgestiegen. Man fand ihn tot, von seinem Fallschirm zugedeckt. Sein Freund Peter Riedel übernahm den *Fafnir* und gehörte in den Rhön-Wettbewerben 1933 und 1934 zur Spitzengruppe. Riedel's größter Erfolg war ein Streckenflug am 7. Juni 1933, als er von Darmstadt aus mit 229 km die offizielle Bestleistung von Günther Groenhoff mit einem Flug nach Frankreich übertraf. Und mit Hanna Reitsch endet die Reihe berühmter Flieger auf dem *Fafnir.* Sie stellte im März 1934 mit einem Flug von Darmstadt nach Reutlingen mit 160 km einen Streckenweltrekord für Frauen auf. Das berühmte Rekordsegelflugzeug *Fafnir* fand dann einen Ehrenplatz im Luftfahrtmuseum von Berlin, wo es im Zweiten Weltkrieg den Bomben zum Opfer fiel.

Fafnir II „Sao Paulo" mit Heini Dittmar.

Baumuster	Fafnir	
Abmessungen (dimensions)		
Spannweite	19,00	m
Länge	7,76	m
Flügelfläche	18,60	m^2
Seitenverhältnis	1:20	
Gewichte (weights)		
Rüstgewicht	200,00	kg
Zuladung	115,00	kg
Fluggewicht	315,00	kg
Flächenbelastung	16,90	kg/m^2
Leistungen (performances)		
Mindestgeschwindigkeit	50,00	km/h
Höchstgeschwindigkeit	220,00	km/h
Sinkgeschwindigkeit	0,76	m/sec
Höchstgeschw. im Flugzeugschlepp	125,00	km/h
Profil	Gö 652/535	

Baumuster	Fafnir II	
Abmessungen (dimensions)		
Spannweite	19,00	m
Länge	7,91	m
Flügelfläche	19,00	m^2
Seitenverhältnis	19	
Gewichte (weights)		
Rüstgewicht	270,00	kg
Zuladung	80,00	kg
Fluggewicht	350,00	kg
Flächenbelastung	18,40	kg/m^2
Leistungen (performances)		
Höchstgeschwindigkeit	180,00	km/h
Sinkgeschwindigkeit	0,65	m/sec
Gleitzahl	27	
Profil	DFS	

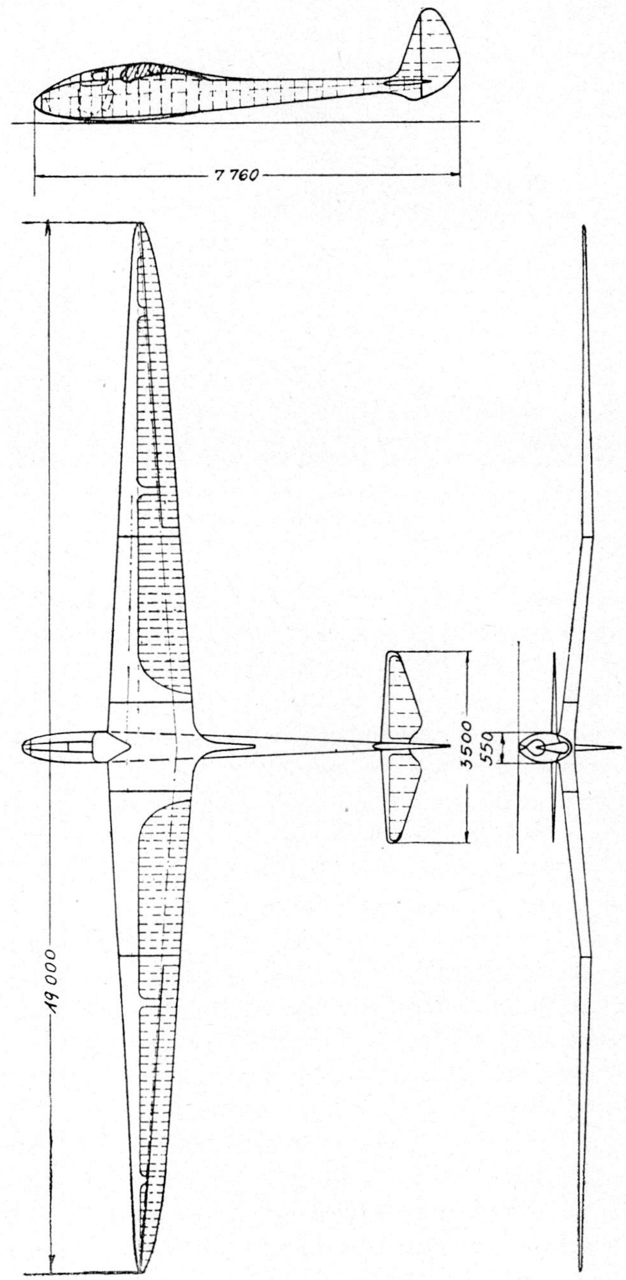

Übersichtszeichnung des Fafnir I.

Austria

Zu den berühmtesten Flugzeugen in der Segelfluggeschichte gehört zweifellos auch die *Austria* aus den Jahren 1930 bis 1932. Berühmt vor allem durch ihren Besitzer – dem vielfachen Rekordflieger Robert Kronfeld, berühmt durch ihr unvergeßliches Aussehen und durch ihren extremen Entwurf. Im Auftrag von Robert Kronfeld konstruierte August Kupper (1905 bis 1937) von der AKAFLIEG München das Muster *Ku 4*, genannt *Austria.* Im Prinzip war es eine Fortentwicklung des Musters *Mü 3 (Ku 1) Kakadu* der Akademischen Fliegergruppe München aus dem Jahre 1928. Beide waren freitragende Hochdecker mit großer, nach außen zunehmender Wölbung und starker Zuspitzung des Tragwerks. Gebaut wurde die *Austria* 1930 im Segelflugzeugbau Kassel. Für den Wettbewerb 1931 war sie gemeldet, aber nicht erschienen. Geflogen ist sie nicht viel. Nach einigen Erprobungsflügen war die einzige nennenswerte Leistung Kronfelds 6-Stunden-Flug am 19. Juli 1932 von der Wasserkuppe in die Nähe von Meiningen mit 41,16 km. Kronfeld startete das damals größte Segelflugzeug der Welt mit Gummiseil am Westhang der Wasserkuppe, erreichte unter schwierigsten Verhältnissen nur 180 m Höhe und erzielte die genannte Strecke mit dem Riesenvogel mit 30 m Spannweite nur im Aufwind der Berghänge des Thüringer Waldes. Zurückgekehrt und wieder aufgebaut ließ sich Kronfeld am 22. Juli 1932 um 14.36 Uhr im Flugzeugschlepp vom Motorlandeplatz hochschleppen und erreichte in Richtung Gersfeld eine Wolke. Nach 22 Minuten kam er außer Sicht. Im Blindflug hörte Kronfeld plötzlich einen dumpfen Knall und stürzte aus der Wolke heraus. »Linkes und rechtes Flügelende brachen ab«, wie Oskar Ursinus im »Flugsport« berichtet, »und die Maschine ging nach vorn in den Looping. In der Rückenlage schnallte Kronfeld sich los und sprang mit dem Fallschirm, der sich sofort automatisch entfaltete, ab. Nachdem Kronfeld das Flugzeug verlassen hatte, führte dieses mit unbeschädigtem Höhen- und Seitenleitwerk noch einen Looping aus und ging im Turn über den Flügel, den fallenden Kronfeld in geringer Höhe übersteigend. Die Maschine ging total in Trümmer, während Kronfeld vornehm landete.«

Austria, genannt der Elefant, im Fluge mit Robert Kronfeld.

Als Forschungsaufgabe aber muß die *Austria* in der Geschichte der Segelflugzeuge festgehalten werden.
Durch die große Spannweite von 30 m sollte ein besonders guter Gleitwinkel und eine geringe Sinkgeschwindigkeit ohne Rücksicht auf Kurvengeschwindigkeit und Transportmöglichkeit des Flugzeuges erreicht werden. Die *Austria* fiel mit der geringen Flächenbelastung von 13,8 kg/m² in jene Zeit der konstruktiven Überlegung, als die geringste Sinkgeschwindigkeit noch der überwiegend angewandte Maßstab für die Leistungsforderung war, als es galt, hohe Leistung einseitig allein

durch große Spannweite und außerordentlich große Flügelstreckung zu erreichen. Die große Spannweite erforderte konstruktiv besonders Maßnahmen zur Hochlage des Flügels und damit zu einer etwas merkwürdigen Form des Rumpfes mit einer recht kühnen Lösung des Leitwerksträgers. Aus dem zweiteiligen Flügel des *Kakadu* entstand die Vierteilung der *Austria*-Fläche mit Rücksicht auf den Landtransport. Ein Mittelstück von nur 0,40 m Breite war in den Rumpfaufbau unlösbar eingezogen, um auf diese Weise die Verbindung von Flügel und Rumpf strömungstechnisch einwandfrei ausführen zu können. Die 9,3 m langen Innenflügel hatten einen trapezförmigen Grundriß, die etwa 5,5 m langen Außenflügel schlossen mit etwas geringerer Zuspitzung und einem Knick in Verwindung und Aufriß daran an. Als Profil wurde in dem freitragenden Flügel durchweg Gö 652 verwandt. Die über die gesamte Hinterkante der Fläche laufenden Querruder mit sechs Querruderklappen waren mit der Höhensteuerung direkt gekoppelt. Sie konnten zur wahlweisen Wölbungsänderung, (was für einen geplanten Schnellflug besonders günstig war) durch Handrasten verstellt werden an einem Hebel, der neben der Steuersäule angebracht war. Die Steuersäule selbst trug ein Handrad.
Als Fahrwerk diente ausschließlich eine Kufe, während der Leitwerksträger keine Spornkräfte übernahm.
Die Größe der Spannweite, die negative V-Stellung, der Außenflügel und die Biegungsweichheit des ganzen Tragwerks verlangten eine beträchtliche Höhe der Flügelwurzel über dem Boden. Aus dieser Forderung ergab sich der neuartige und für die *Austria* so charakteristische Rumpfaufbau. Der Flugzeugführer saß dicht über dem Boden in einem Boot von 0,55 m größter Breite. Dieses Boot ging in einen Turm von stromlinienförmigem Querschnitt über, der oben mit dem erwähnten Flügelstummel von 0,4 m Breite abschloß. Aus diesem Stummel wuchs die Fläche von 30 Meter Spannweite und nach hinten als Rumpf eine das Leitwerk tragende Röhre. Die Höhenflosse trug als Endscheiben zwei Seitenflossen ähnlich der *Junkers K 47*. Diese großen Endscheiben, die Unhandlichkeit des fliegenden Riesen und die graue Farbe seiner Lackierung mögen wohl der Grund gewesen sein, daß die *Austria* sofort nach ihrem Erscheinen auf der Wasserkuppe im Fliegerlager den Spottnamen »Elefant« erhielt. Mit diesem Ungetüm wagte Robert Kronfeld den Gummiseilstart, in niedrigster Höhe den Hangflug und riskierte Außenlandungen – er mußte wirklich fliegen können.

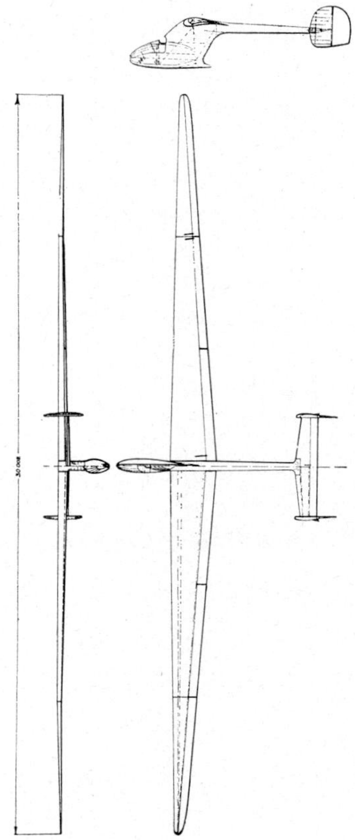

Übersichtszeichnung Ku 4 Austria.

Baumuster	Austria	
Abmessungen (dimensions)		
Spannweite	30,00	m
Länge	9,00	m
Flügelfläche	34,97	m^2
Seitenverhältnis	25,7	
Gewichte (weights)		
Rüstgewicht	402,40	kg
Zuladung	80,00	kg
Fluggewicht	482,40	kg
Flächenbelastung	13,80	kg/m^2
Leistungen (performances)	nicht erprobt!	
Profil	Gö 652	

Grunau Baby

Vom *Hol's der Teufel* führte der folgerichtige Weg über den *Roland* und die *Bremen* zum *Prüfling*, den 1926 Alexander Lippisch für Fortgeschrittene entwarf und schließlich 1929 zum Übungsflugzeug *Falke*, ebenfalls von Lippisch. Mit dem Jahr 1930 erlebte der Segelflugsport eine starke Ausbreitung und gleichzeitig begann auch der Leistungssegelflug. So schuf im gleichen Jahr die ISTUS das internationale Leistungsabzeichen, die sogenannte Silber-C. Es entstand daher allgemein der Bedarf nach einem billigen, einfachen Übungsflugzeug, das auch für die ersten Leistungsflüge eingesetzt werden konnte. Der Flugzeugbau Schneider-Grunau stellte sich die Aufgabe, diese Lücke zu schließen. Als Wolf Hirth 1931 nach Grunau kam, hörte er die Wünsche Schneiders. Unter Ausnützung der Erfahrung, die mit dem Segelflugzeug *Wiesenbaude II* gemacht worden war, entwickelten Hirth und Schneider die *ESG 31*, mit der unter dem Namen *Stanavo* in aller Stille zahlreiche Vergleichs-Flugversuche unternommen wurden.
Die Erkenntnisse und Erfahrungen, die hierbei gewonnen wurden, dienten als Unterlagen und Richtlinien für die nun vorgenommene Verkleinerung, die unter dem Namen *Grunau Baby* im Winter 1931/32 herausgebracht wurde. Der abgestrebte Hochdecker, an dem auch Hugo H. Kromer mitgearbeitet hatte, besaß bei nur 98 kg Leergewicht 12,87 m Spannweite und 14 m^2 Flügelfläche. Das Flügelprofil wurde aus dem bekannten Profil Göttingen 535 abgeleitet und war bereits bei *»Wiesenbaude II«* und *Stanavo* erprobt worden. Im mittleren Teil war die Flügelfläche einheitlich und nahm bei veränderten Profilformen von den Querrudern aus nach außen hin bis auf 60 cm ab. Der Rumpf, vollständig mit Sperrholz beplankt, hatte sechseckigen Querschnitt. Zu erwähnen ist noch die Tatsache, daß die Flosse des Höhenruders vor der Kielflosse auf die Rumpfoberseite aufgelegt und beiderseits durch je eine kurze Stahlrohrstrebe zur Rumpfunterkante hin abgefangen wurde.
Das *Grunau Baby* hatte sich gut bewährt und wurde unter Verwendung der gesammelten Erfahrungen 1933 vollkommen neu konstruiert und als *Grunau Baby II* herausgebracht. Durch eine vergrößerte Spannweite und weitere Änderungen wurden vor allem eine Verbesserung der Flugeigenschaften erzielt. Mit dem neuen Dauerweltrekord von Kurt Schmidt über Korschenruh in Ostpreußen, der am 3./4. August die bestehende Weltbestleistung von 21 Stunden und 55 Minuten auf 36 Stunden und 36 Minuten steigerte, begann der große Siegeszug dieses Segelflugzeuges. 1934/35 war das *Grunau Baby* das am meisten geflogene Segelflugzeug der Welt. Obwohl das Baumuster nur für den Übungsflug entwickelt worden war, wurden beachtliche Leistungen erzielt. Viele Inhaber der *Silber-C* aus der Vorkriegszeit erflogen Leistungen mit dem *Grunau Baby*, wobei Streckenflüge mit über 100 und 200 km gelangen. 1934 wurde das Rumpfende verstärkt und durch die Erhöhung der Lastannahmen war eine weitere Verstärkung des Hauptholmes und eine Verstärkung der Streben erforderlich, die praktisch zum Bau eines neuen Holmes führten.
Schneider, Grunau, baute vom *Baby I* etwa 80 Stück, vom *Baby II* und *II a* und *II b* etwa 700 Stück. Dazu kam der Bau bei Espenlaub und Schweyer, im Naumburger Flugzeugbau und im Schwarzwaldflugzeugbau, sowie bei den Flugvereinen und über Deutschland hinaus in Holland, Spanien, Rumänien, Bulgarien und vor allem in Schweden. Insgesamt dürften etwa 5000 *Grunau Baby* gebaut worden sein. Damit ist das *Grunau Baby*

ESG 31 Stanavo war das Erprobungsflugzeug für das Grunau Baby.

Das Standard-Übungsflugzeug Grunau Baby im Fluge.

in der Geschichte des Segelfluges das am meisten geflogene Segelflugzeug der Welt. Nach der Wiederzulassung des Segelfluges in Deutschland wurde auch das *Grunau Baby* neu aufgelegt, erhielt einige Verbesserungen, vor allem eine Haube über den bisher offenen Führersitz und diente im Wiederaufbau als *Grunau Baby III* noch lange Jahre.
Die Bauweise war billig und einfach, so daß Reparaturen auch im Selbstbau leicht ausgeführt werden konnten. Das Gewicht war gering, die Wartung leicht. Das Flugzeug war angenehm und einfach zu fliegen, so daß die Umschulung vom Gleitflugzeug ohne Gefahr vorgenommen werden konnte. Gute Ruderwirkung und ausreichende Stabilität vor allem um Quer- und Längsachse ermöglichten die Verwendung für Leistungsflugschulung. Bezeichnend war die Tatsache, daß zwei internationale Dauerrekorde mit diesem Muster erflogen wurden: 36,36 und 40,55 Stunden.
Das *Grunau Baby II a* war ein abgestrebter Hochdecker in Holzbauweise. Der zweiteilige Flügel hatte bis zu den Querrudern gleichbleibende Tiefe und verjüngte sich von da ab elliptisch. Er besaß einen Kastenholm, der durch je eine Stahlrohrstrebe abgestützt war, drehsteife Nase und an der Wurzel Torsionska-

Grunau Baby III mit verkleidetem Führersitz.

sten zur Übertragung der Kräfte auf den Rumpf; im übrigen war er mit Stoff bespannt. Der sperrholzbeplankte Rumpf hatte rechteckigen Querschnitt; sein vorderer Teil war durch doppelte Beplankung und Diagonal-Auskreuzung für Bruchlandungen verstärkt. Der Führerraum war durch abwerfbaren Haubendeckel halb geschlossen. Die Kufe hatte Gummipuffer, der Sporn Blattfeder. Das Leitwerk war normal durch je einen Stiel abgestützt.

Baumuster	Grunau Baby II a	
Abmessungen (dimensions)		
Spannweite	13,50	m
Länge	6,15	m
Flügelfläche	14,20	m²
Seitenverhältnis	12,20	
Gewichte (weights)		
Rüstgewicht	137,00	kg
Zuladung	90,00	kg
Fluggewicht	227,00	kg
Flächenbelastung	15,20	kg/m²
Leistungen (performances)		
Mindestgeschwindigkeit	40,00	km/h
Höchstgeschwindigkeit	200,00	km/h
Sinkgeschwindigkeit	0,85 m/sec bei 45	km/h
Höchstgeschw. im Windenschlepp	80,00	km/h
Höchstgeschw. im Flugzeugschlepp	120,00	km/h
Gleitzahl	1:17 bei 55	km/h
Profil	Gö 535 abgeleitet	

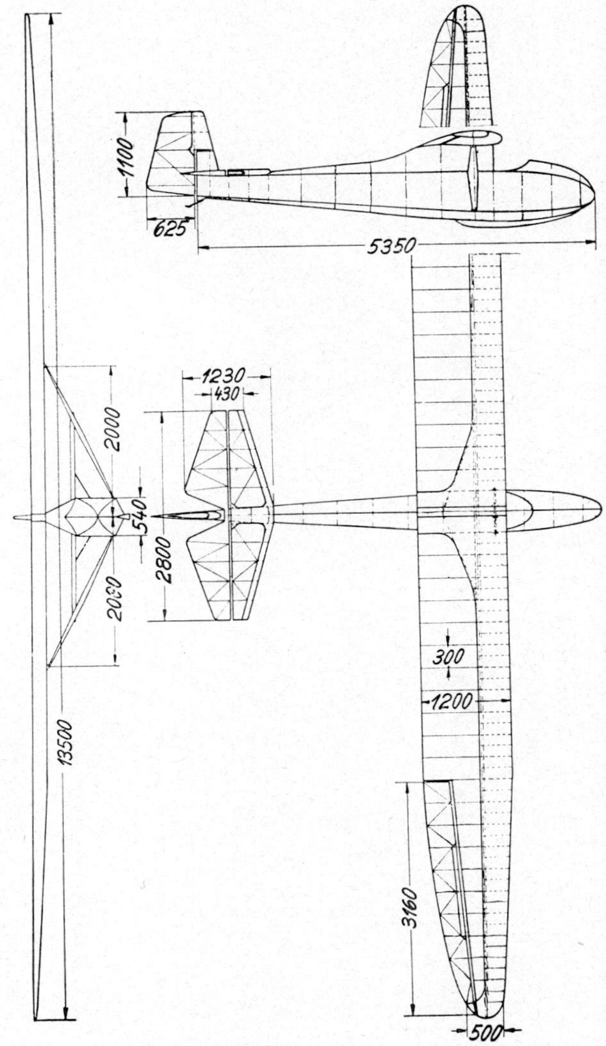

Übersichtszeichnung Grunau Baby II.

Schulgleiter

Schon im 1. Rhön-Segelflug-Wettbewerb 1920 auf der Wasserkuppe schulten Flugbegeisterte, jung und alt, im motorlosen Flug. Ohne vorherige fliegerische Kenntnisse. Die Pioniere betätigten sich meist noch mit dem Hängegleiter. Daraus entwickelten sich die Doppeldecker-Sitzgleiter, von denen die *Frohe Welt* von Fritz Stamer aus den Jahren 1921/22 am bekanntesten geworden ist. In seinen Erinnerungen schreibt Stamer, daß in jener Zeit bei einem Bruch immer gleich vier Flächen zusammengeschlagen wurden. So drängte die Entwicklung schließlich zum Eindecker. Entscheidenden Einfluß bei dieser Entwicklung hatten die Erfahrungen aus den Eindecker-Konstruktionen von Harth-Messerschmitt.

Schulflugzeug Zögling im Fluge.

Schulflugzeug SG38 mit Führersitzverkleidung, bekannt als „Ei".

Für die Ausbildung entwickelte Fritz Stamer 1922 das System der Alleinschulung, mit dem über zwei Jahrzehnte hinweg alle Segelflieger der Welt ihre Einführung in das Geheimnis des Segelfluges erleben sollten. Erst in der Mitte der dreißiger Jahre kamen die ersten Doppelsitzer für die Schulung auf, die aber noch lange nicht Allgemeingut wurden. Für die Alleinschulung verwendete man verspannte Eindecker mit offenem Gitterrumpf. Der Urtyp dieser Schulflugzeuge war der 1923 von Alexander Lippisch konstruierte *Hol's der Teufel*. Aus seiner Entstehungsgeschichte schreibt Fritz Stamer in seinen Erinnerungen »Zwölf Jahre Wasserkuppe«: »Es wurde wieder einsamer auf der Wasserkuppe. Nur Dr. Allasch und Bergwyk wollten mit uns überwintern (1922/23). Wir hatten noch eine Maschine hinzubekommen: *Hangwind*. Lippisch hatte sie entworfen, und die Schweden hatten eifrig daran mitgebaut. Sie schlugen sich bei der ungewohnten Beschäftigung des Nagelns häufig auf die Finger. »Djavlar- anamma« fluchten sie dann, und sie fluchten den ganzen Tag. Wir haben die Maschine dann so getauft. »Hol's der Teufel« oder so ähnlich hieße das, hatten uns die Schweden auf Befragen mitgeteilt. In Gesellschaft schwedischer Damen haben wir dann bald darauf ein peinliches Schweigen mit unseren schwedischen Kenntnissen verursacht. Dieser Kernfluch hieße übersetzt unaussprechlich anders, wurde uns jetzt gestanden, doch wie – das wissen wir leider immer noch nicht, so daß wir auch auf Nachfrage keine Auskunft geben können. Die Maschine aber, die wir nun vorsichtshalber *Hol's der Teufel* nannten, flog ausgezeichnet, segelte bei wenig Wind, war einfach und billig und leicht zu bauen. Sie wurde zur Stammesmutter einer ganzen Gruppe ähnlicher Maschinen. Wir glaubten in ihr ein Übungsflugzeug geschaffen zu haben«.

Hol's der Teufel konnte sich mit späteren Verbesserungen bis in das Jahr 1937 als brauchbares Schulflugzeug behaupten und darf als »Vater der Schulgleiter« in aller Welt bezeichnet werden. Auch Espenlaub baute 1924 einen Schulgleiter, aus dem später die *Grunau-Einheitsmaschine* entwickelt wurde. Martens entwarf im gleichen Jahre den Eindecker *Pegasus*. Der offene Gitterrumpf führte sich allgemein ein, da außer der billigen Herstellungsweise auch die leichtere Überwachungsmöglichkeit dieser Bauart den Vorzug gab.

Aus dem ersten *Zögling* von Lippisch und Stamer, der im April 1926 konstruiert wurde, entstanden auf der ganzen Welt Schulgleiternachbauten. Einmal mit Stahlrohrrumpf, mit veränderter Kufe, mit größeren Flächen und jedesmal mit einem anderen Namen. Wohl 50 Variationen kann man in USA, England, Frankreich, Südafrika, Japan und anderen Ländern zusammenbringen. Stamer berichtet über den ersten *Zögling:* »Wir wurden von Ursinus in einen Raum gesperrt. Er erklärte, uns nicht eher freizulassen, bis jeder von uns seine Maschine werkstattreif gezeichnet hätte. Er erklärte uns weiter, daß die Amerikaner das im Kriege auch so gemacht hätten und dabei den Liberty-Motor entwickelt hätten. Daher der Name *Liberty«.*

Aus Espenlaubs einfachem Schulflugzeug entstanden weitere Konstruktionen, die schließlich ihren Abschluß in der *Grunau 9* fanden. Der große Unterschied zwischen dem *Zögling* und der *Grunau 9* war die Strebe vor dem Führersitz, von der Tragfläche bis zur Kufe, die der *Grunau 9* den Spottnamen »Schädelspalter« einbrachte.

Aus den Erfahrungen mit dem *Zögling* und der *Grunau 9* entstand in der Zusammenarbeit mit der Erprobungsstelle, dem Segelflugzeugbau Schneider in Grunau und den Konstrukteuren und Segelfluglehrern Rehberg, Schneider und Hofmann im Jahre 1938 als einheitstyp der *Schulgleiter SG 38,* der sich als Standard-Schulflugzeug bis in die Kriegstage und nach der Wiederzulassung des Segelfluges in Deutschland bis Mitte der fünfziger Jahre in vielen Gruppen bewährte. In dieser Zeit wurde er von vielen Gruppen in nächtelanger Werkstattarbeit selbst gebaut. Serienmäßig stellte ihn Alexander Schleicher in Poppenhausen/Rhön, Edmund Schneider in Grunau, Rathjens in Naumburg, Oberlerchner in Österreich und Pander en Zonen in Den Haag/Holland her. Insgesamt dürften etwa 5000 *SG 38* in diesen Firmen und in Fliegergruppen gebaut worden sein.

Der *Schulgleiter 38* ist ein verspannter Hochdecker in Holzbauweise. Der Rumpf (Spannturm und Gitterrumpf) ist als ebenes Holzfachwerk ausgebildet.

Der zweiteilige, rechteckige Flügel des *SG 38* hatte zwei gleiche Holme mit I-Querschnitt, die durch je zwei Drahtlitzen oben und unten abgefangen und untereinander durch einfache Diagonal-Auskreuzung und Abstandsstreben aus Holz verbunden waren; die Verkleidung bestand aus Stoff bis auf einige Stellen in den äußeren Bereichen auf der Oberseite, die mit Sperrholz beplankt waren.

Das Abrüsten war durch eine Spannturmspindel und Einhängebeschläge am Rumpf erleichtert. An dem besonders stark ausgebildeten Spannturm war durch zwei Bolzen der Gitterrumpf als Leitwerksträger angeschlossen. Die aus Esche bestehende Kufe wurde durch zwei Faudi-Stoßdämpfer (Schraubenfeder mit Öldämpfung) in den Hauptstoßrichtungen abgefedert. Das Höhenleitwerk war sehr groß bemessen und in normaler Holzbauweise mit U-Holmen ausgeführt; die durch je zwei Stahlrohrstreben nach unten abgestützte Höhenflosse umschloß seitlich das Höhenruder. Der Drehpunkt des Steuerknüppels lag unterhalb der Steuerwelle; diese Maßnahme sicherte gegen Verletzungen

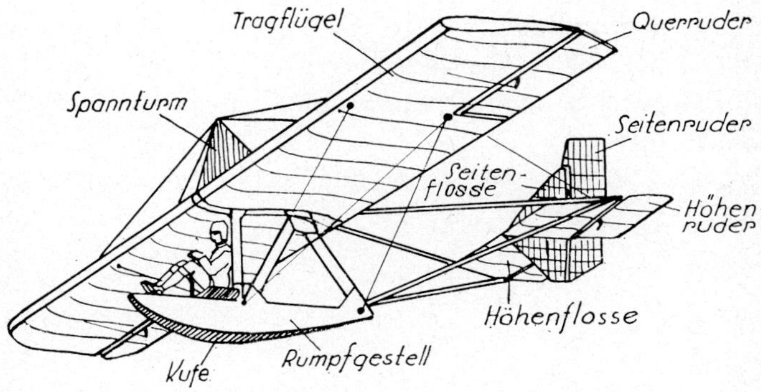

Aufbau eines Schulgleiters.

des Führers bei Bruchlandungen. Das Fußsteuer war mit Parallelführung der Stemmbretter versehen, um dem Fuß bei harten Landungen eine einwandfreie Auflagefläche zu geben und Fußverletzungen zu vermeiden. Die Quersteuerung war 1:1,6 differenziert. Die Trimmung zum Ausgleich der verschiedenen Führergewichte erfolgte durch Gewichte, die vorn bzw. hinten am Spannturm in einer Vorrichtung leicht anzubringen waren. Zur Verbesserung der Flugleistungen für die C-Prüfung, insbesondere auch für den Windenschlepp, war in der Ausführung *Schulgleiter 38 A* eine zusätzliche Führersitzverkleidung vorgesehen. Sie bestand aus zwei Halbschalen, die mit Verbindungsschrauben am Spannturm befestigt wurden.

Baumuster	SG 38	
Abmessungen (dimensions)		
Spannweite	10,41	m
Länge	6,28	m
Flügelfläche	16,70	m^2
Seitenverhältnis	6,5	
Gewichte (weights)		
Rüstgewicht	100,00	kg
	(ohne Führersitzverkleidung)	
Zuladung	100,00	kg
Fluggewicht	210,00	kg
Flächenbelastung	16,00	kg/m^2
Leistungen (performances)		
Mindestgeschwindigkeit	50,00	km/h
Höchstgeschwindigkeit	115,00	km/h
Sinkgeschwindigkeit	1,30	m/sek
Höchstgeschw. im Windenschlepp . .	60,00	km/h
Höchstgeschw. im Flugzeugschlepp	.nicht zugelassen	
Gleitzahl	1:10	
Profil Weiterentwicklung des Profils vom Zögling 35		

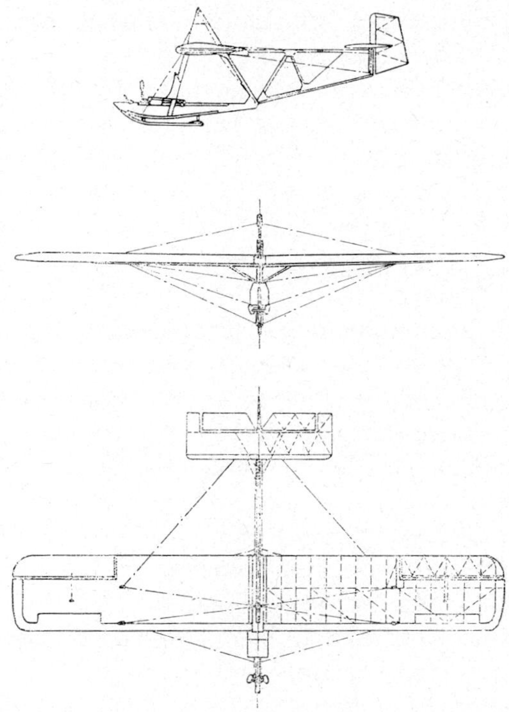

Übersichtszeichnung SG 38.

Rhönadler

Das erste Segelflugzeug mit einer weiten Verbreitung wurde der 1932 von Hans Jacobs konstruierte *Rhönadler.* Durch den Flugzeugschlepp war der Segelflug frei vom Hang und nunmehr auch in der Ebene möglich. 1930 entstanden mehr und mehr Gruppen und mit der Breitenarbeit begann eine Steigerung des Leistungsfluges. In dieser Situation des deutschen Segelfluges erschien der *Rhönadler.*

Hans Jacobs war 1927 als Konstrukteur bei Alexander Lippisch zur technischen Abteilung der Rhön-Rossitten-Gesellschaft zur Wasserkuppe gekommen und machte sich 1931 erstmals einen Namen durch sein weitverbreitetes Buch »Werkstattpraxis für den Bau von Gleit- und Segelflugzeugen«. Im *Rhönadler* wurden die Erfahrungen aus dem Leistungssegelflugzeug *Fafnir* verwertet, der Bau aber so einfach wie möglich gehalten. Erstmals startete der *Rhönadler* im Rhön-Wettbewerb 1932. Peter Riedel war mit den Flugeigenschaften und mit den Flugleistungen des 18 m-Flugzeuges sehr zufrieden. Hans Jacobs machte sich diese Erfahrungen zunutze, konstruierte den *Rhönadler* 1933 noch einmal durch, der dann bis 1937 das meist geflogene Leistungsflugzeug des deutschen Segelfluges wurde. Gebaut wurde der *Rhönadler* beim Flugzeugbau Schleicher in Poppenhausen/Rhön. In all den Rhön-Wettbewerben dieser Jahre stand er mit Abstand an der Spitze der eingesetzten Flugzeugtypen. Der *Rhönadler* war ein freitragender Hochdecker mit zweiteiligem Flügel, die geradlinig, stark trapezförmig nach außen verjüngt waren, mit sehr großem Querruder.

Die Spannweite war von 18 m auf 17,40 m etwas verkleinert worden, der Rumpfquerschnitt wurde für eine bessere Führerunterbringung vergrößert. Das Höhen-

Rhönadler im Rhön-Wettbewerb 1935 mit Steinhoff am Steuer.

ruder wurde noch höher und vor allen Dingen in Kugellager gelagert. Ebenso wurde das Seitenruder vergrößert. Als Profil kam ein abgeändertes Gö 652 mit geringerer Wölbung zur Anwendung. Zahlreiche Leistungsflüge in den Jahren von 1933 bis 1939 wurden auf dem *Rhönadler* zurückgelegt. Mit dieser Konstruktion begann Jacobs seinen Weg zu einem der erfolgreichsten Konstrukteure in der Segelfluggeschichte.

Baumuster	Rhönadler	
Abmessungen (dimensions)		
Spannweite	17,40	m
Länge	7.20	m
Flügelfläche	18,00	m^2
Seitenverhältnis	16,80	
Gewichte (weights)		
Rüstgewicht	170,00	kg
Zuladung	80,00	kg
Fluggewicht	250,00	kg
Flächenbelastung	13,60	kg/m^2
Leistungen (performances)		
Mindestgeschwindigkeit	50,00	km/h
Höchstgeschwindigkeit	130,00	km/h
Sinkgeschwindigkeit	0,75	m/sec
Höchstgeschw. im Windenschlepp . .	80,00	km/h
Höchstgeschw. im Flugzeugschlepp .	120,00	km/h
Gleitzahl	20	
Profil	Entwicklung aus Gö 652	

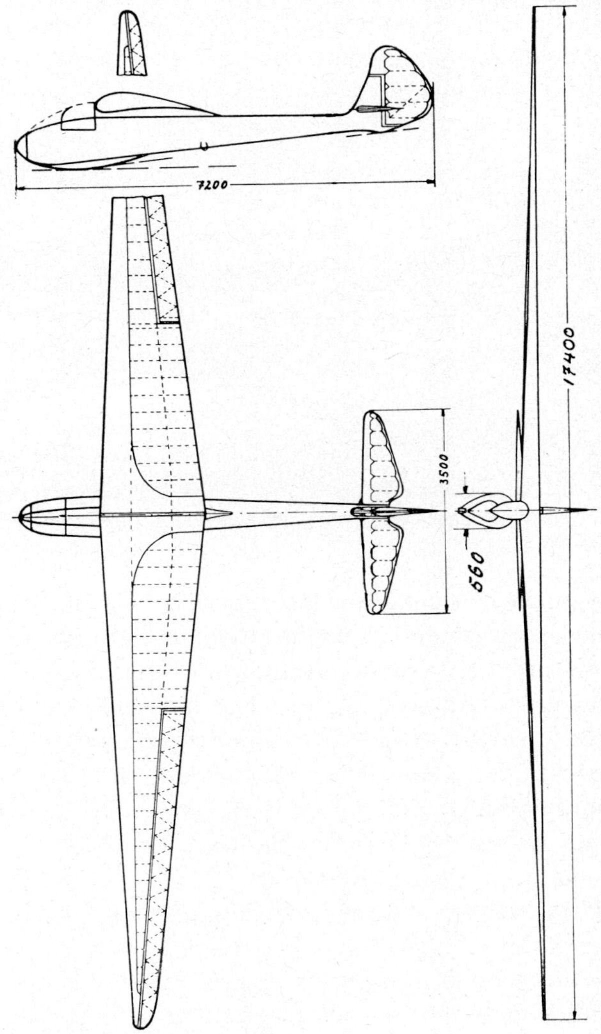

Übersichtszeichnung Rhönadler.

Rhönbussard

Schon ein Jahr nach dem *Rhönadler* entwickelte Hans Jacobs 1933 für den Flugzeugbau Schleicher den *Rhönbussard,* der wie der *Rhönadler* durch sehr gute Flugleistungen und durch den einfachen Aufbau bei den Gruppen und für den Gruppennachbau weite Verbreitung gefunden hatte. Der *Rhönbussard* besaß, wie sein großer Bruder der *Rhönadler,* einen freitragenden zweiteiligen Flügel mit Torsionsnase und langen großen Querrudern, aber nur eine Spannweite von 14,3 m. Maßgebend war bei dem Entwurf, bei kleiner Spannweite noch ausreichende Leistungen bei sehr guter Wendigkeit zu ermöglichen.

Rhönbussard „Hesselberg". Mit ihm flog Eugen Wagner in der 16. Rhön 325 km.

Die beiden Flügelteile wurden ähnlich wie beim *Rhönadler* am Hauptholm durch zwei konische Bolzen am Hinterholm zusammengeschlossen. Und so wurde die gesamte Tragfläche als ein Teil auf dem Rumpf mit zwei Bolzen befestigt. Für die damalige Zeit ermöglichte diese Konstruktion eine schnelle Montage. Im Innenflügel wurde das Profil Gö 535 verwendet. Die Querruder waren mit Differentialantrieb versehen, ihr Antrieb erfolgte durch Stoßstangen.
Der ovale, sehr kräftig dimensionierte Rumpf mit kurzem Turm war am Führersitz genügend hoch ausgeführt, um ohne Führerverkleidung auszukommen und einen bequemen Instrumenteneinbau zu ermöglichen.
Das Höhenleitwerk war mit Dämpfungsfläche versehen, auf dem Rumpf gelagert. Das Seitenleitwerk besaß damals schon gegen Beschädigung beim Start oder bei einer Landung in schwierigem Gelände einen langen Schleifsporn.
Das kleine und auch für die damalige Zeit billige Leistungsflugzeug hatte sich in den Gruppen gut bewährt und wurde mit Erfolg auch in Wettbewerben eingesetzt. Mit Streckenflügen von 200 und 300 km lag es oft sogar in der Spitzengruppe der Tageswertung.

Baumuster	Rhönbussard	
Abmessungen (dimensions)		
Spannweite	14,30	m
Länge	5,80	m
Flügelfläche	14,10	m^2
Seitenverhältnis	14,50	
Gewichte (weights)		
Rüstgewicht	150,00	kg
Zuladung	95,00	kg
Fluggewicht	245,00	kg
Flächenbelastung	17,40	kg/m^2
Leistungen (performances)		
Mindestgeschwindigkeit	50,00	km/h
Höchstgeschwindigkeit	130,00	km/h
Sinkgeschwindigkeit	0,75	m/sec
Höchstgeschw. im Windenschlepp . .	80,00	km/h
Höchstgeschw. im Flugzeugschlepp .	120,00	km/h
Gleitzahl	19,81	
Profil	Gö 535	

Übersichtszeichnung Rhönbussard 33.

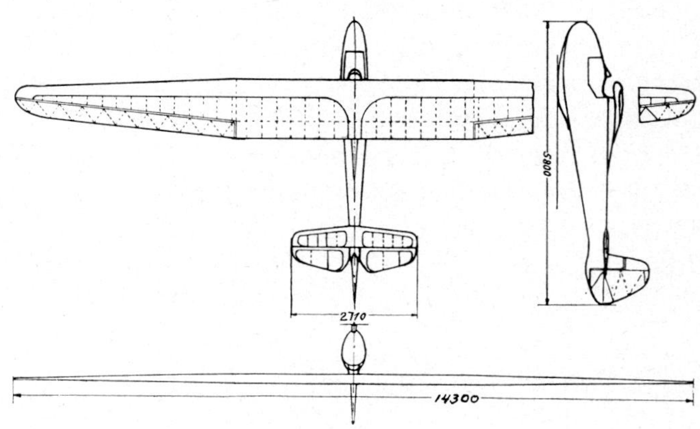

Seeadler – das erste Wasser-Segelflugzeug

Entwurf und Konstruktion dieses Flugbootes wurde 1935 von Hans Jacobs ausgeführt. Der Bau des Flugzeugs wurde nach den Zeichnungen des DFS (Deutsches Forschungsinstitut für Segelflug Darmstadt) von Flugzeugbau Schleicher in Poppenhausen/Rhön vorgenommen.

Bei der Konstruktion dieses Segelflugzeugmusters ging Jacobs von dem Gedanken aus, ein Flugzeug zu schaffen, das auf dem Wasser und auf dem Land starten und landen konnte, und so leistungsfähig war, daß es für Thermik- und Streckensegelflüge eingesetzt werden konnte. Der Gedanke des Segelflugbootes ist so alt wie die Segelfliegerei selbst, doch konnte keiner der Entwürfe für die Konstruktion eines Leistungsflugbootes als Grundlage dienen, da die Forderung an Seetüchtigkeit meistens auf Kosten der Leistungsfähigkeit ging, oder andererseits Segelflugzeuge behelfsmäßig für die Wassertüchtigkeit ausgerüstet worden waren, so daß schon bei geringem Wellengang die Zelle gefährdet wurde.

Die Flügelkonstruktion des *Seeadlers* wurde vom *Rhönadler* übernommen, nur entsprechend dem größeren Rumpfquerschnitt verstärkt (einholmige Bauweise mit schwachem Leitholm und drehsteifer Flügelnase). Die Hauptholme beider Flächen wurden miteinander in der Rumpfmitte zusammengeschlossen. Im Bereich des Flügelknicks waren an verstärkten Rippen die Anschlußpunkte für die vier Stützschwimmerstreben. Die Flügelnase war in einzelne Schotten und wasserdichte Räume geteilt, um eine möglichst große Schwimmfähigkeit bei Bruchlandungen zu gewährleisten. Die Formgebung wurde in Ober- und Unterwasserschiff getrennt. Das Unterwasserschiff war im wesentlichen auf die erforderlichen Start- und Landeeigenschaften abgestellt. Seine Formgebung wurde nach den Arbeiten von H. Herrmann vorgenommen.

Bei der Formgebung des Oberwasserschiffes war auf geringsten Widerstand geachtet worden. Der Schwanz war hochgezogen, um einerseits ein Festsaugen beim Rollen zu verhindern und andererseits das Höhenleitwerk aus dem Spritzwasser herauszubekommen. Der Übergang zwischen Rumpf und Flügel war aerodynamisch hochwertig ausgebildet, um Abreißerscheinungen auf ein Mindestmaß herabzusetzen.

Der Führerraum war durch die breite Rumpfform geräumig. Der geteilte Lukendeckel konnte durch einen Griff geöffnet werden, was im Hinblick auf Bruchlandungen auf dem Wasser erforderlich war. Von einer geschlossenen Führerkopfverkleidung wurde abgesehen, da durch das Spritzwasser die Sicht nicht ausgereicht hätte. Die Wasserdichtigkeit und der Schutz der Außenhaut des Unterwasserschiffes wurde durch mit Klebelack aufgezogenen Stoff erreicht, der dann mit mehreren Spannlackanstrichen lackiert wurde. Das Boot hatte während der ganzen Versuche nur sehr gering Wasser gesogen, obwohl es teilweise nachts auf dem Wasser liegen blieb. Durch eine unter dem Boden aufgesetzte Kufe konnten auch Landungen auf dem Lande vorgenommen werden. Die Schwimmer waren ähnlich wie ein Segelflugzeugrumpf aufgebaut. Sie hatten einen Inhalt von 80 Litern. Bei der Formgebung wurde auf geringen Luftwiderstand geachtet, jedoch so ausgeführt, daß beim Eintauchen der Schwimmer während des Rollens genügend dynamischer Auftrieb erzeugt wurde; am Flügel wurden die Schwimmer mit vier Streben aus Profilrohr aufgehängt. Interessant war das Ergebnis der mit dem *Seeadler* erzielten Wendigkeit, da befürchtet wurde, daß diese durch den übertriebenen starken Knick leiden würde. Die Flugerprobung wurde in Darmstadt mit Kufe vorgenommen. Das Flugboot wurde von den Piloten Erich Wiegmeyer, Hanna Reitsch und Ludwig Hofmann geflogen. Übereinstimmend wurde die gute Wendigkeit, besonders bei dem Kurvenwechsel, hervorgehoben. Die durch die Schwimmer erwartete Beeinflussung der Kurveneigenschaften trat nicht ein. Es konnte mit der vollständigen Ausrüstung das normale Kunstflugprogramm durchgeflogen werden.

Im September 1936 wurden am Chiemsee von Hanna Reitsch die ersten Startversuche vom Wasser mit dem *Seeadler* mit einem 120 PS-Rennboot durchgeführt. Bei den Versuchen stellte sich heraus, daß das Boot mit dem Segelflugzeug im Schlepp nur noch maximal 40 bis 50 km/h lief, so daß das Flugzeug nur auf Stufe ging und nicht abwassern konnte. Schon bei den ersten Schleppversuchen stellte sich heraus, daß ein einwandfreies Rollen des Segelflugzeuges im Schlepp ohne Wasserruder unmöglich war. Das Ruder spricht schon bei ganz geringen Geschwindigkeiten einwandfrei an. Stark unterstützt wird die Manövrierfähigkeit durch die gute Querruderwirkung, die schon bei 15 bis 20 km/h ausreichend vorhanden war. Die ersten Starts wurden in direktem Schlepp durchgeführt. Zum Schluß haben sich die Seile von 100 m Länge, 2,5 mm Durchmesser und Schwimmklötze aus Balsaholz an den Seilenden bewährt. Die erreichten Geschwindigkeiten lagen zwischen 40 bis 42 km/h, so daß an ein Abheben nicht zu denken war, da diese bei etwa 58 km/h lagen. Auch Schlepp mit Umlenkrolle und Autowinde führten am Chiemsee zu keinem Ergebnis. Im November 1936 wurden dann die Versuche am Bodensee mit besserem Erfolg fortgesetzt. Auch hier wurden Versuche mit einem Maybach-Motorboot *Donnerwetter* unter Führung von Dipl.-Ing. Schobinger durchgeführt. Bei 58 km/h hob der *Seeadler* einwandfrei ab.

Weitere Versuche wurden im Flugzeugschlepp mit dem Amphibium Do 12 *Libelle* durchgeführt. Das Amphibium flog Josef Gertis. Bei den ersten Schleppversuchen ging das Wassersegelflugzeug *Seeadler* bei etwa 40 km/h auf Stufe und durch leichtes Ziehen hob es ab; das Seil schleppte bei diesem Vorgang tief durch das Wasser, so daß durch den senkrechten Zug das Flugzeug nur mit vollem Höhenruderausschlag normal gehalten werden konnte. Durch Verwendung kürzerer und dünnerer Seile wurde das Schleifen des Seiles behoben. Die weiteren Starts klappten dann ausgezeichnet ohne jeden Zwischenfall. Die *Libelle* schleppte mit einer Geschwindigkeit von 125 bis 135 km/h.

Seeadler im Fluge mit Hanna Reitsch.

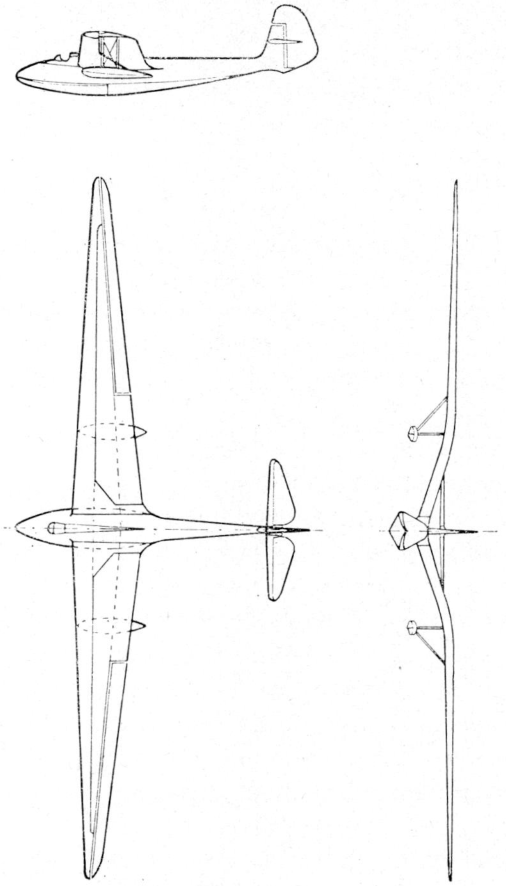

Übersichtszeichnung DFS – Seeadler

Baumuster	Seeadler	
Abmessungen (dimensions)		
Spannweite	17,36	m
Länge	7,42	m
Flügelfläche	18,40	m^2
Seitenverhältnis	16,50	
Gewichte (weights)		
Rüstgewicht	240,00	kg
Zuladung	90,00	kg
Fluggewicht	330,00	kg
Flächenbelastung	18,00	kg/m^2
Leistungen (performances)		
Mindestgeschwindigkeit	50,00	km/h
Höchstgeschwindigkeit	140,00	km/h
Sinkgeschwindigkeit	0,80	m/sec
Gleitzahl	20,00	
Profil	Entwicklung aus Gö 652	

Rhönsperber

Die hervorragende Wetterlage im Rhön-Wettbewerb 1934, in dem erstmals die Windthermik leistungsmäßig ausgenützt wurde, zeigte den großen Vorteil eines schnellen Flugzeuges. Aus dieser Erkenntnis heraus entwickelte Hans Jacobs im Herbst 1934 aus dem *Rhönbussard* den *Rhönsperber.*
Um Gleitwinkel und Sinkgeschwindigkeit zu verbessern, wurde aus dem Hochdecker *Rhönbussard* ein zweiteiliger Mitteldecker mit Knickflügel, mit etwas vergrößerter Spannweite, mit gleichen Flügelquerschnitten und ähnlicher Grundrißform. Bei dem freitragenden Mitteldecker wurde die Spannweite gegenüber dem vielfach bewährten *Rhönbussard* von 14,3 m auf 15,2 m vergrößert. Jeder Flügel konnte für sich montiert werden. Ein aerodynamisch guter Übergang vom Rumpf zum Flügel wurde durch eine feste Sperrholzverkleidung erreicht.
Bei der Konstruktion dieses Musters legte Jacobs besonderen Wert auf die gute Unterbringung des Führers und Erreichung denkbar bester Sichtverhältnisse. So wurde die Führerhaube als getrennter Stromlinienkörper aus Plexiglas auf die Rumpfluke aufgesetzt, so daß der Pilot auch freie Sicht nach hinten hatte, was vor allem im Wettbewerb beim Thermikkreisen von großem Vorteil war. Der Führerraum war besonders groß und bequem, die Seitenruder-Fußhebel waren leicht für jede Größe eines Piloten einstellbar, der Sitz konnte während des Fluges verstellt werden, sämtliche Steuerungsteile und -seile lagen unter einem festen Sperrholzboden. Auch das Instrumentenbrett wurde erstmals so weit vom Flugzeugführer entfernt eingebaut, daß er alle Instrumente mit einem Blick übersehen konnte – alles Punkte, die bei der Durchführung von langen Leistungsflügen von großer Bedeutung waren. Besonders aber muß man erwähnen, daß beim *Rhönsperber* zur Erhöhung der Sinkgeschwindigkeit, vor allem für die Landung, zum erstenmal in der Geschichte des Segelflugzeugbaus Störklappen auf der Flächenoberseite eingebaut waren. Diese Störklappen ergaben eine wesentliche Widerstandserhöhung. Sie waren der Vorläufer der daraus von Jacobs entwickelten DFS-Sturzflugbremsen – eine der größten Errungenschaften im modernen Segelflugzeugbau. Diese Landehilfen wurden seitdem in allen Typen der Welt eingebaut.
Das Flugzeug wurde von Ludwig Hofmann, Hanna Reitsch, Heini Dittmar, Erich Wiegmeyer und Hans Fischer eingeflogen.
Nach den ersten Erfolgen wurde der *Rhönsperber* in großen Serien von dem Flugzeugbau Schweyer in Ludwigshafen gebaut und war von 1935 bis 1938 das bekannteste Leistungssegelflugzeug im deutschen Segelflug. Dies beweisen vor allem die Teilnehmerlisten des Rhön-Segelflug-Wettbewerbes in diesen Jahren. Gebaut wurden etwa 100 Stück im Flugzeugbau Karl Schweyer, Ludwigshafen.
Schon die ersten Überlandflüge von Ludwig Hofmann bewiesen die guten Eigenschaften des *Sperbers* im Schnellflug. Hofmann flog mit einer mittleren Reisegeschwindigkeit von etwa 90 km/h von Darmstadt an die Luxemburgische Grenze, von der Hornisgrinde nach Frankreich, vom Hornberg im Zielflug nach Zürich. Im Rhön-Wettbewerb 1935 segelte Hofmann am 21. Juli 1935 bei seinem ersten Flug 474 km nach Olesnice in der Tschechoslowakei, eine Strecke, die ihn als ersten Segelflieger über die ersehnten 400 km brachte. Nach seiner Rückkehr auf die Wasserkuppe flog er beim zweiten Start unter denkbar schwierigsten Wetterverhältnissen in 8½ Stunden 320 km nach Belgien. Und als am 29. Juli vier Segelflieger die neue Weltrekordstrecke von 504,2 km von der Wasserkuppe nach Brünn zurücklegten, befand sich unter ihnen der bislang unbekannte Leistungsflieger Heinemann–Hamburg auf *Rhönsperber.* Am 21. August 1935 stellte Erwin Kraft mit einem Flug vom Hornberg nach Köln über 330 km einen neuen Zielflug-Weltrekord auf. Im Internationalen Wettbewerb auf dem Jungfraujoch in der Schweiz holte sich Ludwig Hofmann im September 1935 unter den vier Nationen den Streckenpreis.
Im ersten Zielflugwettbewerb Darmstadt–Nürnberg–München–Stuttgart–Darmstadt im Juli 1936 belegten Karl Baur und Hans Osann auf *Rhönsperber* den 2. und 3. Platz. Am 19. August 1936 gelang Heini Dittmar der erste Segelflug über die Zentralalpen von Prien über den Wilden Kaiser, die Kitzbühler Alpen, die Hohen Tauern, über den Groß-Venediger nach Niederndorf in

Der Prototyp des Rhönsperber.

Sperber Junior im Fluge mit Hanna Reitsch.

Italien auf *Rhönsperber.* Und am 22. Mai 1937 stellte Paul Steinig über Grunau mit 5760 m einen neuen Höhen-Weltrekord auf.

Der *Rhönsperber* wurde in Konstruktion und Bauweise das Ausgangsmuster für eine Reihe weiterer Entwürfe von Hans Jacobs, von denen vor allem der Doppelsitzer *Kranich* und das erste vollkunstflugtaugliche Segelflugzeug *Habicht* genannt seien.

Eine Sonderanfertigung des *Rhönsperbers* war 1936 der *Sperber-Junior* für Hanna Reitsch. Außer der Schaffung eines Spezialflugzeuges sollten mit diesem Flugzeug einige Fragen der Wendigkeit, Stabilität um die Längsachse und Kurvenlagen studiert werden. Die Flügel, deren Spannweite von 15,2 auf 16 m erhöht wurde, erhielten einen stärkeren Knick. Die Erfahrungen aus dem *Sperber-Junior* fanden dann beim *Reiher* Anwendung. Kurz nach dem ersten Flug belegte Hanna Reitsch mit ihrem *Sperber-Junior* im Rhön-Wettbewerb 1936 den 5. Platz und im Mai 1937 kam sie mit ihrem *Sperber-Junior* zur ISTUS-Tagung nach Salzburg und zählte dort zu jenen fünf Segelfliegern, die von Salzburg aus die Alpen bis nach Italien überquerten. Mit 412 km gewann sie auch den Gesamtstreckenpreis. Über ihren *Sperber-Junior* sagte sie noch Jahrzehnte später begeistert in ihren Lebenserinnerungen: »Mein *Sperber-Junior* war eine Spezialausführung, die mir vom Konstrukteur Hans Jacobs wie ein Kleid angemessen war. Kein Mensch, der etwas breiter oder länger war, hätte in dem winzigen fast röhrenartigen Rumpf Platz gefunden. Der Sitz war nicht gerade bequem; er war so eng, daß auch ich mich kaum rühren konnte. Die Flächen schienen mir wie eigene Flügel aus den Schultern zu wachsen. So bildeten mein *Sperber* und ich eine Einheit.«

Baumuster	Rhönsperber	
Abmessungen (dimensions)		
Spannweite	15,30	m
Länge	6,05	m
Flügelfläche	15,10	m^2
Seitenverhältnis	15,30	
Gewichte (weights)		
Rüstgewicht	162,00	kg
Zuladung	93,00	kg
Fluggewicht	255,00	kg
Flächenbelastung	16,90	kg/m^2
Leistungen (performances)		
Mindestgeschwindigkeit	60,00	km/h
Höchstgeschwindigkeit	200,00	km/h
Sinkgeschwindigkeit	0,72	m/sec
Höchstgeschw. im Windenschlepp	80,00	km/h
Höchstgeschw. im Flugzeugschlepp	120,00	km/h
Gleitzahl	20	
Profil	Gö 535	

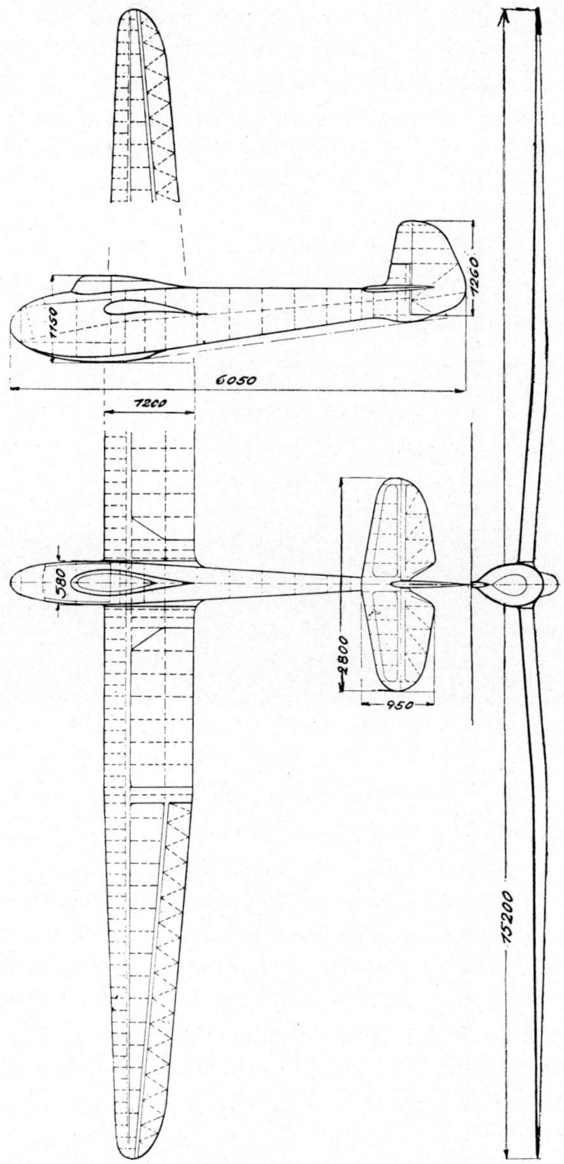

Übersichtszeichnung Rhönsperber.

D 28 „Windspiel"

Eine der interessantesten Konstruktionen in der Geschichte des Segelfluges zwischen den beiden Weltkriegen war das Leistungssegelflugzeug D 28 der Akaflieg Darmstadt, genannt *Windspiel.* Es war das 25. Flugzeug, das in der Akademischen Fliegergruppe Darmstadt gebaut wurde und war gleichzeitig das Vollendetste und Beste was die Gruppe bis dort hervorgebracht hatte. Besonderes Aufsehen erregte das geringe Gewicht von 54 kg bei 12 m Spannweite, die saubere Ausführung und die überraschenden Flugeigenschaften.

Mit aller Energie wandte sich im Frühjahr 1931 die Gruppe unter der geistigen Führung von Otto Fuchs, nach der Bewährung der neuen Startart im Winden- und Flugzeugschlepp, dem Flachlandsegelflugzeug zu. Man wollte ein Flugzeug für die Ausnützung kleinster Aufwindenergien und auch der sogenannten zerrissenen Thermik. Hierfür war ein Flugzeug mit besonders hoher Wendigkeit erforderlich. Die gleiche Eigenschaft mußte ein Flugzeug für den damals noch immer vorherrschenden Segelflug am Hang besitzen. Nach sorgfältigster Berechnung und vorbildlicher Werkstattausführung entstand in 7000 Arbeitsstunden ohne Rücksicht auf Konstruktions- und Materialkosten D-28 *Windspiel.* Dipl.-Ing. Schomerus konstruierte Tragfläche und Leitwerk, während Dipl.-Ing. Rüdiger Kosin für den Rumpfbau verantwortlich zeichnete. Die Bauleitung hatte Schomerus übernommen und Meister Raabe führte in bewährter Weise mit den Studenten den Bau aus. Der Erstflug des freitragenden Hochdeckers fand am 8. Juli 1933 unter Führung von Hans Fischer statt. Hans Fischer wurde auch der große Meister in den Flügen mit dem *Windspiel.* In der Rhön 1933 zeigte sich, daß die kurze Übungszeit vor dem Wettbewerb nicht ausreichte, um die erforderlichen Erfahrungen für die einmalige Neukonstruktion zu sammeln. Nach einem kleinen Bruch ereilte das *Windspiel* noch im Wettbewerb das Geschick in Form eines großen Granitblockes, der ihm beim Landen den ganzen Rumpf aufschlitzte. In sieben Monaten harter Arbeit war das *Windspiel* wieder hergestellt. Am 16. Juni 1934 erregte Hans Fischer mit einem Flug von Griesheim nach Thonne-les-Pres bei Montmédy über 240 km in 6,5 Stunden großes Aufsehen. Im Rhön-Wettbewerb 1934 wurde Hans Fischer Sieger der Gesamtflugstrecke und holte sich den 3. Preis in der Wertung der Gesamtflugdauer. Allein 1934 flog Fischer auf dem *Windspiel* 240 Flugstunden und 2350 Überlandkilometer. Pfingsten 1935 gehörte Fischer mit dem *Windspiel* zur Deutschen Segelflugexpedition nach Portugal.

Kurze Zeit später ereilte das blendend weiße *Windspiel* ein nicht alltägliches Schicksal. So unglaublich es klingt: auf der weiten Grasfläche des Flugplatzes von Darmstadt fand ein Sportflieger keinen anderen »Landeplatz« als das schneeweiße *Windspiel.* Der Rest war nicht mehr viel ...

Windspiel I mit Hans Fischer.

1936 baute die Akaflieg Darmstadt eine zweite Version des *Windspiel,* etwas geändert und mit 72 kg auch schwerer. Mit diesem Flugzeug wurden 1937 die Alpen in einem 240 km-Flug überquert. 1939 nahm es an der Deutschen Sahara-Expedition teil. Im Herbst 1943 wurden in Prien/Chiemsee unter Leitung von Dipl.-Ing. Hans Zacher genaue Leistungsmessungen und Prüfungsflüge der Flugeigenschaften unternommen, die eine erstaunliche Übereinstimmung mit den Daten der Entwurfsrechnung ergaben.

Windspiel II fiel bei Kriegsende den Amerikanern in die Hände. Sie hatten aber nicht lange Freude daran. Auf der Überfahrt wurde der schmucke Vogel bei schwerem Seegang auf dem Frachter zerstört.

Die Wahl der Flächengröße wurde für die geringste Sinkgeschwindigkeit vorgenommen, da die kleine Spannweite sich in erster Linie auf die Sinkgeschwindigkeit, weniger auf den Gleitwinkel auswirkte. Der Aufbau des freitragenden ungeteilten Flügels war einholmig mit Torsionsnase, die von innen bis außen mit 1 mm-Diagonalsperrholz beplankt war. Der Holm hatte I-Querschnitt. Der Flügel wurde an drei Punkten durch Leichtmetallbeschläge mit dem Rumpf verbunden. Auf der ganzen Hinterkante des Flügels waren Querruder angeordnet, die auf Langsam- und Schnellflug vom Führer während des Fluges getrimmt werden konnten. Seiten- und Querruder waren durch ein Differential untereinander gekoppelt, so daß automatisch bei Seitenruderausschlag das Querruder mitging, eine Konstruktion, wie sie schon mit Erfolg beim *Konsul* angewandt wurde. Die Querruder waren aus Lautal konstruiert, sechsfach kugelgelagert, an besonders verstärkten Rippen direkt angeschlossen. Sie waren auf einem durchgehenden konischen Leichtmetallrohr aufgebaut. Die durchgehenden Querruderklappen konnten zur Änderung der Profilwölbung gleichsinnig betätigt werden. Alle Beschläge waren aus Leichtmetall und durch Leichtmetallhohlnieten mit den Füllklötzen verbunden.

Der Rumpf der Maschine wurde aus Gründen der Steuerfähigkeit, Längsstabilität und Verkleinerung der Leitwerksflächen mit 5,98 m ungewöhnlich lang gemacht. Der größte Querschnitt betrug mit Kufen und Türmchen 0,3 m², der kleinste 0,01 m². Der hintere Teil des Rumpfes war holmlos gebaut, der vordere zweiholmig. Der Führersitz hatte eine geschlossene Zellonkabine, die zur Erleichterung des Fallschirmabsprungs abwerfbar war. Interessanterweise hatte schon damals der Flugzeugführer eine halbliegende Stellung. Die große Rumpflänge ermöglichte kleine Leitwerke, diese wurden gedämpft ausgeführt.

Das geringe Gewicht wurde erreicht durch geschickte Berechnung und Durchkonstruktion eines jeden Bauteils, ohne Rücksicht auf Arbeitszeit und Baustoffkosten und durch Verwendung von nur erstklassigen Baustoffen. So wurde für sämtliche Holzbauteile nur Spruce (Rottanne) verwendet, also ein Holz von größter Feinfaserigkeit, das 15 Jahresringe pro 1 cm aufwies. Der Rumpf wog 17 kg, der ganze Flügel 27 kg, das Leitwerk 6 kg. Dazu kam dann die wettbewerbsmäßige Ausrüstung. Die auffallend gute Wendigkeit wurde durch große Differentialquerruder, durch einen langen Leitwerkshebelarm und durch ein beim Ausschlagen sich wölbendes Seitenruder erreicht.

Baumuster	Windspiel
Abmessungen (dimensions)	
Spannweite	12,00 m
Länge	5,978 m
Flügelfläche	11,40 m²
Seitenverhältnis	12,60
Gewichte (weights)	
Rüstgewicht	56,00 kg
Zuladung	88,00 kg
Fluggewicht	144,00 kg
Flächenbelastung	12,60 kg/m²
Leistungen (performances)	
Mindestgeschwindigkeit	45,00 km/h
Höchstgeschwindigkeit	180,00 km/h
Sinkgeschwindigkeit	0,58 m/sec bei 48 km/h
Höchstgeschw. im Windenschlepp	80,00 km/h
Höchstgeschw. im Flugzeugschlepp	100,00 km/h
Gleitzahl	23 bei 56 km/h
Profil	Gö 535

Übersichtszeichnung D 28 Windspiel I

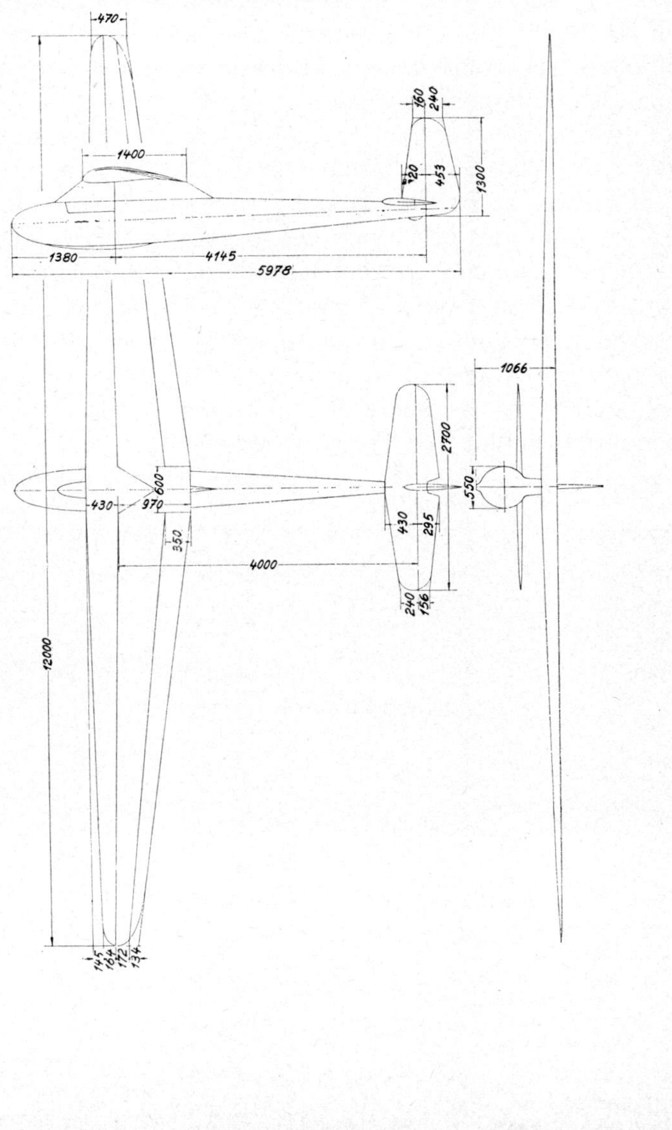

Grunau 7 – „Moazagotl"

Die konstruktiven Überraschungen des 14. Rhön-Segelflug-Wettbewerbs 1933 – in dem noch in großer Zahl die Typen *Professor* und *Grunau Baby* vertreten waren, in dem der *Rhönadler* ein hervorragendes Flugzeug gewesen ist – waren das *Windspiel* der Akaflieg Darmstadt und das *Moazagotl,* mit dem Wolf Hirth von der Segelflugschule Hornberg gekommen war. Wolf Hirth, damals schon Inhaber des Hindenburgpokals für Motorflug und des Hindenburgpokals für Segelflug, Inhaber der Silber-C Nr. 1, wollte für den Leistungsflug ein ganz besonders gutes Flugzeug haben. Seine Vorstellungen besprach er mit Dr. Wenk und dem Flugzeugbau Schneider in Grunau, denn geboren wurde der Gedanke des *Moazagotls* 1931/32 als Hirth noch Leiter der Segelflugschule Grunau war. Und daher auch der Name des Flugzeuges. Wolf Hirth schrieb mir einmal: »Ja, das ist das Geheimnis des *Moazagotls.* Sie dürfen nicht glauben, daß es sich um eine abenteuerliche Geschichte aus Mexiko handelt, sondern um eine ‚stehende Wolke' zwischen Riesengebirge und Hirschberg, die schon seit alten Zeiten den Namen führt: ‚Das Moazagotl'. Was das bedeutet, ist nicht genau bekannt. Eine Sage freilich geht, die von einem wunderlichen Manne erzählt, der vor vielen Jahren, statt nur den Pflug zu führen, sich oft den Himmel und die Wolken ansah. Der erzählte den Leuten, daß es eine besondere Bedeutung mit der Wolke haben müsse, die bei Südwind nicht wie andere, anständige Wolken mit dem Winde ziehe, sondern konstant an derselben Stelle stehe. Dieser Mann soll Gottlieb Motz geheißen haben oder in der schlesischen Mundart ‚der Moatza Gottl'. Aber, das ist, wie gesagt, nur eine Sage.«

Der damaligen Erkenntnis folgend entwarf Wolf Hirth ein Leistungssegelflugzeug mit 20 m Spannweite. Zweifellos hat Hirth weiterhin die mit dem von Lippisch eingeführten Fafnir-Knickflügel gemachten Erfahrungen verwertet. Typisch für die Hirth'sche Bauweise ist hierbei die Verwendung eines einzelnen Stiels in Verbindung mit einem starken Torsionsverband im Flügelmittelstück. Durch diesen abgestrebten Knickflügel, die Pfeilform des Flügels und durch die nach hinten gezogenen Querruder erhielt das *Moazagotl* sein charakteristisches Aussehen, durch dieses herrliche Flugbild war das *Moazagotl* unter allen Vögeln am Himmel über der Wasserkuppe sofort zu erkennen. Diese Kennzeichen benützte Hirth, um eine feste Kurvenlage, gute Kurs- und Längsstabilität zu erhalten – Eigenschaften, die man im damaligen Leistungsflug vor allem in dem dafür notwendigen und auch erlaubten Blindflug in den Wolken benötigte. Der Tatsache, daß durch diese konstruktiven Merkmale das Einleiten der Kurve länger dauert, wirkte Hirth durch große Querruder, Zuspitzung des Flügels, starke negative Schränkung und symmetrisches Profil im Außenflügel entgegen. Durch Pfeilform und Schränkung wurde die gewünschte gute Längsstabilität erreicht. Bei dem zweiteiligen Flügel wurde im Innenflügel das Profil Gö 535 verwendet, nach außen auf symmetrisch übergehend. Die Tragdeckenstrebenverkleidung hatte einen unsymmetrischen Querschnitt und konnte bis zu 12° verdreht werden. Durch das Querstellen der Strebenverkleidung wurde der Gleitwinkel und die Sinkgeschwindigkeit verringert.

Um die Flügelbelastung und damit die Reisegeschwin-

Eines der schönsten Flugbilder in der Segelfluggeschichte: Moazagotl mit Wolf Hirth über dem Hornberg in Württemberg.

digkeit bei Streckenflügen zu erhöhen, baute Hirth erstmalig in der Geschichte der Segelflugzeugkonstruktionen ein während des Fluges ablaßbaren Wasserballast mit einem 50 kg-Wassertank ein. Die später oft übernommene Maßnahme erlaubt bei guten Wetterlagen eine geringe Vergrößerung der Sinkgeschwindigkeit in Kauf zu nehmen, um eine wesentliche Verbesserung der Reisegeschwindigkeit zu erhalten.

Der Rumpf hatte einen ovalen Querschnitt und war verhältnismäßig kurz, da die Fläche durch Pfeilform und Schränkung sowieso gewisse Eigenstabilität aufwies. Das Höhenleitwerk war als Pendelruder ausgebildet und möglichst hoch vom Boden weggelegt.

Als eines der ersten Segelflugzeuge besaß das *Moazagotl* für den Start ein abwerfbares Fahrwerk.

Aus dem *Moazagotl* wurde 1935 für die Serienherstellung im Sportflugzeugbau Göppingen die *Minimoa* entwickelt.

Nicht uninteressant dürfte heute die Feststellung sein, daß diese einmalige Konstruktion in der Entwicklung und im Bau auf ganze 5000.– RM kam.

In der Rhön 1933 erregte das *Moazagotl* nicht nur das technische Interesse aller Teilnehmer und Besucher, sondern lag auch leistungsmäßig an der Spitze. Wolf Hirth legte am 11. August mit 176 km den längsten Streckenflug des Wettbewerbes zurück, gewann den Höhenpreis und erhielt eine Bau- und Konstruktionsprämie für das *Moazagotl,* »dessen Einzelteile insgesamt eine hervorragende Durchkonstruktion nach den neuesten Gesichtspunkten zeige«. Im Frühjahr 1934 folgten die besten deutschen Segelflieger einer Einladung nach Südamerika, unter ihnen auch Wolf Hirth, der mithalf, in seiner *Moazagotl* die segelfliegerischen Möglichkeiten in den tropischen Zonen zu erforschen.

Im Rhön-Wettbewerb 1934 legte Wolf Hirth gleich nach dem ersten Start am 26. Juli mit 352 km nach Görlitz den ersten Streckenflug der Segelfluggeschichte über 300 km zurück. Als Wolf Hirth 1935 im Wettbewerb seine erste *Minimoa* flog, starteten auf dem *Moazagotl* seine Freunde und Schüler Dr. Ernst Frowein, Erwin Kraft und Karl Baur. Frowein gelang dabei mit einem Flug nach Mainz über 132 km die beste Leistung. Im ersten großen Internationalen Segelflug-Wettbewerb 1937 auf der Wasserkuppe belegte Ludwig Hofmann auf *Moazagotl* den 2. Platz.

Das *Moazagotl* wurde noch vor dem Zweiten Weltkrieg in Stuttgart bei einem Hallenbrand völlig zerstört.

Baumuster	Moazagotl
Abmessungen (dimensions)	
Spannweite	20,00 m
Länge	6,80 m
Flügelfläche	20,00 m^2
Seitenverhältnis	20
Gewichte (weights)	
Rüstgewicht	178,00 kg
Zuladung	82,00 kg
Fluggewicht	260 kg (mit Wasserballast 310 kg)
Flächenbelastung	13,5 bzw. 15,5 kg/m^2
Leistungen (performances)	
Mindestgeschwindigkeit	45,00 km/h
Höchstgeschwindigkeit	150,00 km/h
Sinkgeschwindigkeit	0,58 m/sec bei 48 km/h
Höchstgeschw. im Windenschlepp	80,00 km/h
Höchstgeschw. im Flugzeugschlepp	120,00 km/h
Gleitzahl	23 bei 55 km/h
Profil	Gö 535 geändert

Übersichtszeichnung Grunau 7 – Moazagotl.

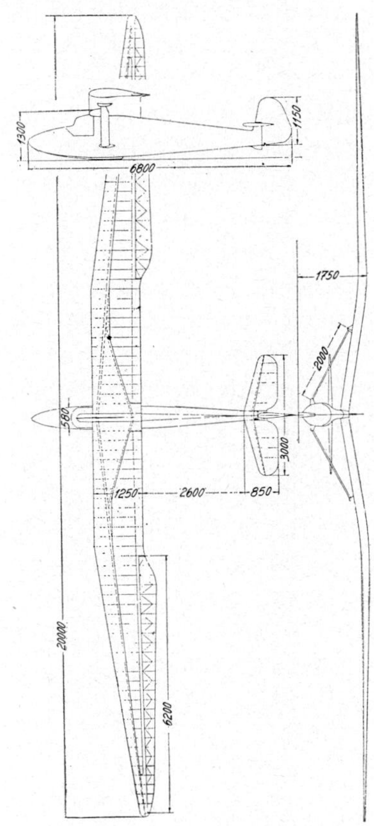

„Minimoa"

Im Jahre 1935 gründeten zwei der ersten Leistungssegelflieger der Welt, der damalige Schulleiter der Segelflugschule Hornberg, Wolf Hirth (Silber-C Nr. 1) und der aus den Vereinigten Staaten zurückgekehrte Martin Schempp (Silber-C Nr. 8) in Göppingen, später Kirchheim/Teck den Sportflugzeugbau Schempp-Hirth. Neben dem Übungssegler *Wolf* (Göppingen 1), einem Nachfolgeflugzeug des *Baby,* das vor allem für den Kunstflug konstruiert wurde und dem Doppelsitzer *Göppingen 2*, einem abgestrebten Hochdecker für die Doppelsteuerschulung, entstand im Frühjahr 1935 das Leistungssegelflugzeug *Minimoa* als Göppingen 3. Es war die Serienentwicklung aus der Einzelkonstruktion *Moazagotl,* ein verkleinertes, freitragendes *Moazagotl.* Aus 20 m Spannweite wurden 17 m Spannweite. Daher der Name Mini-Moa = Miniatur-Moazagotl.

Die *Minimoa* wurde von Wolf Hirth und Dipl.-Ing. Wolfgang Hütter konstruiert. Bei dem Entwurf der *Minimoa* war Hirths Leitgedanke, für den Leistungsflieger ein Flugzeug zu schaffen, das, im Serienbau hergestellt, in Flugeigenschaften und Flugleistungen den teuersten Sonderbauarten nicht erheblich nachsteht. Daß dies geglückt war, bewies bereits das V-Muster *»Göppinger Industrie«,* mit dem Wolf Hirth im Rhön-Segelflug-Wettbewerb 1935 gleich im ersten Start am 24. Juli 1935 den 35 km entfernt liegenden Öchsen umrundete und zur Wasserkuppe zurückkehrte. Diese erste *Minimoa* war noch ein Schulterdecker und wurde 1935 und 1936 in vielen Punkten geändert und verbessert. 1936 wurde mit dem Abschluß der Musterprüfung eine dreijährige Entwicklungsarbeit beendet, die von der Einzelkonstruktion *Moazagotl* mit 20 m Spannweite über die *Minimoa* als Schulterdecker mit Hängeknüppel und Pendelruder zum Hochleistungsflugzeug als Mitteldecker führte. 1938 gelang es, das Rüstgewicht zu verringern und für den Flügel ein Profil mit größerer Wölbung einzubauen und damit die Sinkgeschwindigkeit noch wesentlich zu verbessern. Das war dann die *Minimoa 38.*

Die *Minimoa* war das erste Hochleistungssegelflugzeug der Welt, das im Serienbau hergestellt worden ist. Insgesamt wurden von Juli 1935 bis August 1939 110 Flugzeuge dieses Typs gebaut, davon wurden 13 nach Frankreich, Großbritannien, USA, Argentinien, Südafrika und Japan exportiert. Eine, 1938 nach Südafrika geliefert, flog noch 1969. Bei der Wiederzulassung des Segelfluges in Deutschland kamen noch 7 Minimoas aus ihren Verstecken.

Aufbau: Die *Minimoa* war ein Mitteldecker in Holzbauweise, mit sperrholzbeplanktem Rumpf und stoffbespannten Flächen.

Rumpf: Der Rumpf besitzt ein festeingebautes Einradfahrwerk mit Handbremse. Der Führersitz ist sehr geräumig. Die vollständig geschlossene Haube (damals noch eine Seltenheit) in aerodynamisch gut gelöster Form kann nach der Seite aufgeklappt und nach vorne abgeworfen werden. Für die Lüftung sorgen vorn im Rumpf und hinter dem Kopf des Führers angebrachte

Der Prototyp der Minimoa, die „Göppinger Industrie" war noch ein Schulterdecker. Ihn flog Wolf Hirth 1935 im Rhönwettbewerb.

Die Serienausführung der Minimoa wurde als Mitteldecker gebaut. Die Minimoa erreichte als erstes Segelflugzeug eine Serie von über 100 Stück.

Entlüftungsklappen. Die Sicht ist ausgezeichnet. Sturzflugbremsen im Flügel begrenzen die Sturzflugendgeschwindigkeit auf 200 km/h und erleichtern das Landen auf kleinen Plätzen. Das Einradfahrwerk vereinfacht den Transport, erleichtert den Start und schont das Flugzeug bei der Landung.

Flügel: Wie beim *Moazagotl* sollte durch leichte Pfeilform, starkem Knick und Schränkungssprung im Bereich des Knicks feste Kurvenlage, gute Kurs- und Längsstabilität erreicht werden. Durch den Knick und durch die Verbreiterung am Querruderansatz erhielt die *Minimoa* eine einmalig charakteristische Form und gleichzeitig eines der schönsten Flugbilder. Die Querruder sind im Innenbereich nicht in der normalen Weise aus dem Flügelumriß herausgeschnitten, sondern laufen aus der Flügelhinterkante mit einem starken Schwung auf volle Querrudertiefe heraus. Durch diese Querruderanordnung, die einen Spalt beim ausgeschlagenen Querruder vermeidet, wird die Flügeltiefe ohne Übergang wesentlich erhöht. Der Außenflügel wird gegenüber dem Innenflügel, um einen Auftriebssprung zu vermeiden, im Bereich des Knicks um 2 ° negativ geschränkt, eine Konstruktionseinzelheit, die auf Dr. Wenk zurückgeht.

Leitwerk: Das ebenfalls freitragende Höhenruder ist gedämpft, hoch gelagert und dadurch vor Beschädigungen bei der Landung oder beim Transport geschützt.

Besondere Leistungen:

27. 7. 1935: Wolf Hirth: Wasserkuppe-Zlabings 420 km an einem sehr windschwachen Tag.

5. 8. 1938: Flugkapitän Walter Drechsel: Weltrekord in der Startüberhöhung mit 6687 m über der Wasserkuppe.

24. 5. 1939: Erich Vergens: Deutscher Streckenrekord Trebbin–Tiefenried/Obb. 523 km.

Nationale Rekorde 1938/39 in USA, Frankreich, England, Südafrika durch Lewis Barringer, R. C. Dupont, Eric Nessler, Philip Wills und Hermann Winter.

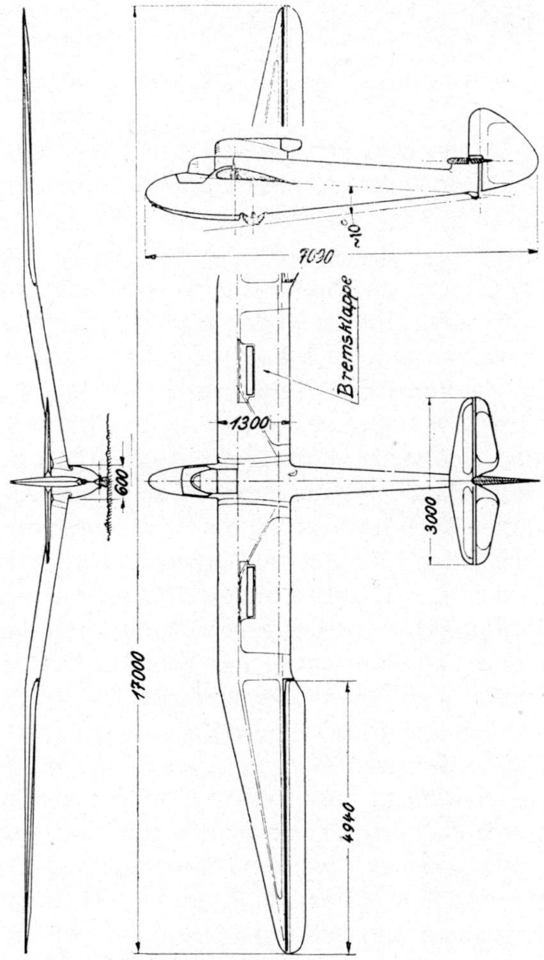

Übersichtszeichnung Minimoa.

Baumuster	Minimoa
Abmessungen (dimensions)	
Spannweite	17,00 m
Länge	7,00 m
Flügelfläche	19,00 m²
Seitenverhältnis	15,21
Gewichte (weights)	
Rüstgewicht	216,00 kg
Zuladung	134,00 kg
Fluggewicht	350,00 kg
Flächenbelastung	18,42 kg/m²
Leistungen (performances)	
Mindestgeschwindigkeit	60,00 km/h
Höchstgeschwindigkeit	220,00 km/h
Sinkgeschwindigkeit	0,65 m/sec bei 63 km/h
Höchstgeschw. im Windenschlepp	80,00 km/h
Höchstgeschw. im Flugzeugschlepp	100,00 km/h
Gleitzahl	26 bei 85 km/h
Profil	Gö 681 verdünnt

Condor

Beeinflußt vom Entwurf und von den Leistungen des *Fafnir,* beraten von Alexander Lippisch und unterstützt von Dipl.-Ing. Fritz Krämer, konstruierte der damals blutjunge Heini Dittmar 1931/32 das Leistungssegelflugzeug *Condor.* In vielen Abend- und Nachtstunden baute sich Heini Dittmar in der Werkstatt der Wasserkuppe diesen abgestrebten Hochdecker selbst und hatte so für den Rhön-Wettbewerb 1932 ein eigenes Flugzeug. Damit begann seine große Laufbahn als Segelflieger. Schon im Wettbewerb 1932 erflog er sich eine der höchsten Preissummen. Der *Condor* erregte allgemeines Aufsehen. Es war ein Hochdecker mit starkem Flügelknick, einholmiger Bauweise mit drehsteifer Nase und einem hochgewölbten, dicken Flügelprofil, und die Flügel mit V-Strebe zum Rumpf abgefangen. Rumpf und Leitwerk waren mit entsprechender Umkonstruktion vom *Fafnir* übernommen. Dieser *Condor* wurde vom Flugzeugbau Bley in Serie hergestellt.
Im Rhön-Wettbewerb 1933 holte sich Dittmar den 3. Preis im Zielflug für den ersten Flug Wasserkuppe—Kissinger Hütte zurück zur Wasserkuppe. Mit »seinem« *Condor* erflog er sich während der Segelflug-Expedition nach Südamerika am 16. Februar 1934 den neuen aufsehenerregenden Höhenweltrekord von 4350 m (bislang 2560 m).

Condor I (mit Verstrebung) im Fluge mit Wolfgang Späte im Rhönwettbewerb 1935.

Für den Rhön-Wettbewerb 1935 hatte Heini Dittmar, damals beim Technikum Weimar, eine Reihe von Verbesserungen angebracht und so entstand der *Condor II.* Die Hauptänderung war eine neue Tragfläche mit äußerst dünnem Profil, um den Gleitwinkel und die Sinkgeschwindigkeit bei höheren Geschwindigkeiten zu verbessern. Die größte Profilhöhe des Profils Göttingen 532 betrug 180 mm. Die Flügelschränkung wurde so klein gehalten, daß erst bei einer Fluggeschwindigkeit von 180 km/h eine Durchbiegung der Außenfläche nach unten eintrat. Der Rumpfquerschnitt wurde etwas größer gewählt, um auch stärkeren Piloten Platz zu geben.
Mit dem Prototyp des *Condor II* flog Peter Riedel am 1. Juli 1935 im Zielflug von Berlin nach Hamburg. Im anschließenden Rhön-Wettbewerb starteten nicht weniger als elf unter 61 Piloten mit dem *Condor.* Rudolf Oeltzschner gehörte zu den vier Piloten, die am 29. Juli 1935 von der Wasserkuppe nach Brünn mit 504,2 km neuen Streckenweltrekord flogen. Oeltzschner wurde auf *Condor II* Sieger des Rhön-Wettbewerbes 1935, vor Wolfgang Späte, ebenfalls auf *Condor.* Im Juni 1936 siegte Heini Dittmar im 1. Zielflugwettbewerb Darmstadt—Nürnberg—München—Stuttgart—Darmstadt, erflog sich im Sommer 1936 als erster Segelflieger der Welt die Bedingungen zur Gold-C, wiederum auf *Condor.* Am 29. August 1936 gelang ihm als erstem Segelflieger der motorlose Flug über die Alpen, über die Hohen Tauern, von Prien bis in die Po-Ebene. In den Rhön-Wettbewerben dieser Jahre war der *Condor* ein beliebtes Leistungsflugzeug.
Den größten Erfolg erzielte Heinz Huth, der 1937 den Zielstrecken-Wettbewerb Wasserkuppe—Berlin—Wasserkuppe gewann und damit seine über 30jährige große Laufbahn begann.
1938 erfuhr der *Condor* noch einmal eine grundsätzliche Verbesserung. Durch systematische Weiterentwicklung entstand über *Condor I* und *Condor II* nunmehr *Condor III* als ein freitragender Hochdecker in Holzbauweise. Er wurde durch eine günstigere Verbindung von Rumpf und Flügel verbessert, der Flügelzusammenschluß wurde vereinfacht. Der Tragflügel mit leichtem Knick, einholmig, nunmehr verstärkt, ausgebildet, blieb, wurde aber jetzt mit DFS-Sturzflugbremsen versehen. Durch Änderungen am Querruder er-

Der Doppelsitzer Condor IV mit Schweizer Kennzeichen für den Ägypter Hassan Kamil zur Weltmeisterschaft 1952 in Madrid.

höhte sich die Wendigkeit. Der Rumpf wurde um 50 mm schmaler und um 70 mm niedriger. Je nach Wunsch konnte ein gedämpftes und ungedämpftes Höhenleitwerk aufgesetzt werden.

Den Bau des Prototyps und der Serie übernahm der Flugzeugbau Schleicher in Poppenhausen am Fuße der Wasserkuppe. Mit dem freitragenden *Condor* überquerte Heini Dittmar während der ISTUS-Tagung 1938 von Bern aus die Alpen in einem Streckenflug von 155,5 km. Im Rhön-Wettbewerb 1939 starteten unter 41 Teilnehmer drei *Condor* und belegten mit Kurt Schmidt den 2., Ernst-Günther Haase den 4. und Otto Braeutigam den 5. Platz.

Nach Wiederzulassung des Segelfluges in Deutschland 1951 entwickelte Heini Dittmar aus der einsitzigen Konstruktion dieser »Condor«-Serie den Doppelsitzer *Condor IV*.

Baumuster	Condor		
	I	II	III
	1932	1935	1938
Abmessungen (dimensions)			
Spannweite	17,26	17,24	17,24 m
Länge	7,65	7,70	7,60 m
Flügelfläche . . .	16,20	16,20	16,20 m²
Seitenverhältnis . .	18,40	18,40	15
Gewichte (weights)			
Rüstgewicht . . .	230,00	240,00	230,00 kg
Zuladung	80,00	90,00	95,00 kg
Fluggewicht . . .	310,00	330,00	325,00 kg
Flächenbelastung .	19,12	19,75	10,82kg/m²

Leistungen (performances)			
Mindestgeschwindigkeit			50,00 km/h
Höchstgeschwindigkeit			180,00 km/h
Sinkgeschwindigkeit		0,65	0,60 m/sec
Höchstgeschw. im Windenschlepp .			80,00 km/h
Höchstgeschw. im Flugzeugschlepp			120,00 km/h
Gleitzahl	26	26	28
Profil			Gö 532

Übersichtszeichnung Condor III ohne Verstrebung.

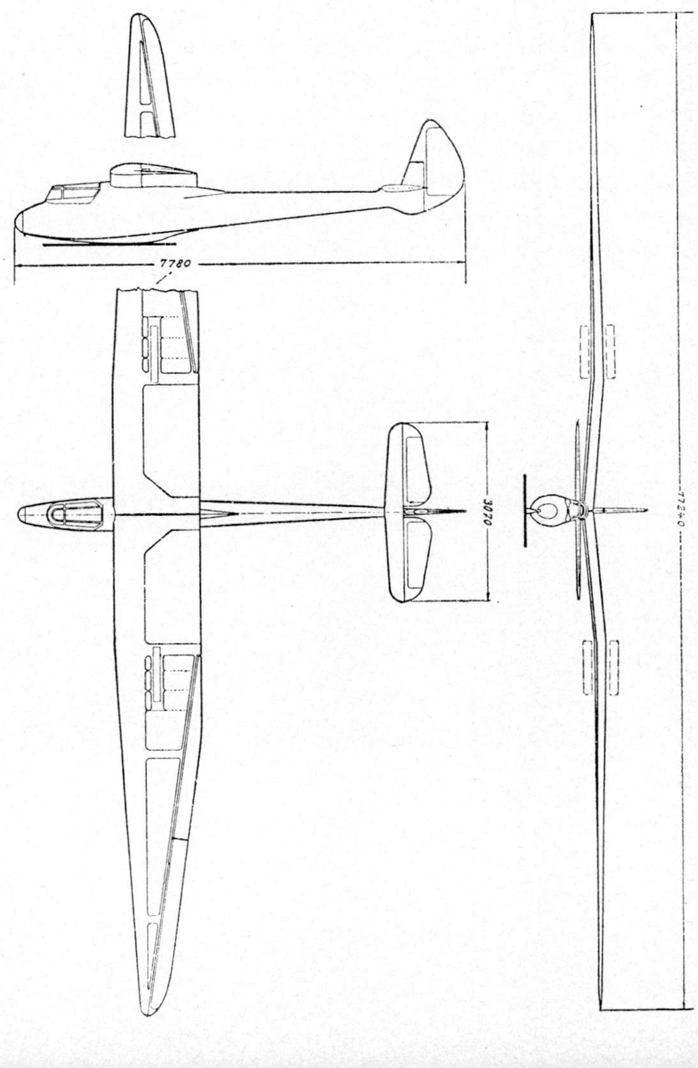

Mü 13

Das einzige Flugzeug der »Münchner Schule«, das in der Zeit zwischen den beiden Weltkriegen in Serie gebaut wurde, war der freitragende Schulterdecker *Mü 13*. Dieses Leistungsflugzeug war eine einsitzige Weiterentwicklung des Doppelsitzers *Mü 10 Milan* der Münchner Akaflieg unter Leitung von Egon Scheibe. Mit dem *Milan* waren eine Reihe von günstigen Erfahrungen gesammelt worden, vor allem in der Stahlbauweise, in der Leitwerksanordnung, in der Profilierung, die bei der Ausarbeitung der *Mü 13* als Grundlagen dienten. Vom Typ *Mü 13* wurden 1935/36 gleichzeitig zwei Flugzeuge gebaut. Das erste war der *Merlin,* der im Frühjahr 1936 eingeflogen wurde. Wiesenhöfer von der Akaflieg München gehörte mit dem *Merlin* im Juni 1936 zu den vier Bewerbern, die den ersten Zielflug rund um Süddeutschland erfolgreich beenden konnten. Im August 1936 führte der gleiche Leistungsflieger auf dem *Merlin* von Prien aus mehrere Flüge ins Alpengebiet durch.

Eine zweite Ausführung der *Mü 13* wurde mit kleinen Änderungen unter dem Namen *Atalante* von Kurt Schmidt gebaut, der maßgeblich an der Konstruktion der *Mü 13* beteiligt war. Kurt Schmidt, der 1933 durch einen aufsehenerregenden Weltrekord im Dauerflug bekannt wurde, hatte 1935/36 fast allein seine *Atalante* gebaut, flog sie kurz vor dem Rhön-Wettbewerb ein und siegte schließlich mit großem Vorsprung in der »17. Rhön«, stellte mit 13,40 Stunden einen neuen Rhön-Dauerrekord auf, flog im Zielflug nach Würzburg und vollbrachte mit seinem 250 km-Zielflug nach Trier die Bestleistung des Wettbewerbs. Mit einem Schlage war die *Mü 13* bekannt, wurde beim Schwarzwald-Flugzeugbau in Donaueschingen als *Mü 13 d* in Serie gebaut und gehörte bis zum Zweiten Weltkrieg zu den beliebtesten Segelflugzeugen. Die drei auffallendsten Konstruktionsmerkmale waren der Stahlrohrrumpf, die Trapezflügel ohne Knick und die ausgezeichnete Lösung des Führersitzes.

Mü 13 d im Rhönwettbewerb im Fluge und am Startplatz.

Die *Mü 13* war ein Schulterdecker in Gemischtbauweise mit zweiteiligem freitragendem Flügel ohne Knick, einholmig mit drehsteifer Flügelnase. Die Hauptholmbeschläge bestanden aus nachträglich vergütetem Cr.-Mo-Blech und waren, wie die meisten anderen Beschläge, durch Hohlnieten mit den Holzteilen verbunden. Die Klappen waren aus Stahlrohr, um bei der geringen verfügbaren Bauhöhe gute Steifigkeit zu erzielen. Flügel und Leitwerk waren aus Holz, Rumpf und Querruder wurden in Stahlrohr mit Stoff bespannt ausgeführt. Der Stahlrohrgitterrumpf hatte einen viereckigen Querschnitt. Durch Verlegung des Führerkopfes in die Flügelnase wurde ein kleiner Rumpfquerschnitt von 540 mm und gleichzeitig eine gute Sicht nach vorne und oben für den Führer erreicht. Diese Anordnung der abwerfbaren Haube erregte 1936 allgemeine Beachtung. Die Sicht wurde noch verbessert, vor allem nach vorne und unten, durch den Einbau von Cellonfenstern in beide Seiten des Rumpfes. Das Profil wurde aus dem *Milan*-Profil entwickelt, mit dem Ziel, bei sonst guten Profileigenschaften geringes C mo zu erreichen, um die Verdrehkräfte des Flügels und damit das Gewicht der dadurch beanspruchten Teile zu verringern. Die Profildicke betrug 13 bis 15 %. Der Flügel hatte durchlaufende Klappen – Querruder und Innenklappen – die zur Auftriebserhöhung insgesamt verstellt werden konnten. Die dadurch erzielte geringere Fluggeschwindigkeit erleichterte besonders das Ausfliegen von kleinen Thermikschläuchen oder schmalen Aufwindgebieten. Kurt Schmidt demonstrierte diese Flugart meisterhaft. Großer Wert wurde auf schnelle und einfache Montage gelegt. Die Flächenbolzen besaßen einen Kupplungsautomaten und Höhen- und Seitensteuer waren mit

Besondere Mühe gab sich Kurt Schmidt mit der Ausarbeitung der Führersitzverkleidung. Als erster schuf er mit einer Verkleidung im Rumpf auch Sichtmöglichkeiten nach unten und mit der Verkleidung in den Flächen nach oben.

einem Bolzen festzumachen, ohne daß die Sicherheit auch nur im kleinsten Maße gefährdet war. Zur Starterleichterung war ein vom Piloten ein- und ausfahrbares Fahrgestell vorgesehen.

Nach seinem Sieg im Rhön-Wettbewerb 1936 belegte Kurt Schmidt im 1. Internationalen Wettbewerb 1937 auf der Wasserkuppe den 5. Platz, lieferte Erwin Kraft im Rhön-Wettbewerb 1938 über 14 Tage einen Kampf auf Biegen und Brechen und mußte sich nur mit wenigen Punkten Unterschied mit dem 2. Platz begnügen. Auch im Zielstrecken-Wettbewerb dieses Jahres von Sylt nach Breslau belegte er unter 23 Teilnehmern knapp hinter Hanna Reitsch den 2. Platz, um 1939 im Zielstrecken-Wettbewerb Freiburg–Stettin überlegener Sieger zu werden. Am 24. Mai 1939 hatte er von Trebbin nach Holzkirchen, seiner bayerischen Wahlheimat, mit 482 km einen deutschen Zielflugrekord aufgestellt. Kein Wunder, daß Kurt Schmidt, der 1943 bei der Erprobung der *Me 163* tödlich abstürzte, 1940 mit dem »Ehrenpreis für Segelflug« ausgezeichnet worden ist.

D-Merlin und *D-Atalante* unterschieden sich z. B. in der Steuerung und im Rumpfaufbau. Nach den guten Leistungen in den Rhön-Wettbewerben erwarb der Schwarzwald-Flugzeugbau Wilhelm Jehle die Lizenz und entwickelte zusammen mit dem Konstrukteur aus der *D-Atalante* die serienmäßige Ausführung Mü 13 d, die zu den beliebtesten Segelflugzeugen vor dem Zweiten Weltkrieg zählte. Allein im letzten Rhön-Segelflug-Wettbewerb 1939 war sie mit 15 Flugzeugen der am stärksten vertretene Typ.

Baumuster	Mü 13 d »Atalante«	
Abmessungen (dimensions)		
Spannweite	16,00	m
Länge	6,02	m
Flügelfläche	16,16	m^2
Seitenverhältnis	15,85	
Gewichte (weights)		
Rüstgewicht	170,00	kg
Zuladung	100,00	kg
Fluggewicht	270,00	kg
Flächenbelastung	16,71	kg/m^2
Leistungen (performances)		
Mindestgeschwindigkeit	50,00	km/h
Höchstgeschwindigkeit	200,00	km/h
Sinkgeschwindigkeit	0,60 m/sec bei 55 km/h	
Höchstgeschw. im Windenschlepp	85,00	km/h
Höchstgeschw. im Flugzeugschlepp	100,00	km/h
Gleitzahl	28 bei 66 km/h	
Profil	eigener Entwurf	

Übersichtszeichnung Mü 13 d „Atalante“.

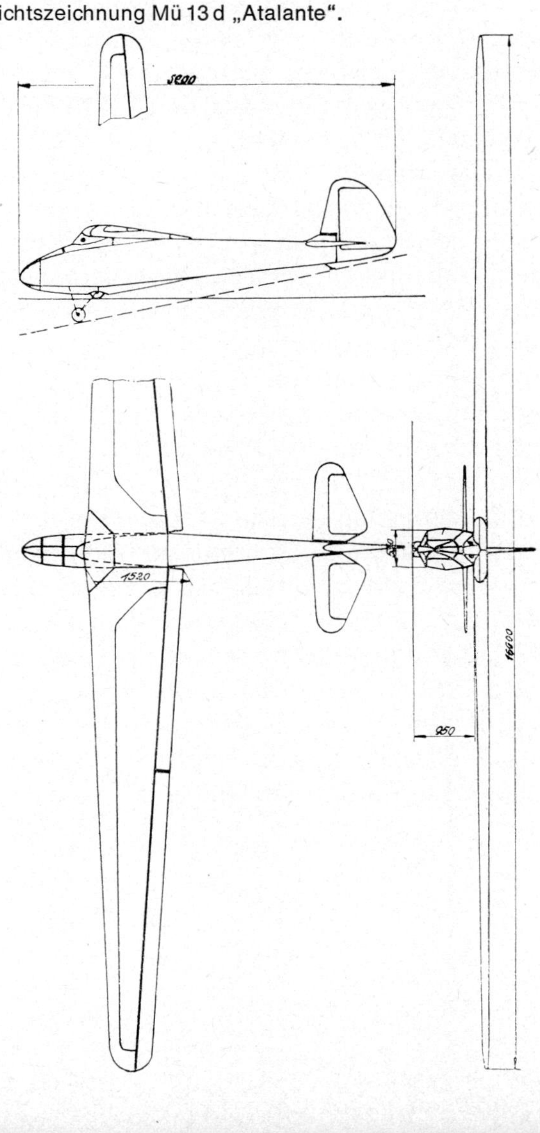

Nurflügel-Segelflugzeuge „Horten"

Seitdem Professor Junkers im Jahre 1910 seine Vorstellungen für die Konstruktion eines Nurflügelflugzeuges patentieren ließ, tauchte der Gedanke des Nurflügelflugzeuges in den Entwicklungslinien fast aller Länder auf. Im Segelflugzeugbau entwarfen Dr. Wenk und vor allem Alexander Lippisch die ersten Pläne. Bei Lippisch führte die Konstruktion vom *Nurflügel-Segelflugzeug Delta I* (1929/30) bis zum *Raketenflugzeug Me 163* (1943). Die erfolgreichsten Muster im Segelflug aber bauten die Gebrüder Reimar und Walter Horten aus Bonn, wenngleich auch sie ihr Endziel im motorisierten Nurflügelflugzeug sahen.

Ihre ersten Anregungen erhielten die Gebrüder Horten 1929 und 1930 auf der Wasserkuppe durch die Versuche mit dem schwanzlosen Segelflugzeug *Storch* und dem schwanzlosen Motorflugzeug *Delta II - »Hermann Köhl«*, beide Flugzeuge konstruiert von Alexander Lippisch und geflogen von Günther Groenhoff. Nach fünf Jahren eingehender Versuche an zahlreichen Modellen entwarfen die damaligen Oberrealschüler 1933 ihr erstes schwanzloses Segelflugzeug. Die Spannweite der Versuchsmodelle war dabei von 1,50 m auf 4 m gewachsen, während das Fluggewicht zwischen 5 und 20 kg lag. Das erste Segelflugzeug, die *»Horten I«*, entstand in der elterlichen Wohnung (unter viel mütterlichem Verständnis!). Bei dieser ersten Konstruktion mit 12 m Spannweite und 21 m^2 Flügelfläche bestand die Hauptaufgabe in der Erforschung der Flugeigenschaften, während auf Flugleistungen weniger Rücksicht genommen wurde. Daher erreichte die *Horten I* nur ein Gleitverhältnis von 21. Das Ziel war, die theoretisch gefundenen und im Modellflug erzielten Ergebnisse durch die Praxis am großen Flugzeug, hergestellt mit möglichst geringem Arbeitsaufwand, bestätigt zu finden. Um den fertigen Flügel ins Freie schaffen zu können, mußten Fensterrahmen entfernt werden. Auf dem Flugplatz in Hangelar bei Bonn wurde die *Horten I* bespannt und ausgewogen. Die ersten Flugversuche erfolgten mit Hilfe des Gummiseilstarts. Es folgten Auto- und Windenschleppversuche und schließlich der damals noch recht problematische Flugzeugschlepp. 1934 wurde die *Horten I* dann von den beiden Brüdern im Flugzeugschlepp zur Wasserkuppe überführt, wo sie, kurz vor Schluß des Wettbewerbes, noch in einigen Flügen bis zu 20 Minuten Dauer gewaltiges Aufsehen hervorrief. Ein Konstruktionspreis in Höhe von 600.– RM war der äußere Erfolg. Walter und Reimar Horten hatten in sieben Stunden Flugzeit ihre ersten Erfahrungen mit Nurflügelflugzeugen gesammelt. Da für den Rücktransport kein Schleppflugzeug zur Verfügung stand, wurde die *Horten I* nach Schluß des Wettbewerbes kurzerhand verbrannt.

Schon auf der Wasserkuppe entstand in großen Zügen der Entwurf der *Horten II* mit 16,5 m Spannweite, die dann im Herbst und Winter 1934/35 ebenfalls noch in der elterlichen Wohnung gebaut wurde. Nach der Erprobung als Segelflugzeug wurde sie 1935 mit einem HM 60-Motor ausgerüstet und damit begann auch die – in diesem Buch nicht interessierende – Entwicklungsserie der motorisierten Horten-Nurflügelflugzeuge. In der Arbeit der Gebrüder Horten gab es von da an zwei Entwicklungsrichtungen. Von der *Horten II* wurden 1936/37 drei weitere Muster als Segelflugzeuge gebaut, von denen zwei unter Führung der beiden Brüder im 18. Rhön-Segelflug-Wettbewerb 1937 auf der Wasserkuppe starteten und als die konstruktive Sensation ständig von Interessenten umlagert waren. Die Erfahrungen mit Nurflügelflugzeugen wurden auf diesen Mustern von über 100 verschiedenen Flugzeugführern mit einer Flugzeit von über 1000 Stunden ausgeweitet. 1938 erhielten die Gebrüder Horten als erste den Lilienthalpreis als Anerkennung für die Entwicklungsarbeit auf dem Gebiet der Nurflügelflugzeuge, Arbeiten, die beide ohne die Erkenntnisse eines Hochschulstudiums bis dorthin geleistet hatten.

Durch eine vergrößerte Spannweite auf 20 m entstand das Muster *Horten III*. Die beiden Prototypen starteten 1938 in der 19. Rhön auf der Wasserkuppe unter Führung von Werner Blech und Heinz Scheidthauer. Blech holte sich mit 6380 m Höhe den 3. Höhenpreis und beide Leistungsflieger erreichten im Zielflug den 154 km entfernten Flugplatz Mannheim. Durch den Einsatz auf dem Zielstrecken- und Rhön-Segelflug-Wettbewerb erhielten die Gebrüder Horten sehr wichtige Erfahrungen über Flugeigenschaften, Kurvenwendigkeit und beson-

ders im Blindflug. Ferner ergaben sich aus der Praxis bei Höhenflügen mehrere Beispiele von Vereisung, bei denen die Flugeigenschaften absolut erhalten blieben. Bei der Erprobung im Kunstflug zeigte die *Horten III* selbst bei Geschwindigkeiten über 400 km/h normale Flugstabilität und keinerlei Überempfindlichkeit.
Im Rhön-Wettbewerb 1939 starteten vier *Horten III b,* von denen Heinz Scheidthauer unter 42 Teilnehmern mit 942 geflogenen Kilometern den 22. Platz belegte. Seine beste Leistung erzielte er am 2. August mit einem Streckenflug von 332 km in 5,51 Stunden, wobei er 3060 m Höhe erreichte. Das Gleitverhältnis entsprach mit 24 den damals üblichen Normalsegelflugzeugen. Die dann folgenden mehrere 1000 Flugstunden mit einigen hundert Flugzeugführern auf den Nachbauten dieses Musters bewiesen die Richtigkeit der Entwicklungsgrundsätze der Gebrüder Horten.

schlagen. Eines dieser Nurflügel-Flugzeuge trug in der Flugzeugmitte einen Vorflügel, um beim Kreisen in der Thermik langsam fliegen zu können, da die Luftströmung am Innenflügel im Bereich der Kopfverkleidung zu früh abriß. Ihre Leistungsfähigkeit konnten die Flugzeuge durch die wiederholten Höhenflüge, auch über 8000 m beweisen. Von der *Horten III* wurden 15 Exemplare gebaut.
Zum Abschluß der »Langsamflugbetonten« Auslegungen sei noch die *Horten Parabel* erwähnt, ein Flugzeug mit extrem kleiner Flächenbelastung, das bei einer Mindestsinkgeschwindigkeit von 0,48 m/sec einen Kurvenradius von nur 14 m erfliegen konnte.
Nach den vielfachen Erfahrungen kamen die Gebrüder Horten zu der Erkenntnis, daß die Vorbedingung für eine weitere Steigerung des Gleitverhältnisses ein hohes Flügelseitenverhältnis ist. Durch Anwendung des

Horten II im Flug mit Werner Blech.
Horten IV war die eleganteste Entwicklung der schwanzlosen Flugzeuge.
Bei der Weltmeisterschaft 1952 in Madrid startete der Argentinier Bazet mit der letzten Horten-Segelflugzeug-Entwicklung, Horten XV.

Bei der *Horten III* war der Führerkopf durch einen stromlinienförmigen Aufsatz auf dem Flügel verkleidet. Das Rumpfmittelstück, gleichzeitig das Flügelmittelstück, war in Stahlrohrbauweise durchgeführt, während die beiden Außenflügel eine normale Holzbauweise aufwiesen. Die Flügelhinterkante war in drei Klappen aufgeteilt, wovon die beiden äußeren als Querruder und Höhenruder dienten, die Seitensteuerung wurde durch Ausfahren von Bremsklappen auf der Ober- und Unterseite der Flügelnase am Außenflügel erreicht. Bei Ausfahren dieser Klappen gleichzeitig auf beiden Seiten diente sie als Gleitwinkelverschlechterung. Zur Verringerung der Landegeschwindigkeit wurde die innere Klappe zur Wölbungsvergrößerung nach unten ausge-

liegenden Flugzeugführers ergaben sich so günstige Raumverhältnisse, daß die Gestaltung der Flügelstrekkung lediglich durch die statischen Möglichkeiten begrenzt wurde. Für die »Schnellflug- und Gleitwinkelbetonte« Entwicklung entstand 1940 die *Horten IV.* Bei dem Muster *Horten IV* wurde ein Gleitverhältnis von 37 erreicht, das bis dort von keinem Normalflugzeug überboten werden konnte. Die *Horten IV* fiel durch den weitaus schlankeren Flügel und durch die neuartige Anordnung des knieend-liegenden Flugzeugführers auf. Die Flugerfahrungen des Musterflugzeuges *Horten IV* bestätigten die Leistungsrechnungen und bewiesen seine Überlegenheit durch Vergleichsflüge mit den besten Normalflugzeugen. Blindflüge und Dauerflüge bis zu

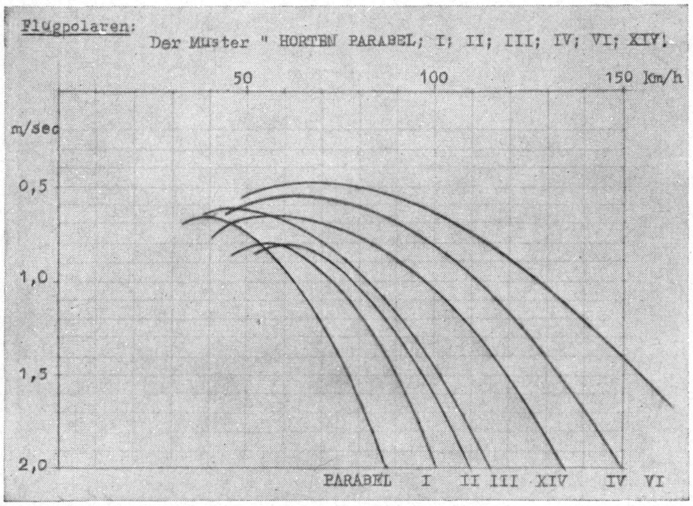

Die Flugpolare der verschiedenen Horten-Muster.

neun Stunden bewiesen die absolute Möglichkeit der Führeranordnung. Von der *Horten IV* wurden fünf Exemplare gebaut und in mehr als 1000 Flugstunden erprobt. Eine Weiterentwicklung der Leistung war nun auf zwei Arten möglich: 1. durch Erhöhung des Seitenverhältnisses und evtl. auch der Spannweite, wie es 1943 mit dem Muster *Horten VI* verwirklicht wurde und 2. durch Anwendung von Laminarprofilen wie in der Ausführung *Horten IV b*. Die *Horten IV b* – wie die *Horten IV*, eine Spannweite von 20,2 m, ein hochgezüchtetes Seitenverhältnis von 1:21,4 – besaß ursprünglich ein Profil mit größerer Dicken- und Wölbungsvorlagen. Eine Version wurde mit dem bekannten Mustang-Profil gebaut. Zur genauen Profilhaltung wies diese Version bereits eine Schalen-Konstruktion der Flügelnase auf. Vergleichsflüge ergaben, daß die *Horten IV b* mit 1:40 zu den Segelflugzeugen mit der besten Gleitzahl ihrer Zeit gehörte.

Alle Flugzeugmuster, außer dem ersten, sind in Gemischtbauweise hergestellt, d. h. sie hatten ein Flügelmittelstück aus Stahlrohr und Außenflügel in Holz. Die Muster *Horten IV* und *VI* wiesen außerdem eine Aufteilung der Außenflügel auf, um eine gute Transportmöglichkeit zu gewährleisten – Flügelaußenenden aus Dural. Die Trennstellen vom Mittelstück zu den Hauptflügeln waren mit konischen Bolzen versehen, die eine Abziehvorrichtung besaßen, so daß kein Spezialwerkzeug notwendig war. Das gleiche gilt für die Flügelenden, die mittels Steckverbindung an den Hauptflügeln befestigt wurden. Alle Stoßstangen zur Betätigung der Steuerorgane haben Schnellverschlüsse, wodurch einer Forderung entsprochen ist, die gerade im praktischen Flugbetrieb und besonders bei Wettbewerben von großer Wichtigkeit ist. Das 1,60 m breite Mittelstück enthielt die Liegewanne für den Piloten und trug das Fahrwerk, welches aus zwei hintereinander angeordneten Kufen bestand, von denen die vordere einziehbar und die hintere feststehend war. Letztere war durch Gummikabel und eine Hebelanordnung derart gefedert, daß durch eine starke Progressivität eine angenehm weiche Federungscharakteristik entstand. Bei der vorderen Kufe wurde ein ölgedämpftes Luftfederbein verwendet. Das Einziehen geschah durch einen Hebel von Hand über ein Drahtseil, das Ausfahren durch die Schwerkraft und eine Feder, die zusätzlich die Knickstrebe in gestrecktem Zustande verriegelte. Für den Windenstart oder Flugzeugschlepp wurde durch diese Kufe ein in eine Gabel montiertes Rad gesetzt, welches beim Einziehen der Kufe nach dem Start von selbst abfiel. – Die Liegewanne war aus Elektronblech gefertigt und mit einer 2 cm dicken, lederbezogenen Schaumgummilage gepolstert. Sie war durch Unterteilungen (am Boden) auf die Körpergröße des Flugzeugführers einstellbar und konnte ohne Schwierigkeit zu Fallschirmabsprüngen verlassen werden. Durch einen Handgriff wurde für diesen Fall die Führerraumüberdachung abgeworfen und gleichzeitig die Anschnallung gelöst (eine Behinderung durch Flugzeugbauteile brauchte nicht befürchtet zu werden). Der automatische Fallschirm wurde in eine Metalltasche der Überdachung lose eingesteckt; wahlweise Verwendung manueller Fallschirme war möglich. – Die Betätigung des Höhen- und Querruders erfolgte durch eine Handrad-Schiebesteuerung über kugelgelagerte Stoßstangen; – die kleinen Seitenruder-Bremsklappen in den Flügelenden wurden von Fußpedalen bewegt. Reichlich bemessene Sturzflugbremsen erlaubten Bahnneigungen bis zu 60 Grad.

Die einholmigen Hauptflügel waren in Holzbauweise ausgeführt und trugen je zwei Ruderklappen; die Flügelenden trugen Seitenruder-Bremsklappen und je eine weitere Ruderklappe. – Die Dimensionierung er-

Baumuster	Baujahr	Spannweite (m)	Flügelfläche (m^2)	Seitenverhältnis	Rüstgewicht (kg)	Fluggewicht (kg)	Flächenbelastung (kg/m^2)	Beste Gleitzahl	Geschwindigkeit bei bester Gleitzahl (km/h)	Geringste Sink-geschwindigkeit (m/s)	Geschwindigkeit bei geringster Sink-geschw. (km/h)	Sinkgeschw. (m/s) bei V = 100 km/h
Horten I	1932/33	12,4	21,2	7,3	120	210	9,9	21:1	67	0,80	55	1,8
Horten II	1934	16,5	32	8,5	265	365	11,4	23:1	65	0,73	56	1,6
Horten III d	1935	20,0	37,5	10,66	260	360	9,6	24:1	65	0,64	48	1,45
Horten Parabel	1943	20,0	37,5	10,66	430	540	14,4	24:1	75	0,80	60	1,30
Horten IV	1935	12,0	30,0	4,8	90	180	6,0	19:1	55	0,65	40	2,0
Horten IV b	1939/40	20,2	19,1	21,4	240	335	17,6	37:1	87	0,54	55	0,80
Horten III	1943	20,2	19,1	21,4	260	335	18,6	40:1	90	0,60	68	0,78
Horten VI	1943	24	17,9	32,3	335	430	24,0	43:1	90	0,48	65	0,64
Horten XIV	1944	16	16	16	150	240	15	30:1	75	0,63	50	1,02

Die Entwicklungen der Gebrüder Horten bis Ende des Zweiten Weltkrieges.

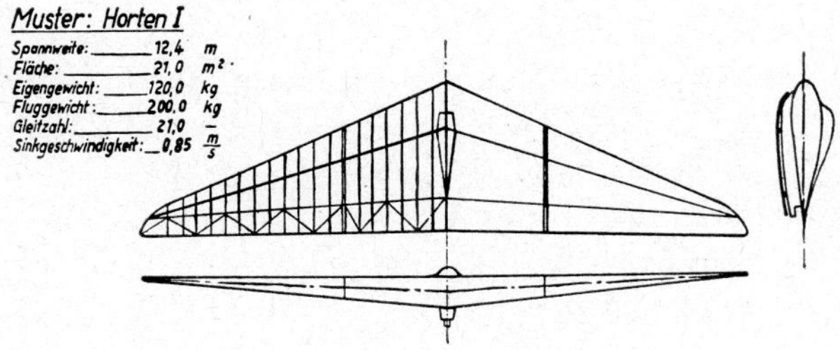

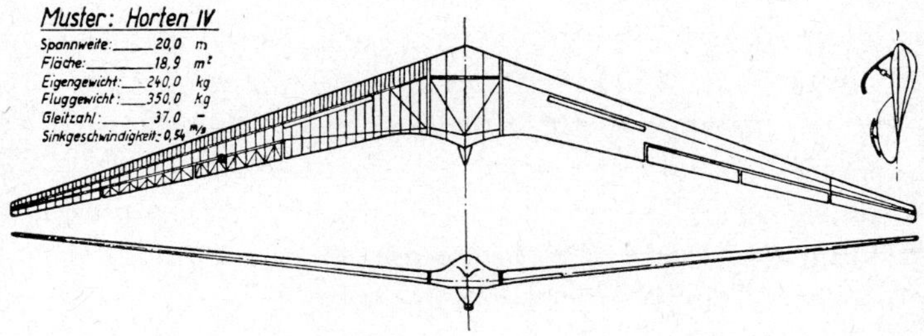

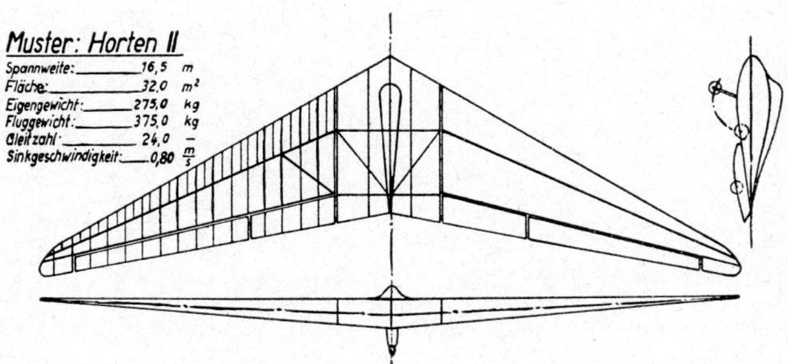

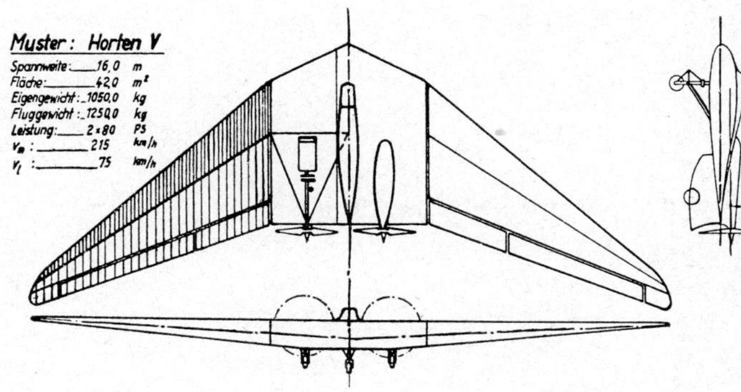

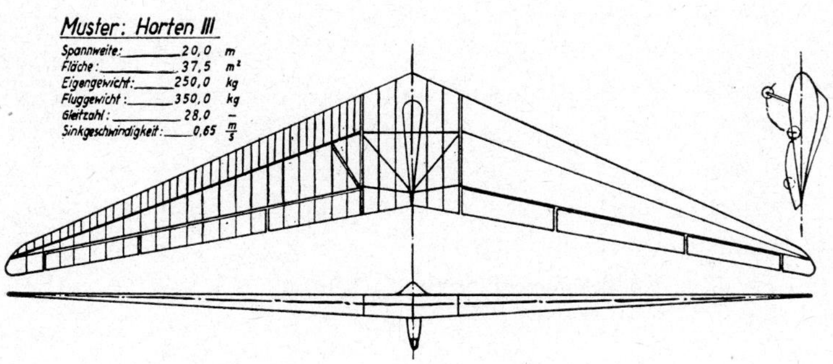

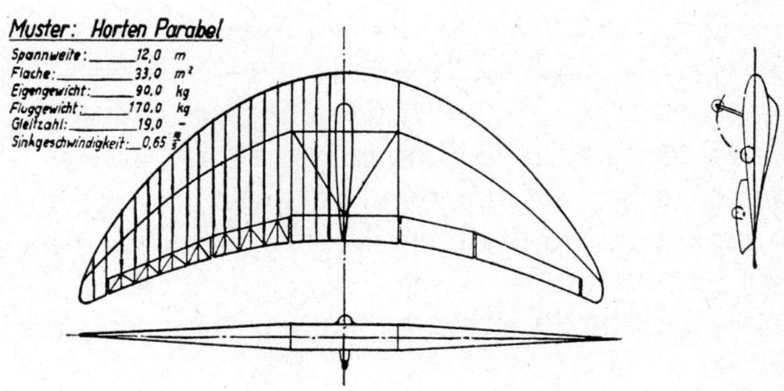

folgte nach den Festigkeitsvorschriften der DLV für Gruppe H 5, für welche mit ausgefahrenen Sturzflugbremsen die Geschwindigkeit »Unbegrenzt« galt. Im Horizontalflug sollte sie bei starker Böigkeit 145 km/h nicht überschreiten, womit eine relativ hohe Reisegeschwindigkeit bei allen Wetterbedingungen erreichbar blieb.
Das Flugzeugmuster *Horten VI* war ein Forschungsobjekt und hatte ein außerordentlich hohes Flügelseitenverhältnis (32,3:1). In zwei Exemplaren im Jahre 1943 gebaut, zeigte es die gleichen Merkmale wie sein Vorgänger *Ho IV* und erzielte bei seiner Erprobung im September 1944 außerordentliche Flugleistungen. Auch die Flugeigenschaften waren zufriedenstellend, so daß der beabsichtigte Einsatz in Leewellen des Hochgebirges hätte erfolgen können; es kam jedoch nicht mehr dazu.
Beide Flugzeugmuster (fünf Exemplare *Horten IV* und zwei der *Horten VI*) bewährten sich während der Erprobung in über 1000 Flugstunden und haben in Meßflügen bewiesen, daß sie die errechneten Werte erfüllen. Für die in unseren Breiten vorherrschenden meteorologischen Verhältnisse war das Muster *Horten IV* als ideal anzusprechen. Bei einer Flächenbelastung von 17 kg/m^2 war es auch noch in eng begrenzter Thermik sehr gut innerhalb der Aufwindfelder zu kurven und gewährleistete auf Grund seiner geringen Sinkgeschwindigkeit und großen Wendigkeit (trotz einer Spannweite von 20 m) bei allen Verhältnissen guten Höhengewinn. Um nun aus diesen Erfahrungen auch ein Flugzeug, der Olympia-Auslegung angepaßt (ebenfalls mit liegendem Piloten), zu besitzen, entstand das Muster *Horten XIV*, welches mit gleichem Bauaufwand (Spannweite 16 m aber ohne Rumpf) in dieser Klasse leistungsmäßig nicht von anderen Konstruktionen erreicht worden ist.
Nach dem Kriege wanderte Dr. Reimar Horten nach Argentinien aus, baute beim Instituto Aerotecnico (IA) in Cordoba noch mehrere Segelflugzeuge, darunter die erfolgreiche *Horten XIV* mit der Scheidthauer die Anden überquerte und schließlich motorisierte Nurflügelflugzeuge bis zu viermotorigen Transportflugzeugen. Mit der *Horten XIV* gewann der bekannte deutsche Leistungsflieger Rudolf Opitz mehrere Wettbewerbe in den Vereinigten Staaten. Bei der Weltmeisterschaft 1952 in Madrid startete für Argentinien die Horten XV. Nach der Wiederzulassung des Segelfluges in Deutschland bauten einige Gruppen die *Horten* noch nach, so in Pappenheim, ohne an die Erfolge der Vorkriegszeit anschließen zu können. Walter Horten wurde wieder Soldat und baute als Oberstleutnant mit einer Sportfluggruppe noch 1969 in Faßberg eine motorisierte Version seiner Konstruktion.

Habicht

Der 1936 von Hans Jacobs konstruierte *Habicht* war das erste vollkunstflugtaugliche Segelflugzeug. Schon das gedrungene Aussehen ließ den Verwendungszweck des freitragenden Mitteldeckers erkennen. Sämtliche Ruder waren gewichtlich und aerodynamisch ausgeglichen, da Sturzflüge von 420 km/h ausgeführt werden mußten. Um die Lastannahmen für die im Kunstflug auftretenden Beanspruchungen auch bei einem Segelflugzeug zu erreichen, mußten umfangreiche Festigkeitsberechnungen und auch Bruchversuche durchgeführt werden. Leistungsmäßig kam der *Habicht* mit einem Gleitwinkel von 1:21 und einer Sinkgeschwindigkeit von 0,80 m/sec fast an den *Rhönbussard* heran, wurde aber kaum im Leistungsflug eingesetzt. Neu war bei diesem Entwurf, daß das gesamte Steuerwerk einerseits für die normale Fluggeschwindigkeit von 60 km/h dimensioniert und ausreichend wirksam sein mußte, aber andererseits beim Kunstflug, der in seinem normalen Programm bis zur Geschwindigkeit von 180 km/h durchgeführt wird, die Ruderdrücke von dem Führer einwandfrei beherrscht werden müssen.
Es wurde die Mitteldeckerbauweise gewählt, da diese

Der Habicht von Hans Jacobs war bis zum Ende des Zweiten Weltkriegs das einzige vollkunstflugtaugliche Segelflugzeug der Welt. Die Farbenfächerung auf der Fläche sollte dem Beschauer die Lage des Flugzeuges in der Luft besser erkenntlich machen.

besonders für den statischen Aufbau gegenüber dem Hochdecker große Vorteile aufweist. Die Schulterdekkerbauweise erschien ungünstig, da die Lösung der Sicht und aerodynamischen Durchbildung schlechter als die Mitteldeckerbauweise würde. Der Flügelrumpfanschluß wurde ähnlich wie beim *Rhönsperber* durchgebildet.

Der Flügel mit einer Spannweite von 13,6 m ist stark trapezförmig, der Knick wurde verhältnismäßig kurz ausgeführt, um eine nicht zu große Querstabilität zu erzielen. Die Unterkante des Außenflügels liegt horizontal, so daß der Flügel in der Rückenlage leicht V-Form hat. Das Flügelprofil wurde aus den Göttinger Profilen 420 und 693 entwickelt, so daß folgende Forderungen berücksichtigt wurden: geringe Momente, genügend große Auftriebsbeiwerte für den Segelflug, jedoch auch gute Auftriebs- und Widerstandsverhältnisse für den Rückenflug. Im Außenflügel wurde das Profil M 6 verwandt. Das Querruder ist gewichtlich und aerodynamisch ausgeglichen, um einerseits die Querruderkräfte bei großen Geschwindigkeiten klein zu halten und andererseits die Gefahr von Querruderschwingungen bei hohen Geschwindigkeiten auf ein Mindestmaß herabzudrücken.

Der Flügel ist einholmig mit drehsteifer Flügelnase. Die gesamten Drehkräfte des Flügels werden durch eine verstärkte Rippe am Rumpf abgesetzt. Auf die seither übliche Ausbildung des Schulterstückes wurde verzichtet, da diese durch ihren unklaren Aufbau (Rippen-Diagonale usw.) nur schwierig und nicht eindeutig rechnerisch zu erfassen ist. Der klare Aufbau mit einer Rippe als Bauglied für die Flügeldrehkräfte ermöglicht eine einwandfreie Rechnung und die Erzielung eines geringen Gewichtsaufwandes. Die noch vorhandene Diagonale und Beplankung werden lediglich für die Aufnahme der Stirnkräfte des Flügels herangezogen.

Rumpf und Leitwerksaufbau sind normal. Das Seitenruder ist vollgewichtlich ausgeglichen und das Höhenleitwerk abgestrebt. Die Rumpfform wurde zur Erzielung der erforderlichen Steifigkeit besonders im hinteren Bereich sehr groß gewählt. Die Führerunterbringung entspricht der bei normalen Segelflugzeugen; das Flugzeug wurde offen geflogen.

Als Baustoff wurde für das Flugzeugmuster Sperrholz,

Kiefer, Fichte, und für die Beschläge Stahl, Dural und weitgehend Hydronalium verwendet.

Die Festigkeitsdaten des *Habicht* waren folgende:

A–Fall	n Bruch =	12
B–Fall	v sicher =	375 km/h
C–Fall	v sicher =	420 km/h
D–Fall	v sicher =	375 km/h
E–Fall	n Bruch =	6

Mit dem *Habicht* begeisterte die Spitze der deutschen Segelflieger – vor allem Hanna Reitsch – vor dem Zweiten Weltkrieg auf zahlreichen Flugtagen. Sie war auch die Versuchspilotin bei der Erprobung der einmaligen Flugzeugkonstruktion. Höhepunkt aller Darbietungen war der Dreierverband mit Ludwig Hofmann, Otto Braeutigam und Ernst Günther Haase.

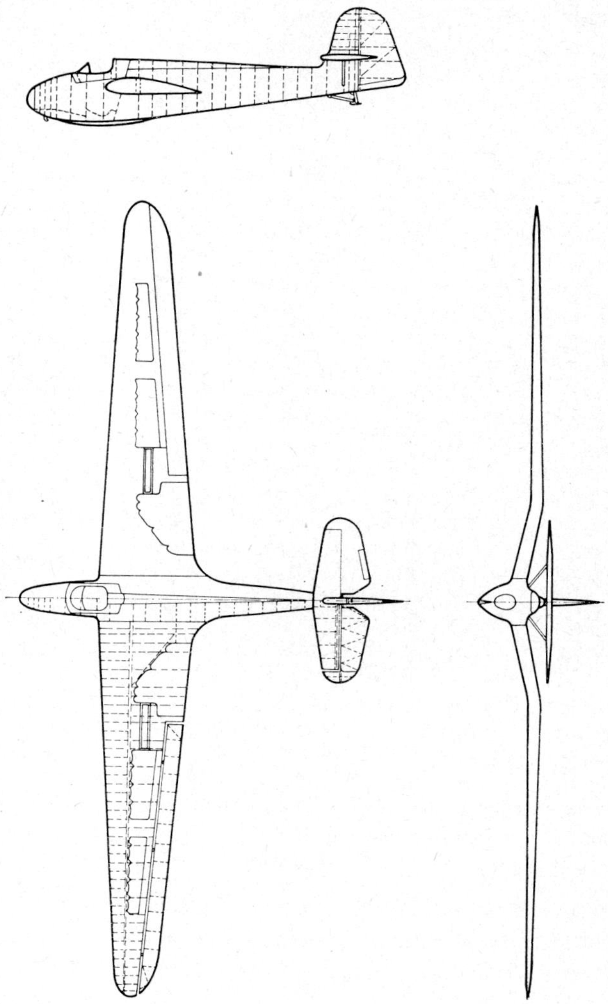

Übersichtszeichnung DFS Habicht.

Baumuster	Habicht
Abmessungen (dimensions)	
Spannweite	13,60 m
Länge	6,58 m
Flügelfläche	15,82 m²
Seitenverhältnis	11,70
Gewichte (weights)	
Rüstgewicht	250,00 kg
Zuladung	100,00 kg
Fluggewicht	350,00 kg
Flächenbelastung	22,15 kg/m²
Leistungen (performances)	
Mindestgeschwindigkeit	60,00 km/h
Höchstgeschwindigkeit	250, Sturz 430 km/h,
Sinkgeschwindigkeit	0,80 m/sec bei 65 km/h
Höchstgeschw. im Windenschlepp	80,00 km/h
Höchstgeschw. im Flugzeugschlepp	130,00 km/h
Gleitzahl	21 bei 75 km/h
Profil	DFS-Entwicklung Gö 756/676

DFS-Reiher

Das eleganteste Flugzeug, das Hans Jacobs schuf, in dem er einmal all seine konstruktiven Wunschträume verwirklichen konnte, war der DFS-*Reiher,* der 1937 zum erstenmal flog. Jacobs hatte diesen herrlichen Vogel mit den Erfahrungen aus dem *Sperber-Junior* ausschließlich zur Leistungssteigerung des Segelfluges entworfen, ohne dabei auf die Bedingungen einer großen Serienherstellung Rücksicht nehmen zu müssen.

Bei dem Entwurf des *Reiher* wurde die Leistungssteigerung durch Verwendung dünner Flügelquerschnitte, Verringerung der schädlichen Widerstände, durch glatte Außenhaut, innen liegenden Antrieb sämtlicher Ruder, scharfe Hinterkanten und geringe Rumpfquerschnitte erreicht.

Der *Reiher,* mit DFS-Bremsklappen ausgerüstet, ist ein freitragender Mitteldecker in einholmiger Bauweise mit drehsteifer Flügelnase. Sämtliche Anschlüsse für den Antrieb der Querruder, der Wölbungsklappen und der Bremsklappen werden beim Zusammenschluß des Flügels mit dem Rumpf automatisch gekuppelt. Der Zusammenschluß der Flügel erfolgt durch drei Handgriffe. Auch die Montage des Höhenleitwerks ist mit wenigen Griffen durchzuführen. Das Höhenruder wird mittels einer Flügelschraube festgesetzt. Beim Aufsetzen des Höhenleitwerks werden das Höhenruder und das Trimmruder automatisch verbunden. Auf die schnelle und einfache Montage wurde besonderer Wert gelegt, da das Flugzeug ja im wesentlichen für Wettbewerbseinsatz gedacht ist.

Der dünne Hauptholm, mit einer Höhe von 18,8 cm an der Einspannstelle, wurde als breiter Kastenträger mit Stegen in Rippenbauweise ausgebildet. Als Baustoff wurde Kiefer verwendet. Als Profil wurde für den *Reiher*-Flügel Göttingen 549 gewählt. Im Außenbereich des Flügels, ab 0,6 der Halbspannweite, wurde statt 549 das Profil 676 verwandt, welches sich durch einen sehr breiten ca_{max}-Bereich auszeichnet. In bezug auf Flugleistungen, Flugeigenschaften und besonders die Blindflugeigenschaften des *Reiher* wurden die gestellten Aufgaben voll erfüllt.

Kurz nach dem Jungfernflug bestritt Hanna Reitsch im Juli 1937 mit dem ersten *Reiher* den Internationalen Segelflug-Wettbewerb in der Rhön, belegte den 6. Platz und stellte am 4. Juli mit dem Flug nach Hamburg einen neuen deutschen Streckenrekord für Frauen mit 349 km auf, der erst 1968 überboten werden konnte. Übers Jahr siegte Hanna Reitsch im Zielflug-Wettbewerb Sylt–Breslau. Im Rhön-Wettbewerb 1938 siegte Wolfgang Späte auf *Reiher,* mit dem er auch in einem Gewitterturm eine Höhe von 7800 m erfliegen konnte. Im Sommer 1939 holte sich Hanna Reitsch die noch 1969 gültigen deutschen Frauenrekorde im Zielflug mit Rückkehr von Darmstadt zur Wasserkuppe und zurück über 280 km und im Zielflug von Hamburg nach Stettin von 200 km. Auf Grund der hervorragenden Erfolge wurde eine kleine Serie des *Reiher* aufgelegt, so daß im letzten großen Wettbewerb vor dem Kriege, in der 20. Rhön auf der Wasserkuppe sechs *Reiher* starten konnten. Sieger wurde Erwin Kraft auf *Reiher.* Werner Fick flog mit 361 km nach Görlitz die größte Zielstrecke und erreichte mit 5790 m die größte Höhe des Wettbewerbes – eine stolze Siegesserie dieses wunderschönen Flugzeugmusters von 1937 bis 1939.

Wohl das eleganteste Segelflugzeug, das vor dem Zweiten Weltkrieg gebaut wurde: DFS Reiher.

So formschön und praktisch gestaltete Hans Jacobs die Verkleidung des Führersitzes – die beste Lösung dieses Problems in der Entwicklungsepoche von 1920 bis 1940.

Baumuster	Reiher	
Abmessungen (dimensions)		
Spannweite	19,00	m
Länge	7,27	m
Flügelfläche	19,36	m^2
Seitenverhältnis	18,85	
Gewichte (weights)		
Rüstgewicht	230,00	kg
Zuladung	85,00	kg
Fluggewicht	315,00	kg
Flächenbelastung	16,44	kg/m^2
Leistungen (performances)		
Mindestgeschwindigkeit	60,00	km/h
Höchstgeschwindigkeit	200,00	km/h
Sinkgeschwindigkeit	0,50	m/sec
Höchstgeschw. im Windenschlepp	80,00	km/h
Höchstgeschw. im Flugzeugschlepp	120,00	km/h
Gleitzahl	33	
Profil	Gö 549/676	

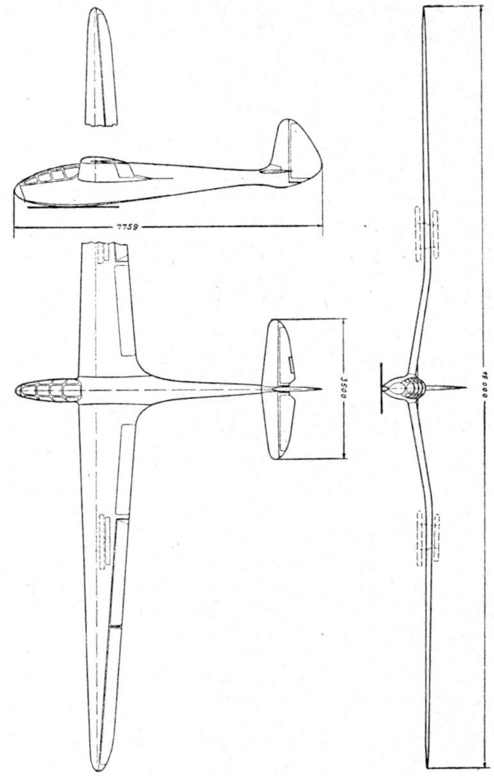

Übersichtszeichnung DFS Reiher.

Weihe

Aus all den gesammelten Erfahrungen mit *Rhönadler, Rhönbussard, Rhönsperber* und vor allem aber mit dem *Reiher* entwickelte Hans Jacobs 1938 für den Serienbau das Leistungssegelflugzeug *Weihe.* Für zwei Jahrzehnte galt diese Konstruktion als das beste Serien-Segelflugzeug der Welt. Auf den ersten Blick glich die *Weihe* dem *Rhönadler,* den sie auch ersetzen sollte. Von der *Weihe* wurden über 300 Stück gebaut.
Bei der Entwicklung wurde außer auf Flugleistung und Flugeigenschaften besonderes Augenmerk auf schnelle Montage gerichtet. Die *Weihe,* ein freitragender Hochdecker in Holzbauweise, hatte 18 m Spannweite. Um gute Leistungen zu erzielen, wurden für den Flügel dünne Profile verwendet und der Rumpfquerschnitt möglichst gering gehalten, jedoch ohne die Bequemlichkeit des Führers zu beeinträchtigen. Vom Flügelknick wurde abgesehen, da der Bodenabstand der Flügelaußenenden genügend groß war und außerdem die Herstellungskosten eines Flügels ohne Knick wesentlich geringer sind. Die normale Mitteldeckerbauweise wurde verlassen, da bei diesem Entwurf, nicht wie beim *Reiher,* das Letzte herausgeholt werden sollte, sondern die Herstellungskosten für den Serienbau entscheidend waren. Der zweiteilige, trapezförmige Flügel war als Einholmer mit drehsteifer Nase ausgeführt, und zwar so, daß die Drehkräfte des Flügels am Rumpf mittels des Nasenholms abgesetzt wurden. Auf diese Weise wurde das schwere übliche Schulterstück gespart. Sehr interessant war die Konstruktion des Flügelanschlusses. Bei der Montage konnten beide Flügel getrennt am Rumpf eingehängt werden. Die Flächen konnten, nachdem die Untergurte des Flügelholms am Rumpf angeschlossen waren, mit den Enden auf den Boden gelegt werden. Nach Anschluß der Steuerung wurden sie dann hochgehoben und die oberen Flügelbolzen durch eine Spindel eingekurbelt. Die DFS-Sturz-

flugbremse begrenzte die Sturzflugendgeschwindigkeit auf 190 km/h. Der geräumige Führersitz war nach den Erfahrungen der letzten Konstruktionen vollständig verkleidet, die Haube aerodynamisch gut gelöst. Zur Erzielung guter Flugeigenschaften war der Rumpf lang ausgebildet. Das Höhenleitwerk wurde, ähnlich wie beim *Reiher,* mit dem Rumpf verbunden. Das Höhenruder besaß ein im Fluge bedienbares Trimmruder.

Die *Weihe* trat erstmals im Rhön-Segelflug-Wettbewerb 1938 in Erscheinung. Otto Braeutigam belegte damit den 4. Platz und erflog sich mit 429 km den 2. Streckenpreis. Ein Jahr später nahm im Wettbewerb auf der Wasserkuppe Treuter mit der *Weihe* den 3. Platz ein. Dann wurde die ohne Frage zu erwartende Siegesserie der *Weihe* durch die Kriegsjahre verhindert. Hervorzuheben ist der Dauer-Weltrekord von Ernst Jachtmann, der vom 22. bis 24. September 1943 über den Dünen der Ostsee bei Brüsterort 55 Stunden und 51 Minuten mit der *Weihe* flog. Nach dem Wiederbeginn des Segelfluges gehörte die *Weihe* in aller Welt zu den Flugzeugen der Spitzenkönner. Der Schwede Per Axel Persson erkletterte am 12. Juli 1947 über Örebro mit 8050 m neuen Höhenweltrekord und siegte 1948 im ersten internationalen Segelflug-Wettbewerb der Nachkriegszeit in Samedan in der Schweiz. Bei diesem Wettbewerb, der später als II. Weltmeisterschaft gewertet wurde, war die deutsche Konstruktion *Weihe* das erfolgreichste Segelflugzeug. Max Schachenmann – Schweiz belegte auf *Air,* dem französischen Nachbau der *Weihe,* den 2. Platz und auch Platz 4 und 5 wurden mit der *Weihe* erreicht. Mit der Sieges-*Weihe* von Persson gewann 1950 in Örebro sein Landsmann Billy Nilsson die III. Weltmeisterschaft und der Amerikaner McCready wurde auf der *Weihe* Vizeweltmeister. Noch immer war den Deutschen der Segelflug verboten. Das deutsche Segelflugzeug *Weihe* aber wurde von den 29 internationalen Teilnehmern dreizehnmal geflogen, war damit der am häufigsten vertretene Typ und belegte mit Ausnahme der großen Überraschung, der jugoslawischen Konstruktion Orao II, die auf den 3. Platz kam, die gesamte Spitzengruppe. Noch bei den Weltmeisterschaften 1952 und 1954 konnte sich die *Weihe* trotz der inzwischen entstandenen modernen Konstruktionen in der Spitzengruppe behaupten. Nach der Wiederzulassung des Segelfluges in Deutschland blieb sie noch für Jahre der Wunschtraum aller Leistungsflieger. 1953 begann Gustl Wiethüchter in Oerlinghausen seine Erfolgsserie mit dem Sieg in der Klasse jener Piloten, die noch keinen Wettbewerb bestritten hatten. Bei der Deutschen Meisterschaft 1955 belegte Jakob Laur den 3. Platz, und 1957 wurde Plarre auf der *Weihe* Nachwuchssieger. Georg Radatz flog am 2. Juni 1955 neuen deutschen Zielflugrekord mit 385 km von Braunschweig nach Bruchsal. Am 6. Juni

Die Weihe, mit der Ernst Jachtmann 55 Stunden und 51 Minuten segelte (daher auch der in der Rumpfspitze eingebaute Scheinwerfer).

Die berühmteste Weihe: Mit ihr erflog der Schwede Axel Persson 1947 Höhenweltrekord mit 8050 m, wurde 1948 Weltmeister in Samedan und 1950 siegte bei den Weltmeisterschaften in Oerebro sein Landsmann Billy Nilsson – und das trotz der aerodynamisch nicht gut gebauten Haube . . .

Die letzte Version der Weihe, „Weihe 50“, gebaut bei Focke Wulf mit neuer geblasener Haube.

1956 stellte der Jugoslawe Klancnik einen der ersten Geschwindigkeits-Weltrekorde über 200 km mit der *Weihe* auf. Und 20 Jahre nach ihrem Erstflug schloß die *Weihe* ihre erfolgreiche internationale Laufbahn mit einem weiteren beachtlichen Weltrekord ab, als Karl Bauer am 20. Juni 1959 über der Teck mit 9665 m für europäische Verhältnisse einen erstaunlichen Weltrekord in der Höhenwertung über dem Startpunkt aufstellen konnte.

Baumuster	Weihe	
Abmessungen (dimensions)		
Spannweite	18,00	m
Länge	8,30	m
Flügelfläche	18,20	m^2
Seitenverhältnis	17,80	
Gewichte (weights)		
Rüstgewicht	190,00	kg
Zuladung	135,00	kg
Fluggewicht	325,00	kg
Flächenbelastung	18,40	kg/m^2
Leistungen (performances)		
Mindestgeschwindigkeit	45,00	km/h
Höchstgeschwindigkeit	215,00	km/h
Sinkgeschwindigkeit . . .	0,58 m/sec bei 50 km/h	
Höchstgeschw. im Windenschlepp . .	90,00	km/h
Höchstgeschw. im Flugzeugschlepp .	110,00	km/h
Gleitzahl	31 bei 70 km/h	
Profil	Gö 549/676	

Übersichtszeichnung Weihe.

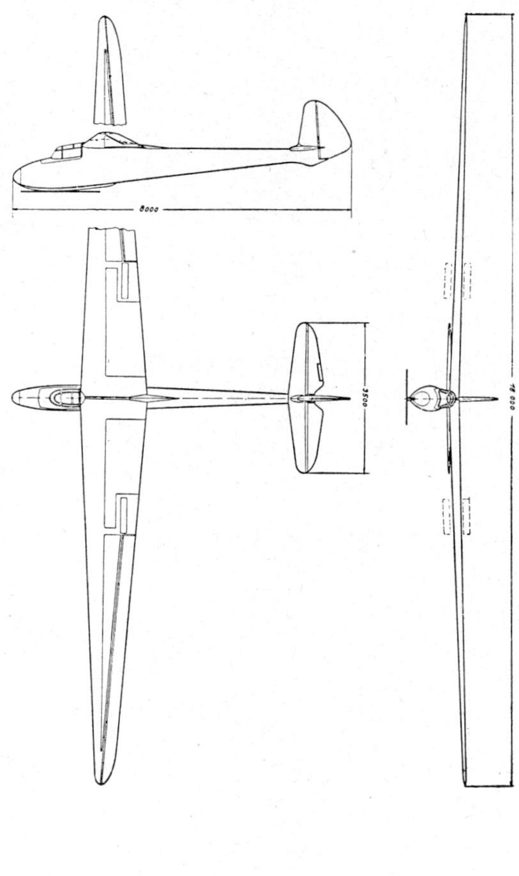

Das Olympia-Segelflugzeug DFS-Meise

Nachdem das Internationale Olympische Komitee in seiner Frühjahrstagung 1938 nach jahrelanger Vorbereitung den Segelflug zum olympischen Sport erkor, war es eine selbstverständliche Voraussetzung, daß alle beteiligten Nationen gleich gute Maschinen besaßen, so daß also in einem Einheitssegelflugzeug die gerechte Lösung gefunden wurde. Zur Schaffung dieses »Olympischen Segelflugzeuges« wurde von der Fédération Aeronautique Internationale ein internationaler technischer Wettbewerb ausgeschrieben. Für die Konstruktion waren folgende Bedingungen gestellt:
Spannweite: 15 m. Rüstgewicht des Flugzeuges: 160 kg. Zuladung für Flugzeugführer und Fallschirm 95 kg. Einheitlichkeit des Baumaterials: Stahl, Sperrholz, Kiefer. Einbau von Sturzflugbremsen, die die Maximalgeschwindigkeit im Sturzflug auf 200 km/h begrenzen. Führersitz für Pilotengröße 1,80 m. Äußere Führerraumbreite 600 mm. Anordnung des Führersitzes für Rückenfallschirm. Rumpf mit Kufe, ohne Fahrgestell.
Zu dem internationalen technischen Wettbewerb auf dem Flugplatz Sezze bei Rom vom 19. bis 25. Februar 1939 wurden zugelassen: Deutschland mit den Konstruktionen *DFS-Meise* (Konstrukteur Jacobs) und *Mü 17-Merle* (Karch, FFG-München), Italien mit den Segelflugzeugen *AL 3* (»Aeronautica Lombarda«) und *Pellicano* (Segelflugversuchsabteilung des Polytechnikums Mailand), ferner Polen mit dem Baumuster *Orlik* (I. Rocjan). Weiter hatte die FAI sechs bekannte Segelflieger für die Flüge eingeladen: Rotter – Ungarn, Neßler – Frankreich, Schreiber – Schweiz, Szukiewicz –Polen, Mantelli – Italien und Braeutigam – Deutschland. Acht Tage erprobten diese internationalen Könner die fünf Typen. Sie und die technische Kommission, zusammengesetzt von Vertretern aus Frankreich, Holland, Polen, Italien und Deutschland entschieden sich für die *DFS-Meise,* eine Konstruktion von Hans Jacobs – Darmstadt. Seitdem trägt dieses Flugzeug den Namen *DFS-Olympia.*
Das Baumuster *DFS-Olympia* ist ein freitragender Schulterdecker von 15 m Spannweite. Diese Bauart wurde gewählt, da sie bei kleiner Spannweite noch günstige Werte für Gleitwinkel, Sinkgeschwindigkeit sowie Langsamflug ergibt und Kreise in Aufwindgebieten langsamer und flacher geflogen werden können. Um der Bedingung hinsichtlich einfacher Nachbaumöglichkeit weitest entgegenzukommen, ist das gesamte Flugzeug in Holz ausgeführt; nur die Beschlags- und Steuerungsteile bestehen aus Stahl. Schwierige Schweißstellen wurden vollkommen ausgeschaltet. Außerdem wurde bei der Konstruktion auf eine einfache und schnelle Reparaturmöglichkeit aller Teile besonderer Wert gelegt. Wie schon erwähnt, wurde bei

Beim Ausscheidungs-Wettbewerb 1939 um das Einheitssegelflugzeug für die Olympischen Spiele 1940 auf dem Flugplatz Sezze bei Rom siegte die deutsche Konstruktion DFS-Meise von Hans Jacobs.

der Konstruktion des Flugzeuges besonders darauf geachtet, daß sämtliche Teile im Innenbau einfach herzustellen sind. An sehr viele Aero-Clubs in der Welt wurden die pausfähigen Zeichnungen kostenlos vom Deutschen Aero-Club gegeben, und dieses Flugzeug wurde hundertfach nachgebaut.
Für die Flugleistungen wurden die Erfahrungen beim Flügelentwurf der Segelflugzeugmuster *DFS-Reiher* und *DFS-Weihe* zugrunde gelegt und die gleiche Profilierung gewählt, die sich nach zahlreichen genauen Messungen für die hier gestellte Aufgabe des günstigsten Kompromiß-Flugzeuges als besonders geeignet

erwies. Diese Ausführung ermöglicht sicheren Kurvenflug und vermeidet im überzogenen Flug seitliches Abkippen. Weiter wurde zur Erzielung guter Flugeigenschaften und Ruderwirksamkeit der Leitwerksabstand von der Flügelvorderkante bis zum Leitwerksdruckmittel sehr groß gewählt. Von der Verwendung eines Knickflügels wurde aus baulichen Gründen abgesehen. Trotzdem erreichte Jacobs durch ausreichende V-Stellung der Flügel und genügende Wirksamkeit der Seitenleitwerksfläche eine feste Kurvenlage für Blindflug und gute Richtungsstabilität.

Der zweiteilige, ungeknickte Flügel hat einen I-Holm, drehsteife Nase und zur Übertragung der Drehkräfte auf den Rumpf das übliche Schulterstück. Eine DFS-Sturzflugbremse (nach System Schempp – Hirth) begrenzt die Sturzflugendgeschwindigkeit auf 200 km/h. Die Rumpfspanten sind aus I-Profilen gebaut; die Gurte sind zwei- bis dreifach lamelliert und mit Sperrholzfahnen als Versteifung hergestellt. Im hinteren Teil des Rumpfes laufen die Spanten oben und unten spitz zu; diese Form bringt neben guten Flugeigenschaften den Vorteil einer vereinfachten Bauweise und ermöglicht ein müheloseres Aufbringen der Sperrholzbeplankung. Der Führerraum ist sehr groß und bequem gehalten; die Fußsteuerung läßt sich im Flug um 15 cm verstellen. Hinter dem vorderen Hauptspant, also wenig hinter dem Flügelholm, ist ein bequem von außen zugänglicher Gepäckraum mit Unterbringungsmöglichkeit für Barographen vorhanden. Zum Ausgleich von Schwerpunktsverschiebungen dient ein steuerbares Trimmruder. Die Eschen-Gleitkufe wird durch zwei Ring-Gummiklötze gefedert; sie ist unverkleidet und bei Bruch schnell auswechselbar. Zur Federung des Spornes dienen zwei Tennisbälle.

Die *DFS-Meise* war als ein Segelflugzeug für viele Nationen gedacht. Wenn auch nicht für olympische Ehren, so wurde sie es doch beim Wiederaufbau des Segelfluges in der Welt nach dem Zweiten Weltkrieg. In Spanien wurde sie in großer Serie nachgebaut, in Frankreich entstand sie neu als *Nord 2000,* in Großbritannien als *Eon Olympia* und in der Tschechoslowakei als *Zlin-25-Sohaj*. Auch in Deutschland haben manche Gruppen den Leistungsflug nach der Wiederzulassung mit dem Nachbau der *DFS-Meise Olympia* begonnen.

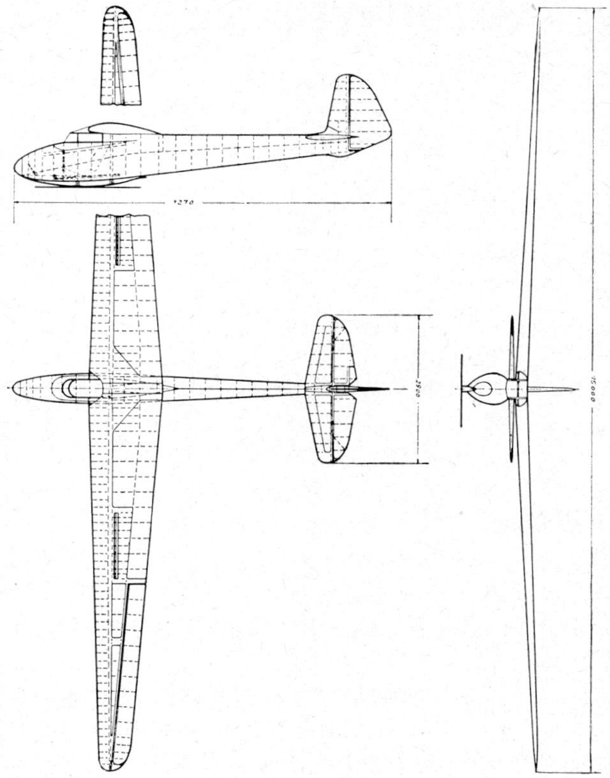

Übersichtszeichnung DFS-Meise „Olympia".

Baumuster . . . . Olympia-Meise

Abmessungen (dimensions)	
Spannweite	15,00 m
Länge	7,27 m
Flügelfläche	15,00 m²
Seitenverhältnis	15
Gewichte (weights)	
Rüstgewicht	160,00 kg
Zuladung	95,00 kg
Fluggewicht	255,00 kg
Flächenbelastung	17,00 kg/m²
Leistungen (performances)	
Mindestgeschwindigkeit	55,00 km/h
Höchstgeschwindigkeit	220,00 km/h
Sinkgeschwindigkeit	0,67 m/sec bei 59 km/h
Höchstgeschw. im Windenschlepp	80,00 km/h
Höchstgeschw. im Flugzeugschlepp	100,00 km/h
Gleitzahl	25,5 bei 69 km/h
Profil	Gö 549/676

D 30 „Cirrus"

Haben die Studenten der Akaflieg Darmstadt mit dem Entwurf und Bau des *Konsul* und der *Darmstadt* neue Wege gewiesen, so wurden mit dem gewagten Entwurf der *D 30* die Grenzen des damals Möglichen abgetastet. Das Segelflugzeug D 30 *Cirrus* wurde von R. Schomerus, Helmut Alt und Hans-Joachim Puffert im Jahre 1933 entworfen, anschließend unter gleichzeitiger Durchführung vieler grundsätzlicher Versuche in der für die Gruppe neuen Metallbauweise konstruiert und in den Jahren 1936/38 in der Werkstatt der Akaflieg, damals »Flugtechnische Fachgruppe« genannt, gebaut. Die *D 30* war ein einmaliger Forschungsbau in Gemischtbauweise, dessen Ziele ohne Rücksicht auf die entstehenden Entwicklungs- und Baukosten der beste Gleitwinkel und die geringste Sinkgeschwindigkeit waren. Es ist bekannt, daß sie einen Entwicklungsaufwand von 30 000,– DM benötigte, was dem heutigen Wert von 100 000,– bis 120 000,– DM entsprechen dürfte. Neu war die Verwendung von Leichtmetall, pezflügel von 20,10 m Spannweite und sehr hohem Seitenverhältnis. Dieser Flügel war in ein 10 m langes Mittelstück und in zwei je 5 m lange, im Fluge V-förmig verstellbare Flügelspitzen unterteilt. Die Außenflügel konnten im Flug 10° nach oben und 2,5° nach unten verstellt werden – eine besonders auffällige technische Neuerung. Diese Ausführung wurde gewählt, um einerseits Stabilitäts- und Querruderwirkungsuntersuchungen bei verschiedenen V-Stellungen durchzuführen und andererseits in schlechtem Gelände für den durchfedernden Flügel genügend Bodenfreiheit zu gewährleisten. Die gesamte Hinterkante des Flügels, Querruder und Wölbungsklappen bis zum Rumpf konnten für Landungen und Langsamflug nach unten verstellt werden. Bei starkem Ausschlag wurde die Landung erleichtert und bei kleineren Ausschlägen ein günstiger Langsamflug im Aufwind erzielt. Landeklappen hatte die *D 30*, die 30. Konstruktion der Akaflieg Darmstadt, als »Abreißklappen« nur auf der Oberseite des Flügels. An den dreistegigen Duralkastenholm, der Biegung und Drehung aufnimmt und dessen Gurte ein Stück der Flügelhaut darstellen, waren vorn und hinten zur Vervollständigung des Profils Sperrholzkästen mit Formrippen angenietet; hinten schlossen sich dann

D 30 im Fluge – das größte, aber auch teuerste Segelflugzeug vor dem Zweiten Weltkrieg.

Duralumin für den Flügelholm, Elektron für den Leitwerksträger; ferner mit dem Tropfen Göttingen 600 ein »laminarisiertes« Profil und der schlankste Flügel, der bis dort gebaut worden war. Dazu war dieser Flügel mit einer für Erprobungszwecke im Fluge veränderlichen V-Stellung und mit Wölbungsklappen ausgestattet. Der freitragende Hochdecker hatte einen Tra- noch am Mittelstück die Wölbungsklappen, am Außenflügel, die mit einstellbarer Differentialsteuerung versehenen Querruder an. Die Querruder waren außerdem als Landehilfe gleichsinnig verstellbar. Der Antrieb der Querruder- und Landeklappen geschah durch Stoßstangen und Zahnantriebe, während die V-Verstellung der Außenflügel durch Seile, Spindeln und Führungs-

klötzchen und die Bremsklappenbetätigung durch Seile allein erfolgte.
Der Rumpf wich in seiner Formgebung wesentlich von der üblichen Ausführung ab. Er erinnerte an die von Dr. Kupper 1930 konstruierte *Austria.* Wie diese war die *D 30* ein freitragender Hochdecker mit Rumpfboot und einem Leitwerksträger mit ganz geringem Querschnitt. Der Rumpf bestand aus einem Sperrholzboot und einem Leitwerksträger, der als dünne, quer- und längsversteifte genietete Elektronröhre ausgebildet war. Aus Leistungsgründen sollte dabei ein Minimum an Oberfläche erzielt werden. Der Querschnitt betrug nur 0,36 m^2. Das Rumpfboot selbst war in normaler Spantausführung mit Sperrholzbeplankung und luftschlauchgefederter Kufe ausgeführt. Der Führersitz besaß einen abwerfbaren Führerraumdeckel mit Plexiglashaube, eine schmale Kufe, an der zwei abwerfbare Fahrwerke befestigt werden konnten.
Das freitragende Leitwerk mit sperrholzbeplankten Flossen und stoffbespannten Rudern ist »halbgedämpft« ausgeführt (d. h. die Flossen schlagen mit dem Ruder im gleichen Sinne, aber um einen kleineren Winkel aus). Der Antrieb erfolgte durch Seile. Das nach den ersten Flügen vergrößerte Seitenruder wurde später während der Flugeigenschaftsprüfung wieder gegen das ursprüngliche ausgetauscht. Gleichzeitig wurde die Höhenflosse festgelegt.
Die *D 30* wurde Ende Mai 1938 fertiggestellt. Schon nach wenigen Erprobungsflügen konnte Bernhard Flinsch am 7. Juli 1938 einen jahrzehntelang bestehenden Weltrekord im Zielflug mit Rückkehr zum Start zwischen Bremen und Lübeck über eine Flugstrecke von 305 km aufstellen. Im Sommer 1939 segelte Flinsch 406 km von Hannover nach Eichstätt/Bayern. Während des Zielstrecken-Segelflug-Wettbewerbes 1939 erreichte Flinsch von Mannheim aus in einem Gewitter eine Höhe von 3600 m und erflog sich damit auf der *D 30* das Internationale Goldene Leistungsabzeichen mit der Nummer 25. Im Zielflug-Wettbewerb von Freiburg nach Stettin belegte er den 3. Platz. Schließlich siegte er im August 1939 noch kurz vor Kriegsbeginn im Segelflug-Wettbewerb der Studenten-Weltmeisterschaften in Wien. Die Großartigkeit der Konstruktion bewies auch die Tatsache, daß eine genaue Leistungsmessung und Prüfung der Flugeigenschaften bessere Werte ergab, als im Entwurf vorher berechnet. Mit einer Gleitzahl von 1:37,6 und einer besten Sinkgeschwindigkeit von 0,55 m/sec stand die *Cirrus* an der Spitze der Leistungssegelflugzeuge, die in der Zeit zwischen den beiden Weltkriegen gebaut worden waren. Die Leistungen wurden erst Jahrzehnte später von Konstruktionen der Kunststoffbauweise überboten. Diese einmalige Konstruktion fiel bei Kriegsende der allgemeinen Zerstörungswut zum Opfer.

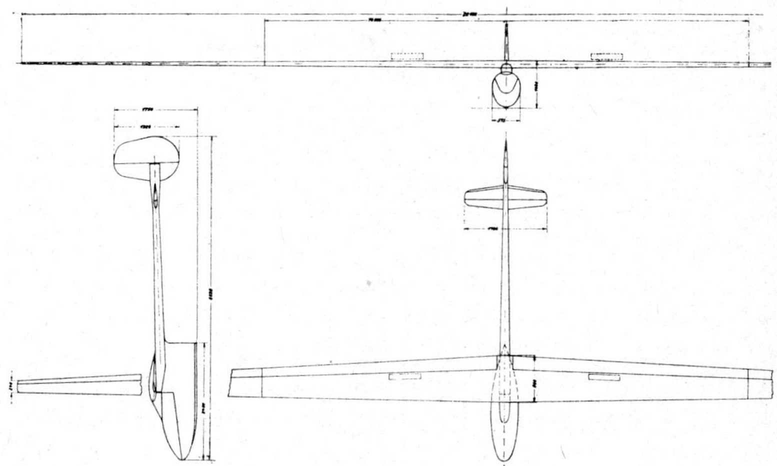

Übersichtszeichnung Darmstadt 30.

Baumuster	D 30 »Cirrus«	
Abmessungen (dimensions)		
Spannweite	20,10	m
Länge	6,87	m
Flügelfläche	12,00	m^2
Seitenverhältnis	33,6	
Gewichte (weights)		
Rüstgewicht	203,00	kg
Zuladung	85,00	kg
Fluggewicht	288,00	kg
Flächenbelastung	22,90	kg/m^2
Leistungen (performances)		
Mindestgeschwindigkeit	53,00	km/h
Höchstgeschwindigkeit	300,00	km/h
Sinkgeschwindigkeit	0,55 m/sec bei 72 km/h	
Höchstgeschw. im Windenschlepp	90,00	km/h
Höchstgeschw. im Flugzeugschlepp	130,00	km/h
Gleitzahl	37,6 bei 77 km/h	
Profil	NACA 24 mit Tropfen Gö 600	

Lo 100

Schon 1935 entwarf Ing. Alfred Vogt im Sudetenland den *Kleinsegler Lo 105,* der durch die Zeitereignisse erst 1943 fertiggestellt werden konnte.
Aus der Flugerfahrung entstand nach dem Kriege, als Alfred Vogt nach Peißenberg/Obb. als Flüchtling kam, die *Lo 100.* Er selbst nannte diese Neuentwicklung *Zwergreiher.* Das Flugzeug erregte 1952 bei seinem ersten Erscheinen beim Segelfliegertreffen auf dem Klippeneck großes Aufsehen. Von vornherein war diese Konstruktion auf Grund der geringen Abmessungen – vor allem eine Spannweite von nur 10 m – für den Kunstflug prädestiniert. Und in der Tat wurde die *Lo 100* das einzige vollkunstflugtaugliche deutsche Segelflugzeug der Nachkriegszeit, ein würdiger Nachfolger des *Habicht.*
Der einteilige und einholmige Flügel hat einen Holm aus Buchenschichtholz und eine sperrholzbeplankte Torsionsnase. Da mit den um 1950 verwendeten Profilen die aerodynamischen Leistungen nur Durchschnittswerte ergaben, wurde auf ein amerikanisches Profil mit 11,6% Profildicke zurückgegriffen. Die Schränkung des Flügels beträgt 3,4° und liegt hauptsächlich im äußeren Drittel der Halbspannweite. Das dünne Profil führt zu größerer Geschwindigkeit. Die Landeklappen können bis 45° ausgeschlagen werden. Gleichzeitig werden auch die Querruder zur Auftriebserhöhung herangezogen. Die Landeklappen und Querruder sind aus Festigkeitsgründen und wegen der einfacheren Bauart sperrholzbeplankt. Querruder und Landeklappen werden durch Stoßstangen betätigt.
Der Rumpf hat ovale Form, ist in Holzbauweise erstellt, ist aus Spanten und Längsgurten aufgebaut und mit Sperrholz beplankt. Der Führerraum wurde geräumig gestaltet. Durch die Forderung, die Maschine kunstflugfähig zu gestalten, mußte ein etwas höheres Gewicht in Kauf genommen werden. Die *Lo 100* wurde das Flugzeug für alle kunstflugbegeisterten Segelflieger. Die großen Meister im motorlosen Kunstflug wurden Albert Falderbaum, Gerhard Pawolka und Herbert Tilling, die in über zwei Jahrzehnten auf zahllosen Flugtagen Hunderttausende von Menschen mit ihrem Können, der Präzision ihrer Flugfiguren und der Schönheit des motorlosen Kunstfluges begeisterten.
Aus der *Lo 100* entwickelte Alfred Vogt 1953 das Leistungssegelflugzeug *Lo 150.* Bei der Konstruktion der *Lo 150* ging der Konstrukteur von der Überlegung aus, zu dem Rumpf der voll kunstflugtauglichen *Lo 100* eine andere austauschbare Fläche zu bauen, so daß das Flugzeug dadurch zu einer Hochleistungsmaschine wird. Während die Fläche der *Lo 100* mit ihren 10 m Spannweite noch aus einem Stück gebaut werden kann, mußte natürlich der Lo-150-Tragflügel mit 15 m Spannweite zweiteilig ausgebildet werden. Man übernahm die Bauweise *Lo 100,* Holzbauweise mit Schichtholz-Holmgurten. Wegen der geringen Flügeltiefe und wegen der Forderung großer Flügelverdrehsteifigkeit wurde die Fläche voll beplankt.
Die von Nähe Rumpfmitte bis zum Querruder vorhandenen Wölbungsklappen können nach unten für den Langsamflug bis etwa 15° in zwei Stufen und nach oben für den Schnellflug ebenfalls in zwei Stufen eingestellt werden. Für die Landung können die Wölbungsklappen bis zu etwa 40° ausgeschlagen werden.

Lo 100 im Fluge mit Albert Falderbaum.

Die Querruder werden für den Langsam- und Schnellflug etwas mitbewegt, jedoch nicht mehr für den extremen Ausschlag der Wölbungsklappen für die Landung. Außerdem sind auf der Flügeloberseite, etwa in Mitte der Halbspannweite, 130 cm lange Störklappen angebracht, so daß damit in Verbindung mit den Wölbungsklappen eine gute Landehilfe gegeben ist. Weitere Merkmale: nur gering aus dem Rumpf herausragendes

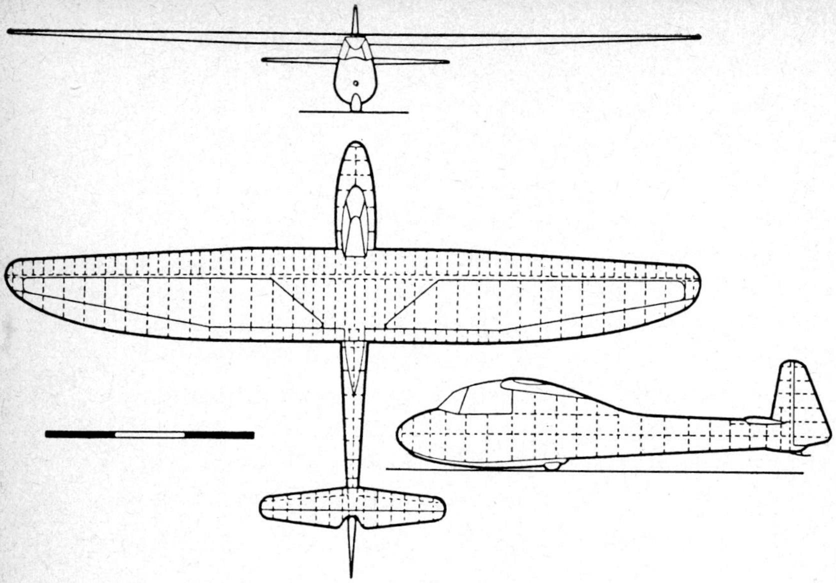

Übersichtszeichnung Lo 100.

und hinter dem Schwerpunkt gelagertes Rad als Start- und Rollhilfe. Holmverbindung durch zwei in Flugrichtung liegende Bolzen in Rumpfmitte. Trimmung durch einstellbare Federspannung an der Knüppellagerung.

Baumuster	Lo 100	
Abmessungen (dimensions)		
Spannweite.	10,00	m
Länge	6,16	m
Flügelfläche	10,90	m²
Seitenverhältnis	9,2	
Gewichte (weights)		
Rüstgewicht	145,00	kg
Zuladung	100,00	kg
Fluggewicht	245,00	kg
Flächenbelastung	22,50	kg/m²
Leistungen (performances)		
Mindestgeschwindigkeit	60,00	km/h
Höchstgeschwindigkeit	400,00	km/h
Sinkgeschwindigkeit	0,78	m/sec
Höchstgeschw. im Windenschlepp . .	110,00	km/h
Höchstgeschw. im Flugzeugschlepp .	225,00	km/h
Gleitzahl	28	
Profil	.Clark Y	

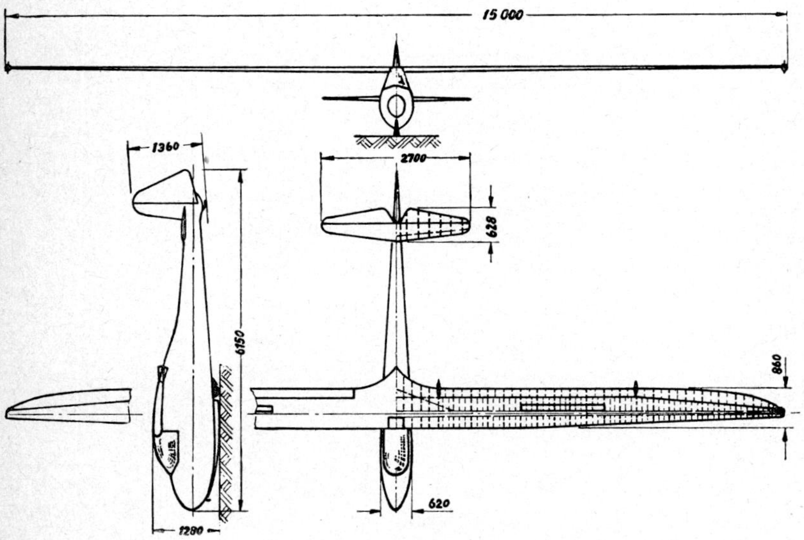

Übersichtszeichnung des Leistungssegelflugzeuges Lo 150.

Die „Spatzen"-Familie

Nach dem Doppelsitzer *Mü 13 E* konstruierte der Scheibe-Flugzeugbau Dachau 1952 den Übungs- und Leistungssegler *Spatz.*

Der *Spatz* war als Schulterdecker aufgebaut. Der zweiteilige freitragende Flügel wurde mit einem rechteckigen Mittelstück ausgeführt. Schon der Rumpf des ersten *Spatz* – und das blieb bis zum *L-Spatz III* – war eine Stahlrohrkonstruktion mit Stoffbespannung. Das Profil des *Spatz* wurde von der *Mü 13 E* übernommen und hatte 14% Dicke. Der Flügel hatte eine V-Stellung von 2,5°. Im rechteckigen Innenteil waren die Bremsklappen ebenfalls von der *Mü 13 E* übernommen. Der Stahlrohrrumpf war in seinem statischen Aufbau vorn viereckig und lief nach hinten in einen Dreieckverband über. Der geräumige Führersitz war mit einer nach hinten aufklappbaren Haube versehen. Die groß bemessenen Querruder waren mit Sperrholz durchgehend beplankt. Höhen- und Seitenleitwerk wurden mit

Flosse ausgeführt. Während die Seitenflosse fest am Rumpf saß, konnte das Höhenleitwerk schnell an- und abgebaut werden.

Die Spannweite betrug 13,2 m und brachte dieser ersten Einsitzerkonstruktion des Scheibe-Flugzeugbaus den Namen »13 m-Spatz« ein. Der erste *Spatz* wurde am 12. März 1952 in Dachau eingeflogen. Flugergebnisse erbrachten eine Sinkgeschwindigkeit von 0,67 m/sec, eine Gleitzahl von 25 und die geringste Fluggeschwindigkeit lag bei 50 km/h. Von dieser Ausfertigung wurden in den Jahren 1953 bis 1955 etwa 40 Muster gebaut.

Zur Deutschen Meisterschaft 1953 in Oerlinghausen wurde eine Wettbewerbsausführung mit einem 15 m-Flügel und verbessertem Profil gebaut. Es entstand der *L-Spatz* als Mitteldecker. Die Sinkgeschwindigkeit verbesserte sich auf 0,62 m/sec, die beste Gleitzahl lag bei 1:29. Das Fluggewicht erhöhte sich von 210 auf 220 kg. Durch die guten Flugergebnisse ging auch diese Ausführung in Serie.

Der 13,2 m-*Spatz* wurde 1954 mit verstärktem Flügel als *Spatz B* gebaut.

An den Mustern *L-Spatz* (15 m Spannweite) und *Spatz B* (13,2 m Spannweite) wurden einige Verbesserungen vorgenommen. Bei beiden Mustern wurde der Flügel höher gesetzt, so daß der bisher über den Flügel laufende Haubenhinterteil entfiel und dadurch die Flügeloberseite glatt wurde. Verständlicherweise brachte diese Maßnahme eine Leistungsverbesserung, außerdem im Rumpf-Flügel-Übergang auf der Oberseite weniger Störungsmöglichkeit durch Spalte. 1955 entstand aus dem *Spatz B* der *Spatz 55.* Er hatte den *Spatz-B*-Flügel mit 13,2 m Spannweite. Außer der Verschiebung des Rumpfaufhängebeschlages wurde das Querruder verkleinert. Eine verbesserte Abstimmung der Ruder erhöhte die Eignung für den Übungsbetrieb. Im gleichen Jahre wurde auch am *L-Spatz* (15 m Spannweite) der Tragflügel höher gelegt. Seitdem lief das Muster als Hochdecker mit der Bezeichnung *L-Spatz 55.* Der Stahlrohrrumpf blieb weiter mit Stoff bespannt. Auf Wunsch wurde er und wird er mit einer geblasenen Plexiglashaube, rundem Rumpfvorderteil und mit einem festen Rad hinter der Eschenkufe geliefert. Der in Holzbauweise ausgeführte Tragflügel hat einen Kastenholm mit Gurten aus Buchenschichtholz, ausgestattet mit DFS-Sturzflugbremsen. Die Querruder sind ganz beplankt. Die Steuerung besteht aus Stoßstangen und für die Betätigung des Seitenruders aus Seilen. Für den Selbstbau des *L-Spatz 55* können Rumpfgerüst und Flügelholme mit Hauptbeschlägen fertig bezogen werden.

1964 wurden an diesem Muster weitere aerodynamische und konstruktive Verbesserungen vorgenommen. Diese Weiterentwicklung erhielt die Bezeichnung *L-Spatz III.* Er hatte einen Stahlrohrrumpf, der durch Formleisten aus Holz eine abgerundete Form erhielt.

Der Prototyp der Spatzen-Familie, der Kleinsegler-Spatz, bei seinem Jungfernstart in Ingolstadt mit Franz Medicus. Im Vordergrund Heinz Bär. Rechts: der meistgebaute Spatz: „L-Spatz 55".

Im Gegensatz zum *L-Spatz 55* wurde der Rumpf niedriger gehalten, so daß bessere aerodynamische Eigenschaften erzielt wurden. Der Rumpfbug ist in Normalausführung mit einer runden Polyesterverkleidung versehen. Die Führerhaube besteht aus geblasenem Plexiglas. Der *L-Spatz III* wird mit Kufe und dahinter im Rumpf eingebautem Rad geliefert. Die Tragflügel sind in Holzbauweise ausgeführt. Sie wurden außen geschränkt, so daß der *L-Spatz III* beim Überziehen harmloser geworden ist. Die Bremsklappen wurden vergrößert, um den Gleitwinkel steiler und den Landeanflug leichter zu machen. Das freitragende Leitwerk wurde ebenfalls in Holzbauweise ausgeführt. Höhen- und Seitenleitwerk wurden vergrößert, so daß das Flugzeug um die Querachse ruhiger liegt und die Wirksamkeit des Seitenleitwerks erhöht wurde. Die Betätigung der Ruder erfolgt über Stoßstangen aus Stahlrohr, das Seitenruder ist über Seilzüge mit Pedalen verbunden.
Besonderer Wert wurde bei der Auslegung des *L-Spatz III* auf einfache Montage gelegt. Das Flugzeug kann von vier Mann innerhalb weniger Minuten aufgerüstet werden.
Vom *L-Spatz-55* wurden etwa 500 Flugzeuge hergestellt. Er wurde ein beliebtes Leistungssegelflugzeug. Den größten Erfolg erzielte Baptist Hofmann – Forchheim, der auf dem Jungfernflug eines in eigener Werkstatt fertiggestellten *L-Spatz-55* am 26. Mai 1957 von Burg Feuerstein nach Cosne-sur-Loire einen neuen deutschen Streckenrekord von 661,6 km aufstellte, der für drei Jahre Gültigkeit hatte.
Bodo Stähle – Schwenningen und Otto Quinten – Fürstenfeldbruck machten sämtliche Flüge für ihre Gold-C mit drei Brillanten auf einem *L-Spatz-55*.
Erwähnt sei noch, daß der *L-Spatz-55* seit einigen Jahren in Frankreich in Lizenz gebaut wird. Es wurden dort bisher rund 150 Flugzeuge hergestellt.

Baumuster		Spatz			
Bauart:		Spatz	Spatz 55	L-Spatz 55	L-Spatz III
Baujahr:		1952	1955	1955	1966
Abmessungen (dimensions)					
Spannweite	m	13,20	13,20	15,00	15,00
Länge	m	6,19	6,25	6,25	6,25
Flügelfläche	m^2	10,90	10,90	11,70	11,70
Seitenverhältnis		16	16	19	19
Gewichte (weights)					
Rüstgewicht	kg	110,00	145,00	160,00	165,00
Zuladung	kg	90,00	100,00	105,00	110,00
Fluggewicht	kg	200,00	245,00	265,00	275,00
Flächenbelastung	kg/m^2	20,20	21,50	22,70	23,20
Leistungen (performances)					
Mindestgeschwindigkeit	km/h	50,00	53,00	55,00	55,00
Höchstgeschwindigkeit	km/h	175,00	175,00	175,00	180,00
Sinkgeschwindigkeit	km/h	0,67	0,60	0,64	0,67
Höchstgeschwindigkeit im Windenschlepp	km/h	90,00	90,00	90,00	90,00
Höchstgeschwindigkeit i. Flugzeugschlepp	km/h	110,00	110,00	110,00	130,00
Gleitzahl		25	26	29	28
Profil		Mü – Profil 14%			

Übersichtszeichnung L-Spatz III.

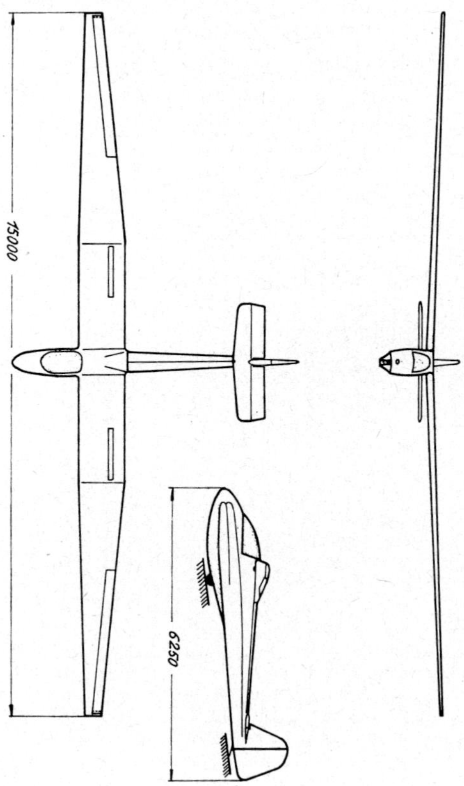

Vom Zugvogel zur SF 27

Anfang der fünfziger Jahre begann mit den Laminarprofilen im Segelflugzeugbau eine neue Epoche, die eine enorme Leistungssteigerung zur Folge hatte. Die Amerikaner Johnson und Dr. Raspet und in Deutschland Ernst Günther Haase mit dem HKS-Team leisteten Pionierarbeit. Nach diesen Erfahrungen entschloß sich auch der Scheibe-Flugzeugbau ein Segelflugzeug mit Laminarprofil zu bauen. Es entstand 1954 der *Zugvogel,* konstruiert von Egon Scheibe unter Mitwirkung von Rudolf Kaiser, der damals ein Jahr beim Scheibe-Flugzeugbau tätig war. *Zugvogel I* erschien erstmals 1955 bei den Deutschen Meisterschaften in Oerlinghausen in einem Wettbewerb und erzielte mit dem Sieg von Hanna Reitsch einen überragenden Erfolg. Geringfügige Änderungen ergaben 1956 den *Zugvogel II.* Beide Versionen hatten eine Spannweite von 16 m, die beste Sinkgeschwindigkeit wurde mit 0,58 m/s bei 65 km/h gemessen. Die Flugergebnisse ergaben einen besten Gleitwinkel von 1:34 bei 75 km/h. Vom *Zugvogel I/II* wurden etwa 20 Stück gebaut.

Aus den Bedingungen und Erfahrungen, die sich aus der Einführung der Offenen Klasse 1956 ergaben, baute Scheibe den *Zugvogel III* mit 17 m Spannweite. Der *Zugvogel III* flog erstmals im April 1957. Diese Maschine wurde mit etwa 30 Mustern bis 1962 geliefert.

Nach der Weltmeisterschaft in Köln setzten sich die Rümpfe mit dem geringen Querschnitt durch, in denen der Pilot mehr liegt als sitzt. Scheibe folgte dieser Richtung, baute auch für den *Zugvogel* einen solchen Rumpf, der in dieser Version dann *Zugvogel III B* hieß. III B wurde mit 45 Mustern die erfolgreichste Serie der Zugvogel-Reihe.

Um auch in der Standardklasse starten zu können, entwickelte Scheibe 1958 eine 15 m-Version, den *Zugvogel IV,* von dem etwa 20 gebaut wurden.

Für einige Jahre war der *Zugvogel* das billigste Hochleistungssegelflugzeug mit Laminarprofil und auch in den Wettbewerben das beliebteste Segelflugzeug.

Der Flügel in Holzbauweise ist mit einem Laminarprofil in besonders entwickelter Bauweise ausgeführt, Bruchsicherheit 8 bei 125 kg Zuladung. Sehr interessant ist der Aufbau des Rumpfes, ein Stahlrohrgerüst, vorne im noch kritischen Bereich der Anströmung mit einer runden Holzschale verkleidet, hinten mit Stoff bespannt. Der geräumige Führersitz ist mit einer sorgfältig geblasenen Plexiglashaube abgedeckt.

Beim *Zugvogel IV* ist das einholmige Tragwerk bis zu den Querrudern über 50% der Flügeltiefe ganz sperrholzbeplankt. Auch bei dieser Version ist der dreieckige Leitwerksträger durch Holzformleisten abgerundet.

Allein drei Deutsche Meisterschaften wurden mit dem *Zugvogel* gewonnen, 1955 in Oerlinghausen durch Hanna Reitsch, zwei Jahre später, wiederum in Oerlinghausen, durch Jakob Laur – Laichingen auf seinem clubeignen *Zugvogel III* (Hanna Reitsch belegte damals auf *Zugvogel III* den 3. Platz), und 1961 siegte in Braunschweig Rolf Spänig auf *Zugvogel III.* Spänig wurde überhaupt der erfolgreichste Pilot auf dem *Zugvogel,* mit dem er 1959 in Karlsruhe mit dem 3. Platz der Deutschen Meisterschaften seine Erfolgsserie begonnen hatte. 1962 in Freiburg wurde er wiederum Dritter, 1964 in Roth Deutscher Vizemeister, ehe er auf die BS 1 umstieg. 1962 hatte er über Südafrika im *Zugvogel III* mit 606,69 km einen neuen deutschen Rekord im Zielflug mit Rückkehr aufgestellt. Auch bei der Weltmeisterschaft gehörte der *Zugvogel* in jenen Jahren zu den erfolgreichsten Typen. 1958 in Leszno starteten die Schweden mit *Zugvogel IV* in der Standardklasse und der alte Kämpe Per Axel Persson – Schweden wurde damit Vizeweltmeister. In der Offenen Klasse starteten drei *Zugvögel,* von denen sich Jakob Laur auf dem 8. Platz unter 37 Teilnehmern am besten placieren konnte. 1960 in Köln meldeten wiederum die Norweger und Schweden mit dem *Zugvogel.* Ihr erfolgreichster Teilnehmer war Sven Jonsson – Schweden mit dem 5. Platz in der Offenen Klasse. Die hervorragende Stellung des *Zugvogel* im deutschen Segelflug beweist auch die Teilnehmerzahl bei den Deutschen Meisterschaften: 1955 flog Hanna Reitsch den Prototyp, 1957 starteten bereits vier *Zugvögel* unter 20 Teilnehmern, 1959 flogen sechs *Zugvogel III* unter den 13 Flugzeugen der Offenen Klasse, 1961 waren es vier unter den 15 Teilnehmern, 1962 sieben unter 14 Teilnehmern und 1964 fünf unter 12 Teilnehmern. Dann begann die große Zeit der Kunststoffvögel.

SF 27

In der aufkommenden Konkurrenz der Kunststoffbauweise überlegte sich Egon Scheibe 1962/63 was am Hochleistungssegelflugzeug in der Holz-Stahlbauweise noch zu verbessern sei. Für eine Weiterentwicklung des *Zugvogel* verwendete dann auch Scheibe ein Laminarprofil von Professor Wortmann, weil es vor allem im Langsamflugbereich Verbesserungen versprach. Diese Weiterentwicklung des *Zugvogel III B* nannte Scheibe den *Zugvogel V,* für dessen 15 m-Flügel ein Wortmann-Profil Verwendung fand. Dieser *Zugvogel V* ist dann weit mehr unter der Bezeichnung *SF 27* bekannt geworden. Die *SF 27* startete erstmals 1964 in Roth in einem Wettbewerb. Die Musterprüfung für den *Zugvogel V / SF 27* wurde Ende 1965 abgeschlossen. *SF 27 A* ist ein Hochleistungssegelflugzeug der Standardklasse. Der Aufbau ist in Gemischtbauweise: Flügel und Leitwerk in Holz; Rumpf als Stahlkonstruktion mit den Vorteilen dieser Bauweise (lange Lebensdauer, robust im Betrieb, einfache Reparaturmöglichkeiten). Die einfache Montage der *SF 27* kann von drei bis vier Leuten in kurzer Zeit ausgeführt werden.
Für den Flügel wurden Wortmann-Profile vorgesehen, die einen besonders breiten Laminarbereich haben. Der zweiteilige Flügel hat einen Kastenholm in ca. 50% Tiefe. Für eine gute Profilhaltung haben die Holzrippen durchgehend nur 100 mm Abstand. Die Flügelnase ist sperrholzbeplankt, hinter dem Holm teilweise Stoff, teilweise Sperrholz. Die Querruder sind sperrholzbeplankt. Die Schempp-Hirth-Bremsklappen sind für eine gute Wirkungsweise groß dimensioniert.
Der Stahlrohrrumpf ist – ähnlich wie der Rumpf des *Zugvogel III B* – vorne mit Kunststoff verkleidet, hinten stoffbespannt. Zur Erzielung geringstmöglichen Widerstandes ist er niedrig, mit durchgestrakter Haube. Vor dem Schwerpunkt ist ein bremsbares Rad eingebaut. Der Sporn ist für einen leichten Transport im Gelände als Rad ausgeführt. Höhen- und Querruderbetätigung erfolgen durch Stoßstangen, Seitenruder über Seile. Die Seitensteuerung kann über 180 mm verstellt werden. Die Schleppkupplung für Windenstart und Flugzeugschlepp ist unten vor dem Rad angebracht.
Der Führerraum mit Schrägsitz-Anordnung bietet bequeme Sitzmöglichkeit, ohne Ermüdung, auch bei längeren Flügen. Die Sicht ist durch die große durchgehende schlierenfreie Haube sehr gut. Der verwendete Rückenschirm sollte möglichst nicht zu groß sein. Hinter dem Sitz ist ein Gepäckraum vorgesehen. Die Instrumente sind nach Abnahme einer Verkleidung gut zugänglich. Das Höhenleitwerk ist für einen geringen Widerstand, vor allem im Schnellflug, als Pendelruder ausgeführt. Es ist zweiteilig – mit einer Flettner-Trimmung versehen – und wird von beiden Seiten auf Holmstummel aufgesteckt. Die Trimmklappe ist gleichzeitig gegensteuernd zur Regulierung der Höhensteuerhandkräfte. Das Seitenleitwerk ist in Holz ausgeführt, die Flosse fest am Rumpf.
Von der SF 27 wurden bis 1970 120 Flugzeuge gebaut.

SF 27 im Fluge. Mit Hilfsmotor wurde dieses Segelflugzeug als SF 27 M einer der besten Motorsegler.

Baumuster		Zugvogel I – V			
Bauart:		I/II	III/III B	IV	V/SF 27
Baujahr:		1954/55	1956	1958	1964
Abmessungen (dimensions)					
Spannweite	m	16,00	17,00	15,00	15,00
Länge	m	7,40	7,30	7,10	7,05
Flügelfläche	m^2	14,00	14,50	13,40	12,00
Seitenverhältnis		18,30	20,00	16,80	18,70
Gewichte (weights)					
Rüstgewicht	kg	220,00	250,00	220,00	215,00
Zuladung	kg	125,00	115,00	115,00	115,00
Fluggewicht	kg	345,00	365,00	335,00	330,00
Flächenbelastung	kg/m^2	24,70	25,20	25,00	27,50
Leistungen (performances)					
Mindestgeschwindigkeit	km/h	57,00	58,00	57,00	55,00
Höchstgeschwindigkeit	km/h	200,00	200,00	200,00	200,00
Sinkgeschwindigkeit	km/h	0,585 bei 65 km/h		0,65	0,65
Höchstgeschwindigkeit im Windenschlepp	km/h	100,00	100,00	100,00	100,00
Höchstgeschwindigkeit i. Flugzeugschlepp	km/h	140,00	140,00	140,00	140,00
Gleitzahl		34	35	31	34
Profil		NACA der 63 Reihe NACA 63_2 – 616/614			Wortmann

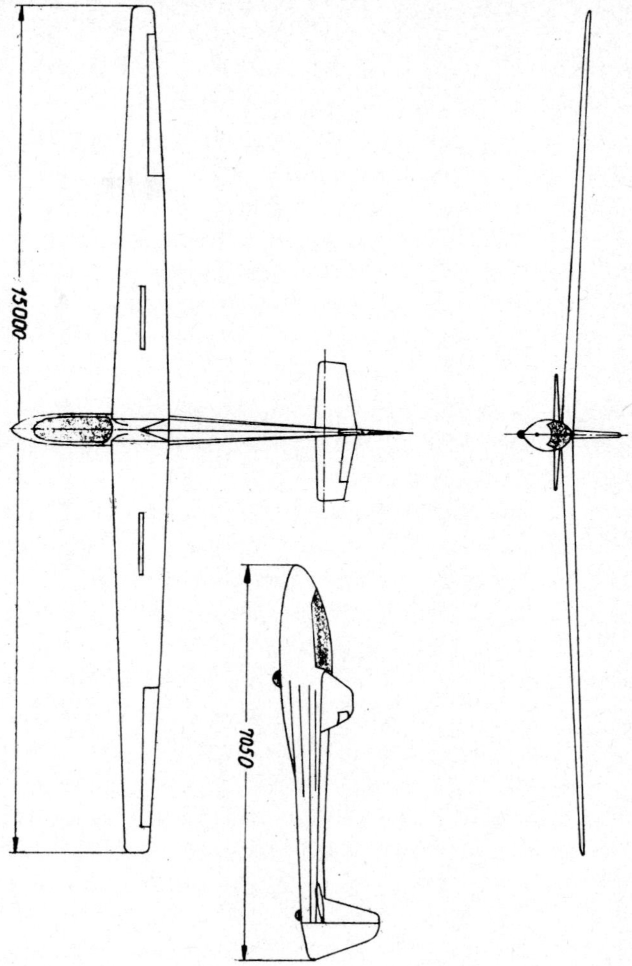

Übersichtszeichnung SF 27

Ka 6

Das Flugzeug mit der größten Serie, die bisher ein Segelflugzeug erlebte, war gleichzeitig Höhepunkt und Abschluß der Epoche der Sperrholzbauweise im Segelflugzeugbau. Es war die *Ka 6,* die 1958 während der Segelflug-Weltmeisterschaft in Polen von einer internationalen Jury mit dem OSTIV-Preis als bestes Segelflugzeug der Standardklasse ausgezeichnet wurde.

Die erste *Ka 6* entstand bereits im Sommer 1955. Sie hatte eine Spannweite von nur 14 m und wurde Ende November 1955 in Gelnhausen eingeflogen. Ein Jahr später vergrößerte Kaiser auf Grund seiner eigenen fliegerischen Erprobung die Spannweite auf 14,40 m. Dieser Prototyp war für drei Jahre sein eigenes Flugzeug. Damit erflog er die Gold-C-Bedingungen und erwarb den Zielflug-Brillanten mit einem Flug von der Wasserkuppe nach Freiburg im Breisgau. Als im Sommer 1956 die technischen Einzelheiten der Standardklasse bekannt wurden, verbesserte Kaiser die Flugeigenschaften der *Ka 6* mit der Möglichkeit einer Spannweite von 15 m. So entstand die erste *Ka 6* der Standardklasse mit der Typenbezeichnung *Ka 6 B.* Diese neue Spannweite war durch einen stärkeren Holm möglich. Die Standardklasse forderte weiter ein eingebautes Rad, und als daraufhin in der *Ka 6* die Kufe durch ein Rad ersetzt wurde, hieß das Flugzeug *Ka 6 BR.*

Die *Ka 6,* die sich Heinz Huth für die Weltmeisterschaft 1958 bauen ließ, erhielt auf seinen Wunsch ein Pendelruder. Diese VII. Segelflug-Weltmeisterschaft in Leszno in Polen, in der erstmals nur noch Einsitzer in der Offenen Klasse und Standardklasse starteten, wurde der bisher größte Erfolg des deutschen Segelflugs: Ernst-Günter Haase wurde Weltmeister in der Offenen Klasse, Heinz Huth belegte den 3. Platz in der Standardklasse und Rudolf Kaiser erhielt aus der Hand des OSTIV-Präsidenten De Lange (Holland) den begehrten Preis für das beste Flugzeug der Standardklasse, für seine *Ka 6.* Damit begann deren Siegeszug in alle Welt. Von dem kleinen Dorf Poppenhausen in der Rhön sind bis heute weit über 1400 *Ka 6* in über 50 Länder aller fünf Erdteile geliefert worden — eine Zahl, die weder vor- noch nachher ein anderer Typ erreicht hat.

Für dieses Standardflugzeug hat Rudolf Kaiser bis heute die meiste Entwicklungsarbeit geleistet. In ihm sind auf glücklichste Weise Flugeigenschaften und Flugleistungen gelöst worden. Zu der optimalen fliegerischen Lösung muß als weiterer wichtiger Faktor ihr Preis gezählt werden. Schon auf den ersten Blick besticht die *Ka 6* durch ihre klare Linienführung und einwandfreie aerodynamische Formgebung. Sorgfältig durchdachte Anschlüsse erlauben eine schnelle Montage. Ihre Flugeigenschaften werden von allen Flugzeugführern als hervorragend bezeichnet. Die geringste Sinkgeschwindigkeit von 0,75 m/sec wurde bei 67 km/h, die beste Gleitzahl von 1:30 bei 80 km/h erzielt.

Durch eine verbesserte Flügelwurzel entstand die *Ka 6 C,* diese wiederum mit Rad hieß *Ka 6 CR,* und die Sonderanfertigung mit Pendelruder *Ka 6 CR-Pe.*

Nach langjähriger Erfahrung erhielt dieses beliebte Segelflugzeug 1965 als *Ka 6 E* die bisher letzte Verfeinerung, einen aerodynamisch weiterverbesserten Rumpf, und auch das Flügelprofil erfuhr durch Dr. Wortmann eine weitere Leistungssteigerung.

Der Rumpf ist vollkommen neu gestrakt und hat eine um 7 cm niedrigere Bauhöhe. Der Sitz wurde etwas

Rudolf Kaiser (Mitte) erhält in Leszno 1958 den OSTIV-Preis für seine Ka 6 als das beste Standard-Segelflugzeug der Welt aus den Händen des OSTIV-Präsidenten de Lange - Holland. Rechts Seff Kunz, Vorsitzender der Deutschen Segelflug-Kommission.

Die letzte Version, Ka 6 E, mit Ernst-Gernot Peter im Fluge.

nach hinten geneigt. Die große Plexiglashaube ermöglicht beste Sicht. Zur Verbesserung der Aerodynamik wurde in diese Version ein Pendelhöhenleitwerk angebaut.
Baubeschreibung dieses bekanntesten Flugzeuges der Standardklasse: Rumpf: Ovaler Sperrholzschalenrumpf. Glasfaserkunststoff für doppelt gekrümmte Beplankungs- und Verkleidungsteile. Kombi-Kupplung im Schwerpunkt eingebaut. Haube als Steckhaube abnehmbar.
Flügel: Einholmiger Holzflügel mit drehsteifer Sperrholznase. Flügelnasen-Verbesserung, nach Vorschlag von Dr. Wortmann eingebaut. Flügelschränkung 2°. Über den Holm hinaus verlängerte Flügelbeplankung, sonst stoffbespannt. Schempp-Hirth-Sturzflugbremsen aus Metall. Randkappen am Flügelende aus GFK. NACA-Laminarprofil.
Leitwerke: Pendelhöhenleitwerk einholmig, sehr drehsteif durch starke Sperrholznase, sonst stoffbespannt. Seitenflosse einholmig und mit Sperrholz beplankt. Seitenruder mit drehsteifer Sperrholznase, sonst stoffbespannt. Querruder einholmig diagonal ganz beplankt. UKW-Antenne in der Seitenflosse eingebaut.
Steuerwerk: Höhen- und Quersteuerung durch Stoßstangen, Seitensteuerung durch Steuerseile, verstellbare Pedale.
Fahrwerk: Einrad-Fahrwerk fest eingebaut mit Band-Bremse, Stahlsporn. Reifengröße: 4,00 – 4 (300 x 100).
Eine Variation der *Ka 6* wurde die *Ka 10,* eine geänderte *Ka 6* mit Laminarprofil. Mit ihr versuchte Kaiser durch eine lange Entwicklungszeit am Profil die Geschwindigkeitsspanne zwischen Langsamflug und Schnellflug zu erweitern.
Die Erfolge der *Ka 6* sind nicht aufzuzählen. Diese Kaiser-Konstruktion beherrschte die Standardklasse von 1959 bis 1969 in aller Welt, ganz gleich, ob es sich um die Nationalen Meisterschaften in Deutschland oder in Amerika handelte, nicht anders bei den Weltmeisterschaften. Höhepunkt war die Siegesserie von Heinz Huth (Hamburg), der mit der Ka 6 sechsfacher Deutscher Meister und 1960 und 1963 als bisher einziger Segelflieger der Welt zweifacher Weltmeister wurde. Karl Betzler und Otto Schäuble flogen am 2. Juni 1963 bei ihrem Weltrekord zur Atlantikküste über 875,987 km ebenfalls die *Ka 6,* Wallace A. Scott (USA) stellte den Zielflugweltrekord 1964 über 837,75 km mit Ka 6 auf, Günter Cichon den deutschen Höhenrekord 1967 mit 10 075 m und 1969 Elke Loos den deutschen Streckenrekord für Frauen mit 627 km.
Von der *Ka 6* wurden von 1955 bis 1972 über 1400 Flugzeuge gebaut. Damit erreichte diese Konstruktion die größte Serie aller Leistungsflugzeuge und bewies allein durch diese Zahl, daß die *Ka 6* wirklich das Standardflugzeug des Segelfluges in aller Welt war.
1972 wurde die Serienproduktion eingestellt – wenn das so bliebe, ginge mit der Ka 6 eine große Zeit in der Geschichte des Segelfluges, vor allem aber in der mit der sportlichen Leistung engverbundenen Geschichte des Segelflugzeugbaues zuende.

Baumuster	Ka 6 E	
Abmessungen (dimensions)		
Spannweite	15,00	m
Länge	6,66	m
Flügelfläche	12,40	m²
Seitenverhältnis	18,10	
Gewichte (weights)		
Rüstgewicht	190,00	kg
Zuladung	110,00	kg
Fluggewicht	300,00	kg
Flächenbelastung	22,50	kg
Leistungen (performances)		
Mindestgeschwindigkeit	59,00	km/h
Höchstgeschwindigkeit	200,00	km/h
Sinkgeschwindigkeit	0,65	m/sec
Höchstgeschw. im Windenschlepp	100,00	km/h
Höchstgeschw. im Flugzeugschlepp	140,00	km/h
Gleitzahl	34	
Profil	Dr. Wortmann	

Übersichtszeichnung der ersten Ka 6 mit 14 m Spannweite.

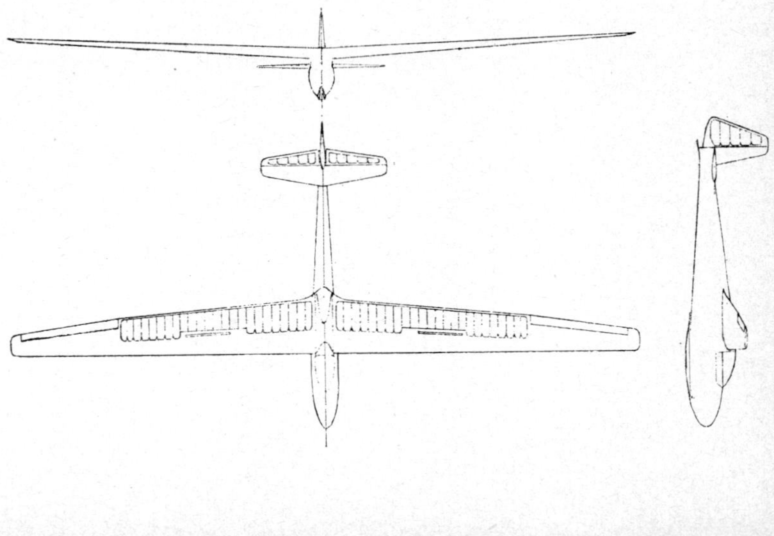

Ka 8

1958 entwickelte Rudolf Kaiser aus der *Ka 6* einen einfachen robusten Leistungseinsitzer für die Gruppen, gewissermaßen eine entfeinerte *Ka 6.* Es war die *Ka 8,* die derart vereinfacht worden ist, daß auch der Teilserienbau möglich wurde. Sie ist mit ihren Flugeigenschaften auch für weniger Geübte geeignet. Und ihr Stahlrohrrumpf erhöht ihre Lebensdauer auch im rauheren Gruppenbetrieb. Die *Ka 8* ist billiger und wird in den Gruppen meist als Übergangsflugzeug zwischen der Schulung und dem reinen Leistungsflug eingesetzt. Für die Bedingungen der Internationalen Silber-C ist sie geradezu ideal. Mit leichten Verbesserungen entstand aus der *Ka 8* die nunmehr in Serie gebaute *Ka 8 B.*

Das beliebte Übungs- und Leistungssegelflugzeug Ka 8 im Flug.

Die *Ka 8 B* ist ein vielfach bewährter, robuster Übungs- und Leistungseinsitzer in Gemischtbauweise. Einfach im Aufbau, daher wenig Wartung, zeigt diese Kaiser-Konstruktion gute Flugleistungen und -eigenschaften und ist daher für den Clubbetrieb sehr gut geeignet.
Der Rumpf besteht aus einem Stahlrohrgerüst mit Formleisten und Stoffbespannung. Der Rumpfbug ist nunmehr mit einer GFK-Schale verkleidet. Die Haube, auch als vergrößerte Vollsichthaube lieferbar, ist nach der Seite klappbar. Der einholmige Holzflügel hat eine drehsteife Sperrholznase, sonst stoffbespannt. Profil Gö 533, von der Wurzel bis zum Querruder auf Gö 532 am Flügel gestrakt. Schempp-Hirth-Sturzflugbremsen. Beim Leitwerk sind die Flossen einholmig und mit Sperrholz beplankt. Ruder mit drehsteifer Sperrholznase, sonst stoffbespannt. Querruder diagonal ganz mit Sperrholz beplankt. Am Höhenruder ist eine Flettner-Trimmung angebaut. Auf Wunsch UKW-Antenne in der Seitenflosse. Höhen- und Quersteuerung werden durch Stoßstangen betätigt, Seitensteuerung durch Steuerseile. Verstellbare Pedale. Das fest eingebaute Einrad-Fahrwerk hat Bandbremse.
Von der *Ka 8* wurden allein vom Schleicher-Flugzeugbau über 1100 Flugzeuge geliefert. Trotz aller Erfolge der Segelflugzeuge in Kunststoffbauweise lief auch 1973 die Serie der Ka 8 B nach wie vor – wohl der beste Beweis, daß die Ka 8 auch in der modernen Zeit des Segelfluges ein begehrtes Übungs- und Leistungssegelflugzeug in aller Welt geblieben ist.

Baumuster	Ka 8	
Abmessungen (dimensions)		
Spannweite	15,00	m
Länge	7,00	m
Flügelfläche	14,15	m^2
Seitenverhältnis	15,9	
Gewichte (weights)		
Rüstgewicht	190,00	kg
Zuladung	120,00	kg
Fluggewicht	310,00	kg
Flächenbelastung	19,50	kg/m^2
Leistungen (performances)		
Mindestgeschwindigkeit	54,00	km/h
Höchstgeschwindigkeit	200,00	km/h
Sinkgeschwindigkeit	0,65	m/sec
Höchstgeschw. im Windenschlepp	100,00	km/h
Höchstgeschw. im Flugzeugschlepp	130,00	km/h
Gleitzahl	27	
Profil	Gö 533	

Übersichtszeichnung Ka 8.

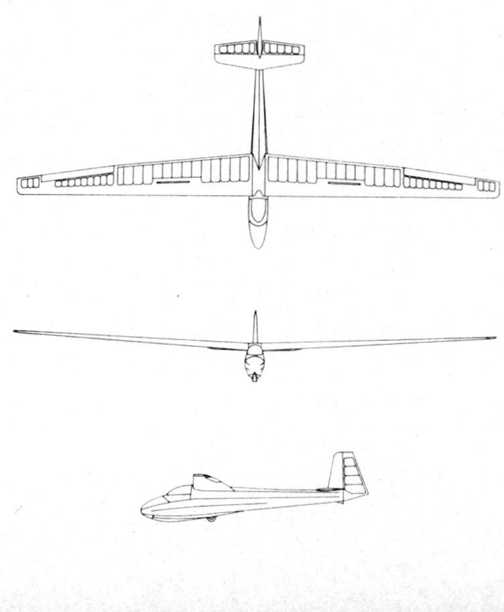

Entwicklungsgemeinschaft Haase – Kensche – Schmetz (HKS)

Wenn auch von der *HKS 1* nur zwei und von der *HKS 3* nur ein Muster gebaut worden sind, so muß doch diese Entwicklungsreihe in die Geschichte der berühmtesten Segelflugzeuge aufgenommen werden, da von diesen Konstruktionen so viele und so entscheidende Impulse für den weiteren Segelflugzeugbau ausgingen – und weil diese wenigen Muster so großartige Erfolge erzielten.

Initiator und Mäzen war Ferdinand Bernhard Schmetz, der seit 1912 mit der Fliegerei verbunden war und 1941 seiner Nähmaschinennadel-Fabrik in Herzogenrath bei Aachen einen Segelflugzeugbau angeschlossen hatte. Während des Krieges wurden dort 650 Segelflugzeuge vom Typ *Meise* hergestellt, u. a. auch 20 Segelflugzeuge der von der FVA Aachen unter Leitung von F. Kracht entwickelten *Rheinland.* Nach der Wiederzulassung des Segelfluges in Deutschland baute Schmetz in Lizenz den Doppelsitzer *Condor IV.*

Dann aber schwebte Schmetz ein Hochleistungssegelflugzeug vor, das die neuesten Forschungserkenntnisse der Aerodynamik und der Bauweisen in sich vereinigen und das vor allem auch die neuzeitlichen Erfordernisse an Schnellflugleistungen erfüllen sollte. Die Vorstellungen nahmen täglich greifbarere Formen an, da nach dem Kriege in seinem Werk Ernst-Günter Haase und Heinz Kensche leitende Aufgaben übernommen hatten – zwei erfahrene Männer des deutschen Segelfluges, hervorragende Piloten, befähigte Ingenieure und erfahrene Konstrukteure. So entstand die Entwicklungsgemeinschaft Haase-Kensche-Schmetz (HKS).

Die Eindrücke bei der Segelflug-Weltmeisterschaft in Madrid im Sommer 1952, bei der deutsche Segelflieger erstmals wieder den internationalen Standard studieren konnten und bei denen in freundschaftlichen Gesprächen mit Dr. Wenk und Dr. Raspet in großer Offenheit die neuesten Erkenntnisse, die Leistungssteigerung im Segelflug erörtert wurden, gaben den letzten Anstoß. Dann begann die Arbeit in Herzogenrath. Es war eine wissenschaftlich und bautechnisch gleich hoch zu bewertende Leistung. Die Wahl des geeigneten Profils, der Flügelform, der Flächenbelastung und vieles andere erforderte viele aerodynamische und flugmechanische Untersuchungen. Die Herstellung der genauen Profilform und die Erzielung der notwendigen Oberflächenglätte waren Fertigungsaufgaben, deren Lösung durch sorgfältige statische und materialkundliche Überlegungen und Versuche gelang. Die Erkenntnisse und die Erfahrungen, die dabei gewonnen wurden, waren richtunggebend für den weiteren Segelflugzeugbau.

Die *HKS 1* wurde ein Doppelsitzer. Einerseits versprach um 1952 eine Doppelsitzerkonstruktion noch den größten Erfolg, da diese noch eine eigene Wettbewerbsklasse bildete. Zum anderen fiel aber auch aus aerodynamischen Gründen die Wahl auf einen Doppelsitzer. Soweit es die geometrische Formgebung des Gesamtentwurfs eines Flugzeuges betrifft, ist die große Tragfläche im Verhältnis zur Oberfläche des Rumpfes unbestritten geeignet, die Gesamtwiderstandsbeizahl herabzusetzen. Beim Doppelsitzer ist dieses Verhältnis infolge der gegenüber dem Einsitzer geringer wachsenden Oberflächen des Rumpfes günstiger. Außerdem ist bei der großen Flügelfläche mit größeren Re-Zahlen, also geringeren Profilwiderständen, zu rechnen. Einen sehr maßgeblichen Anteil am Gesamtwiderstand eines Flugzeuges stellt der Reibungswiderstand des Flügels dar.

Für die *HKS* wurde das Profil 65_2 – 714 ausgewählt, also mit 14% Dicke, einem »Entwurfs-c_a« von 0,7 bei einem c_a-Bereich des Laminareffektes von 0,2. Die Querruderschlitzverluste wurden durch Wölbungsänderung vermieden, womit auch die Möglichkeit der Erhöhung von $ca_{max} = 0{,}3$ sowie auch eine Verringerung von minus 0,2 über die ganze Spannweite gegeben war. Ferner wird hierdurch erreicht, daß sowohl für den Langsamflug mit heruntergezogenem Profilende als auch für den Schnellflug mit heraufgezogenem Profilende der Anblaswinkel des Rumpfes nur wenig von dessen Mittellinie abweicht und daher der Rumpfwiderstand gering bleibt. Der Flügel ist ungeschränkt. Die Flügelendkappen wurden nach Untersuchungen von Hörner 1944 gestaltet. Die Sturzflugbremse wurde vom Flügel, wo sie Störungen gegeben hätte, in das

Rumpfende als Fallschirmbremse verlegt. Die Mitteldeckeranordnung vermeidet die sonst bei Hochdeckern vorhandenen großen Schwierigkeiten der Linienführung der Haube zur Flügelstoßkante und ermöglicht einen kleinen Rumpfquerschnitt. Für die Formung einer aerodynamisch und optisch günstigen Plexiglashaube wurden viele Überlegungen und Versuche durchgeführt. Günstig für die Formgebung der Haube für die *HKS 1* wirkte sich aus, daß bei der beabsichtigten starken Kielung des Rumpfhinterteils oben und unten auch die Haube im hinteren Teil eine Kielung haben durfte, so daß durch eine zusätzliche Verformung während des Blasens die Profilform im hinteren Teil im günstigen Sinne beeinflußt werden konnte.

Das Fahrwerk ist voll einziehbar und besteht aus einem Rad 400 x 100 mm und zwei Federbeinen mit Tellerfedern und zwei Abdeckklappen hinter dem Schwerpunkt und einer abgefederten Bugkufe mit kleinem Hilfsrad. Zur Vermeidung der schädlichen Widerstände der Kufe ist eine Fahrwerksanordnung gewählt worden, bei der sich das Fahrwerk vollständig in den Rumpf einziehen läßt. Die Bugkufe fügt sich beim Einziehen in die Rumpfkontur ein.

Das Schwanzleitwerk ist als V-Leitwerk ausgebildet. Jede der beiden einholmigen freitragenden Flossen ist mit drei Punkten am Rumpf aufgehängt. Die Schwanzleitwerke wurden in der gleichen Weise aufgebaut wie der Flügel.

Der Bänderbremsschirm mit 1,3 m Durchmesser hat als Landehilfe eine Bremskraft von etwa 30 kg (dadurch Gleitwinkel etwa 1 : 17) und als Sturzflugbremse im Endstaudruck 450 kg und liegt in einem Sperrholzrohr im Rumpfende. Die Wahl eines Bremsschirmes als Landehilfe erforderte neuartige konstruktive Überlegungen. Es war dafür zu sorgen, daß der Schirm vor allem einwandfrei aus dem Rumpf ausgestoßen werden kann, so daß zwischen Betätigung und Einsetzen der Bremswirkung eine ausreichend kurze Zeit liegt. Als Schirm wurde ein Bänderschirm der Bauart Kostelezky gewählt, der gegenüber den normalen Schirmkonstruktionen den Vorteil größerer Stabilität aufweist.

Bei der Konstruktion und beim Bau insbesondere des Flügels wurden sämtliche Konstruktionsgrundsätze der Forderung nach sehr genauer Einhaltung der theoretischen Formgebung und der Erzielung einer glatten Oberfläche untergeordnet. Das übliche Einfallen der Beplankung der Flügelnase zwischen den Rippen und am Holm, das bei normaler Bauweise und guter Bauausführung immer noch Abweichungen von der Profilkontur um größenordnungsmäßig 1 mm und Welligkeiten bei 5 cm Meßbasis in der Größenordnung von ± 0,3 mm, an den Holmkanten von ± 0,4 bis 0,5 mm, zeigen kann, war zu vermeiden. Die Glätte und Formtreue des Flügels wurden durch eine Stützkonstruktion erreicht, indem zunächst der Flügel eine Innenbeplankung von 0,6 mm Sperrholz erhielt, worauf ein 6 mm dicker PVC-Schaumstoff mit 1 mm Übermaß aufgetragen wurde, wobei lediglich der Holm und die Hauptrippen (Abstand 120 cm), die mit 0,2 mm Genauigkeit durch Spanndrähte ausgerichtet wurden, bis zur Profilaußenkontur durchgingen.

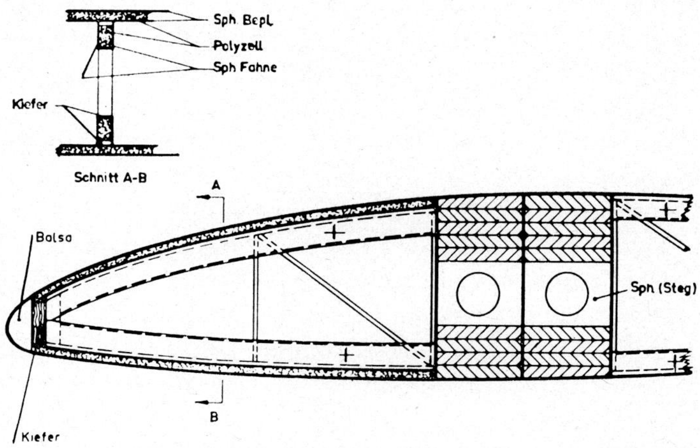

Schema der Nasenkonstruktion, Aufbau von Holm und Flügelnase der HKS 1.

Der PVC-Schaum wurde zunächst abgehobelt und dann mit 2 m langen Schleifleisten abgerichtet. Die durch einen Formklotz vorgebogene und durch Spannbänder aufgebrachte Außenbeplankung von 1,5 mm an der Wurzel und 1 mm am Flügelende erhielt schon hierdurch eine Genauigkeit von ± 0,2 mm, durch anschließendes Schleifen und Spachteln von 0,05 mm, die durch ein von Dr. Raspet vorgeschlagenes Gerät, ein Balken mit zwei Taststellen mit 50 mm Abstand, überprüft wurde.

Nach diesen Voruntersuchungen konnte die Konstruktion des Flügels festgelegt werden. Der Holm als Doppelkastenholm mit einer Gesamtbreite an der Wurzel von 220 mm hat an allen Stellen des Flügels die Höhe der Profildicke ohne die äußere Beplankung. Die Hauptrippen im Abstand von 120 cm entsprechen ebenfalls der Profilkontur ohne die äußere Beplankung. Je zwei Zwischenrippen in Abständen von 40 cm in normaler Rippenkonstruktion haben eine Bauhöhe entsprechend der Profilkontur ohne die äußere Beplankung und ohne Schaumstoffdicke und innere Beplankung. Hilfsrippen im Abstand von 10 cm bestehen aus einer Polyzellschicht von 10 mm mit einigen Erleichterungslöchern. Gleichartige Rippen sind beiderseits an die Hauptrippen angeleimt.
Die Flügeloberseite ist auch im Bereich zwischen dem Hauptholm und dem Hilfsholm beplankt. Die Beplankung ist in der gleichen Weise aufgebaut wie die Nasenbeplankung. Das Rumpfhinterteil mit abwickelbarer Oberfläche ist wie üblich aufgebaut. Das Rumpfvorderteil ist von Spant zu Spant zunächst mit 1 mm Sperrholz abwickelbar innenbeplankt, dann wurde eine 10 mm dicke Balsaholzschicht aufgetragen, die dann der idealen Rumpfkontur entsprechend gestrakt und vor Aufbringung der Außenbeplankung durch viermaligen Anstrich von Einlaßgrund an der Oberfläche gehärtet wurde. Beim Bau der Spanten wurde zur Erzielung großer Spantsteifigkeiten bereits weitgehend mit Polyzell als Füllstoff gearbeitet, wobei die Spantgurte außen und innen mit 2 mm Stärke sehr schwach gehalten werden konnten.
Die Kinematik der Wölbungsänderung des Flügels zeigt Abb. S. 89, sie wurde durch einen Dauerbiegeversuch mit 300 000 Lastwechseln erprobt.
Die Unterseite ist mit Sperrholz beplankt, die zugleich die auf sechs Stellen je Flügel verteilten Wölbungsantriebskräfte auf alle Rippen überträgt. Bei der Auswahl des Holzes wurde die größte Sorgfalt auf Feinjährigkeit und absolut parallelen Verlauf der Faser verwendet. Zur möglichst genauen Erzielung der vorgegebenen Krümmung wurde in jede Rippe noch ein besonderes Getriebe eingebaut, das aus der Abbildung hervorgeht, wodurch außerdem der stark auf Knickung beanspruchte Obergurt in der Mitte eine Stützung erfährt.

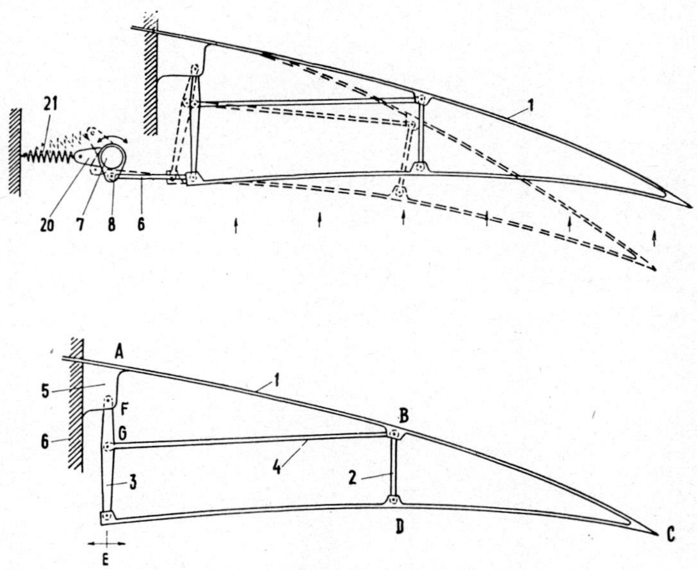

Kinematik-Prinzip der Wölbungsänderung des Flügelprofilendes.

Die gesamte Steuerung des Flugzeugs erfolgt durch Stoßstangen. Die Überlagerung der symmetrischen Wölbungsänderung und der Wölbungsänderung zur Quersteuerung erfolgt nach dem gleichen Prinzip wie die Überlagerung der Seiten- und Höhensteuerung beim V-Leitwerk.
Die *HKS 1 V 1* (D-5300) wurde von Ernst-Günter Haase am 19. Juli 1953 auf dem Flughafen Düsseldorf in Anwesenheit von Prof. von Karmán eingeflogen und ging mit dieser mehr als kurzen Erprobung sofort in den Deutschen Segelflug-Wettbewerb nach Oerlinghausen. Bei stärkster internationaler Konkurrenz belegte Ernst-Günter Haase hinter Pierre – Frankreich den 2. Platz. Die angestrebte Überlegenheit in der Geschwindigkeit und in der Gleitzahl bei hoher Geschwindigkeit konnte unter Beweis gestellt werden. Die *HKS* war in diesen Tagen ständig von Schaulustigen und Fachkundigen umlagert. Sie war der meistdiskutierte Vogel. 1955 erflog sich Wiethüchter – Kirchheim auf der *HKS 1* den 4. Platz bei der Deutschen Meisterschaft in Oerlinghausen und Frowein gewann den Wettbewerb in Frankreich. Dann schrieb Ferdinand Schmetz für 1956 einen Segelflug-Wettbewerb zur Förderung des Dreiecks-

fluges aus. Sieger wurde Rolf Kuntz von der Akademischen Fliegergruppe Braunschweig mit fünf Dreiecksflügen über 100 km. Als Hauptpreis erhielt er für 1957 die *HKS 1 V 1* zur Verfügung gestellt. In seinem ersten Wettbewerb mit der *HKS 1* kam er bei den Deutschen Meisterschaften 1957 in Oerlinghausen auf den 4. Platz. Mit ihr startete er auch 1958 bei der Weltmeisterschaft in Polen, lag nach fünf Wettbewerbstagen an 10. Stelle und hatte dann das Pech, daß beim Rücktransport von einem 514 km-Streckenflug der Anhänger ins Schleudern kam und die *HKS* zu Bruch ging.

HKS 3 im Flug.

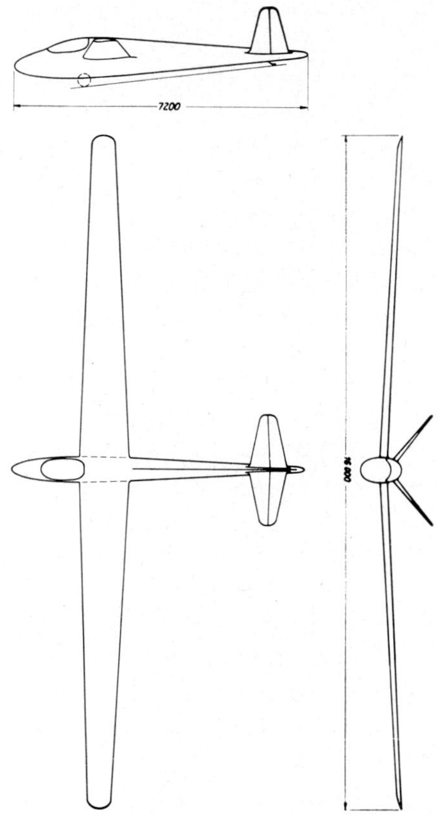

Übersichtszeichnung der HKS 3.

HKS 1 setzt zur Landung an. Das Fahrwerk ist ausgefahren, der Bremsfallschirm verkürzt den Landeweg erheblich.

Bereits 1954 wurde auf Wunsch und mit finanzieller Unterstützung des Landes Nordrhein-Westfalen die *HKS 1 V 2* gebaut. Im Gegensatz zur *V 1,* die stärker nach vorne gepfeilt war, hatte die *V 2* eine gerade Flügelvorderkante. Mit der *V 2* (D-5555) belegte Kuntz bei der Deutschen Meisterschaft 1959 in Karlsruhe-Forchheim wiederum den 4. Platz. Ihre wirkliche Überlegenheit aber bewies die *HKS 1* in zahlreichen Geschwindigkeitsrekordflügen über 100, 200, 300 und 500 km-Dreiecksstrecken, die Heinz Kensche, Ernst-Günter Haase, Dr. Ernst Frowein und Rolf Kuntz von 1952 bis 1959 in der Einsitzer- und Doppelsitzerklasse am laufenden Bande flogen und die teilweise zehn Jahre später noch nicht überboten waren. Und 15 Jahre später flog die *HKS 1 V 2* noch immer mit den Segelfliegern von Nordrhein-Westfalen.

HKS 3

Die Erfahrungen mit der zweisitzigen *HKS 1* hatten gezeigt, daß sie im Wettbewerb beim Zusammenfliegen mit anderen Flugzeugen immer nach außen ausweichen mußte und daher ständig benachteiligt war. Aus diesem Grunde wurde 1954 die einsitzige *HKS 3* entwickelt (eine geplante *HKS 2* wurde im Entwurfsstadium verworfen).

Große Sorgfalt wurde bei der *HKS 3* auf die richtige Profilauswahl gelegt. Das Flügelprofil wurde aus den durchaus guten Erfahrungen mit dem bei der *HKS 1* verwendeten Profil 65_2714 mit einem überraschend guten Verhalten bei Höchstauftrieb und nach einem von F. X. Wortmann auf Grund einer theoretischen Arbeit entwickelten Profil gewählt (NACA 65_221116). Nach den Windkanalmessungen wurde als Profilskelett für den Flügel im gewölbten Zustand, also nach unten ausgeschlagener Wölbung des Profilhinterteils, ein Entwurf-c_a von 1,1 genommen. Das Dickenverhältnis ist für den ganzen Flügel durchgehend 0,16. Für den Schnellflug-Zustand wurde die Skelett-Kurve des Wortmann-Profils zugrunde gelegt. Die geringe Einbuße an Höchstauftrieb bei der Wahl einer größeren Profildicke, die den Profilen der NACA 6-Serie eigen ist, wurde durch die größere Wölbung des Skeletts ausgeglichen, wobei aber gleichzeitig der Laminarbereich breiter wird, was anzustreben war. Bei der *HKS 3* gelang es, das Profil für den Langsamflug günstiger zu gestalten und die elastische Wölbungsveränderung stärker wirksam zu machen, so daß sie trotz der Flächenbelastung von 30 kg/m² beim Thermikkurbeln mit den anderen Flugzeugen mitkam, im Schnellflug aber die meisten anderen Flugzeuge übertraf.

Um die Geschwindigkeitspolare in den Bereich kleiner Geschwindigkeiten hinein zu strecken, mußte von vornherein das Baugewicht eingeschränkt werden. Es mußte ferner zur Erhaltung der guten Leistungen bei hohen Geschwindigkeiten die Möglichkeit vorgesehen werden, auch mit hoher Flächenbelastung zu fliegen.

Konstruktiv wurden weitgehend die Erfahrungen mit dem Segelflugzeugmuster *HKS 1* berücksichtigt. Es wurden als grundsätzliche Merkmale übernommen die Mitteldeckerbauart mit Wölbungsänderung bei querruderlosem Flügel, das Einziehfahrwerk, der Bremsschirm, der Aufbau der Flügelbeplankung aus zwei Schichten Sperrholz mit einer Schicht Schaumstoff von 6 mm Dicke zur Stützung der Haut und zur genauesten Einhaltung der wellenfreien Profilkontur und das V-Leitwerk. Die konstruktiven Abweichungen gegenüber *HKS 1* sind folgende:

1. Völlig neuartig ist die Ausbildung der Holme mit den Holmgurten aus Leichtmetall. Der Holm des Flügels besitzt als Gurtwerkstoff Konstruktal mit einer rechnerischen Zugfestigkeit von 40 kg/mm² bei ausreichend hoher Bruchdehnung. Die Vorteile gegenüber der Holzbauweise unter Verwendung von Schnittholz sind:

a) Gurtgewicht nur etwa 50% gegenüber Schnittholz
b) Gurtpreis nur etwa 30% gegenüber Schnittholz
c) 20% größere Biegesteifigkeit.

Die Holmgurte, die an der Wurzel einen Querschnitt von 110 x 6 mm besitzen, wurden beiderseits mit Sperrholz von 0,6 mm Stärke beleimt. Die Weiterverarbeitung der so vorbereiteten Holmgurte erfolgte in normaler Holzbauweise. Die bei der *HKS 3* angewandte Verbundbauweise durch reine Verleimung mit Holz dürfte im Segelflugzeugbau erstmalig angewandt gewesen sein. Die Flügelanschlußbeschläge aus Stahl sind mit den Holmgurten vernietet.

2. Das interessanteste und auffallendste Merkmal der *HKS 3* ist die Verwölbung des Flügelhinterteils. Durch einen besonderen Hebel kann man links und rechts gleichsinnig die Hinterkanten für den Langsamflug herunterbiegen oder auch für den Schnellflug heraufbiegen.

Die Rippen des wölbbaren Flügelteils sind aus Stahl mit einer Rippengurtbreite von 10 mm und einer von 1,0 auf 0,5 abnehmenden Dicke hergestellt. Hierdurch ergeben sich größere zulässige Verformungen. Sie sind ebenfalls beiderseits mit Sperrholz beleimt. Die Knotenpunkte zur Anlenkung des gelenkigen Rippenfachwerks bestehen aus massivem aufvulkanisiertem Vollgummi, um durch steife Knotenpunkte nicht Wölbungsunstetigkeiten zu erhalten.

3. Der Flügel besitzt keine negative Pfeilung. Der ungeschränkte, ungepfeilte Flügel der *HKS 3* verhält sich im überzogenen Flugzustand völlig harmlos.

4. Infolge des kleineren Rüstgewichts und daher der besseren Handhabung am Boden konnte das einziehbare Einradfahrwerk mit Tellerfederstoßdämpfern vor den Schwerpunkt verlegt werden. Ein nicht einziehbarer Sporn, der ebenfalls mit Tellerfedern gefedert ist, ist in seiner Aufhängung um eine vertikale Achse um 360° schwenkbar.

5. Der Flügel wird in Rumpfmitte durch nur zwei Bolzen gekuppelt, wobei sich zwei weitere freitragende Bolzen je Flügelseite in entsprechende Bohrungen in der Rumpfseitenwand einführen unter gleichzeitiger Abstützung des Flügels gegen den Rumpf gegenüber Momenten aus den Tangentialkräften. Das gesamte Flügelsteuerwerk wird hierbei vollautomatisch gekuppelt.

6. Der Bänderbremsschirm von 1,3 m Durchmesser hat eine neuartige Ausstoßvorrichtung, die betriebssicher arbeitet. Die *HKS 3* wiegt in allen Teilen nur etwa halb soviel wie die *HKS 1.*

Die *HKS 3* wurde im Sommer 1955 von Ernst-Günter Haase eingeflogen, der anschließend sofort mit ihr bei den Deutschen Meisterschaften in Oerlinghausen startete und den 6. Platz belegte. Auf Grund der ersten Flugerfahrungen wurde 1956 die Spannweite von 16 m auf 17,2 m vergrößert, was eine deutliche Verbesserung der Flugleistung erbrachte. Bei den Deutschen Meisterschaften 1957 in Oerlinghausen wurde Haase bereits Vizemeister.

Im Frühjahr 1958 erhielt die *HKS 3* ihren letzten Schliff. In monatelanger Arbeit wurde vor der Weltmeisterschaft die Flügeloberfläche auf eine Güte gebracht, wie sie wahrscheinlich vorher und nachher nicht mehr erreicht worden ist. Die Flügeloberfläche wurde bis etwa 60% der Flügeltiefe, das ganze Rumpfvorderteil bis zur Flügelwurzel auf eine maximale Profilabweichung von nur noch 0,02 mm geschliffen. Dazu war, um die relativ dicke Spachtelschicht haltbar zu machen, vorher eine Glasgewebeschicht von 0,05 mm Stärke auf Flügel und Rumpfvorderteil aufgebracht worden.

Auf der Flügelunterseite wurde das Feld zwischen Haupt- und Hinterholm, das mit Stoff bespannt war, auch mit Spachtelmasse überspritzt und mitgeschliffen. Als Spachtelmasse und Überzugslack wurde ein Zwei-Komponenten-Material von hoher Kratzfestigkeit und guter Elastizität verwendet. Die Schlitze an der Haube und den Fahrwerkklappen wurden mit Schaumstoff sehr sorgfältig abgedichtet, so daß keine Luft aus dem Rumpf heraustreten und die glatte Rumpfumströmung stören kann.

Durch eine besondere Absaugung etwa in Rumpfmitte wurde dafür gesorgt, daß im Rumpf während des Fluges Unterdruck herrscht. Sollten also doch noch kleine Undichtigkeiten vorhanden sein, so kann jedenfalls keine Luft in schädlicher Weise von innen nach außen strömen.

Der über die ganze Flügelunterseite laufende Schlitz der Quersteuerung und Wölbung wurde mit 0,1 mm starkem Stahlband abgedeckt. Zuletzt wurde die elastische Wölbung der Flügelhinterkante um etwa 10 mm nach oben höher verstellbar gemacht, um die Leistung im Schnellflug zu verbessern. Die Folge all dieser Verbesserungen war eine erhebliche Leistungserhöhung des Flugzeuges.

Die Mühe hat sich gelohnt. Bei den 7. Segelflug-Weltmeisterschaften vom 16. bis 26. Juni 1958 in Leszno – Polen wurde Ernst-Günter Haase auf *HKS 3* unter 37 Teilnehmern aus 18 Nationen überlegener Sieger in der Offenen Klasse. Gleichzeitig stellte er drei Deutsche Geschwindigkeitsrekorde in 100-, 200- und 300 km-Dreiecksflügen auf, die jahrelang Gültigkeit hatten. Übers Jahr gewann er ebenso überlegen in Karlsruhe-Forchheim die Deutsche Meisterschaft. Eine großartige Erfolgsserie – die zugleich Höhepunkt der jahrzehntelangen Laufbahn von Ernst-Günter Haase als Leistungsflieger und Konstrukteur bildeten.

Nach Ernst-Günter Haase übernahm Rolf Kuntz in Braunschweig die *HKS 3* und setzte die Erfolgsserie fort. Bei den Deutschen Meisterschaften 1961 in Braunschweig belegte er den 6. Platz, wurde 1962 in Freiburg Vizemeister – und das mit Pech, denn nach vier Tagessiegen führte er bis zum letzten Tag, 1964 in Roth stand er als Dritter auf dem Siegespodest. Dazwischen flog er noch einige deutsche Rekorde in der Geschwindigkeitswertung und im Zielflug mit Rückkehr.

Nach 15 Jahren kehrte die *HKS 3* zu ihrem geistigen Vater zurück, zu Ernst-Günter Haase, der damit seine Sonntagsflüge von München aus im Alpenvorland durchführt.

Die Entwicklung der HKS-Typen hat neue Maßstäbe gesetzt.

Baumuster	HKS 1	
Abmessungen (dimensions)		
Spannweite	19,00	m
Länge	8,40	m
Flügelfläche	18,30	m^2
Seitenverhältnis	19,7	
Gewichte (weights)		
Rüstgewicht	330,00	kg
Zuladung	200,00	kg
Fluggewicht	530,00	kg
Flächenbelastung	29,00	kg/m^2
Leistungen (performances)		
Mindestgeschwindigkeit	70,00	km/h
Höchstgeschwindigkeit	230,00	km/h
Sinkgeschwindigkeit	0,65 m/sec bei 75 km/h	
Höchstgeschw. im Windenschlepp	90,00	km/h
Höchstgeschw. im Flugzeugschlepp	120,00	km/h
Gleitzahl	38 bei 90 km/h	
Profil	NACA 65_2714	

Baumuster	HKS 3	
Abmessungen (dimensions)		
Spannweite	17,20	m
Länge	7,20	m
Flügelfläche	15,00	m^2
Seitenverhältnis	20	
Gewichte (weights)		
Rüstgewicht	250,00	kg
Zuladung	130,00	kg
Fluggewicht	380,00	kg
Flächenbelastung	22,00	kg/m^2
Leistungen (performances)		
Mindestgeschwindigkeit	60,00	km/h
Höchstgeschwindigkeit	200,00	km/h
Sinkgeschwindigkeit	0,53 m/sec bei 65 km/h	
Höchstgeschw. im Windenschlepp	105,00	km/h
Höchstgeschw. im Flugzeugschlepp	140,00	km/h
Gleitzahl	37 bei 85 km/h	
Profil	NACA $65_{215}-11_{16}$	

FS 24 Phönix

Als der *Phönix* entworfen wurde, war z. B. durch die Flugzeuge *RJ 5* und *HKS 1* nachgewiesen, daß mit den damals bekannten NACA-Profilen bei sehr glatter Oberfläche Widerstandsgewinne und damit erhebliche Verbesserungen in den Gleitzahlen möglich waren.
Allerdings wurden diese guten Gleitzahlen immer durch sehr viel zusätzliches Gewicht und zusätzliche Kosten erreicht, so daß Flugzeuge entstanden, die im Kreisflug auf sehr gutes Wetter angewiesen waren, die nicht einfach zu fliegen waren, die nicht in Serie gebaut wurden, und die auch garnicht für den normalen Segelflugbetrieb geeignet waren. Ebenfalls in der Zeit des *Phönix*-Entwurfes waren Methoden entwickelt worden, mit denen die NACA-Profile erheblich verbessert werden konnten (Ing.-Arch. 1957), und es kamen damals die glasfaserverstärkten Kunststoffe (GFK) auf, die hohe Festigkeiten bei geringem Gewicht versprachen. Bei dem Ziel, ein Laminar-Flugzeug mit normalem Gewicht zu schaffen, lag es also nahe, eine Kunststoffbauweise zu entwickeln, bei der aus sehr glatten Formmulden heraus der Flügel von außen nach innen gebaut wird. Bei der hohen Festigkeit des GFK war von vornherein klar, daß nur eine Sandwich-Bauweise in Frage kam. Dies war schon in einem Vorentwurf der Konstrukteure untersucht worden, bei dem Balsaholz als tragender Kern mit einer Papier-Leim-Schicht verstärkt war. So entstand also schon im zweiten Anlauf die Bauweise, die bis heute in vielen Typen mit großem Erfolg benützt wird. Die geringe Oberflächenbehandlung des aus der Mulde kommenden Flügels bei sehr guter Formtreue, die einfache Abstufungsmöglichkeit der GFK-Stärken, die geringe Wartung, und alles bei geringem Gewicht, das waren die Vorteile, die damals schon voll erkannt waren.
Glücklicherweise konnte 1956 das Land Baden-Würt-

FS 24 Phönix war das erste Flugzeug der Luftfahrtgeschichte in Kunststoffbauweise. Konstruktion und Bauweise wichen entscheidend von den bisherigen Segelflugzeugen ab.

temberg für den Plan des *Phönix* gewonnen werden. Mit seiner Hilfe konnten die nötigen Festigkeitsuntersuchungen durchgeführt und der Prototyp gebaut werden. Dies geschah in Verbindung mit der Akaflieg Stuttgart (FS ist die Typenbezeichnung der Akaflieg Stuttgart), bei welcher die beiden Konstrukteure Nägele und Eppler Mitglieder sind.

Beim endgültigen Entwurf wurde nun auch noch das Profil auf extremen Langsamflug getrimmt und die Flügelstreckung mit 17,8 im Vergleich zu sonstigen Laminarflugzeugen relativ klein gewählt, denn genauere Auslegungsberechnungen hatten gezeigt, daß dadurch für den mittleren Überlandflug nichts verloren geht, während durch geringe Landegeschwindigkeit (mit Klappen um 40 km/h!) das Landerisiko verringert wird, auch die Möglichkeit des Hangsegelfluges an kleinen Hügeln wurde verbessert. Man weiß heute, daß der Anteil der schwachen Thermik beim Überlandflug damals erheblich überschätzt wurde. Inzwischen ist der freie Streckenflug, bei dem man immer in die Zeit der schwachen Thermik kommt, fast ausgestorben. Die Fälle, wo man sich an einem kleinen Hang über eine Thermik-Flaute rettet, kommen nicht mehr vor, und auch sonst hat sich gezeigt, insbesondere bei dem völlig gewandelten Können der Piloten, die auch mit normal schweren Flugzeugen die allermeisten Aufwinde mitnehmen, daß auf die extremen Langsamflugeigenschaften zugunsten besseren Schnellfluges verzichtet werden kann. Trotzdem hat der *Phönix* grundlegende Bedeutung, die es rechtfertigt, noch näher auf ihn einzugehen. Während man im Motorflugzeugbau lange Zeit GFK nur für nichttragende Formteile heranzog, wurde hier von vornherein der GFK-Sandwich für das gesamte Flugzeug, auch für alle tragenden Teile herangezogen, so daß eine bestechend homogene Bauweise entstand.

Der Prototyp des Phönix hatte noch ein T-Leitwerk. Mit ihm startete Ernst-Günter Haase bei der Weltmeisterschaft 1960 in Köln.

Konstruktion und Bauweise des *Phönix* wichen demnach in vielen Dingen entscheidend von den bisher vorhandenen Segelflugzeugen ab. Jeder Flügel wurde in zwei Formmulden gebaut, die genau Ober- und Unterseite der Flügelkontur angeben, und in welchen die Kunststoffschalen mit relativ wenig Arbeitsaufwand eingelegt wurden. Nur so war es eigentlich möglich, eine einwandfreie, glatte und profiltreue Oberfläche ohne viel zusätzliche Schleif- und Strakarbeit zu erzielen. Die Arbeit wurde ein für alle Mal in die aus Holz gefertigten Formmulden gesteckt. Solange die Sandwichschale der Flügeloberseite noch auf ihrer Formmulde lag, wurden sämtliche Rippen (in großem Abstand), Ruder- und Klappenbeschläge sowie Antriebe eingebaut und erst dann wurde die Unterseite aufgeleimt. Querruder und Landeklappen wurden erst nach der Verleimung herausgetrennt. Auf diese Weise fügten sie sich vollständig in die Flügelkontur ein und die Schlitze konnten durch Fortsetzung der obersten Kunststoffhaut einwandfrei überdeckt werden. Die Krafteinleitung erfolgt durch einen Flügelstummel, in dem ein großer Teil der aufgebrachten Glasgewebelagen gesammelt wird. Sowohl das Balsaholz als auch der Glasgewebekunststoff können in ihrer Stärke ohne Schwierigkeiten beliebig variiert werden, so daß alle tragenden Materialien an die günstigste Stelle gelegt und auch die Sicherheiten gegenüber Beulung und Bruch überall gleich gemacht werden können. Die Aufnahme der Torsion macht bei der vollständigen Schale keine Schwierigkeiten, die Querkraft wird in drei Stege eingeleitet, die zugleich auch die Beulung verhindern, die Biegung wird wie üblich bei einer reinen Schalenkonstruktion durch viel tragendes Material in großem Abstand von der Null-Linie aufgenommen. Zum Festigkeitsnachweis wurde der Flügel in Zusammenarbeit mit der Firma Bölkow-Entwicklungen KG einer ausführlichen Belastungsprüfung unterzogen. Er zeigte sich sämtlichen vorgeschriebenen Belastungen voll gewachsen, obwohl er gegenüber anderen vergleichbaren Flügeln 30 bis 40% leichter ist. Der Rumpf konnte als reine Schale ohne Stege oder Rippen ausgeführt werden.
Ein besonderes Merkmal des *Phönix* liegt in der Verwendung von mathematisch abgeleiteten Flügelprofilen, die von Richard Eppler entworfen wurden. Bei kleinen Auftriebsbeiwerten unterhalb der besten Gleitzahl sollte die Oberseite weitgehend laminar bleiben, bei den hohen Auftriebsbeiwerten des Kreisfluges die Unterseite. Dieses Auslegungsprinzip ermöglichte gleichzeitig sehr hohe Maximalauftriebe. Das nach einem eigens hierzu entwickelten Verfahren berechnete Flügelprofil EC 86 (-3) -914 wurde in einem Windkanal der AVA Göttingen vermessen. Alle beabsichtigten Eigenschaften einschließlich eines Maximalauftriebs von $ca_{max} = 1{,}75$ (ohne Klappen!) wurden voll bestätigt. Auch die genauen Freifluguntersuchungen zeigten keine Abweichungen. Die gute Oberflächenbeschaffenheit des Flugzeugs war natürlich Voraussetzung hierfür. Sie konnte nur durch die hervorragende Bauweise von Hermann Nägele verwirklicht werden.
In der Gleitflug-Polare des *Phönix* fallen zwei Merkmale besonders auf: seine sehr niedrige Sinkgeschwindigkeit von 0,48 m/sec und der große Bereich zwischen der minimalen Sinkgeschwindigkeit und dem Abreißen. Dies ergibt günstige Kreisfluggeschwindigkeiten.
Mit dem Kunststoff-Segelflugzeug FS 24 *Phönix* wurden an der Mississippi State University ausführliche Flugvermessungen durchgeführt. Trotz seiner geringen Flächenbelastung und seiner relativ kleinen Flügelstreckung erwies sich der *Phönix* in der Überlandgeschwindigkeit bei thermischem Segelflug den nach der damals üblichen anderen Auslegungsart entworfenen »schweren« Laminarflugzeugen bei engen Aufwinden überlegen, bei weiten gleichwertig. Dies wird mit den gemeinsam durch die neue Bauweise und durch aerodynamische Fortschritte erzielten Widerstandsbeiwerten erklärt.
Den ersten Start des *Phönix* machte am 27. November 1957 in Schwaighofen bei Ulm der Konstrukteur und Erbauer Hermann Nägele selbst. Die Flugleistungen entsprachen den Erwartungen. Es wurden bei der damals sehr stabilen Dezemberwetterlage mehrere Thermikflüge von jeweils über einer Stunde Dauer ausgeführt, als andere Leistungsflugzeuge sich nicht mehr halten konnten. Als Landehilfen dienten Spreizklappen auf der Flügelunterseite von 2,15 m Länge und einer Breite von 20% der Flügeltiefe, die mittels eines starken untersetzten Zahnradgetriebes bis auf 90% Ausschlag ohne wesentliche Kraftwirkung ausgefahren werden konnten.

Der Entwicklungsgeschichte des *Phönix* wurde deshalb soviel Raum gegeben, da mit dem Bau des *Phönix* und mit der neuen Bauweise die Konstruktion von Segelflugzeugen ihre größte und entscheidendste Umstellung erlebte. Die Kunststoffbauweise wurde von da an von fast allen Konstrukteuren der Welt übernommen und wird sicherlich – wie viele andere Errungenschaften im Segelflugzeugbau – die Gesamtluftfahrt noch beeinflussen.
Bei den Deutschen Meisterschaften 1959 erregte der *Phönix* großes Aufsehen, Lindner wurde Fünfter. 1961 starteten in der Offenen Klasse der Meisterschaft fünf *Phönix,* Haase wurde Zweiter, Lindner Dritter. 1962 holte sich Rudolf Lindner auf dem *Phönix* die Deutsche Segelflugmeisterschaft und gehörte Pfingsten 1963 zu dem berühmten schwäbischen Trio, das mit 875,987 km bis zur Atlantikküste Streckenweltrekord flog. Am gleichen Tage, dem 2. Juni 1963, stellte Emil Bucher auf der Strecke Hornberg – Chartres mit 614,6 km einen neuen Zielflugrekord auf.
Insgesamt wurden acht *Phönix* gebaut, der letzte 1961. Und noch heute fliegt die V 1 mit hervorragend glatter Oberfläche. Daß der *Phönix* nicht in größeren Serien aufgelegt werden konnte, lag vornehmlich daran, daß er seiner Zeit um viele Jahre vorauseilte. Die Herstellerfirmen brauchten zur Umstellung der Fertigungen auf GFK viel mehr Zeit als die Konstrukteure bei der Umstellung der Konstruktionen. Heute, wo die GFK-Bauweise nicht mehr aus dem Segelflugzeugbau wegzudenken ist, erinnert man sich daran zu wenig.
Die Erfolge des *Phönix* waren Grund genug, ihn weiter zu entwickeln – ihn den Forderungen, die an ein modernes Leistungssegelflugzeug gestellt werden, anzupassen. Das Ergebnis war der *Phoebus.*

Phoebus A O im Fluge.

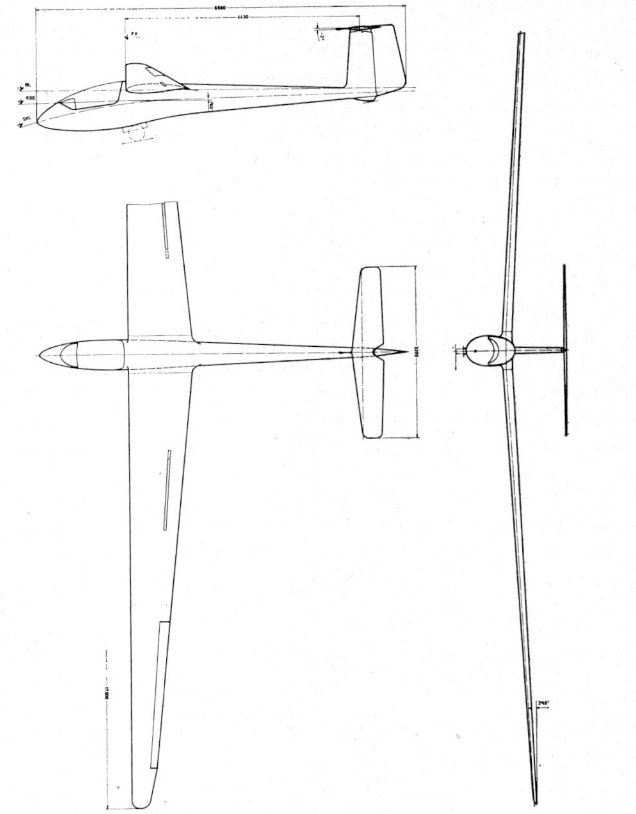

Übersichtszeichnung des Phoebus.

Baumuster	Phönix	
Abmessungen (dimensions)		
Spannweite	16,00	m
Länge	6,84	m
Flügelfläche	14,36	m^2
Seitenverhältnis	17,83	
Gewichte (weights)		
Rüstgewicht	175,00	kg
Zuladung	125,00	kg
Fluggewicht	300,00	kg
Flächenbelastung	18,50	kg/m^2
Leistungen (performances)		
Mindestgeschwindigkeit	50,00	km/h
Höchstgeschwindigkeit	200,00	km/h
Sinkgeschwindigkeit	0,48 m/sec bei 66 km/h	
Höchstgeschw. im Windenschlepp	100,00	km/h
Höchstgeschw. im Flugzeugschlepp	120,00	km/h
Gleitzahl	40 bei 78 km/h	
Profil	EC 86 (-3) -914	

Phoebus

Aus den Erfahrungen im Bau und Einsatz des *Phönix* entstand 1963/64 der *Phoebus,* ein Leistungsflugzeug für die Standardklasse. Dabei übernahm Prof. Dr. Richard Eppler (heute Professor am Institut für Mechanik der Universität Stuttgart) die aerodynamische Bearbeitung, die Flugmechanik und Programmrechnungen. Dipl.-Ing. Hermann Nägele (heute Neubiberg) zeichnete für Konstruktion und Statik verantwortlich, während der bekannte Leistungsflieger Rudolf Lindner, auch zweifacher Weltmeister im Modellflug Klasse A 2, die Bauleitung und die fliegerische Betreuung übernahm. Rudolf Lindner baute den Prototyp *Phoebus A 0* mit 15 m Spannweite und festem Rad. Es entstand ein einsitziger freitragender Schulterdecker in Kunststoff-Balsaholz-Schalenbauweise mit einer hervorragenden Oberflächengüte. Unter Verzicht auf die extremen Kreisflugleistungen des *Phönix* wurde beim *Phoebus* der Schnellflug erheblich verbessert.

Der Rumpf besitzt keine Spanten. Er ist aus zwei getrennt vorgefertigten Halbschalen zusammengesetzt, wobei das Oberteil mit der Seitenflosse in einem Arbeitsgang hergestellt wird, das Unterteil mit der Kabine. Die vorgefertigten Teile bestehen aus 8 mm starken Balsaleisten, die mit Kunstharz verklebt sind.

Auch der Flügel ist in Kunststoff-Balsaholz-Schalenbauweise hergestellt. Er besitzt keine Rippen, so daß die ganze Schale zur Aufnahme der Kräfte dient. Der Flügel hat durchgehend das gleiche Laminar-Profil von Dr. Eppler, Nr. 403. Eingebaut sind die Schempp-Hirth-Bremsklappen aus Aluminium. Auch das Leitwerk hat keine Rippen. Das T-Leitwerk ist mit gewichtsausgeglichenem Pendelruder versehen. Rumpf, Flügel und Leitwerk kommen so sauber aus den Formen, daß nur eine leichte Nachbehandlung der Oberfläche notwendig ist.

Bei der Montage werden die beiden Flügelstummelbeschläge in den Rumpf eingeschoben, und zwar hat die eine Fläche eine Gabel, die andere die dazu passende Zunge. Mit einem nur 12 mm starken Stift wird die Verbindung abgesichert.

Der *Phoebus* besitzt hervorragende Flugeigenschaften, überzeugende Flugleistungen, eine vorbildliche Wendigkeit, gute Ruderabstimmung und eine hohe Festigkeit. Der Prototyp wurde im April 1964 von Rudolf Lindner und Hermann Nägele eingeflogen. Wenige Tage später startete Lindner bei der Deutschen Meisterschaft in Roth und belegte auf Anhieb unter 25 Teilnehmern den 3. Platz.

Mit geringfügigen Änderungen erschien dann das Serienmuster *Phoebus A* bei den Bölkow-Werken in Laupheim, das Standardflugzeug mit 15 m Spannweite und festem Rad. Mit Einziehfahrwerk heißt dieser Typ *Phoebus B.*

Zwei Jahre später entwickelten Dr. Eppler/Nägele/Lindner den *Phoebus C,* der mit 17 m Spannweite und Einziehfahrwerk zur Offenen Klasse zählt. Außer einigen strukturellen Verstärkungen der Zelle wurde am Rumpf und Leitwerk nichts geändert. Das Einziehfahrwerk ist teleskopartig gefedert. Durch die bereits bei allen *Phoebus*-Typen bewährte solide Bauweise und der hervorragenden Oberflächengüte ist durch die Vergrößerung der Spannweite auf 17 m unter Verwendung eines Einziehfahrwerks ein hochwertiges Leistungssegelflugzeug entstanden, wiederum ein freitragender Schulterdecker mit T-Pendel-Höhenruder mit Torsionsfeder-Trimmung.

In der Kabine haben Piloten bis zu 1,90 m Größe bequem Platz. Hinter der 11fach verstellbaren Kopfstütze befindet sich ein Gepäckraum. Es kann mit Sitz- oder Rückenfallschirm geflogen werden. Halterungen für Sauerstoffanlage, Funkgerät, Batterie u. a. gehören zur Standardausrüstung. Die Sperrtopfantenne ist im Seitenleitwerk eingebaut. Seiten-, Quer- und das Pendel-Höhenruder in T-Anordnung werden über Stoßstangen betätigt. Alle Montageverbindungen haben Schnellkupplungen, so daß der Zusammenbau des *Phoebus* mit drei Mann maximal drei Minuten erfordert.

Die spiegelglatte Oberfläche bedarf keiner Lackierung oder besonderen Pflege, wie überhaupt das ganze Flugzeug – vom gelegentlichen Abschmieren einiger Steuerorgane abgesehen – praktisch wartungsfrei ist. Die Festigkeit ist bis zu 54° C nachgewiesen.

*) Phoebus ist der Name eines Alpenfalters, der unter Naturschutz steht.

Bemerkenswert am *Phoebus* sind vor allem die hervorragenden Flugeigenschaften, die leichte Bedienung und die ausgezeichnete Ruderwirksamkeit. Die Widerstandsbeiwerte des optimal errechneten Profils sind mit 80 % laminarer Grenzschicht auf der Oberseite und 60% auf der Unterseite ausgesprochen günstig. Die Rollzeit von 45° bis 45° Schräglage beträgt nur 3,5 s. Bei einem Bruchlastvielfachen von 12 ist nach OSTIV bei maximaler Zuladung und böigem Wetter eine Freifluggeschwindigkeit von 200 km/h zulässig, nach deutschen Bauvorschriften wäre eine noch höhere möglich. Seit 1969 werden bei den Messerschmitt-Bölkow-Werken nur noch der *Phoebus B* und *Phoebus C* gebaut. Das feste Rad ist nicht mehr gefragt. Im Sommer 1969 wurde der 200. *Phoebus* ausgeliefert. Der *Phoebus* fliegt heute in 12 Ländern. 1969 entstand auch der Prototyp von *Phoebus B 2* mit 15 m Spannweite, Einziehfahrwerk und kleineren aerodynamischen Änderungen im Hinblick auf den Kreisflug. 1966 begann die große Erfolgsserie des *Phoebus*. Rudolf Lindner wurde Deutscher Meister der Standardklasse. Zum Abschluß des Jahres holte er sich die Südafrikanische Meisterschaft. Der *Phoebus* siegte 1967 im Internationalen Hahnweide-Wettbewerb, 1968 in der Meisterschaft von Argentinien, belegte bei der Weltmeisterschaft 1968 in Polen in der Offenen Klasse mit *Phoebus C* (Göran Ax – Schweden) den 2. Platz und mit *Phoebus B* (Rudolf Lindner) in der Standardklasse den 3. Platz. 1969 flogen der 1. und 2. der Neuseeländischen Segelflugmeisterschaften den *Phoebus*, ebenso die Meister von Schweden, Finnland und Österreich.

Baumuster	Phoebus C	
Abmessungen (dimensions)		
Spannweite	17,00	m
Länge	6,98	m
Flügelfläche	14,06	m^2
Seitenverhältnis	20,55	
Gewichte (weights)		
Rüstgewicht	225,00	kg
Zuladung	150,00	kg
Fluggewicht	375,00	kg
Flächenbelastung	26,50	kg/m^2
Leistungen (performances)		
Mindestgeschwindigkeit	58,00	km/h
Höchstgeschwindigkeit	200,00	km/h
Sinkgeschwindigkeit . . .	0,55	m/sec bei 80 km/h
Höchstgeschw. im Windenschlepp . .	120,00	km/h
Höchstgeschw. im Flugzeugschlepp .	180,00	km/h
Gleitzahl	42	bei 90 km/h
Profil	Dr. Eppler Nr. 403	

Daten der Standard-Austria und SHK

Baumuster	Standard Austria		SHK	
Abmessungen (dimensions)				
Spannweite	15,00	m	17,00	m
Länge	6,20	m	6,30	m
Flügelfläche . . .	13,50	m^2	14,70	m^2
Seitenverhältnis . .	16,70		20,20	
Gewichte (weights)				
Rüstgewicht . . .	245,00	kg	260,00	kg
Zuladung	105,00	kg	110,00	kg
Fluggewicht . . .	350,00	kg	370,00	kg
Flächenbelastung .	25,90	kg/m^2	25,20	kg/m^2
Leistungen (performances)				
Mindestgeschwindigkeit	65,00	km/h	63,00	km/h
Höchstgeschwindigkeit	250,00	km/h	200,00	km/h
Sinkgeschwindigkeit	0,65	m/sec	0,60	m/sec
Höchstgeschw. im Windenschlepp	100,00	km/h	100,00	km/h
Höchstgeschw. im Flugzeugschlepp	140,00	km/h	140,00	km/h
Gleitzahl	34	bei 90 km/h	38	
Profil	Dr. Eppler 266		Dr. Eppler 266	

Von der „Standard-Austria" zur „SHK 1967"

Zum Abschluß der Segelflug-Weltmeisterschaften 1960 in Köln zeichnete das internationale Gremium der gleichzeitig tagenden OSTIV den österreichischen Ingenieur Rüdiger Kunz für die Konstruktion der *Standard-Austria* mit dem 1958 neu geschaffenen OSTIV-Preis für das beste Flugzeug der Standardklasse aus. Um ein Optimum an Leistungen bei guter wie auch bei schwacher Thermik in einem Flugzeug nach den FAI-Bestimmungen für die Standardklasse bei einem vernünftigen Bauaufwand zu gewährleisten, beschritt Rüdiger Kunz bei der Konstruktion der *Standard-Austria*, die er im Auftrag des Österreichischen Aero-Clubs entwickelte und baute, völlig neue Wege.

Ing. Rüdiger Kunz - Österreich erhielt 1960 bei den Weltmeisterschaften in Köln den OSTIV-Preis für die beste Konstruktion in der Standardklasse . . .

. . . und rechts sein Werk: die Standard-Austria.

Bis auf Rumpfvorderteil, Rumpfende und Tragflächenrandbögen, die aus Kunststoff hergestellt wurden, bestand die *Standard-Austria* aus Holz, so daß Reparaturen auch ohne Hilfe von Spezialwerkstätten durchgeführt werden konnten.

Zur Entwicklung eines Bauverfahrens, das bei größter Maßgenauigkeit eine rationelle Herstellung aller Flugzeugteile erlaubte, waren jahrelange Versuche notwendig. Gleichzeitig wurden alle in Frage kommenden Leimsorten auf ihre Eignung im Hinblick auf Festigkeit, Dauerhaftigkeit und Formbeständigkeit untersucht, ehe sich Kunz für den Epoxydharzleim entschied.

Bei der Konstruktion der Tragflächen und des Leitwerks wurde die Holzschale weitestgehend zur Aufnahme der Kräfte herangezogen. Die Laminarflächen wurden in einer Vorrichtung aus Stahlrohren gebaut, um eine mathematische Präzision zu gewährleisten. Auch das Abstraken der Rippen erfolgte mit Hilfe von Metallschablonen für die bestmögliche Oberflächengüte und Profiltreue.

Das Rumpfvorderteil wurde aus Glasfaser-Polyester-Material in einer Negativform hergestellt.

Die Haube war frei geblasen und vermittelte eine ungestörte Sicht. Der Sitz war verstellbar und für Piloten bis 1,90 m auch für längere Flüge bequem gestaltet. Nach einer gründlichen Erprobung des Prototyps sowohl festigkeitsmäßig, leistungsmäßig und flugeigenschaftsmäßig durch die Prüfstelle für Luftfahrzeuge und Geräte des Bundesamtes für Zivilluftfahrt in Wien-Schwechat standen für den 15 m-Vogel folgende Maße und Leistungen fest: 13,5 m^2 Flügelfläche, 22 kg/m^2

Flächenbelastung, max. Fluggewicht 323 kg, das geringste Sinken von 0,7 m/sec bei einer Geschwindigkeit von 70 km/h und ein bester Gleitwinkel von 1:34 bei einer Fluggeschwindigkeit von 105 km/h.

Mit den Prototypen starteten die beiden Österreicher Johann Fritz und Hans Resch bei den Weltmeisterschaften 1960 in Köln und belegten unter 35 Teilnehmern den 7. und 9. Platz. In Österreich wurden etwa fünf Muster dieses bisher erfolgreichsten Flugzeuges in der Geschichte des österreichischen Segelfluges gebaut. Dann erwarb der Segelflugzeugbau Schempp–Hirth die Nachbaulizenz vom Österreichischen Aero-Club

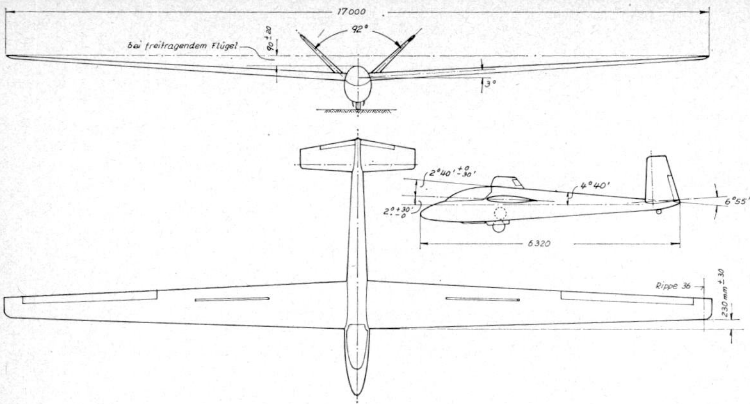

Übersichtszeichnung SHK.

und baute 30 Muster nach den Plänen von Rüdiger Kunz mit der Typenbezeichnung *Standard-Austria S.* In kurzer Zeit wurden mit dieser Konstruktion Weltrekord im Zielstreckenflug (Benjamin Greene – USA, 737,03 km über Texas am 7. August 1963), Weltrekord im Zielstreckenflug mit Rückkehr (M. Jackson – Südafrika, 699,04 km, am 8. Januar 1964), Geschwindigkeitsweltrekorde über 100 und 500 km und deutsche, britische und französische Rekorde in Geschwindigkeitsflügen über 300 und 500 km geflogen.

Auf Grund der vielfachen Flugerfahrung erhielt die *Standard-Austria* im Winter 1961/62 ein neues Laminarprofil von Dr. Eppler (Nr. 266) und so entstand die *Standard-Austria SH,* von der bei Schempp–Hirth in Kirchheim bis Mitte 1965 weitere 60 Stück gebaut wurden.

Durch die Mitarbeit von Dipl.-Ing. Klaus Holighaus, der 1965 noch in Darmstadt studierte, entstand bei Schempp–Hirth aus der *Standard-Austria »SH«* ein neuer Typ, die *SHK,* die eine noch größere Leistungsspanne und tadellose Flugeigenschaften aufwies. Diese Leistungen wurden in der Hauptsache durch eine Vergrößerung der Spannweite auf 17 m und eine Verbesserung des Seitenverhältnisses um 21% auf 20,2 erreicht.

Das Segelflugzeug *SHK,* seit 1965 im Serienbau hergestellt, bewährte sich sofort in der Spitzenklasse. Rolf Kuntz belegte bei den Weltmeisterschaften 1965 in England mit seiner *SHK* den 3. Platz in der Offenen Klasse und bei den folgenden Deutschen Meisterschaften 1966 den 2. Platz. Weitere Erfolge im Jahr 1966 mit der *SHK* waren jeweils der 1. Platz bei den Nationalmeisterschaften in England, in Italien und in der Schweiz.

Auf Grund der Erfahrungen erfolgte die Weiterentwicklung der *SHK* zu dem Modell 1967. Diese *SHK 1967* enthielt neben den Bemühungen um eine stets perfekte Profiltreue und Oberflächengüte weitere Verbesserungen in Hinsicht auf Komfort und Sicherheit. Als aber auch bei Schempp-Hirth 1968 mit dem Cirrus die Kunststoff-Aera begann, wurde die Produktion der SHK nach 60 Flugzeugen eingestellt.

Nimbus

Klaus Holighaus war unheimlich fleißig. 1963/64 arbeitete er noch bei der Akaflieg Darmstadt an der D 36. Dann ging er zu Schempp-Hirth, verbesserte ständig die SHK, entwickelte mit dem Cirrus ein leistungsfähiges und beliebtes Leistungsflugzeug der Offenen Klasse und schließlich die Version für die Standardklasse. Daneben wollte er sein Traumflugzeug. Es entstand 1968/1969. Es war der Nimbus, ein Segelflugzeug extremer Auslegung, ein Experimentalflugzeug, in dessen Konstruktion der Wissenschaftler und Flieger seinen kühnsten Vorstellungen einmal freien Lauf lassen konnte. Da Nimbus als Einzelstück gedacht war, konnten alle technischen und aerodynamischen Möglichkeiten ohne Rücksicht auf Arbeitsaufwand und Zeit ausgenützt werden. So erhielt der Flügel eine Spannweite von 22 m und eine, bisher nur von der D-30 (Metallholm) überschrittenen Streckung von annähernd 31. Der Flügel, mit einem neuentwickelten Wortmann-Profil, bekam Wölbklappen über die ganze Spannweite. Und so entstand ein Segelflugzeug mit einer besten Gleitzahl von der Traumzahl 51 bei 90 km/h, ein geringstes Sinken von 0,44 m/sec bei 72 km/h und noch bei 180 km/h erst 2 m/sec! Das heißt Streckenflug im Geradeausflug! Holighaus hatte Hunderte von Flugstunden und Tausende von Überland-Kilometern, als er daranging, aus

„Nimbus 2“ über der Burg Teck.

dieser Erfahrung einen Nimbus für die Serie zu konstruieren. So wurde aus Nimbus 1 – Nimbus 2. Die auffälligsten Unterschiede wurden das neue Pendel-T-Leitwerk, das eine leichte Pfeilung erhalten hat, die von 22 m auf 20,3 m verkürzte Spannweite, und anstelle des drei-teiligen Flügels kam der vierteilige Flügel, um den Transport des Flugzeuges beträchtlich zu erleichtern. Aus dem Schulterdecker wurde jetzt ein Mitteldecker, da der Flügel etwas tiefer am Rumpf angesetzt wurde. Das einsitzige Hochleistungssegelflugzeug in der bewährten GFK-Bauweise hat Wölbklappen, Bremsklappen, Einzieh-Fahrwerk und Wassertanks übernommen und kam als Serienflugzeug auf die Traumzahlen von bester Gleitzahl 49 bei 90 km/h und geringstes Sinken von 0,48 m/sec bei 75 km/h. Die Erfolge blieben nicht aus. Nimbus I ging nach Amerika, und auf Anhieb wurde der amerikanische Meister George Moffat 1970 in Marfa Weltmeister in der Offenen Klasse. Mit Nimbus 2 holte sich ihr geistiger Vater Holighaus 1971 die deutsche Meisterschaft in der Offenen Klasse, Eckle 1972 die Meisterschaft von Südafrika und der Schwede

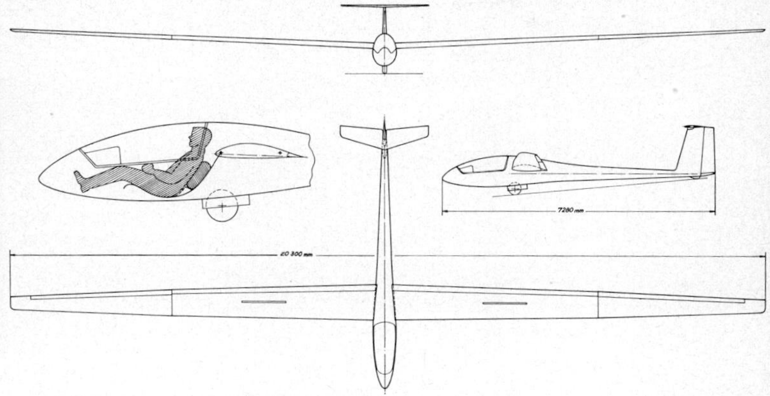

Übersichtszeichnung Nimbus.

Abmessungen (dimensions)		
Spannweite	20,30	m
Länge	7,28	m
Flügelfläche	14,40	m²
Seitenverhältnis	28,60	
Gewichte (weights)		
Rüstgewicht	340,00	kg
Zuladung bis	130,00	kg
Fluggewicht	470,00	kg
Flächenbelastung	32,00	kg/m²
Leistungen (performances)		
Mindestgeschwindigkeit	64,00	km/h
Höchstgeschwindigkeit	250,00	km/h
Sinkgeschwindigkeit	bei 75 km/h	0,48 m/sec
Beste Gleitzahl	bei 90 km/h	49

Göran Ax krönte 1972 in Jugoslawien seine Laufbahn mit dem Sieg in der Weltmeisterschaft. Bis zum Frühjahr 1973 waren über 30 Nimbus 2 ausgeliefert worden.

BS 1

Björn Stender war von frühester Jugend mit dem Flugzeugbau vertraut, war doch sein Vater der bekannte Konstrukteur Walter Stender bei Blohm & Voss und Dornier. Kein Wunder also, daß Björn Stender Flugzeugbau an der Technischen Hochschule Braunschweig studierte. Als Mannschaftsführer von Rolf Kuntz bei den Weltmeisterschaften 1958 in Polen lernte er eingehend die modernsten Segelflugzeug-Konstruktionen aus aller Welt kennen, dort hörte er auch die neuesten wissenschaftlichen und technischen Ergebnisse in den Vorträgen der OSTIV. Bei der Akaflieg Braunschweig wurde er nicht nur ein ausgezeichneter Flieger, sondern gehörte auch zu den fleißigsten Arbeitern am Bau der *SB 5* und wurde der geistige Vater der *SB 6*.

Nach Abschluß seines Studiums im Sommer 1962 be-

Die BS 1 mit Rolf Spänig auf den Deutschen Meisterschaften in Roth. Man beachte das Zusammenlegen des Bremsfallschirmes.

schloß Stender den Bau und die Weiterentwicklung von Höchstleistungsseglern nach seinen Ideen zu betreiben. Nach Nürtingen zurückgekehrt, begann er mit dem Entwurf seines Wunschtraum-Flugzeuges. Mit Hilfe von wenigen Freunden richtete er sich eine Werkstatt ein, in der das Reißbrett unter einer schirmlosen Birne zu den wichtigsten Einrichtungsgegenständen gehörte. Am 1. August 1962 begann die eigentliche Handwerksarbeit und bereits am 23. Dezember startete Björn Stender mit seiner *BS 1* (Björn Stender Nr. 1) zum ersten Flug. Am Silvestertag 1962 startete er erneut und blieb an diesem Tag über schneebedeckter Landschaft, fast geschlossener Wolkendecke und 15 Grad Kälte mit seiner noch ungeschliffenen Maschine stundenlang bis tief in die Dämmerung in der Luft. Die aerodynamische und fliegerische Qualität seiner neuen Konstruktion sprach sich unter den Leistungsfliegern wie ein Lauffeuer herum. Die *BS 1* galt an der Jahreswende 1962/63 als das eleganteste Segelflugzeug, das bis dort gebaut war, als das leistungsfähigste Segelflugzeug der Welt. Die *BS 1,* genau wie die *SB 6,* ein einsitziger Leistungssegler der Offenen Klasse mit 18 m Spannweite, flog bei den Baden-Württembergischen Landesmeisterschaften im Sommer 1963 allen Teilnehmern auf und davon. Die erste *BS 1* hatte der bekannte südafrikanische Segelflieger Helmut Lasch in Auftrag gegeben. Bis auf eine Schwerpunktverschiebung nach vorn und einen etwas vergrößerten Höhensteuerweg blieb beim zweiten Flugzeugmuster alles unverändert. Anfang Oktober 1963 flog Björn Stender ein ausgiebiges Erprobungsprogramm für die Flugeigenschaften der zweiten *BS 1.* Am 4. Oktober sollte die Höchstgeschwindigkeit erflogen werden. Nach dem Eindruck der Augenzeugen hatte Stender längst mehr als 300 km/h erreicht. Vermutlich hat dann Stender bei dieser hohen Geschwindigkeit die linke Hand vom Klappenhebel genommen, wohl um den Knüppel mit beiden Händen zu führen, und damit unvermutet das im losgelassenen Zustand längst instabile Flattersystem freigegeben. Da der Flügel dieser enormen Beanspruchung nicht gewachsen war, wurden die Holmwurzel und die Nasenbeplankung beschädigt und die Maschine ging gänzlich zu Bruch. Björn Stender war tot, noch keine 29 Jahre alt.

Die Erkenntnis aus diesem Flug wurde sofort auf die erste *BS 1,* übertragen und so wurden die Erfahrungen und Verbesserungsvorschläge von Heli Lasch die einzigen verfügbaren Ergebnisse des praktischen Einsatzes für den Weiterbau. Zur Zeit des tragischen Todes von Björn Stender lagen bereits 16 Bestellungen der *BS 1* vor, aber nur unzulängliche Bauunterlagen. Es gelang, Ing. Eugen Hänle dafür zu gewinnen, in seiner Firma »Glasflügel« die Herstellung dieses Typs aufzunehmen. Er mußte die *BS 1* strukturell neu konstruieren, übernahm aber das Kernstück, die aerodynamische Gestalt, unverändert. Zusätzlich zum Bremsschirm rüstete er die *BS 1* mit den Bremsklappen der *Libelle* aus.

Am 24. Mai 1966 flog die erste neue *BS 1* und schon sechs Tage später startete damit Rolf Spänig bei den Deutschen Segelflugmeisterschaften in Roth. Vier wertvolle Jahre in der Entwicklungsgeschichte dieses großartigen Flugzeuges waren ins Land gegangen, ehe der Leistungsflug beginnen konnte. In diesen vier Jahren gab es kein gleichwertiges Flugzeug. Als dann Flugzeuge mit ähnlichen Konstruktionsmerkmalen, mit ähnlichen hervorragenden Flugeigenschaften- und leistungen kamen, zählte die *BS 1* noch immer zur Spitzenklasse.

Die Gesamtauslegung der *BS 1* galt als Maßstab und

Vorbild. Die meisten der neuen Konstruktionen zeigen ähnliche Maße und Konfiguration.
Insgesamt wurden von der *BS 1* in den Jahren 1966 und 1967 18 Exemplare gebaut. Dann wurde die Serie zugunsten der Neuentwicklung eingestellt. Die *BS 1* aber errang großartige Erfolge. Sie siegte 1966 in der Deutschen Meisterschaft (mit Rolf Spänig), gewann 1967 die Schweizer Meisterschaft, feierte 1968 einen Doppelsieg in der Deutschen Meisterschaft mit Dr. Groß und Emil Bucher, der kurz vorher den 3. Internationalen Hahnweide-Wettbewerb auf *BS 1* gewonnen hatte. Adolf Röhm stellte 1967 einen aufsehenerregenden Weltrekord im 300 km-Dreiecksflug mit 138,3 km/h auf. An der Jahreswende 1969/70 feierte Dr. Groß einen neuen Erfolg mit dem Sieg in der Meisterschaft von Südafrika.

Baumuster	BS 1
Abmessungen (dimensions)	
Spannweite	18,00 m
Länge	7,50 m
Flügelfläche	14,20 m²
Seitenverhältnis	22,8
Gewichte (weights)	
Rüstgewicht	335,00 kg
Zuladung	125,00 kg
Fluggewicht	460,00 kg
Flächenbelastung	32,40 kg/m²
Leistungen (performances)	
Mindestgeschwindigkeit	65,00 km/h
Höchstgeschwindigkeit	250,00 km/h
Sinkgeschwindigkeit	0,55 m/sec bei 85 km/h
Höchstgeschw. im Windenschlepp	130,00 km/h
Höchstgeschw. im Flugzeugschlepp	170,00 km/h
Gleitzahl	44 bei 95 km/h
Profil	Dr. Eppler 348 K

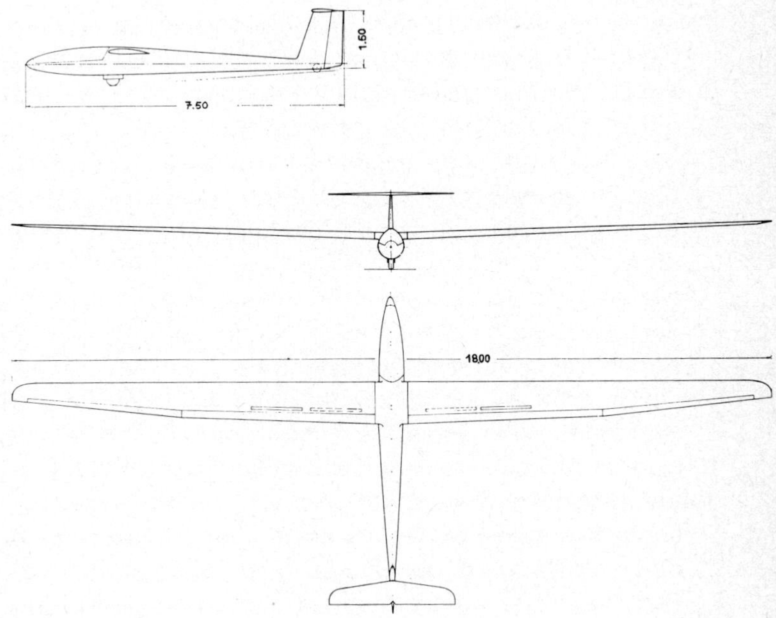

Übersichtszeichnung Glasflügel BS 1.

Von der „H 301 Libelle" zur „Standard-Libelle"

Eine der führenden Firmen im Segelflugzeugbau in der Kunststoffbauweise wurde *Glasflügel* unter Leitung von Ing. Eugen Hänle in Schlattstall/Wttbg. unweit von der einst bekannten Segelflugzeugfirma Wolf Hirth. Grundsätzlich muß man vorausschicken, daß alle von *Glasflügel* hergestellten Flugzeuge Allfiberglas-Konstruktionen sind. Eine Ausnahme bilden nur noch die metallischen Beschlagsteile. Lediglich im Flügel und im Leitwerk sind noch geringe Mengen Balsaholz zur Stützung der Schalen gegen Beulen verarbeitet. Der endgültigen Serienfabrikation gingen zahlreiche Versuche voraus. So haben die Flügel im Versuch einer Erprobung standgehalten, die einer 13fachen Lebensdauer entspricht. Erwähnenswert ist die von *Glasflügel* verfolgte Entwicklungstendenz zu beliebig austauschbaren Einzelteilen. Ziel ist es z. B., eine nicht mehr zu reparierende Tragfläche durch eine andere zu ersetzen, die ohne Nacharbeiten paßt.

Als erstes Flugzeug in der Allfiberglas-Bauweise entstand im Winter 1963/64 das einsitzige Hochleistungssegelflugzeug der Offenen Klasse *H 301 Libelle.* Es wurde aus *Hütter H 301 TS* und *H 30 GFK* entwickelt. Der Entwurf der *Libelle* stammt ebenfalls von Dipl.-Ing. Wolfgang Hütter, Konstruktion in Fiberglas erfolgte durch Ing. Eugen Hänle. Die wissenschaftliche Grundlage für die GFK-Bauweise schuf Prof. Dr. Ulrich Hütter. Der Erstflug des Prototyps erfolgte am 6. März 1964 durch den Schweizer Segelflieger Eugen Aeberli auf der Hahnweide, der anschließend diesen Prototyp mit beachtlichem Erfolg im Schweizer Wettbewerb 1964 flog. Ende des Jahres startete die zweite Maschine, die vor allem in kleinen Details gegenüber dem Prototyp manche Verbesserungen aufwies. Der 15 m-Vogel fiel sofort durch seine bestechende aerodynamische Formgebung auf. Die Robustheit der Zelle war bereits von den Vortypen bekannt. Auffallend die geringe Rumpfhöhe, die selbst beim Führersitz nur 84 cm betrug. Voraussetzung war der Halbliegesitz für den Piloten. Diese Anordnung hat aber die Vorteile eines wesentlich geringeren Oberflächen- und Stirnwiderstandes, eines niedrigeren Baugewichts und damit höhere Festigkeit. Die Ausstattung wurde laufend verbessert. 1966 war die *Libelle* bereits dreimal bei den Deutschen Meisterschaften vertreten. 1967 wurde die Österreichische Meisterschaft auf *H 301 Libelle* gewonnen. Im gleichen Jahre wurden zwei Geschwindigkeitsweltrekorde aufgestellt, im 100 km-Dreiecksflug mit 136,6 km/h, über 500 km mit 121,4 km/h. 1968 belegte Broch in der Offenen Klasse der Deutschen Meisterschaft den 3. Platz. In den Vereinigten Staaten, in Australien und Rhodesien wurden die Nationalmeisterschaften auf *H 301* gewonnen. 1969 siegte die *H 301 Libelle* bei den Nationalen Meisterschaften in Australien, Südafrika und Argentinien. Höhepunkt war fraglos 1969 der neue Weltrekord im Ziel-Rückkehrflug über 785,8 km durch den Südafrikaner R. R. Clifford. Bis zum Frühjahr 1969 wurden 110 Exemplare der *H 301 Libelle* gebaut, dazu 13 Satz *Libelle*-Flügel für den *HBV 15-m-Diamant.* Dann wurde die Serie zugunsten der Neuentwicklungen *Standard-Libelle* und *Kestrel* eingestellt.

In den äußeren Umrissen gleicht die *Standard-Libelle* der *H 301.* Neu ist vor allem ein wölbklappenloses Wortmann-Flügelprofil. Den Forderungen der Standardklasse gemäß erhielt die *Standard-Libelle* ein festes Rad, das aber eingezogen werden kann. Neu ist weiterhin eine Verbindung zwischen Pendel-Höhenleitwerk und einem Leitwerk mit Ruder und Dämpfungsflosse. Der Prototyp wurde am 25. Oktober 1967 von Huldreich Müller in Neu-Ulm eingeflogen. Im Mai 1968 begann die Auslieferung der ersten *Standard-Libelle* und 1973 waren es bereits über 350 Exemplare. Die 100. *Standard-Libelle* wurde in die Schweiz geliefert (HB-984). Auch Neil Armstrong, der am 21. Juli 1969 als erster Mensch den Mond betrat, fliegt eine *Standard-Libelle.* Im Prinzip wurden Aufbau und Flugeigenschaften der *Libelle* übernommen, durch die vielfältige und internationale Erfahrung verbessert.

Die *Standard-Libelle* führte sich sofort gut ein durch den 3. Platz von Neubert bei den Deutschen Meisterschaften 1968. Zur gleichen Zeit belegte bei den Weltmeisterschaften in Polen der bewährte Oldtimer Per-Axel Persson – Schweden den 2. Platz in der Standardklasse. Es folgten die Siege beim international besetzten Wettbewerb auf der Hahnweide und bei den Italienischen Meisterschaften, 1969 bei den Schweizer Meisterschaften – Beweise für die Güte dieses einsitzigen Leistungssegelflugzeuges der Standardklasse in Glasfaser-Kunststoff-Bauweise. Die *Standard-Libelle* zeichnet sich durch sehr gute Flugleistungen- und Eigenschaften aus, besitzt ein harmloses Überziehverhalten, geringes Gewicht, besondere Handlichkeit und Robustheit und ist leicht zu montieren.

Flügel: Zweiteiliger Doppel-Trapez-Flügel, Wortmann-Profil. GFK-Balsa-Schalen mit Holmgurten aus parallelen Glasfasern nach dem HH-Verfahren. Holmstege aus GFK-Balsa. Zunge-Gabel-Anschluß. Querruder mit innenliegendem Antrieb, Mittellagerung und Teilgewichtsausgleich. GFK-Bremsklappen mit federndem Deckblatt.

Rumpf: Allfiberglas-Schale, ohne Balsa oder Schaum, Versteifung durch GFK-Hohlprofile. Halbliegende Pilotenanordnung. Einteilige abnehmbare und zurückschiebbare Vollsichthaube mit Abdichtnut, ausgezeich-

nete Sicht auch nach hinten, Einziehfahrwerk (Landung mit eingezogenem Rad ist möglich), Schwerpunkt- und Bugkupplung. Rückenlehne und Seitenruderpedale im Flug verstellbar, Sitzkissen mit aufblasbaren Kniestützen, Gepäcktasche evtl. als Nackenstütze verwendbar, Cockpit für manuellen Fallschirm eingerichtet, vierfache Belüftung durch Anheben der Haube (auch im Flug), durch zwei seitliche regelbare Staubelüftungskanäle und Schiebefenster in der Haube.
Leitwerk: GFK-Balsa-Schale. Automatischer Ruderanschluß. Höhen- und Seitenleitwerk innenliegender Antrieb.
Montage: Zunge-Gabelanschluß: Flügel mit Rumpf zusammenstecken, Zentralsteckbolzen einschieben und durch Drehung sichern, Querruder mit Schnappbolzen sichern, Höhenleitwerk aufschieben und vorne Schraube eindrehen. Die Montage kann zu zweit erfolgen! (Rekord 75 sec durch zwei Personen.)

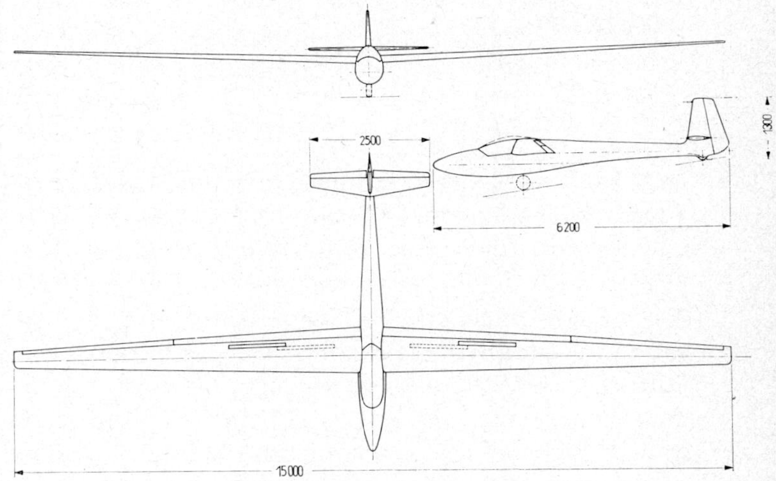

Übersichtszeichnung Glasflügel Libelle.

Baumuster	Libelle	Baumuster	Standard-Libelle
Abmessungen (dimensions)		*Abmessungen (dimensions)*	
Spannweite	15,00 m	Spannweite	15,00 m
Länge	6,20 m	Länge	6,20 m
Flügelfläche	9,50 m	Flügelfläche	9,80 m^2
Seitenverhältnis	23,6	Seitenverhältnis	23
Gewichte (weights)		*Gewichte (weights)*	
Rüstgewicht	180,00 kg	Rüstgewicht	180,00 kg
Zuladung	70-120 kg	Zuladung	110,00 kg
Fluggewicht	250-300 kg	Fluggewicht	290,00 kg
Flächenbelastung	26,3-31,6 kg/m^2	Flächenbelastung	29,60 kg/m^2
Leistungen (performances)		*Leistungen (performances)*	
Mindestgeschwindigkeit	65,00 km/h	Mindestgeschwindigkeit	62,00 km/h
Höchstgeschwindigkeit	250,00 kg/h	Höchstgeschwindigkeit	220,00 km/h
Sinkgeschwindigkeit . . .	0,55 m/sec bei 75 km/h	Sinkgeschwindigkeit	0,60 bei 75 km/h
Höchstgeschw. im Windenschlepp . .	120,00 km/h	Höchstgeschw. im Windenschlepp . .	120,00 km/h
Höchstgeschw. im Flugzeugschlepp .	140,00 km/h	Höchstgeschw. im Flugzeugschlepp .	140,00 km/h
Gleitzahl	39 bei 95 km/h	Gleitzahl	38 bei 85 km/h
Profil	Wortmann	*Profil*	Wortmann

„Kestrel"

Nach den vielseitigen Erfahrungen mit den *Libelle*-Typen schuf Glasflügel 1968 mit der *Kestrel* eine Neukonstruktion, die vor allem die Wünsche der *Libelle*-Piloten nach einem geräumigeren Flugzeug mit größerer Spannweite erfüllen sollte. Am 9. August 1968 wurde der Prototyp von Huldreich Müller in Karlsruhe-Forchheim eingeflogen. Nach einigen Verbesserungen ging dieser neue Typ Anfang 1969 in Serie und schon wenige Wochen später waren zehn Maschinen geliefert worden. *Kestrel* feierte sofort einen großartigen Erfolg, als Walter Neubert auf dieser Neukonstruktion in der Offenen Klasse der Deutschen Meisterschaft 1969 Sieger wurde. Bei den Weltmeisterschaften war er an 5 Wertungstagen der erfolgreichste Teilnehmer. 1971 siegte der Belgier Zegels im Kampf um den Europacup in Angers/Frankreich auf *Kestrel 17* in der Offenen Klasse.

Dieses einsitzige Hochleistungssegelflugzeug der Offenen Klasse mit Wölbklappen in Glasflügel-Allfiberglas-Bauweise ist eine Weiterentwicklung der bewährten Glasflügel *Libelle.* Durch Vergrößerung der Spannweite und die Gestaltung des Rumpfes nach neuesten Erkenntnissen bei Windkanalvermessungen konnten die Leistungen erhöht werden. Das Cockpit wurde geräumiger ausgeführt und die Zuladung vergrößert. Das niedrige Rüstgewicht garantiert eine gute Handlichkeit, trotz der größeren Spannweite.

Der Flügel ist als zweiteiliger Doppel-Trapez-Flügel konstruiert. GFK-Balsaschale mit Holmgurten aus parallelen Glasfasern nach dem HH-Verfahren. Holmstege auf GFK-Balsa. Gabelanschluß-Wölbungsklappen von -8° bis $+12^\circ$ verstellbar. Wölbklappen sind für den Landeanflug noch weitere 23° ausfahrbar. Querruder sind den Wölbklappen differenziert überlagert. Wölbklappen und Querruder haben Mittellagerung und innenliegenden Antrieb. Bremsklappen sind aus GFK mit federnder Deckplatte. Der Rumpf besitzt eine eingeschnürte Rumpfform, eingestrakte Haube, T-Leitwerk. Federelastische Allfiberglas-Schale (kein Sandwich!), daher große Arbeitsaufnahme. Versteifung gegen Beulen durch GFK-Hohlprofile. Halbliegende Pilotenanordnung. Rückenlehne und Seitenruderpedale sind im Fluge verstellbar. Sitzkissen mit aufblasbaren Kniestützen. Himmelsrucksack mit Nackenstütze. Führersitz für manuellen flexiblen Rückenschirm ist eingerichtet. Die Belüftung erfolgt durch Staubelüftung von der Rumpfspitze aus und ist regulierbar. Herausnehmbares Instrumentenbrett. Die Antenne ist in der Seitenflosse eingebaut. Sprechtaste im Knüppelgriff. Staudruckentnahme in der Seitenflosse, statischer Druck im Rumpfhinterteil. Der Fahrtmesser ist mit Markierung der max. Geschwindigkeit bei den entsprechenden Wölbklappen-Stellungen versehen. Sauerstoff-Flaschenhalterung ist eingebaut. Einrichtung für ablaßbaren Wasserballast. Einziehfahr-

Kestrel beim Start mit dem Deutschen Meister Walter Neubert.

werk; Landung mit eingezogenem Rad ist möglich. Rad mit Innenbackenbremse. Spornrad. Winden- und Flugzeugschleppkupplung. Abwerfbarer Bremsschirm. Gedämpftes Höhenleitwerk mit Federtrimmung. GFK-Balsaschale. Auch das Seitenleitwerk ist aus Allfiberglas. Bremsschirm im Ruder. Alle Ruder haben innenliegenden Antrieb und Teilgewichtsausgleich.

Die Montage erfolgt durch Gabelanschluß: Flügel mit Rumpf zusammenstecken, horizontalen Zentralsteckbolzen einschieben und durch Drehung sichern. Quersteckbolzen anschließen. Höhenleitwerk aufschieben und Sicherungsschraube betätigen. Gesamtdauer der Montage je nach Übung 3 bis 5 Minuten.

Baumuster	Kestrel
Abmessungen (dimensions)	
Spannweite	17,00 m
Länge	6,72 m
Flügelfläche	11,6 m^2
Seitenverhältnis	25
Gewichte (weights)	
Rüstgewicht	255,00 kg
Zuladung	80-125 kg
Fluggewicht	335-380 kg
Flächenbelastung	28,8-34,5 kg/m^2
Leistungen (performances)	
Mindestgeschwindigkeit	62,00 km
Höchstgeschwindigkeit	250,00 km/h
Sinkgeschwindigkeit	0,55 m/sec bei 82 km/h
Höchstgeschw. im Windenschlepp	110,00 km/h
Höchstgeschw. im Flugzeugschlepp	140,00 km/h
Gleitzahl	43 bei 97 km/h
Profil	Wortmann

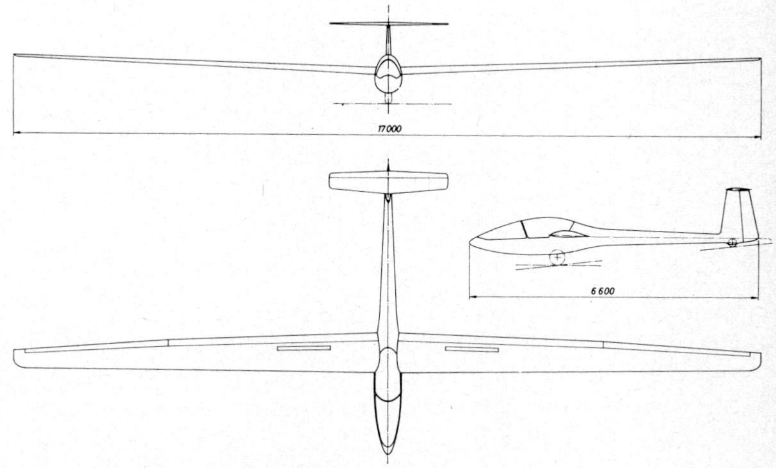

Übersichtszeichnung Glasflügel Kestrel.

D 36

Nach der Wiederzulassung des Segelfluges in Deutschland knüpfte die Akademische Fliegergruppe Darmstadt mit der Konstruktion der *D 34* an ihre große Tradition im Segelflugzeugbau an. Nach dreijähriger Arbeit flog im Juli 1955 diese 34. Konstruktion der Akaflieg Darmstadt. In den nächsten Jahren wurde die *D34* ständig weiterentwickelt und es entstand eine Reihe von Versionen. 1954 begannen einige Mitglieder sich für Kunststoffe für den Bau von glattflächigen Segelflugzeugteilen zu interessieren. Sie fanden im glasfaserverstärkten Kunstharz einen Werkstoff, der diese Forderungen zu erfüllen schien und bauten damit die *D34d,* die im Frühjahr 1961 fertiggestellt war. Von der weiteren Arbeit heißt es im Jahresbericht der Akaflieg Darmstadt: »Um unsere Erfahrungen der letzten Jahre in der Anwendung glasfaserverstärkter Kunststoffe auszunutzen, fiel unsere Wahl auf den Bau eines einsitzigen Hochleistungssegelflugzeuges in einer unseren Werkstattverhältnissen gerecht werdenden Bauweise. Dieses Flugzeug, die *D 36,* wurde gleichzeitig

Übersichtszeichnung D 36.

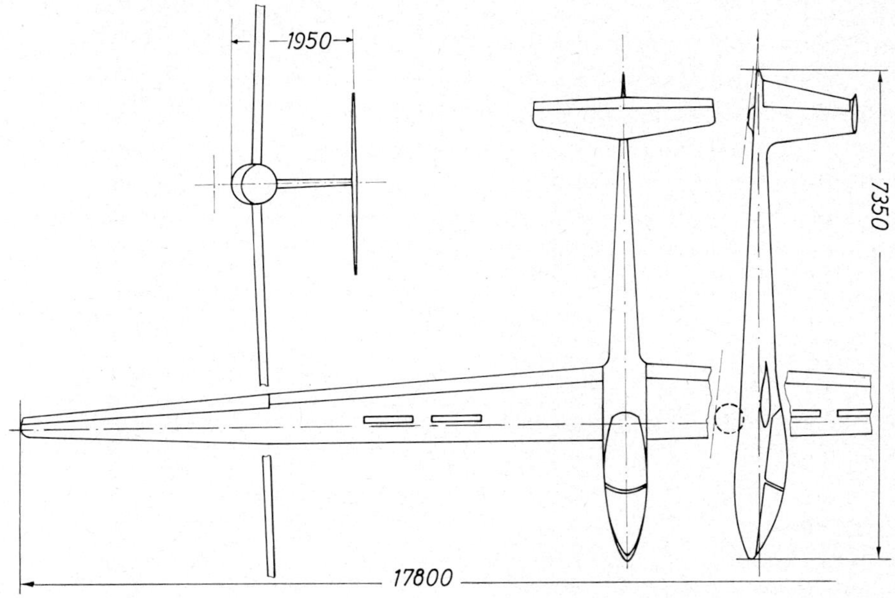

als Meßträger für Betriebsbelastungsmessungen geplant. Im Laufe des Jahres arbeiteten wir an der Konstruktion und führten hierzu Bruchversuche von Rumpf- und Flügelteilen durch. Zur aerodynamischen Auslegung wurden eingehende Untersuchungen vorgenommen; zur Vermessung im Windkanal wurden Modelle gebaut. Besondere Sorgfalt galt der Profilwahl.«

Zur Lösung dieser Aufgaben fanden sich drei Mitglieder, die zur Prüfung heranstanden: Gerhard Waibel übernahm den Rumpf und die Leitwerke, Wolf Lemke traf die Profilauswahl und konstruierte den Flügel, Heiko Friess kümmerte sich um die Bremsklappen. Der vier Semester »jüngere« Klaus Holighaus führte die Neukonstruktion des Leitwerks durch, die aufgrund der Flugerprobung notwendig geworden war. (Die Abb. auf Seite 109 zeigt bereits das geänderte Leitwerk, die Übersichtszeichnung Seite 108 die alte Ausführung, aber ohne den Massenausgleichsspieß!) Mit der *D 36* sollte ein Flugzeug geschaffen werden, das den neuesten Erkenntnissen der Aerodynamik, der Bauweise und der Leistungsforderung entsprach. Es sollte bei schwachen Aufwindverhältnissen eine möglichst hohe Reisegeschwindigkeit entwickeln, daher legte die Akaflieg größten Wert auf günstige Leistungen und Eigenschaften im thermischen Kreisflug. Die hohe Festigkeit der glasfaserverstärkten Kunststoffe ermöglichte den Bau der Streckung von 24 bei einer mittleren Profildicke von 13 %, ein Optimum für die Steigerung der Kreisflugleistungen. Um den Rumpfwiderstand niedrig zu halten, wurde eine kleine Rumpfoberfläche angestrebt. Dies erforderte eine halbliegende Anordnung des Piloten sowie eine sanfte Einschnürung des Rumpfes hinter dem Führersitz. Zur Laminarhaltung des Rumpfes wurde die geblasene Plexiglashaube zweigeteilt und das vordere Stück fest mit dem Rumpf verbunden und verspachtelt. Das T-Leitwerk wurde gewählt, weil es den geringsten Widerstand besitzt. Der Flügelumriß wurde mit Hilfe eines Doppeltrapezes der Ellipse möglichst angeglichen. Als Profil entwarf F. X. Wortmann eigens das Klappenprofil, *F. X. 62-K-131.* Die Querruder sind wegen der Wirksamkeit und des Überganges auf ein Profil geringerer laminarer Laufstrecken 25 % tief und werden aerodynamisch gleichsinnig mit den Wölbklappen ausgeschlagen.

Der Bau begann im Frühjahr 1963 und wurde im Winter 1964 vollendet. Am 28. März 1964 wurde die *D36* in Gelnhausen eingeflogen. Die Flugeigenschaftserprobung bestätigte die errechneten Werte. Wenige Wochen später startete die *D-36* mit einem ihrer Schöpfer, Gerhard Waibel, bei den Deutschen Segelflugmeisterschaften und – wurde überlegener Sieger. Für die Weltmeisterschaft 1965 bot die Akaflieg Darmstadt die Neukonstruktion Rolf Spänig an, der damit in South Cerney Vizemeister in der Offenen Klasse wurde.

Bei den Deutschen Meisterschaften 1966 startete Gerhard Waibel erneut mit der *D36* und belegte den 3. Platz. Bei diesem Wettbewerb war auch Walter Schneider aus Egelsbach mit der von ihm gebauten Schwestermaschine, der *D 36 V 2,* am Start.
Kurz nach Vollendung der *D36,* die sich würdig den berühmten Flugzeugen der Akaflieg Darmstadt anschloß, verließen die drei Konstrukteure, Schüler von Prof. Dr.-Ing. Bock, als junge Diplom-Ingenieure die Technische Hochschule Darmstadt. Sie gingen ihre eigenen Wege und schufen aus der Erfahrung mit der *D-36* neue Flugzeuge: Gerhard Waibel führte als Technischer Leiter beim Segelflugzeugbau Schleicher in Poppenhausen die Kunststoffbauweise ein und schuf die Leistungsflugzeuge *ASW 12* und *ASW 15,* Klaus Holighaus entwickelte bei Schempp-Hirth in Kirchheim die *SHK* weiter und schuf den *Cirrus* und *Nimbus.* Und Wolf Lemke tat sich mit seinem Freund Walter Schneider in Egelsbach zusammen, konstruierte die *LS 1,* die von Walter Schneider gebaut wurde.

Baumuster	D 36	
Abmessungen (dimensions)		
Spannweite	17,80	m
Länge	7,35	m
Flügelfläche	12,80	m^2
Seitenverhältnis	24	
Gewichte (weights)		
Rüstgewicht	282,00	kg
Zuladung	128,00	kg
Fluggewicht	410,00	kg
Flächenbelastung	32,00	kg/m^2
Leistungen (performances)		
Mindestgeschwindigkeit	67,00	km/h
Höchstgeschwindigkeit	200,00	km/h
Sinkgeschwindigkeit	0,56 m/sec bei 83 km/h	
Höchstgeschw. im Windenschlepp	110,00	km/h
Höchstgeschw. im Flugzeugschlepp	200,00	km/h
Gleitzahl	44 bei 93 km/h	
Profil	Wortmann FX 62-K 131	

Die superschlanke D 36 V 1.

ASW 12

Als Gerhard Waibel nach seinem Abschluß an der Technischen Hochschule Darmstadt zum Segelflugzeugbau Alexander Schleicher nach Poppenhausen in der Rhön ging, schuf er dort mit der *ASW 12* eine Art Serienversion der *D 36.* Nach den gemachten Erfahrungen wurde die *ASW 12* weiterentwickelt. Der Prototyp startete am 31. Dezember 1965 in Fulda-Sickels mit ihrem Erbauer Edgar Kremer zum Erstflug. Dieses Leistungssegelflugzeug in Fiberglas-Balsa-Sandwich-Baumethode mit einer Spannweite von 18,3 m wurde in wenigen Jahren

zu einem der begehrtesten Flugzeuge der Offenen Klasse.
Bei den Weltmeisterschaften 1968 in Polen belegte Heinz Huth mit der *ASW 12* den 5. Platz unter 48 Teilnehmern. 1969 siegte die *ASW 12* im Südafrikanischen Wettbewerb mit Heini Heiriss, in der Amerikanischen Meisterschaft mit Wallace Scott, der im gleichen Jahre einen neuen Zielflugweltrekord aufstellte, und im Französischen Wettbewerb »Acht Tage von Angers« holte sich der Belgier de Dorlodot den Sieg. Der erfolgreichste Pilot auf *ASW 12* aber wurde der Lübecker Textilkaufmann Hans Werner Grosse. Er stellte 1968 einen deutschen Zielflugrekord auf, flog 1969 mehrere 500 km- und erstmals eine 600 km-Dreiecksstrecke. Die längsten Streckenflüge wurden auf ASW 12 erflogen: Am 4. Juni 1970 Hans Werner Grosse 1032 km, am 26. Juli 1970 die beiden Amerikaner Benjamin Greene und Wallace Scott je 1160 km, und am 25. April 1972 Hans Werner Grosse neuen Weltrekord mit 1460,8 km! Unter den ersten neun Piloten der Weltmeisterschaften 1970 flogen alle fünf Piloten die ASW 12.

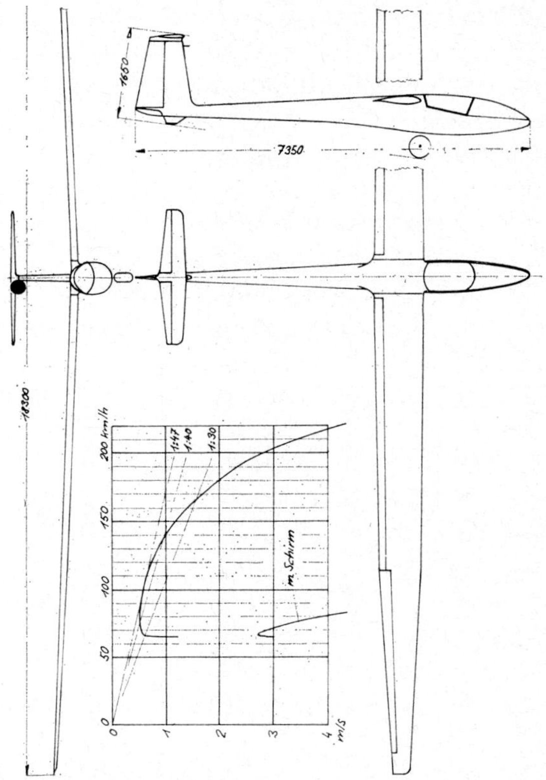

Übersichtszeichnung AS-W 12.

ASW 12 im Fluge über der Rhön.

Baumuster	ASW 12	
Abmessungen (dimensions)		
Spannweite	18,30	m
Länge	7,35	m
Flügelfläche	13,00	m^2
Seitenverhältnis	25,8	
Gewichte (weights)		
Rüstgewicht	295,00	kg
Zuladung	135,00	kg
Fluggewicht	430,00	kg
Flächenbelastung	30,00	kg/m^2
Leistungen (performances)		
Mindestgeschwindigkeit	65,00	km/h
Höchstgeschwindigkeit	200,00	km/h
Sinkgeschwindigkeit	0,49 m/sec bei 72 km/h	
Höchstgeschw. im Windenschlepp	100,00	km/h
Höchstgeschw. im Flugzeugschlepp	140,00	km/h
Gleitzahl	über 40 von 75-135 km/h	
	beste Gleitzahl: 47 bei 95 km/h	
Profil	Wortmann	

ASW 15

ASW 15 im Fluge über dem Bodensee.

Im Sommer 1968 brachte der Segelflugzeugbau Alexander Schleicher ein Leistungsflugzeug der Standardklasse in Kunststoffbauweise heraus. Wie das W in der Typenbezeichnung erkennen läßt, war es eine weitere Konstruktion des jungen Dipl.-Ing. Gerhard Waibel.

Alle tragenden Bauteile der *ASW 15* sind aus Glasfaserkunststoff und Balsaholz gebaut, die Beschläge und Steuerungen in konventioneller Metallbauweise ausgeführt. Der Rumpf ist praktisch eine spantenlose Röhre aus Balsa/GFK-Sandwich, genauer, ein ovaler Sandwich-Schalenrumpf aus Glasfaser-Kunststoff mit Tubus-Kern. Die Kombikupplung ist im Schwerpunkt eingebaut. Die abnehmbare Vollsichthaube ist als Steckhaube konstruiert.

Der Flügel ist ein aerodynamisch ungeschränkter Laminarflügel mit Wortmann-Profilen. Oberflächen: aus Glasfaser-Kunststoff-Sandwich mit Balsaholz-Kern als Torsionsschale. Roving-Holm (kunstharzgetränkte Glasseidenstränge) zur Aufnahme der Biegebelastungen. Leichte Montage durch einfache Zunge-Gabel-Verbindung mit zwei Hauptbolzen. Schempp-Hirth-Sturzflugbremsen aus Metall in gegeneinander abgedichteten Kammern mit federnder Abdeckung.

Das Pendel-Höhenruder ist in Schalenbauweise aus Glasfaser-Kunststoff-Sandwich hergestellt, die Seitenflosse, in Schalenbauweise wie der Rumpf, mit eingebauter UKW-Sperrtopfantenne; Seiten- und Querruder aus Glasfaser-Kunststoff-Sandwich mit Hartschaum-Kern. Alle Ruder sind ganz oder teilweise massenausgeglichen. Höhen- und Quersteuerung sowie Bremsklappen- und Fahrwerksbetätigung erfolgen durch Stoßstangen. Höhenruderkräfte sind durch Federtrimmung regelbar. Seitensteuerung: durch Steuerseile und Stoßstangen, im Fluge verstellbare Spitzensteuerung. Schnellverschlüsse ohne lose Teile an den Montageverbindungen. Die *ASW 15* besitzt Einziehfahrwerk mit Innenbackenbremse.

Ihre Feuerprobe bestand die *ASW 15* wenige Wochen nach dem Erstflug (am 20. April 1968) bei der Weltmeisterschaft 1968 in Polen, als Hans Werner Grosse in der Standardklasse zwei Tagessiege erflog und in in der Standardklasse zwei Tagessiege erflog. 1969 siegte Urs Bloch in der Offenen Klasse der Schweizer Meisterschaft. Gerhard Waibel, Deutscher Meister 1966, startete 1970 mit der *ASW 15* in der Standardklasse der Segelflugweltmeisterschaft in Marfa/Texas und belegte den 6. Platz, 1972 wurde in Vrsac der Russe Eugene Rudensky Vizeweltmeister. Bis 1973 steigerte sich die Produktion der *ASW 15* auf 250 Flugzeuge. Der Amerikaner Karl Striedieck hat auf *ASW 15* mehrfach den Ziel-Rückkehr-Weltrekord, zuletzt auf 1095 km, verbessert. Das dürfte für eine Standardmaschine außergewöhnlich gut sein, da ja die *ASW 15* keine ausgesprochene Rekordmaschine ist, sondern ein clubtaugliches Flugzeug. – 1972 brachte Waibel mit einigen Änderungen die *ASW 15 B* heraus.

Baumuster	ASW 15	
Abmessungen (dimensions)		
Spannweite	15,00	m
Länge	6,45	m
Flügelfläche	11,00	m^2
Seitenverhältnis	20,5	
Gewichte (weights)		
Rüstgewicht	210,00	kg
Zuladung	108,00	kg
Fluggewicht	318,00	kg
Flächenbelastung	26,00	kg/m^2
Leistungen (performances)		
Mindestgeschwindigkeit	64,00	km/h
Höchstgeschwindigkeit	220,00	km/h
Sinkgeschwindigkeit	0,58	m/sec
Höchstgeschw. im Windenschlepp	110,00	km/h
Höchstgeschw. im Flugzeugschlepp	145,00	km/h
Gleitzahl	38	
Profil	Wortmann	

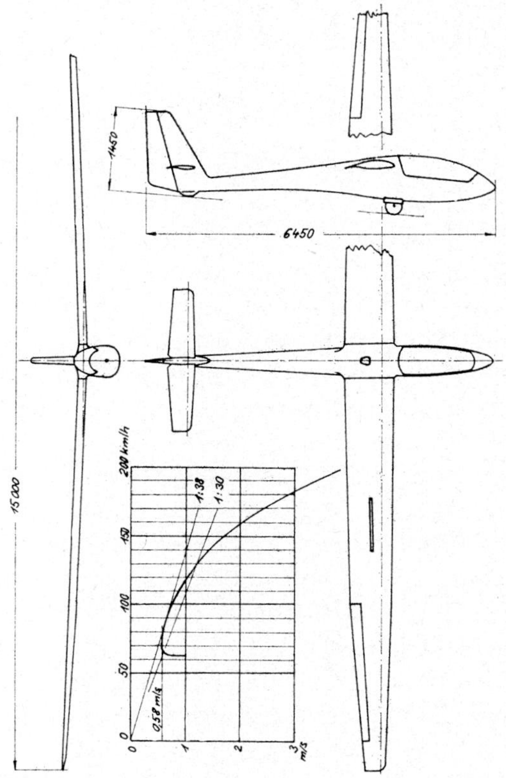

Übersichtszeichnung ASW 15.

LS 1

Die *LS 1* ist – wie bereits gesagt – eine Entwicklung von Dipl.-Ing. Wolf Lemke und Walter Schneider.
Beide wollten mit der glasfaserverstärkten Kunststoffbauweise die Leistungen eines Standardsegelflugzeuges bedeutend steigern, ohne auf angenehme Steuereigenschaften und Bequemlichkeit im Cockpit zu verzichten. Die hohe Flügelstreckung von 23,1 zusammen mit einem relativ dicken Wortmannprofil großer Laminardellenbreite ermöglichte die Leistungssteigerung im ganzen Geschwindigkeitsbereich bei gutmütigen Überzieheigenschaften. Weiterhin wurde durch die Verwendung dieses Wortmannprofils eine für Kunststoffsegelflugzeuge ungewöhnlich hohe Flügelbiegesteifigkeit bei günstigem Rüstgewicht erzielt. Der Flügel besitzt einen Glasfaserholm hoher Steifigkeit. Die Verbindung der Holme erfolgt durch einen neuentwickelten, asymmetrischen Querkraftanschluß mittels zweier Hauptbolzen. Die obenangelenkten Querruder werden innen angetrieben. Als Landehilfe dient außer dem recht wirksamen Slip eine Hinterkanten-Bremsklappe. An ihrer Stelle können wahlweise Bremsklappen »System Schempp-Hirth» eingebaut werden.
Im Sandwich der Flügel- und Leitwerksoberflächen wird ein Hart-PVC-Schaum als Stützmaterial verwendet. So wird das Arbeiten der Oberflächen unter Einfluß von Temperatur- und Feuchtigkeitsänderungen weitestgehend vermieden.
Der Rumpf besteht aus einer reinen GFK-Schale, die im Bereich des Flügels durch Spanten gestützt wird. Da hier auf die Sandwich-Bauweise verzichtet werden konnte, besitzt dieser Rumpf eine hohe Schlag- und Stoßunempfindlichkeit. Zur Standardausrüstung gehören eine fest eingebaute UKW-Sperrtopfantenne,

verstellbare Seitenruderpedale, Innenbackenradbremse und Trimmung. Es kann auch ein festes oder ein Einziehfahrwerk eingebaut werden.

Das neuentwickelte Pendelhöhenleitwerk, einfachster Konstruktion, zusammen mit dem Seitenleitwerk geringer Rudertiefe sorgen bei guter Ruderwirksamkeit und angenehmen Steuereigenschaften für einen geringen Leitwerkswiderstand. Sowohl Höhenleitwerk als auch Seitenruder sind 100% massenausgeglichen.

Der Slip ist trotz geringer Rudertiefe sehr wirksam. Mit ausgefahrenen Bremsklappen und Slip läßt sich eine hohe Sinkgeschwindigkeit erzielen. Ein Auswehen des Seitenruders im Slip tritt nicht auf. Im Normalflug und im Slip liegt das Flugzeug ruhig. Im Kreisflug bei Kurbelgeschwindigkeit bei gleichzeitigem vollen Quer- und Seitenruderausschlag rollt und dreht das Flugzeug von einer Kurvenlage in die andere. Die Rollzeit von 45° zu 45° Schräglage beträgt etwa 3-4 sec. Der Beginn des Sackfluges kündigt sich durch leichtes Schütteln an. Im voll überzogenen Flugzustand beginnt das Flugzeug um die Längsachse zu taumeln. Die Taumelbewegungen lassen sich mit dem Querruder voll verhindern. Im Sackflug läßt sich durch kräftigen Seitenruderausschlag Trudeln herbeiführen, das sofort durch Nullstellung der Steuerung beendet wird.

Die *LS 1* wurde sofort das Erfolgsflugzeug des deutschen Segelfluges. Die beiden Prototypen belegten bei den Deutschen Segelflugmeisterschaften 1968 in der Standard-Klasse unter 44 Teilnehmern mit Helmut Reichmann und Walter Schneider die beiden ersten Plätze. Übers Jahr wurde die Deutsche Meisterschaft in der Standardklasse durch Ernst-Gernot Peter erneut mit der *LS 1* erflogen. 1971 feierte die *LS 1* mit Helmut Reichmann und Klaus Ahrens erneut einen Doppelsieg bei den Deutschen Meisterschaften. In dem bekannten Wettbewerb in Frankreich »Acht Tage von Angers« um den Europa-Cup 1969 siegte Diether Memmert auf *LS 1* und 1971 der Franzose Ragot auf *LS 1*. Der größte Erfolg aber: 1970 siegte Helmut Reichmann überlegen in der Standardklasse der Weltmeisterschaften in Marfa/Texas. Kein Wunder, daß dadurch Bestellungen auf mehr als drei Jahre voraus bei dem Segelflugzeugbau Schneider OHG in Egelsbach vorliegen, in einem Werk, das neugeschaffen wurde und monatlich etwa vier Flugzeuge herstellt.

LS 1 im Fluge, 1968, 1969 und 1971 Sieger in der Deutschen Meisterschaft, 1970 Sieger in der Weltmeisterschaft.

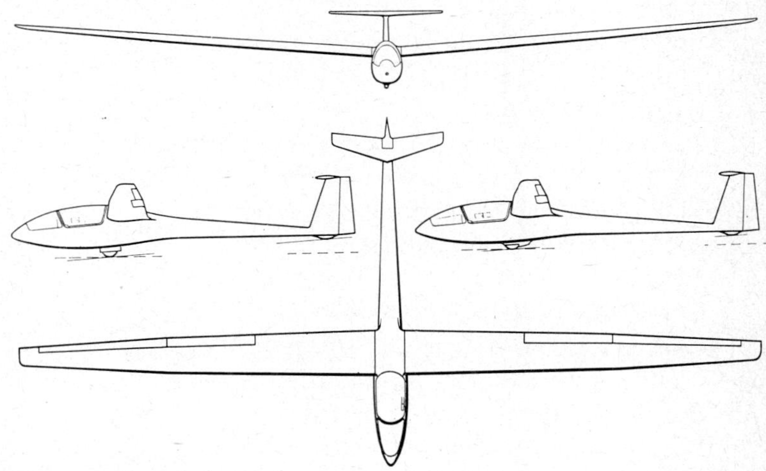

Übersichtszeichnung LS 1.

Baumuster	LS 1	
Abmessungen (dimensions)		
Spannweite	15,00	m
Länge	6,93	m
Flügelfläche	9,74	m^2
Seitenverhältnis	23,1	
Gewichte (weights)		
Rüstgewicht	200,00	kg
Zuladung	112,00	kg
Fluggewicht	312,00	kg
Flächenbelastung	32,00	kg/m^2
Leistungen (performances)		
Mindestgeschwindigkeit	65,00	km/h
Höchstgeschwindigkeit	220,00	km/h
Sinkgeschwindigkeit	0,58 m/sec bei 70 km/h	
Höchstgeschw. im Windenschlepp	110,00	km/h
Höchstgeschw. im Flugzeugschlepp	150,00	km/h
Gleitzahl	38 bei 90 km/h	
Profil	Wortmann	

Cirrus-Standard Cirrus

Weltmeister der Offenen Klasse 1968 über Polen wurde der Österreicher Harro Wödl auf *Cirrus*. Damit wurde bewiesen, daß das bestechend schöne und elegante Leistungssegelflugzeug zu den »Orchideen« oder »Super-Schiffen« gehört, wie diese Konstruktionen in der Fliegersprache genannt werden. Nach der Mitarbeit an der *D-36,* nach den ständigen Verbesserungen der *HKS* entwarf und baute Dipl.-Ing. Klaus Holighaus im Laufe des Jahres 1966 in Kirchheim den Prototyp des *Cirrus*. Den ersten Start führte Klaus Holighaus im Januar 1967 durch. Er selbst ist der Typ des Konstrukteurs der jungen Generation: Konstrukteur und Flieger in einer Person. Dieses V-Muster wurde Mitte Juni 1967 nach Italien an Herrn Orsi in Varese geliefert. Mit diesem *Cirrus* siegte Vergani überlegen bei den italienischen Meisterschaften im Sommer 1967. 1968 verkaufte Italien diesen ersten *Cirrus* an Mr. Pearson nach Südafrika. Diese V-1 hatte noch ein V-Leitwerk.

In der weiteren Entwicklung aber stellten jedoch der Sportflugzeugbau Schempp-Hirth und Konstrukteur Holighaus das Leitwerk um auf ein normales Kreuzleitwerk. Damit erzielten sie eine bessere Richtungsstabilität und ermöglichten einen leichteren Slip. Ferner wurden eine Reihe von Details verbessert, z. B. der Massenausgleich zur Verhütung von Flattererscheinungen.

Der *Cirrus* war das erste Serienflugzeug, dessen zwei Hälften der Sandwich-Schale nicht mehr Balsa-Holz als Stützstoff hatten, sondern vielmehr den Hartschaum Conticell CC 60, ein Glasfaserkunstharz, das außerordentlich unempfindlich gegen große Temperaturunterschiede und Feuchtigkeit ist – zwei Eigenschaften, die gerade für eine einwandfreie Oberfläche von besonderer Bedeutung sind. Wegen dieser neuartigen Baustoffe hatte die Prüfstelle umfangreiche Versuche mit einer Tragfläche durchgeführt. Man benützte dazu eine Fläche mit den eingebauten Wassertanks mit 100 Liter. Die Schwingungs- und Ermüdungsversuche verliefen mit einem ausgezeichneten Ergebnis. Bei den Bruchversuchen des gleichen Flügels erfolgte der Bruch erst bei 11 G am Holmstummel und zwar bei einer Durchbiegung der Fläche auf nahezu 4 m an der Flächenspitze. Und dabei besitzt der *Cirrus* bei einer Spannweite von 17,74 m die traumhafte Streckung von 1:25.

Im *Cirrus* wurden alle Erfahrungen eines Jahrzehnts Entwicklungsgeschichte in der Kunststoffbauweise verwertet. Tragflügel und Leitwerk bestehen aus einem Glasfaserholm und einer über den Holm verlaufenden GFK-Schaum-Sandwich-Schale. Der Rumpf ist aus einer reinen, etwa 1,5 mm starken GFK-Schale mit eingeharzten Schaumringen zur Versteifung aufgebaut. Die Flügel besitzen den bekannten Gabelanschluß der Holme mit nur einem 32 mm-Steckbolzen.

Die Rumpfauslegung stützte sich auf aerodynamische Messungen, von Professor Dr. Wortmann im Windkanal erprobt. Durch die so gewonnene Rumpfkontur konnte das Vorderteil außergewöhnlich geräumig gestaltet

Standard-Cirrus beim Erstflug.

werden, ohne wesentlichen Widerstandszuwachs in Kauf nehmen zu müssen.
Im Gegensatz zu anderen Segelflugzeugen der Offenen Klasse hat der *Cirrus* kein Wölbungsprofil, sondern ein starres, relativ dickes Profil, nach neuen aerodynamischen Erkenntnissen von Professor Dr. Wortmann. Dieses Profil ermöglicht eine ausgeprägte breite Laminardelle und ein wesentlich niedrigeres Flügelgewicht gegenüber Wölbklappenflügeln gleicher Spannweite und Streckung. Die großen Schempp-Hirth-Bremsklappen aus Leichtmetall bringen bei 90 km/h 4 m/sec Sinken.
Im Frühjahr 1969 brachte Holighaus eine Standard-Version des *Cirrus* heraus, einen einsitzigen, freitragenden Mitteldecker in GFK-Schaum-Sandwich-Bauweise mit T-Leitwerk, Bremsklappen und Einziehfahrwerk. Die Auslegung des Flügels begünstigt dabei eine optimale Steigleistung, die Streckung wurde auf Grund der kleineren Spannweite von 15 m gegenüber dem *Cirrus* von 25 auf 22,2 m reduziert, um auch schwereren Piloten noch ein gutes Steigen zu ermöglichen. Der Rumpf hat eine durch Spantringe abgestützte reine GFK-Schale mit eingeharztem Stahlrohrgestell, an dem die Flügel, das Fahrwerk und die Steuerung aufgehängt sind.
Der Aufbau von Flügel, Rumpf und Leitwerk ist gegenüber dem *Cirrus* gleichgeblieben. Der Flügel besteht also aus einem Glasfaser-Holm und einer Schale aus einem beiderseitig mit Glasfaser beschichteten Hartschaum von 8 mm Stärke, ohne irgendwelche feuchtigkeitsempfindliche Holzteile. Um dem Flugbetrieb auch als Clubflugzeug Rechnung zu tragen, ist die Haube klappbar ausgeführt. Da die Instrumentenbrettabdekkung fest mit der Haube verbunden ist, sind alle Instrumente und deren Verbindungen nach dem Aufklappen der Haube frei zugänglich und gut kontrollierbar. Die Ausbildung des Leitwerks als T-Leitwerk erfolgte nicht nur aus aerodynamischen Gründen, sondern soll auch das Bruchrisiko bei Außenlandungen herabsetzen.
Wesentliche Änderungen erfuhr der Standard Cirrus 1972/73 durch die neuen technischen Bestimmungen der FAI für die Standardklasse. Durch das nun auch bei Standardflugzeugen zugelassene Einziehfahrwerk erhält der Standard Cirrus eine relativ kurze Startrollstrecke, und durch den ebenfalls zugelassenen Einbau von Wassertanks und durch eine mäßige Flügelverwindung werden die Langsamflugeigenschaften und die Querruderwirkung ohne Einbußen im Schnellflug spürbar verbessert.
Der Standard Cirrus wurde ein ganz großer Erfolg. Innerhalb von drei Jahren wurden über 280 Flugzeuge, meist in das Ausland, verkauft. Es war die selbstverständliche Folge von Konstruktion und Erfolg. Schon auf einem der ersten Muster gewann George Moffat 1969 die Meisterschaft der Vereinigten Staaten, verteidigte sie 1970 mit Erfolg, und 1972 holte sie auf dem gleichen Typ sein Landsmann Beltz. Nicht anders in Südafrika. Dort siegte 1970 Tim Biggs, 1972 Gough in der Standardklasse und 1973 der unermüdliche Schwabe Otto Schäuble auf Standard Cirrus. Um allen Anforderungen gerecht zu werden, läßt Holighaus seit 1973 den Standard Cirrus bei der Firma Grob in Mindelheim/Bayern in Lizenz fertigen, und die Produktion des 18 m-Cirrus für die Offene Klasse wurde ganz nach Jugoslawien verlegt. In Kirchheim wurden vom *Cirrus* der Offenen Klasse 108 Flugzeuge gebaut, und in Jugoslawien sind es trotz der verständlichen Anlaufschwierigkeiten im Frühjahr 1973 bereits über 20 Stück.

Cirrus im Fluge.

Übersichtszeichnung Cirrus.

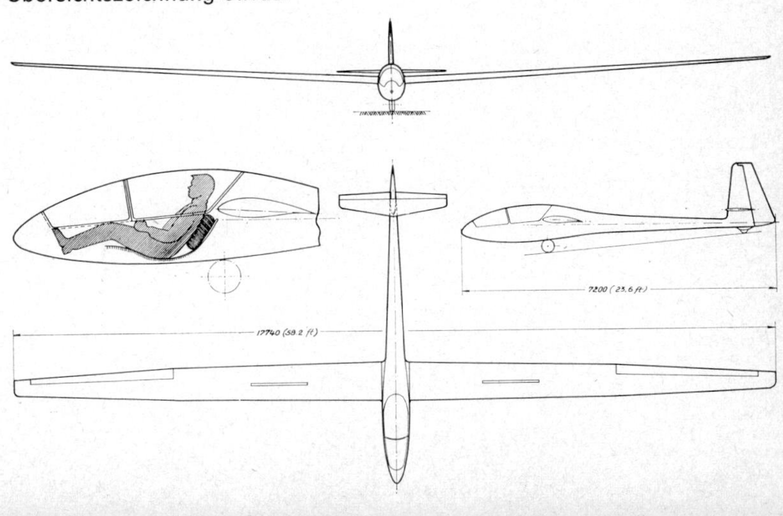

Baumuster	Cirrus
Abmessungen (dimensions)	
Spannweite	17,74 m
Länge	7,20 m
Flügelfläche	12,60 m^2
Seitenverhältnis	25
Gewichte (weights)	
Rüstgewicht	260,00 kg
Zuladung	140,00 kg
Fluggewicht	400,00 kg
Flächenbelastung	28,00 kg/m^2
Leistungen (performances)	
Mindestgeschwindigkeit	62,00 km/h
Höchstgeschwindigkeit	220,00 km/h
Sinkgeschwindigkeit	0,5 m/sec bei 73 km/h
Höchstgeschw. im Windenschlepp	110,00 km/h
Höchstgeschw. im Flugzeugschlepp	140,00 km/h
Gleitzahl	44 bei 85 km/h
Profil	Wortmann

Baumuster	Standard Cirrus
Abmessungen (dimensions)	
Spannweite	15,00 m
Länge	6,35 m
Flügelfläche	10,00 m^2
Seitenverhältnis	22,5
Gewichte (weights)	
Rüstgewicht	202,00 kg
Zuladung	128,00 kg
Fluggewicht	330,00 kg
Flächenbelastung	28,00 kg/m^2
Leistungen (performances)	
Mindestgeschwindigkeit	62,00 km/h
Höchstgeschwindigkeit	220,00 km/h
Sinkgeschwindigkeit	0,57 m/sec bei 70 km/h
Höchstgeschw. im Windenschlepp	110,00 km/h
Höchstgeschw. im Flugzeugschlepp	140,00 km/h
Gleitzahl	38 bei 80 km/h
Profil	Wortmann

Die Forschungsflugzeuge der Akaflieg Braunschweig

Die Akademischen Fliegergruppen gehörten in der Geschichte des Segelfluges von Anfang an zu den Pionieren auf konstruktivem Gebiet. Nach der Wiederzulassung des Segelfluges in Deutschland zählte die am 8. November 1922 gegründete »Flugwissenschaftliche Gruppe« an der Technischen Hochschule Braunschweig zu den aktivsten Gruppen. Vor dem Kriege war sie weniger in Erscheinung getreten. Im März 1923 entstand das erste Segelflugzeug »Braunschweig«, die *SB 1* – ein Doppeldecker, genannt *Storch,* der aber schon zwei Monate später zu Bruch ging. Im Juli 1923 flog für kurze Zeit der Segeleindecker mit Flügelverwindung *SB 2 »Heinrich der Löwe«* und ein aus den Trümmern der *SB 1 »Storch«* wieder erstandener Doppeldecker *SB 3 »Brockenhexe«*. *SB 4* wurde während des Zweiten Weltkrieges gebaut.

Am 4. Juli 1951 wurde die Gruppe als Akaflieg Braunschweig wiedergegründet. Mit ihrer Serie von der *SB 5* bis zur *SB 9* beeinflußte sie entscheidend die geradezu sprunghafte Entwicklung des modernen Segelflugzeugbaues in der Zeit von 1960 bis 1970. In den ersten Jahren unterschied sich die Akaflieg Braunschweig mit einem *SG 38* und zwei *Grunau Babys* in nichts von jeder anderen Fliegergruppe in Deutschland. Beim Bau einer *Weihe* sammelte die Gruppe die erste Bauerfahrung in Leistungsflugzeugen. Aber dann machte man sich Gedanken, in welcher Form man dem wissenschaftlichen Beinamen der Gruppe gerecht werden konnte. Viele Umstände ließen die Verwirklichung des Traumobjektes *SB 5* erst 1957 erfolgen. Mit der *SB 5* sollte der Anschluß gewonnen werden an die Entwicklung, die der Segelflugzeugbau nach dem Zweiten Weltkrieg im Ausland genommen hatte. Diese Entwicklung war gekennzeichnet durch die Anwendung von Laminarprofilen, meist der NACA-Serie entnommen. Die ersten Entwurfarbeiten, an der *SB 5* entstanden im Herbst 1953. 1957 wurde die Arbeit wieder aufgenommen und nach eineinhalb Jahren Bauzeit konnte die *SB 5* unter Führung von Georg Radatz am 3. Juni 1959 ihren Erstflug durchführen. Die *SB 5* wurde ein Segelflugzeug konventioneller Bauweise mit günstigen Leistungen. Der 15 m-Vogel der Standardklasse entstand mit einem Sperrholzschalenrumpf und einem V-Leitwerk. Bei den Deutschen Segelflugmeisterschaften 1961 belegte Otmar Heise unter 36 Teilnehmern den 8. Platz inmitten von 29 *Ka 6*. Am 6. Juni 1961 geriet die *SB 5* bei einem Zielflug nach Frankreich in der Nähe von Herford in ein Gewitter und wurde vollkommen zerstört. Der Pilot konnte sich mit dem Fallschirm retten. Die Konstruktionsunterlagen aber blieben erhalten und die jungen Konstrukteure der Akaflieg Braunschweig, und der Bamberger Hans Eichelsdörfer, entwickelten den Typ weiter. So ging in Bamberg ab Juni 1963 nach Abschluß der Musterprüfung die *SB 5 B* in Serie. Von ihr wurden bis 1970 über 100 Exemplare gebaut.

Die junge Generation deutscher Flugzeugkonstrukteure bei der Akaflieg Braunschweig träumte aber bereits nach den ersten gelungenen Flügen ihrer großartigen *SB 5* von einem eigenen »Super-Schiff«. Angeregt durch einen Besuch der Werkstattarbeiten am *Phönix* war Björn Stender von den neuen Möglichkeiten der Kunststoffbauweise sehr beeindruckt. Mit seinen Erkenntnissen konnte er auch seine Kameraden begeistern. Die neuartige Kunststoffbauweise, theoretisch errechnete Profile und extreme Abmessungen sollten Höchstleistungen ermöglichen. In der erstaunlich kurzen Zeit von nur einem Jahr wurde die *SB 6* entworfen, konstruiert und gebaut. Ihr geistiger Vater wurde Björn Stender. War die *SB 5* ein Flugzeug der Standardklasse, so gehörte der Hochleistungssegler *SB 6* mit 18 m Spannweite zu den Typen der Offenen Klasse, ein Flugzeug, das in einer Balsaholz-Glasfaser-Epoxydharz-Verbundbauweise hergestellt wurde. Mit der *SB 6* begann die eigentliche Forscherarbeit der Studenten von Braunschweig. Auffallend die bis zum Äußersten getriebene Schlankheit des Holmes, dessen Höhe nur noch 0,7 % der Spannweite betrug. Mit 18 m Spannweite und 13 m² Flügelfläche ergab sich eine enorme, ganz auf die Erzielung einer bestmöglichen Gleitzahl zugeschnittene Flügelstreckung. Ein besonders günstiges Profil wurde eigens für die *SB 6* von Dr. Richard Eppler berechnet.

Um bei der *SB 6* auf die Flügelmulden und den Kernkörper des Rumpfes verzichten zu können, war eine unvollständige Sandwich-Schale notwendig, nämlich ohne die innere GFK-Deckschicht. Voruntersuchungen mit Bauelementen und ein späterer statischer und dynamischer Festigkeitsversuch mit einem ganzen Flügel bei der Deutschen Forschungsanstalt für Luftfahrt in Braunschweig bestätigten die Zulässigkeit dieser anfangs als Wagnis erscheinenden Gestaltung. Hierbei mußte die äußere GFK-Deckschicht notwendigerweise stärker sein und das hauptsächlich tragende Element bilden, während die Balsa-Schale mehr nur als formgebendes Stützgerüst dient.

In ähnlicher Weise entstand auch der Rumpf der *SB 6* aus einer Balsa-Schale, die nur außen mit GFK belegt war. Nachdem Flügel und Rumpf in Balsa gestaltet und mit GFK überzogen waren, wurde durch Spachteln und Schleifen das Fertigmaß hergestellt. Hierbei mußte nach sehr genauen Schablonen und mit höchster Sorgfalt gearbeitet werden.

Auch für zahlreiche konstruktive Einzelheiten, so für das Steuerknüppel-Aggregat und für die Lagerung und Schnellmontage des Höhenleitwerks fand Stender verblüffend einfache und praktische Lösungen.

Eine besonders einfache aber umso interessantere Detailkonstruktion ist die Flügelverbindung der *SB 6*, die Otmar Heise für die *SB 6* gefunden hat.

Der breite Kastenholm des rechten Flügels verjüngt sich zum freien Ende hin bis auf die Breite eines Beschlages mit Steckdübel, während der Holm des linken Flügels gegabelt ist und in zwei solche Dübelbeschläge ausläuft. Diese Holmzungen reichen jeweils durch den Rumpf hindurch bis zur Wurzelrippe des Gegenflügels, die entsprechende Dübellöcher trägt. In je ein kleineres Dübelloch im Nasen- und Schwanzteil der Wurzelrippen greifen außerdem vier Dübelzapfen vom Rumpfmittelstück her ein. Auf diese Art werden beim Zusammenstecken der Flügel durch das Rumpfmittelstück hindurch zugleich die beiden Flügel biegungsfrei miteinander verbunden und an vier Punkten am Rumpf aufgehängt. Das Herausgleiten aus den Steckverbindungen verhindert ein einziger schlanker Bolzen, der in der

SB 9 im Fluge über Braunschweig-Waggum.

Mitte von vorn nach hinten durch die Holmzungen gesteckt wird. Diese verblüffend einfache und zweckmäßige Flügelverbindung wurde anschließend bei der Konstruktion fast aller Kunststoffvögel übernommen.

Wie eine Reihe anderer Konstrukteure ließ sich Stender bei der Gestaltung des Rumpfes von den polnischen Vorbildern der Weltmeisterschaft 1960 beeinflussen und wählte für die *SB 6* eine halbliegende Anordnung des Piloten.

Zwei Erkenntnisse beeinflußten den Gesamtentwurf der *SB 6:* es waren die neuen Konstruktionsideen der HKS-Typen und die Erfolge, die mit dem Eppler-Profil und den glasfaserverstärkten Kunststoffen (GFK) beim *Phönix* und der *Kria* erzielt wurden. Da die Braunschweiger Studenten nur ein Einzelstück als Beweis ihrer wissenschaftlichen Arbeiten bauen wollten, schufen sie keine Formmulden, keine Negativformen, sondern bauten gleich, wie bislang, von innen nach außen und schliffen statt der Formmulde lieber gleich den richtigen Flügel. Den Jubel der jungen Studenten kann man sich erklären, als am 2. Februar 1961 der erste Flug bewies, daß ihre papierenen Formelzeichen nun plötzlich physikalische Wirklichkeit waren. Prof. Blenk taufte das Flugzeug am 6. Mai 1961 auf den Namen *Nixope.* Wenige Tage später belegte ihr geistiger Vater Björn Stender bei der Deutschen Meisterschaft 1961 bei seinem ersten Start in einer Deutschen Meisterschaft den 5. Platz unter 15 bekannten Namen.

War die *SB 6* ein Versuchsflugzeug, mit dem man die Grenzen des Technisch-Möglichen in dieser neuen Bauweise ermitteln wollte, so stellte die 1962 entworfene *SB 7* eine Neukonstruktion für die Standardklasse dar, in der man die bei der *SB 6* gemachten Erfahrungen verwertete. Alles in allem sollte die *SB 7* ein Mittler zwischen den guten Flugleistungen der *SB 6* und den ausgezeichneten Flugeigenschaften der *SB 5* sein. Die *SB 7* ist ein Leistungseinsitzer der Standardklasse mit Eppler-Profil, einholmigem Rechteck-Trapezflügel mit zweiteiligen Sturzflugbremsen nach dem Schempp-Hirth-System, automatischen Ruderanschlüssen, Flächenanschluß wie erstmals bei der *SB 6* durch eine denkbar einfache, aber wohlüberlegte Gabel-Zungen-Anordnung, sehr niedrigem Rumpf mit eingestrakter Haube und einziehbarem ungefedertem Fahrwerk und Pendel-T-Leitwerk. Da am Bau der *SB 7* viele Studenten aus der Zeit der *SB 6* beteiligt waren, konnten eine Reihe von Details weiterhin verbessert werden.

Der einholmige Flügel wurde bewußt analog zur *SB 6* gewählt, um die Ergebnisse der Festigkeitsuntersuchungen an einem *SB 6*-Bruchflügel direkt auf die *SB 7* übertragen zu können. Eine Vereinfachung des Flügelaufbaues brachte der 3,5 m lange Rechteckteil.

Das Leitwerk wurde zur Widerstandsverringerung als Pendel-T-Leitwerk ausgeführt. Die Probleme der Krafteinleitung vom Höhenleitwerk ins Seitenleitwerk konnten durch ein geschweißtes T-Stück gelöst werden. Die

Steuerung aller Ruder geschieht über Stoßstangen, wobei alle Ruderantriebe innen liegen. Die Ruderanschlüsse sind automatisch. Die *SB 7* hat im Gegensatz zu den anderen Braunschweiger Neukonstruktionen wieder Sturzflugbremsen, aus Dural gefertigt. Da die *SB 7* ein Einziehfahrwerk besaß, mußte Rolf Kuntz bei den Weltmeisterschaften 1963 mit diesem 15 m-Vogel in der Offenen Klasse starten. Eckhard Möllendorf flog die *SB 7* in der Standardklasse der Deutschen Meisterschaften 1966 in Roth.

Nach den Erfahrungen mit *SB 6* und *SB 7* blieben die Braunschweiger Studenten ihrer Arbeit auf dem Gebiet der Glasfaser-Kunstharz-Verarbeitung in Verbindung mit dem Stützstoff Balsaholz treu und schufen 1964 mit der *SB 8* nunmehr wieder eine Neukonstruktion der Offenen Klasse. Die Konstruktionsarbeit dauerte zwei Jahre. Bei der *SB 8* hatten sie das Ziel, ein Flugzeug hoher Leistung bei schwachen Thermikbedingungen zu schaffen. Die Bauzeit betrug neun Monate, und das natürlich nur in der Freizeit. Bei der *SB 8* stellte die Akaflieg diesmal für die Flügeloberseite und das Höhenleitwerk Negativ-Schalen her. So mußte nur die Flügelunterseite gespachtelt und geschliffen werden. Als Profil wurde das für den Langsamflug besonders geeignete Wölbklappenprofil Wortmann FX 62-K-131 gewählt. Der Flügel enthält außer dem Hauptprofil innen und außen zwei andere Profile wegen der besonderen Anforderungen an den Innen- und Außenflügel (Bauhöhe bzw. Querrudereigenschaften) und eine Schränkung am Außenteil, um auch noch im Kurvenflug bei Böigkeit ein harmloses Abreißverhalten bei guter Querruderwirkung zu erzielen. Die Querruder schlagen zusammen mit den Wölbklappen um einen Teilbetrag mit aus. Die *SB 8* hat großzügig bemessene Bremsklappen. Für die absolute Zuverlässigkeit und gute Dosierbarkeit hat man selbst einen Gleitwinkelpunkt in Kauf genommen. Der Flügel besteht aus einem Kastenholm (außen I-Holm), Balsarippen und einer üblichen GFK-Torsionsschale mit längsverlegtem Balsa. Die Gabel-Zungen-Verbindung hat sich inzwischen vielfach bewährt. Wegen vieler Vorteile wurde ein T-Leitwerk gewählt. Das Höhenleitwerk ist normal mit festem Flossenteil ausgebildet, ebenfalls in Balsa-GFK. Das Seitenruder ist aus Gewichtsgründen konventionell mit Stoff bespannt. Der Rumpf wurde hinter dem Flügel zur Widerstandseinsparung stark eingeschnürt. Auf absolute Höchstleistung wurde zugunsten einer kurzen, abgesetzten, aber sichttechnisch einwandfreien Haube verzichtet. Die angenehme Belüftungsmöglichkeit hat sich bei solchen Hauben gut bewährt. Der Aufbau besteht wie der Flügel aus einer Balsa-GFK-Schale mit leichten Balsaspanten und zwei Kiefer-Sperrholz-Hauptspanten mit Rumpf-Flügel-Übergangsbereich. Das Fahrwerk ist einziehbar mit großem Raddurchmesser.

Anhand des Großmodells (Maßstab 1:6,5), für dessen Vermessung Professor Schlichting den großen Windkanal der DFL zur Verfügung stellte, konnte die Wirksamkeit von Klappen und Leitwerken und das Abreißverhalten untersucht werden.

Die Hauptsorge war das Gewicht. Durch saubere Bauweise und wohlüberlegte konstruktive Einzelmaßnahmen erreichten die Braunschweiger Studenten für diesen 18 m-Vogel ein Leergewicht von nur 220 kg.

Vom Sommer bis Herbst 1966 wurden die Positivkerne (aus Schaumstoff mit GFK-Belag) und die Negativabgüsse (GFK-Sandwich mit eisenpulverhaltiger, harter Oberfläche) gebaut. In die Negativmulden wurden nacheinander Trennmittel, Farbschicht, Oberschale, Holm, Rippen, Steuerung und Unterschale eingelegt, wobei die erste Schicht unter einem Foliesack im Vakuum-Saugverfahren in die Form gepreßt wurde. Sämtliche Teile (Flügel, Rumpf und Leitwerk) enthalten Innengewebe, bestehen also aus Voll-Sandwich, eine Methode, welche die Braunschweiger Studenten erstmals angewendet haben. Die Bauzeit für die erste Fläche dauerte sieben Wochen, für die zweite nur drei Wochen. Das Trennen aus der Form ging überraschend einfach und ohne Beschädigung. Noch vor Weihnachten wurde der Rumpf begonnen, traditionsgemäß auf einem Hellingrohr mit Formspanten. Die Balsaschale der hinteren Rumpfröhre wurde wie beim Flügel vorverleimt und in einem Stück aufgebracht, wodurch eine gleichmäßigere Oberfläche erzielt wurde als bei Einzelleisten. Am 25. April 1967 erfolgte der Erstflug auf dem Braunschweiger Flughafen, der zu einem ausgedehnten Testflug wurde. Bei den Deutschen Meisterschaften 1968 belegte Wolfgang Beduhn auf *SB8V1* den 5. Platz, Helmut Treiber auf *V 2* den 7. Platz, 1971 wurde Adolf Schreiber auf *SB 8* deutscher Vizemeister.

Zur Deutschen Segelflugmeisterschaft 1969 erschien die Akaflieg Braunschweig mit einem neuen Forschungsflugzeug, mit der *SB 9.* Diesmal wollten die Braunschweiger eine Leistungssteigerung durch radikale Flügelvergrößerung erzielen. Zwischen aufreizenden Spannweitenzahlen und der Angst vor dem großen Sprung ins Ungewisse blieben die Rechenschieber der Konstrukteure schließlich bei 22 m Spannweite stehen: Streckung 31,3! Die Spannweite wurde durch ansteckbare Außenflügel, damit ein vierteiliger Flügel, erreicht. Einige Handicaps sollen nicht unerwähnt bleiben: Flügelgeometrie, Steifigkeitsverteilung, Querruderlänge und Seitenruderwirkung sind vielleicht nicht ganz optimal, und die Böengeschwindigkeit mußte von 200 km/h auf 180 km/h heruntergesetzt werden.

Da die *SB-9* zum größten Teil aus der *SB 8/V 2,* diese wiederum aus der früher ausführlich beschriebenen *SB 8/V 1* hervorgegangen ist, erübrigt sich eine eingehende Beschreibung der Bauweise: GFK-Konstruktion mit Balsaholz als Stützstoff für den Rumpf bzw. PVC-Schaumstoff für den Flügel, der als tragendes Element einen Holm aus Glasrovings besitzt. Hauptflügel und Höhenleitwerk wurden in Sandwich-Bauweise im Vollnegativ, die Außenflügel aus Balsa im Halbnegativ gebaut. Die Wölbklappen sind elastisch gestaltet, verformen sich kontinuierlich wie bei den HKS-Typen, so daß die Flügeloberseite im Wölbklappenbereich völlig ohne Schlitze ist. Außergewöhnlich dürfte auch für ein 22 m-Flugzeug das relativ dünne Profil von nur 13% Dicke sein. Die beste Gleitzahl der 22 m-Version konnte gegenüber der 18 m-Version von 42 auf 48 und die minimale Sinkgeschwindigkeit von 0,52 m/s auf 0,45 m/s verbessert werden. Das sind 15%. Die Flächenbelastung ging bei Normalzuladung von 27 kg/m² auf 26 kg/m² herunter.

Der Erstflug von 30 Minuten Dauer fand am 23. Januar 1969 über dem Braunschweiger Flughafen statt. Bei den Deutschen Meisterschaften 1969 belegte Treiber den 5. Platz.

Die Grundidee der Konstruktion der *SB 9,* Leistungssteigerung durch radikale Flügelvergrößerung, erzielt durch eine Anhebung von Spannweite und Flügelstreckung in den oberen Grenzbereich, führte 1971/72 bei der Akademischen Fliegergruppe Braunschweig zur Konstruktion des zweisitzigen Hochleistungs-Forschungssegelflugzeugs *SB 10* mit einer Flügelspannweite von 29 m. Leistungsrechnungen der AKAFLIEG hatten ergeben, daß sich eine Reduzierung der drei Widerstandsanteile Profilwiderstand, induzierter Widerstand und schädlicher Widerstand nur dann einstellt, wenn man Spannweiten zwischen 20 und 30 m verwendet. (Espenlaub würde an dieser Erkenntnis seine größte Freude haben!) Die wirksame Möglichkeit zur Verminderung des induzierten Widerstands sieht die AKAFLIEG in der Erhöhung der Flügelstreckung und Vergrößerung der Spannweite. Bei einem Flugzeug sehr großer Flügelfläche hat ferner der schädliche Widerstand, der zu einem Großteil vom Rumpf erzeugt wird, einen kleineren Anteil am Gesamtwiderstand als bei einem Flugzeug kleiner Flügelfläche. Die gewaltige 29 m-Spannweite der *SB 10* erreichten die Studenten von Braunschweig durch die Anwendung einer revolutionären Bauweise auf das besonders stark beanspruchte Tragflächenmittelstück: der Kohlenstoffaser-Kunststoff-Verbundbauweise, die wesentliche Gewichts- und Festigkeitsvorteile gegenüber konventioneller Werkstoffe bietet. Der Tragflügel besteht bei der 29 m-Version aus fünf Teilen, dem 8 m langen Mittelstück aus kohlenstoffaserverstärktem Kunststoff und je zwei Außenflügeln, die von der *SB 9* übernommen wurden. Die 26 m-Version besitzt nun einen dreiteiligen Flügel. Als Flügelprofile fanden innen ein modifiziertes Wortmann 62-K-153, in Flügelmitte ein modifiziertes Wortmann 62-K-131 und am Außenflügel das Wortmann 60-126 Verwendung. Der Rumpf, eine Leichtmetallröhre mit einer Länge von 10,36 m, einer Breite von 0,68 m und einer Höhe von 0,94 m wurde bei VWF-Fokker gefertigt. Der Rumpf, die Leitwerkgruppe und das einziehbare gefederte Fahrwerk wurden neu entworfen. Das Höhenleitwerk, das eine Spannweite von 3,3 m, eine Fläche von 1,46 m² und eine Streckung von 7,45 hat, erhielt das NACA-Profil 63-006 A und ist im Ausschlag auf ± 20° begrenzt.

Nach vielen Überlegungen, Erkenntnissen und Versuchen entstand mit einem Arbeitsaufwand von etwa 12000 Stunden in zwei Jahren das SB 10-Projekt. Am 22. Juli 1972 führte Helmut Treiber die Erstflüge durch. Zuerst startete er mit der 26 m-Version, dann mit der 29 m-Version. Bei der zweiten Landung fuhr Treiber die Landeklappen am Flügelmittelstück auf 30° (maximaler Ausschlag 75°) aus, und in Verbindung mit den von der *SB 9* stammenden Bremsklappen landete die *SB 10* auf kürzester Strecke. Helmut Treiber war von den Flugeigenschaften angenehm überrascht, vor allem von der guten Rollwendigkeit der *SB 10.*

Bei den Konstruktionen *SB 6* bis *SB 10* handelt es sich ausschließlich um Experimental-Einzelstücke, um reine Forschungsflugzeuge, deren Ergebnisse aber sich befruchtend auf den modernen Segelflugzeugbau ausgewirkt haben.

Baumuster:

	SB 5	SB 6	SB 7	SB 8	SB 9
Abmessungen (dimensions)					
Spannweite					
m	15,00	18,00	15,00	18,00	22,00
Länge					
m	6,50	7,50	7,00	7,70	7,50
Flügelfläche					
m^2	13,00	12,95	11,85	14,10	15,48
Seitenverhältnis					
	17,30	25,00	19,00	23,00	31,30
Gewichte (weights)					
Rüstgewicht					
kg	203,00	230,00	200,00	220,00	314,00
Zuladung					
kg	97,00	105,00	100,00	105,00	102,00
Fluggewicht					
kg	300,00	335,00	300,00	325,00	416,00
Flächenbelastung					
kg/m^2	23,10	25,60	25,30	23,00	27,00

Leistungen (performances)

Mindestgeschwindigkeit					
km/h	60,00	58,00	62,00	53,00	59,00
Höchstgeschwindigkeit					
km/h	200,00	200,00	254,00	200,00	180,00
Sinkgeschwindigkeit					
	0,63 bei	0,55 bei	0,61 bei	0,55 bei	0,45 bei
m/sec	66 km/h	85 km/h	81 km/h	67 km/h	72 km/h
Höchstgeschwindigkeit im Windenschlepp					
km/h	120,00	120,00	120,00	120,00	120,00
Höchstgeschwindigkeit im Flugzeugschlepp					
km/h	120,00	130,00	130,00	140,00	130,00
Gleitzahl					
	32,5 bei	42 bei	39,5 bei	41 bei	48 bei
	77 km/h	85 km/h	105 km/h	82 km/h	85 km/h
Profil					
	NACA	Ste	Eppler	Wortmann	
	63_3-618	871-514	306	62-K-153	62-K-153
				62-K-131	62-K-131
				60-126	60-126

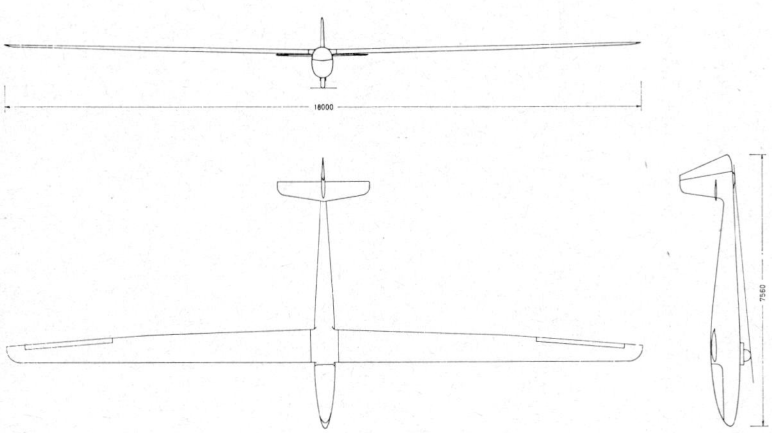

Übersichtszeichnung SB 6.

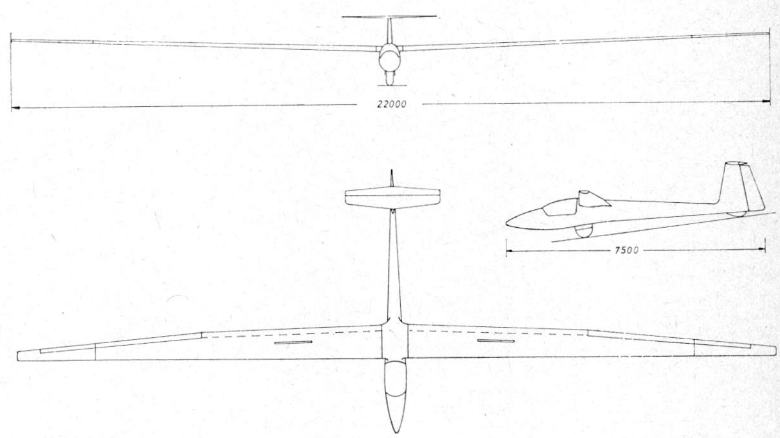

Übersichtszeichnung SB 9.

Einsitzer / Ausland

Wenn auch schon 1923 deutsche Segelflieger nach Österreich, 1924 nach Italien, 1925 nach Rußland, 1928 nach Frankreich und in die Vereinigten Staaten zogen, um ihren Sport zu demonstrieren, wenn auch schon seit 1922 immer wieder begeisterte Flieger aus vielen Ländern zur Wasserkuppe kamen, so begann doch die Geschichte des Internationalen Segelfluges erst im Juni 1930, als in Frankfurt und auf der Wasserkuppe die ISTUS, die Internationale Studienkommission für Segelflug, gegründet wurde. In vielen Vorträgen und Tagungen wurden jetzt die Erfahrungen international ausgetauscht. Damit begann nun auch in anderen Ländern ein wesentlich intensiverer Bau von Segelflugzeugen als vorher. Viele Länder bauten deutsche Typen nach und kamen so zum Eigenbau und schließlich zur Konstruktion eigener Flugzeuge. Andere Nationen gingen schon sehr früh ihren eigenen Weg. Dazu gehören vor allem Polen und die Schweiz. Aber auch in Großbritannien und Frankreich, in den USA und in der UdSSR entstanden eigene Entwürfe, von denen gar mancher Meisterschaften gewann und Rekorde erflog und dadurch auch über seine eigenen Landesgrenzen hinaus bekannt wurde. Die erfolgreichsten Typen dieser Entwicklungsreihe sollen nunmehr, ohne Anspruch auf Vollständigkeit zu erheben, im nächsten Abschnitt gewürdigt werden.

S 18

Der Schweizer Jakob Spalinger (Jahrgang 1898), der einzige Ausländer, der zum ersten Rhön-Segelflug-Wettbewerb 1920 auf der Wasserkuppe gemeldet war und dann wegen eines Beinbruches nicht erscheinen konnte, gehört zu den Pionieren des Segelfluges und wurde einer der bekanntesten Konstrukteure in der Schweiz. Schon als Schuljunge bastelte er vor dem Ersten Weltkrieg einen Gleiter, berechnete und konstruierte dann von 1913 bis 1918 den Gleiter *S 1*, mit dem er auch in die Rhön wollte. Seine bekannteste und erfolgreichste Konstruktion aber wurde der Leistungseinsitzer *S 18*.

Die Geschichte der *S 18* begann 1934 mit dem Auftrag des Eidg. Luftamtes, ein Segelflugzeug zu konstruieren, das trudelsicher sein sollte. Spalinger konstruierte die *S 17*, die bei der Bau AG Wynau, einer Bauschreinerei, hergestellt wurde. Die *S 17* war ein einfach konstruiertes Segelflugzeug mit einem Sperrholzrumpf, vorne sechseckig, hinter dem Flügel fünfeckig. Der Flügel, ein freitragender, einholmiger Knickflügel, hatte 12,6 m Spannweite. Am 31. August 1935 flog Spalinger selbst diesen ersten *S 17* auf dem Flugplatz Langenthal ein. Der damalige Oberexperte des Schweizer Segelfluges, Hermann Schreiber, setzte einen Preis aus für jenen Flugzeugführer, dem es gelang, den Übungssegler *S 17* ins Trudeln zu bringen. Aber der Preis wurde nie gewonnen. Nach den guten Erfahrungen mit dem *S 17* hatten die Segelflieger den Wunsch nach einem ähnlichen Segelflugzeug mit besseren Leistungen.

So entstand aus dem *S 17* der erste *S 18-I* mit 13,3 m Spannweite und ovalem Sperrholzrumpf. Den Erstflug führte Jakob Spalinger als Konstrukteur, Bau- und Flugprüfer am 24. Mai 1936, wiederum auf dem Flugplatz Langenthal, selbst durch. Er startete mit der *S 18-I*, »HB-181«, im Windenschlepp. Die ersten beiden *S 18-I* nahmen anschließend am »Tag der Segelflieger« der Olympischen Spiele in Berlin 1936 teil, wozu übrigens die Schweizer Segelflieger in der gleichen Kleidung kamen wie die olympischen Wettkämpfer der Schweiz. Die *S 18-I* zeigte in Berlin-Staaken ein vollständiges Kunstflugprogramm. Mit einer Spannweite von 14,3 m entstand *S 18-II*. Den Prototyp baute sich Spalinger selbst, machte am 13. Juni 1937 den Erstflug und gewann mit diesem Flugzeug im Herbst 1937 die erste Segelflugmeisterschaft der Schweiz. Hermann Schreiber ließ sich eine *S 18-T* bauen, d. h. eine *S 18-II* mit verstärktem Knick. Mit dieser »HB-213« startete Schreiber am 6. August 1937 im Gummiseilstart auf dem Roches de Nayes, flog über das Wallis und überflog erstmals im freien Segelflug den Simplon. Nach 66 km landete er nach dieser Alpenüberquerung in Palagnedra im Contovalle (Tessin).

Am 24. April 1939 stellte Spalinger auf *S 18-II*, »HB 214«, einen neuen Schweizer Zielflugrekord mit 120,5 km auf, am 17. Juli 1939 Max Schachenmann auf *S 18-II a* einen neuen Schweizer Streckenflugrekord über 216 km und noch kurz vor dem Kriege segelte Schwarzenbach auf *S 18-II b* über die Schweizer Hochalpen vom Genfer See zum Bodensee. Dazwischen wurde eine *S 18-K* gebaut, eine Kunstflugversion für einen französischen Segelflieger, mit 11,7 m Spannweite und mit für Rückenflüge verstärkten Holmen. Noch vor Kriegsbeginn folgte der *S 18-III*. Es wurde für lange Jahre das meistgebaute und erfolgreichste Baumuster des Schweizer Segelfluges.

Noch 33 Jahre später flogen *S 18-Typen* in der Schweiz, in Deutschland und in Afrika. Insgesamt wurden bei H. G. Wynau (Kanton Bern) in der Serienherstellung 57 Stück gebaut. Dazu kamen noch mehrere Muster im Ausland. Die *S 18-III* zeigte gegenüber dem Erstlingsmuster eine wesentlich verbesserte Kabine, die durch Hochziehen des Rumpfes in die Linienführung des Rumpfes einbezogen wurde. Durch die *S 18*-Flugzeuge gab es einen gewaltigen Aufschwung im Schweizer Segelflug. Es war das erste Flugzeug, das Leistungsflüge auf breiter Basis ermöglichte. Spalinger schreibt den Erfolg der Tatsache zu, daß der Rumpf ohne Helling gebaut werden konnte und zwar infolge der Anordnung eines zentralen Kielspantes und den guten Flugeigenschaften, die es ermöglichten, direkt vom *Zögling* auf *S 18* umzuschulen.

Die *S 18* war weder einseitig auf Geschwindigkeit noch auf geringste Sinkgeschwindigkeit gezüchtet und hatte angenehme Flugeigenschaften. Der französische Segelflugpionier Erich Neßler erflog auf *S 18-III* am 1./2.

S 18 beim Internationalen Segelflug-Wettbewerb 1937 auf der Wasserkuppe.

Mai 1942 mit 22 Stunden 28 Minuten neuen französischen Dauerrekord und am 18./19. Juni 1942 mit 38 Stunden und 21 Minuten sogar neuen Weltrekord. *S 18*-Typen lagen bei den Segelflug-Landesmeisterschaften in der Schweiz, in Argentinien und Südafrika immer in der Spitzengruppe. Und noch am 18. Mai 1959 gelang Rudolf Seiler auf *S 18 II a* von Altenrhein mit 396 km einer der längsten Streckenflüge von der Schweiz aus. Er landete in Grenoble.

Nach dem Krieg entstand *S 18 A,* ein Leistungseinsitzer, der sowohl für Wolkenflug als auch für Kunstflug und für eine Höchstgeschwindigkeit von 240 km/h zugelassen war. *S 18 A* hatte keinen Knickflügel mehr, eine Spannweite von 13,8 m und eine Länge von 6,6 m. Alle Steuerorgane waren kugelgelagert, die Quersteuerung erfolgte durch Gestänge. Der *S 18 A* hatte eine geräumigere Kabine und vor allem eine verbesserte Reisegeschwindigkeit.

Spalinger hat noch eine Reihe von weiteren Typen konstruiert, von denen besonders der Doppelsitzer *S 21,* ein abgestrebter Knickflügel mit 17,3 m Spannweite genannt sei. Spalinger baute dabei die Version S 21-I mit hintereinanderliegenden Sitzen, mit einem Sperrholzrumpf mit ovalem Querschnitt, eine *S 21-II,* Sitze nebeneinander in einem Stahlrohrrumpf mit kantigem Querschnitt. Um den Rumpfquerschnitt nicht übermäßig breit werden zu lassen, wurden die Sitze um 27 cm in der Tiefe gestaffelt. Die *S 21-III* war ein Doppelsitzer mit hintereinanderliegenden Sitzen und Stahlrohrrumpf. Mit dem Doppelsitzer *S 21* wurde nicht nur intensiv geschult, sondern auch sämtliche Schweizer Landesrekorde in der Klasse der Doppelsitzer erflogen.

Spyr I – V

Der dritte bekannte Schweizer Segelflugzeug-Konstrukteur in der Zeit von 1930 bis 1950 war Ing. August Hug aus Luzern mit seiner *Spyr-Serie I bis V.* Er begann 1929 mit dem leichten Leistungsflugzeug *Spyr I,* einem freitragenden Hochdecker mit 15 m Spannweite und nur 112 kg Leergewicht. 1931 wurde der Bau bei Fritz Obrecht in Zürich fertiggestellt und noch im gleichen Sommer gelang Willi Farner, dem ersten bekannten Segelflieger der Schweiz, der erste Streckenflug vom Jungfraujoch nach Stans. Farner stellte auch die ersten nationalen Rekorde auf. Ferner wurden mit dem *Spyr I* auch die ersten Schleppflüge in der Schweiz durchgeführt. Nach den Erfahrungen mit *Spyr II* folgte 1933 bei den Gebrüdern Müller in Wald mit *Spyr III* das erfolgreichste Muster von August Hug. Den Erstflug führte 1933 Felix Binder durch. Hermann Schreiber, der damalige Ober-Experte des Schweizer Segelfluges, erprobte den *Spyr III* am 1. Juli 1934 im Schleppflug und schrieb: »Das Flugzeug macht einen ganz hervorragenden Eindruck. Ich betrachte es in jeder Beziehung für das beste gegenwärtig in der Schweiz befindliche Flugzeug.« *Spyr III* war das erste Leistungsflugzeug, dessen Bau vom Eidgen. Luftamt gefördert wurde. Bei der Subvention wurde am 25. Juni 1935 erklärt, daß »wir den Spyr nach wie vor als die derzeitig beste schweizerische Leistungsmaschine betrachten«. Der freitragende Hochdecker *Spyr III a,* bei Georg Müller in Holzbauweise hergestellt, mit zweiteiligem geknickten Einholm-Spitzflügel und Rumpf von eiförmigem Querschnitt, erhielt eine abwerfbare Haube, während der Prototyp *Spyr III* noch einen offenen Sitz aufwies. Das Flugbild war an den dreiecksförmigen Flügeln sofort zu erkennen. Der 16 m-Vogel flog langsam, dafür aber konnte man noch die schwächsten Aufwinde ausnützen. 1934 wurde mit dem *Spyr III* der erste 10-Stundenflug in der Schweiz durchgeführt. 1936 stellte Fritz Schreiber über Belpmoos mit 25 Stunden und 46 Minuten einen auch international beachteten neuen Schweizer Dauerrekord auf. Ebenso wurde 1936 der Schweizer Streckenrekord und 1937 der nationale Höhenrekord auf *Spyr III* verbessert. Den größten Erfolg auf *Spyr III* erzielte Sandmeier im Internationalen Rhön-Segelflug-Wettbewerb 1937 auf der Wasserkuppe, als er sich zur allgemeinen Überraschung mit dem 4. Platz in der Spitzengruppe der Welt behaupten und sich inmitten der führenden deutschen Mannschaft mit deren Einzelkonstruktionen placieren konnte. 1938 gelang auf *Spyr III* der erste Zielflug mit Rückkehr in der Schweiz, wurde *Spyr III* das Siegerflugzeug im Nationalen Wettbewerb und erzielte beim ISTUS-Fliegen in Bern die einzige Wertung eines Schweizer Piloten, wiederum mit Fritz Schreiber. Noch 1953 erwarb die deutsche Segelfluggruppe von Spaichingen den *Spyr III* HB-109. Nachdem kein Muster vom *Spyr III* mehr zugelassen ist, wird diese erfolgreiche Schweizer Konstruktion 1970 in der neuen Flughalle im Schweizer Verkehrshaus in Luzern einen Ehrenplatz erhalten.

Die Empfindlichkeit der *Spyr III,* besonders im Wolkenflug, führte bei der *Spyr IV* zur Wahl einer neuartigen Flügelform, die hohe Querstabilität mit guter Wendigkeit verband. Der 16,4 m-Flügel hatte eine recht auffällige Form mit großer Flügeltiefe in Rumpfnähe und stark zugespitzten Flügelenden. Durch die höhere Geschwindigkeit eignete sich der *Spyr IV* für Streckenflüge. *Spyr IV* HB-336 flog noch 1970 in der Schweiz über die Lande.

Typische Merkmale der *Spyr*-Muster waren die Flügelbefestigung in sogenannter Dreipunktlagerung, sowie Ausnutzung der ganzen Profilhöhe für den Holmquerschnitt durch Unterteilung der Flügelrippen in Nasen- und Endstück.

1942 entstand der Doppelsitzer *Spyr V,* der bereits 1939 im Entwurf und Rohbau fertig war. August Hug, der sich seit 1912 mit Flugzeug-Konstruktionen beschäfigt, entwickelte aus *Spyr V* in den Jahren von 1943 bis 1946 mit zahlreichen Änderungen den Doppelsitzer *Spyr V a* mit 18,4 m Spannweite. Er wurde von 1946 bis 1949 bei den Pilatus-Werken und von der Segelfluggruppe Nidwalden gebaut. Bei den Weltmeisterschaften 1954 in England begann der spätere mehrfache Schweizer Meister und vielfache Rekordflieger Dr. Hans Nietlispach auf diesem *Spyr V a* mit dem 4. Platz in der Doppel-

Sandmeier - Schweiz belegte auf Spyr III beim Internationalen Segelflug-Wettbewerb 1937 auf der Wasserkuppe überraschend den 4. Platz.

sitzerklasse seine große Laufbahn. Zwei Muster der Doppelsitzer *Spyr V* und *Spyr V a* waren noch 1970 im Einsatz.

Baumuster	Spyr III	
Leistungen (performances)		
Spannweite	16,00	m
Länge	6,00	m
Flügelfläche	13,55	m^2
Seitenverhältnis	19	
Gewichte (weights)		
Rüstgewicht	108,00	kg
Zuladung	75,00	kg
Fluggewicht	183,00	kg
Flächenbelastung	13,50	kg/m^2
Abmessungen (dimensions)		
Mindestgeschwindigkeit	50,00	km/h
Höchstgeschwindigkeit		
Sinkgeschwindigkeit	0,55	m/sec
Höchstgeschw. im Windenschlepp	90,00	km/h
Höchstgeschw. im Flugzeugschlepp	120,00	km/h
Gleitzahl	27	
Profil	Gö 535	

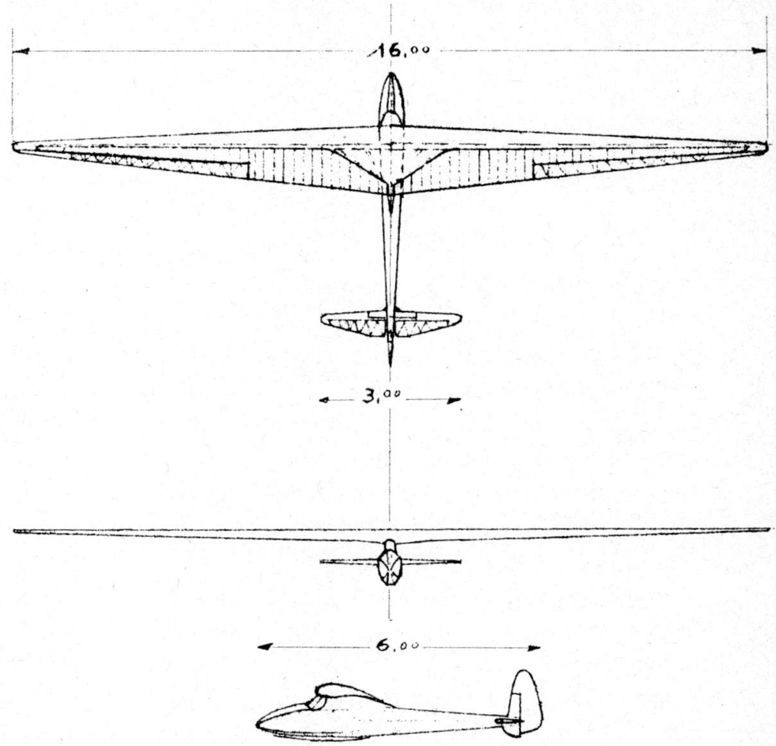

Übersichtszeichnung Spyr III, das erfolgreichste Muster der Spyr-Serie.

Baumuster	Spyr V a (Doppelsitzer)	
Abmessungen (dimensions)		
Spannweite	18,40	m
Länge	8,90	m
Flügelfläche	20,20	m^2
Seitenverhältnis	17	
Gewichte (weights)		
Rüstgewicht	265,00	kg
Zuladung	160,00	kg
Fluggewicht	425,00	kg
Flächenbelastung	21,00	kg/m^2
Leistungen (performances)		
Mindestgeschwindigkeit		
Höchstgeschwindigkeit		
Sinkgeschwindigkeit	0,75	m/sec
Höchstgeschw. im Windenschlepp	90,00	km/h
Höchstgeschw. im Flugzeugschlepp	120,00	km/h
Gleitzahl	24	
Profil	Gö 535	

Moswey 4

Die erfolgreichste Konstruktion im Schweizer Segelflug in der Nachkriegszeit wurde das Leistungssegelflugzeug *Moswey 4* von Georg Müller. Im früheren Wald-Flugzeugbau begann Georg Müller schon bald nach 1930 die durch geringe Spannweite gekennzeichnete *Moswey*-Serie. *Moswey 1* war ein Übungssegler, ein abgestrebter Hochdecker von 13,25 m Spannweite, 13 m²

Flügelfläche und einem Seitenverhältnis von 1 : 13,6. Die Weiterentwicklung *Moswey 2* kam 1935 heraus und erwies sich für die damalige Zeit als hervorragendes Leistungssegelflugzeug. Im Gegensatz zu *Moswey 1* war das zweite Baumuster ein freitragender Mitteldecker mit 13,8 m Spannweite. Es stellte die Siegermaschine bei den Schweizer Segelflugmeisterschaften 1941 und beim Forschungslager auf der Parsenn 1941. Neben ihrer besonderen Eignung für Streckenflüge war sie vor allem für den Kunstflug bestimmt. In Deutschland wurde die *Moswey 2* durch ihre Teilnahme im Internationalen Rhön-Wettbewerb 1937 auf der Wasserkuppe bekannt. 1939 gründete Moswey sein eigenes Flugzeugwerk in Horgen am Züricher See. Bei der *Moswey 2 A* wurde die Spannweite von 13,80 m auf 15,50 m vergrößert zur Erzielung eines besseren Seitenverhältnis-Wertes, 18,2 statt 15,7. Der allgemeine Aufbau blieb jedoch gleich. Die 1942 entwickelte *Moswey 3* war vorwiegend für unbeschränkten Kunstflug bestimmt. Demgemäß wurde die Spannweite auf 14 m verringert. Sie blieb aber lange Jahre auch das beste Leistungsflugzeug der Schweizer. Mit *Moswey 3* wurden in den ersten Nachkriegsjahren fast alle Schweizer Rekorde verbessert. Siegbert Maurer gelang am 21. April 1948 die erste Süd-Nord-Überquerung der Alpen im Segelflugzeug, als er von Locarno nach Basel segelte. Beim ersten internationalen Wettbewerb 1948 in Samedan flogen die Schweizer Alwin Kuhn, Siegbert Maurer, Karl Ruckstuhl diesen Typ. Kuhn wurde dabei Dritter unter den 28 internationalen Teilnehmern und Siegbert Maurer stellte den ersten Weltrekord im 100 km-Dreiecksflug auf. Noch 1950 bei der Weltmeisterschaft in Schweden und 1952 in Spanien flogen Schweizer Teilnehmer mit der *Moswey 3*. In Madrid belegte Kuhn auf dem damals schon älteren Typ unter 39 Teilnehmern den 8. Platz. *Moswey 3* war ein freitragender Schulterdecker von 14 m Spannweite, 12,4 m^2 Flügelfläche und einer Flügelstreckung von 15,8. Er hatte einen zweiteiligen einholmigen Knickflügel mit Sperrholznase, Sturzflugbremsen und Spaltquerruder, Profil Gö 535. Der Sperrholzrumpf mit Landekufe war in herkömmlicher Bauart. Sinkgeschwindigkeit 0,7 m/sec, zulässige Maximalgeschwindigkeit 210 km/h.

Alle Erfahrungen aus *Moswey 2* und *Moswey 3* verwertete Georg Müller 1949/50 in der Weiterentwicklung *Moswey 4,* in der er eine wesentliche Steigerung der zulässigen Höchstgeschwindigkeit und der allgemeinen Festigkeit anstrebte. Es wurde das Flugzeug, mit dem René Comte jahrelang seine großen Erfolge in der Schweiz, in Amerika und Südafrika erzielte. Den Prototyp flog René Comte am 25. Juni 1950 ein und startete kurz darauf mit dieser Neukonstruktion bei den Weltmeisterschaften in Schweden.

Das durch die vergrößerte Spannweite auf 14,4 m und die Forderung nach größerer Festigkeit bedingte Mehrgewicht hat sich auf Stabilität und Geschwindigkeit vorteilhaft ausgewirkt. Um die Nachteile des vergrößerten Rumpfquerschnittes auszugleichen, mußten die Rumpfform und das fast den halben Rumpfquerschnitt einnehmende Plexiglasformdach aerodynamisch sehr sorgfältig durchgebildet werden. Das angestrebte Ziel kommt in der damals guten Gleitzahl von 30 zum Ausdruck. Die Tragfläche der *Moswey 4* ist zweiteilig ausgeführt, wobei die beiden trapezförmigen Flügelhälften mit je drei Bolzen am Rumpfmittelstück angeschlossen werden. Der Rumpf, in der charakteristischen Mosweyform, ist in Sperrholzschalenbau ausgeführt. Die Kabine für die halbliegende Sitzanordnung ist größer und bequemer als bei der *Moswey 3.* Sonst ist der Aufbau seinem Vorgänger sehr ähnlich: freitragender, einholmiger Mitteldecker mit Formgerippe und Stoffbespannung. Gleichzeitig entstanden eine Ausführung *Moswey 5* und der Doppelsitzer *Moswey 6* mit 19 m Spannweite, den Siegbert Maurer während der Weltmeisterschaft 1950 in Örebro einsitzig flog. Das Interessante an dieser Entwicklungsreihe nach dem

Moswey 4 im Fluge mit René Comte.

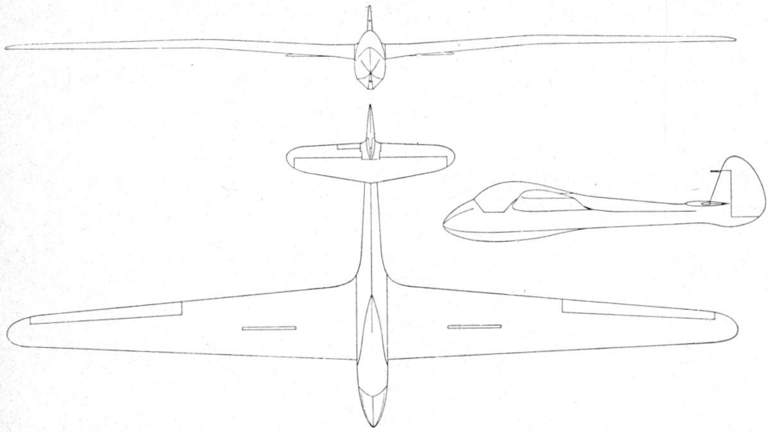

Übersichtszeichnung Moswey 4.

Kriege war die Tatsache, daß viele Einzelteile unter sich ausgetauscht werden konnten, was bei Gruppen lebhaft begrüßt wurde. Georg Müller ist leider 1969 verstorben, und damit hat diese langjährige erfolgreiche Serienentwicklung ihr Ende gefunden.

Baumuster	Moswey 4	
Abmessungen (dimensions)		
Spannweite	14,40	m
Länge	6,35	m
Flügelfläche	13,90	m^2
Seitenverhältnis	15	
Gewichte (weights)		
Rüstgewicht	180,00	kg
Zuladung	100,00	kg
Fluggewicht	280,00	kg
Flächenbelastung		
Leistungen (performances)		
Mindestgeschwindigkeit	60,00	km/h
Höchstgeschwindigkeit	210,00	km/h
Sinkgeschwindigkeit	0,67	m/sec
Höchstgeschw. im Windenschlepp	90,00	km/h
Höchstgeschw. im Flugzeugschlepp	120,00	km/h
Gleitzahl	30	
Profil	Gö 535	

WLM

Die Arbeitsgemeinschaft Weber-Landolf-Münch (WLM) entwickelte unmittelbar nach dem Kriege das Leistungssegelflugzeug *WLM-1,* das in der Laminar-Ausführung die Bezeichnung *WLM-2* erhielt. Die Arbeitsgemeinschaft entstand 1942 als Ingenieurbüro für Flugzeugberechnungs- und Konstruktionsaufgaben, vor allem für Militärflugzeuge. Aus eigener Initiative des Büros entstand während einer Arbeitsflaute das Segelflugzeug *WLM-1.* (1957 löste sich das Ingenieurbüro aus Mangel an Entwicklungsaufgaben im schweizerischen Flugwesen auf.)

Der einsitzige freitragende Schulterdecker zeichnete sich vor allem aus durch seinen großen Geschwindigkeitsbereich und durch höchste Baufestigkeit, so daß die *WLM* nach einer fast einjährigen amtlichen Musterprüfung auch zugelassen wurde für die Kunstflugschulung, für den Kunstflug und den Blindflug. Es war das erste Segelflugzeug der Schweiz, dessen Rumpf und Tragflächen in Holz-Schalenbauweise hergestellt wurden. Der Prototyp *WLM-1* begann die Flugerprobung am 21. Juli 1947 durch die bekannten Schweizer Segelflieger R. und F. Isler, Max Schachenmann und Adolf Gehriger. 1954 erhielt die *WLM-1* in einer Sonderausfertigung für Edi Lauber ein Laminarflügelprofil und wurde in *WLM-2* umbenannt. Leider war Edi Lauber noch vor der Fertigstellung der *WLM-2* tödlich abgestürzt. Daraufhin setzte Adolf Gehriger die *WLM-2* bei den Segelflug-Weltmeisterschaften in England 1954 ein. Die *WLM*-Flugzeuge wurden gebaut bei den Segelflugzeug-Werkstätten A. Isler u. Co. in Wildegg und bei Saegesser in Langenthal (Flächen), bei den Flugzeugwerken Pilatus AG in Stans (Rumpf) und durch die Lehrlingsabteilung der eidg. Flugzeugwerke in Emmen (Beschläge).

Die hohe Festigkeit des Flügels ist erzielt durch zweiholmigen Aufbau und Sperrholzbeplankung, die bis

zum Hinterholm geht und diagonal angeordnet ist. Die Sperrholzhaut ist mit Stoff überzogen, um hohe Widerstandsfähigkeit gegen Witterungseinflüsse zu erhalten. Die Bremsklappen aus Leichtmetall sind hinter dem Hinterholm angeordnet und zwar oben und unten am Flügel. Sie drehen sich gegensinnig, zwecks Ausgleich der Luftlast (DFS-Lagerung). Spaltwölbungsklappen und Spalt-Querruder. Die Querruder dienen zum Teil auch als Wölbungsklappen und bewegen sich anfänglich parallel mit diesen (bis fast 20° Ausschlag). Der größte Klappenausschlag beträgt 40°.
Profil NACA 230, in Flügelmitte 13% Dicke und 1,40 m Tiefe, am Flügelende 7% Dicke und 0,60 m Tiefe.
Die Holmgurte sind aus Jura-Fichte lamelliert. An den Befestigungsstellen von Beschlägen ist – zur Einleitung von konzentrierten Kräften – überall Kunststoff (Resocel, Lignocel) verwendet. Der Flügel ist aus zwei Hälften gebaut und mit vier Bolzen befestigt.
Rumpf: Sperrholzschale mit starkem Kiel und Stoffüberzug. Traverse aus hochwertigem Stahl für den Flügelanschluß. Rückenteil hinter der Kabine leicht lösbar für Zugang zu Flügelanschlüssen und Gepäckabteil. Geräumiger Führersitz, Platz für Rückenfallschirm. Die Kabinenhaube ist nach oben erweitert und abwerfbar, um ungehinderten Fallschirmabsprung zu ermöglichen. Der Rumpfraum ist durch Umklappen der Rückwand zugänglich für Kontrollen sowie für die Aufnahme von Sauerstoff-Flaschen, Gepäck usw.
Leitwerk: Holzgerippe mit sperrholzbeplankten Flossen und stoffbespannten Rudern. Seitenflosse fest am Rumpf; Höhenflosse samt Rudern beidseitig hochklappbar. Alle Ruder sind massenausgeglichen. Trimmklappe einseitig am Höhenruder. Steuerwerk: Im Flügel sind für die Betätigungen ausschließlich Stangen verwendet, im Rumpf Seiltriebe. Die Wölbungsklappen werden mittels Handrad zur Linken des Pilotensitzes betätigt. Die Seitensteuerpedale sind kontinuierlich verstellbar mittels Handkurbel.
Insgesamt wurden drei *WLM-1* (HB-518, 1947, HB-551, 1948, HB-552, 1948) und eine *WLM-2* (HB-562, 1954) gebaut. Die »HB-518« ging beim Herausnehmen aus der Rückenlage im Kunstflug infolge Überbeanspruchung noch im Baujahr 1947 zu Bruch, der Pilot rettete sich mit Fallschirm. Die beiden übrigen *WLM-1* wurden einige Jahre zu Übungszwecken (Angewöhnung an den bodennahen Gebirgsflug) bei der Ausbildung der

Baumuster	WLM
Abmessungen (dimensions)	
Spannweite	14,00 m
Länge	7,00 m
Flügelfläche	14,00 m²
Seitenverhältnis	14
Gewichte (weights)	
Rüstgewicht	195,00 kg
Zuladung	115,00 kg
Fluggewicht	310,00 kg
Flächenbelastung	22,00 kg/m²
Leistungen (performances)	
Mindestgeschwindigkeit	47,00 km/h
Höchstgeschwindigkeit	300,00 km/h
Sinkgeschwindigkeit	0,80 m/sec bei 66 km/h
Höchstgeschw. im Windenschlepp	90,00 km/h
Höchstgeschw. im Flugzeugschlepp	120 km/h
Gleitzahl	25
Profil	NACA 230

Übersichtszeichnung WLM.

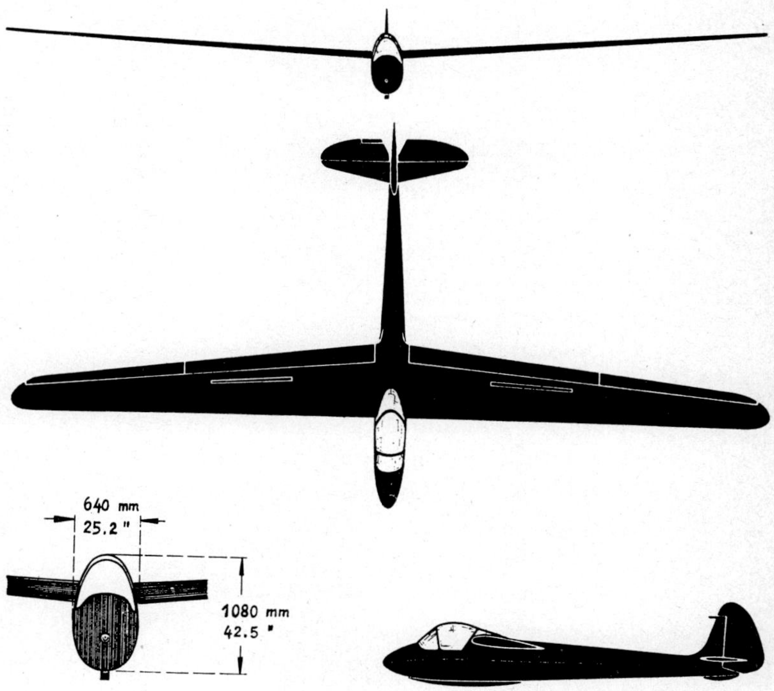

schweizerischen Militärflieger eingesetzt und später an Segelfluggruppen des schweizerischen Aeroclubs abgegeben. Die »HB-551« verunglückte am 12. März 1969 durch Geschwindigkeitsverlust bei der »Groupe de vol à voile de Planeyse«. Die *WLM-1* (HB-552) steht nach wie vor bei der Segelfluggruppe Zürich und die *WLM-2* (HB-562) bei der Sportfluggruppe des Personals der Swissair im Betrieb.

Den größten fliegerischen Erfolg mit einem *WLM*-Segelflugzeug erzielte Max Schachenmann im August 1947, als er über Samaden mit 6150 m absoluter Höhe und 4100 m Startüberhöhung neue Rekorde der Schweiz aufstellte. Während der Weltmeisterschaft 1948 in Samaden wurde die *WLM-1* von R. Isler und K. Fahrländer geflogen. Beim anschließenden Vergleichsfliegen waren die internationalen Teilnehmer vor allem von den guten Kunstflugeigenschaften überzeugt. Nach der Weltmeisterschaft 1948 kamen die *WLM*-Typen vor allem in Militärflugschulen zum Einsatz, um die Piloten nach der Grundausbildung auf *Bücker 131* über die *WLM-1* direkt auf die Vampyr-Strahlflugzeuge umzuschulen.

WLM im Fluge.

Elfe

Die *Standard-Elfe,* mit der der Schweizer Flugkapitän Markus Ritzi 1965 bei den Segelflug-Weltmeisterschaften in England Vizeweltmeister wurde, mit der 1968 Urs Bloch die Schweizer Meisterschaft gewann, ist das Endprodukt einer langjährigen Entwicklung im Schweizer Segelflugzeugbau. Kurz nach Kriegsende wurde die *Elfe I* mit nur 9 m Spannweite und 43 kg Leergewicht gebaut. Eine weitere Variante der *Elfe I* erhielt 11 m Spannweite. In den Jahren 1946/47 entstand die *Elfe II,* bei der Dr. W. Pfenninger außerordentliche Sorgfalt auf die Wahl des Laminarprofils gelegt und zweifellos für entsprechende Oberflächenglätte gesorgt hatte, so daß eine Gleitzahl von etwa 37 erreicht wurde. Der Flügel besaß über die gesamte Spannweite durchgehende Wölbungsklappen. Wie die jugoslawische *Orao* hatte die *Elfe* hinter dem Flügel zur Verringerung der bespülten Oberfläche einen eingezogenen Rumpf. Der Prototyp der *Elfe II,* eine Konstruktion von Dr. W. Pfenninger, gebaut vom Segelflugzeugbau Husch, Stein am Rhein, war die erste Schweizer Konstruktion mit Laminarprofil. *Elfe II* hatte eine Spannweite von 15,4 m, eine Flügelfläche von 11,7 m^2 und erreichte bei 75 km/h Fluggeschwindigkeit eine Sinkgeschwindigkeit von 0,5 m/sec. Es wurden Laminar-Profile von 13,3% Dicke im Innenflügel und 10,5% Dicke im Außenflügel verwendet. Die Wölbung der Profilmittellinie betrug 3% der Tiefe. Längs der ganzen Flügelhinterkante war ein schmales Hinterkantenruder, das gleichzeitig als Querruder und als Wölbungsklappe diente. Der Flügel war freitragend und dreiteilig gebaut, um das Gewicht der Rumpfanschlußbeschläge bei der zweiteiligen Flügelbauart zu sparen. Leider ging *Elfe II* bald zu Bruch, wobei der Miterbauer, R. Schmid, sein junges Leben lassen mußte.

1951 wurde mit dem Bau der *Elfe III* im Auftrag von Max Schachenmann begonnen. *Elfe PM 3,* auch *Super-Elfe* genannt, war ein Gemeinschaftswerk von Dr. W. Pfenninger, A. Markwalder und W. Nicole. Sie entstand in über 8000 Arbeitsstunden durch den Segelflugzeugbau Rudolf Saegesser in Wildegg. Der später in den USA lebende Dr. Ing. W. Pfenninger legte die aerodynamischen Daten fest, während A. Markwalder und Ing. W. Nicole die statischen Festigkeitsrechnungen und Detailkonstruktionen ausführten.

Wiederum wurde die Spannweite vergrößert. Bei der *Elfe PM 3* auf 16 m, die Länge betrug 8,3 m, die Flügelfläche 12,0 m², das Seitenverhältnis 19,2, die Flächenbelastung aber 33,6 kg/m². Trotz der Sandwichkonstruktion war die *Elfe PM 3* enttäuschend schwer. Dies veranlaßte A. Markwalder, nochmals die Konstruktion und Berechnung auf sich zu nehmen. So entstand die *Elfe M.* Albert Neukom begann im Januar 1954 mit dem Bau in normaler Bauweise. Konstruktionsarbeiten und der Bau erfolgten ausschließlich in der Freizeit. Bis Januar 1956 war in 2500 Stunden der Rumpf im Rohbau fertig, die Flügelholme waren roh abgerichtet und die Flügelrippen zum großen Teil ausgeführt. Als die Schweizer Segelflieger für die Weltmeisterschaft 1956 in St. Yan ein neues Flugzeug suchten, wurde mit Unterstützung der Segelflugkommission die *Elfe M* in weiteren 2000 Arbeitsstunden fertiggestellt. Ihr Erstflug erfolgte am 14. Juni 1956. Wenige Wochen später belegte mit der *Elfe M* Dr. Hans Nietlispach bei den Weltmeisterschaften in St. Yan unter 45 Flugzeugführern den 8. Platz. Die Laminarprofile von Dr. Ing. W. Pfenninger für Flügel und Leitwerk wurden von der *Elfe II* und *Elfe III* auch für den freitragenden Schulterdecker *Elfe M* unverändert übernommen, waren also bereits zehn Jahre alt. Die Spannweite wurde auf Wunsch von Dr. Pfenninger auf 17,5 m vergrößert. Die Profiltiefen wurden beibehalten, so daß die Seitenverhältnisse von 21,4 auf 23,15 angewachsen sind. Der Grundriß des dreiteiligen Flügels hat elliptische Form. Die Rumpfform wurde etwas abgewandelt. Neuartig und formschön war das nach hinten geneigte Seitenleitwerk. Durch die sorgfältige Bauausführung wurde ein Rüstgewicht von 260 kg trotz der vergrößerten Spannweite gegenüber 310 kg der *Elfe III* erreicht. Die geringste Sinkgeschwindigkeit betrug 0,54 m/sec bei 70 km/h, der beste Gleitwinkel von 1:44 wurde bei 100 km/h erreicht.

Für die Weltmeisterschaft 1965 in England entwickelte Albert Neukom die *Standard-Elfe.* Diese *Elfe S 3* wurde die erfolgreichste Version dieser langen Entwicklungsreihe. Neukom baute einen freitragenden Schulterdekker von 15 m Spannweite. Der dreiteilige Flügel mit Leichtmetallholm hat Laminarprofile von Dr. Wortmann, und zwar Nr. 163 am Innenflügel, Nr. 126 am Außenflügel. Die Verwendung eines Leichtmetallholmes brachte eine überdurchschnittliche Festigkeit. Das 8 m lange und 900 mm tiefe Mittelteil hat einen Leichtmetallholm, der als einstufiges Strangpreßprofil aus einer hochfesten Aluminiumlegierung ausgebildet ist. Bei den je 3,50 m langen Außenflächen ist der Leichtmetallholm konisch genietet. Die Holme sind in die Holzkonstruktion des Flügels mit einem Araldit-Metallklebstoff eingeleimt. Bemerkenswert die Ausführung der Bremsklappen als schwenkbare Flügelendklappe am Flügelhinterteil. Durch die weite Rücklage hinter dem Umschlagpunkt treten im laminaren Bereich keinerlei Störungen auf. Der Vorderteil des Rumpfes wird in Sandwichschalenbauweise hergestellt, voll GFK-armiert. Der Prototyp hatte noch ein V-Leitwerk. Die späteren Muster erhielten ein Normalleitwerk mit einem zweiteiligen Pendelhöhenruder ohne Höhentrimmung. Als Fahrwerk kann ein starres oder Einziehfahrwerk angebracht werden. Interessant auch der neu entwickelte Anhänger für den Transport der *Elfe S 3* – eine Aluminiumröhre, in der Rumpf, Außenflügel und der Mittelflügel sehr geschickt untergebracht sind und teilweise auf Schienen eingefahren werden. Die Flugeigenschaften werden von allen Piloten gelobt, die Erfolge beweisen dies.

Elfe-M bei den Weltmeisterschaften 1956 in St. Yan.

Baumuster	Standard-Elfe S 3
Abmessungen (dimensions)	
Spannweite	15,00 m
Länge	7,25 m
Flügelfläche	11,80 m²
Seitenverhältnis	19

Gewichte (weights)

Rüstgewicht	208,00 kg
Zuladung	112,00 kg
Fluggewicht	320,00 kg
Flächenbelastung	25,00 kg/m²
Leistungen (performances)	
Mindestgeschwindigkeit	60,00 km/h
Höchstgeschwindigkeit	240,00 km/h
Sinkgeschwindigkeit	0,64 m/sec bei 74 km/h
Höchstgeschw. im Windenschlepp	100,00 km/h
Höchstgeschw. im Flugzeugschlepp	140,00 km/h

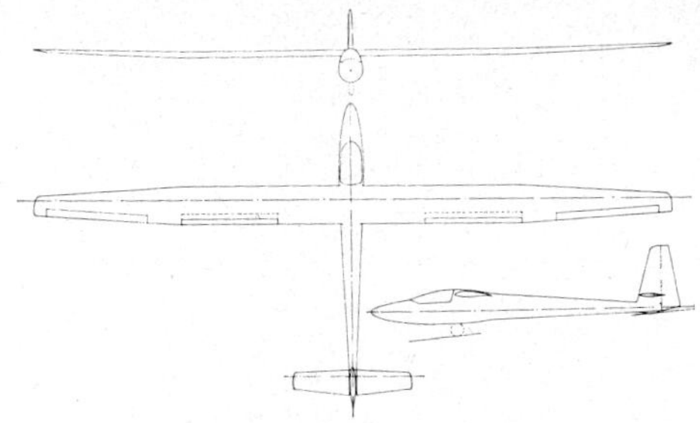

Übersichtszeichnung Standard-Elfe.

Gleitzahl	36,00 bei 95,00 km/h
Profil	Dr. Wortmann Nr. 126 und 163

Diamant

Das Institut für Flugzeugstatik an der Eidgenössischen Technischen Hochschule in Zürich unter Leitung von Prof. Rauscher begann bereits vor 1960 mit der Erforschung der Eigenschaften von glasfaserverstärkten Kunststoffen (GFK) und der verschiedenen Arten von Verbundstoffen im Hinblick auf deren Verwendung im Leichtbau. Diese Studien wurden zur Grundlage für die Entwicklung des *Diamant.* Um nicht zu große Mittel investieren zu müssen, wurde mit einem Höhenleitwerk der *Ka 6* begonnen. Später wurde dann ein Kunststoffrumpf gebaut. Die AFG Zürich stellte ihre *Ka 6*-Flügel zur Verfügung, damit eine Erprobung des Bauteils in der Luft möglich wurde (Ka-Bi-Vo). Die Auslegung des Rumpfes war jedoch von Anfang an für die Verwendung von Hochleistungsflügeln mit Wölbklappen und in Kunststoffbauweise konzipiert. Die Resultate waren derart ermutigend, daß hernach auch der Flügel in dieser Bauweise entwickelt werden sollte, allerdings nicht mehr in den Räumen eines Hochschulinstitutes, sondern in der Flugzeugindustrie. Auf Grund der langjährigen, fruchtbaren Zusammenarbeit mit der Hochschule entschlossen sich die Flug- und Fahrzeugwerke AG zur Weiterführung des Projekts. Neben den drei Prototypen wurde vorerst eine Serie von zehn Flugzeugen gebaut, deren GFK-Flügel von der deutschen Segelflugzeugfirma »Glasflügel« geliefert wurden, bis die eigene Flügelkonstruktion flugbereit war. Der Erstflug mit dem *Diamant HBV* fand im September 1964 statt. Diese erste Ausführung des *Diamant* mit 15 m Spannweite erhielt unter der Typenbezeichnung HBV im April 1967 als erstes Schweizer Segelflugzeug die schweizerische und amerikanische (FAA) Zulassung.

Die zweite Version des *Diamant* mit einer eigenen Flügelkonstruktion von 16,5 m Spannweite wurde im Jahre 1967 fertiggestellt und in Serienfabrikation genommen. Der Erstflug wurde durch den Werkspiloten Paul Wewer am 21. Mai 1967 ausgeführt. Diese Version erhielt unter der Typenbezeichnung *Diamant 16,5* am 27. September 1968 die Schweizer Typenzulassung.

Als Spitzenflugzeug für die Meisterschaften wurde die Version mit 18 m Spannweite entwickelt, die Ende 1967 in Serienfabrikation ging und unter der Typenbezeichnung *Diamant 18* am 3. Februar 1968 von Paul Wewer eingeflogen wurde und am 31. März 1969 die Schweizerische Typenzulassung erhielt.

Die neuartige Konstruktion aus glasfaserverstärktem Kunststoff erforderte für die Zulassung durch die Luftämter des In- und Auslandes umfangreiche Versuche zum Nachweis der Festigkeit, Steifigkeit und Dauerfestigkeit, wie sie im konventionellen Holzsegelflugzeugbau unbekannt waren. So sind nebst vielen Detailversuchen, mit je einem Rumpf, einer Flügelhälfte und einem Leitwerk noch Versuche unter ungünstigsten Temperaturbedingungen durchgeführt worden. Außerdem wurden zum Nachweis der Dauerfestigkeit eine Flügelholmverbindung und ein Leitwerk einem sogenannten Betriebsfestigkeitsversuch mit je 2,5 Millionen Lastwechseln unterworfen (entspricht = 10 Jahre à 200 Flugstunden mit Landestößen auf Rasen). Vom Typ *Diamant 16,5* wurden bis zum Sommer 1969 35 Maschinen gebaut, vom Typ *Diamant 18* in der gleichen Zeit 17 Flugzeuge. Eine weitere Serie von etwa 50 Flugzeugen (16,5 und 18) war 1969 im Bau. Von den gelieferten Flugzeugen befinden sich 31 in USA, der Rest in Deutschland, Österreich, Italien, Kanada, Neuseeland, England, Schweiz, Holland, Schweden, Australien und Südafrika.

Die beiden Flügel, der Rumpf und das Höhenleitwerk des *Diamant* werden je in einem Stück in den dafür bestimmten, ebenfalls aus glasfaserverstärktem Kunststoff hergestellten Negativformen abgeformt, wobei jede Negativform aus zwei Hälften besteht. Für jeden Flügel und das Höhenleitwerk je eine obere und untere, für den Rumpf einschließlich Seitenleitwerk eine rechte und linke Halbform. Flügel, Rumpf und Leitwerke sind Schalenkonstruktionen, ohne Rippen und Spanten, und erhalten ihre erforderliche Festigkeit und Steifigkeit durch den Sandwichaufbau.

Die Negativformen werden gereinigt und mit einem Trennwachs eingestrichen. Dann werden Glasgewebe nach genau festgelegten Gewebeplänen in die mit Harz benetzten Formen gelegt. Mit speziellen Handrollen wird das Epoxyharz durch die Gewebe gedrückt, ohne daß sich Schaum oder Luftblasen bilden. Nun wird der vorgeformte Schaumstoffkern der Schale in die Negativform gelegt. Mit Hilfe einer Abdeckfolie wird mit Vacuum Gewebe und Schaumstoff miteinander verklebt. Dabei erhält die Außenseite bereits ihre gewünschte Oberfläche. Nach dem Aushärten des Harzes werden die in die Schale einzubettenden Metallteile eingelegt sowie erforderliche örtliche Verstärkung mit Rovingsträngen ausgeführt. Danach wird die Oberseite des Schaumstoffes mit Harz bestrichen und die Innenhaut der Sandwichschale nach den Gewebeplänen eingelegt und mit Hilfe von Vacuum mit dem Sandwichkern verklebt. In die fertigen Halbschalen werden die Führungen der Steuerstangen eingeklebt und anschließend beide Rumpfhälften zusammengefügt. Somit hat der Rumpf bereits seine endgültige Gestalt. In der Zusammenbaulehre werden nun die Flügel- und Leitwerkanschlußteile in die Schale eingeharzt. Dann folgen die Fahrwerkslagerung und die Cockpiteinbauten. Diese Einbauten sind ebenfalls aus Kunststoff und werden in zahlreichen kleineren und größeren Preß- oder Vacuumformen parallel zur Großbauteilfertigung hergestellt. Die Fertigstellung des kompletten Flugzeuges in der Montageabteilung unterscheidet sich nicht wesentlich von den üblichen Bauweisen.

Die Erfolge ließen nicht lange auf sich warten: 1967

Diamant im Fluge.

wurde die Meisterschaft von Österreich durch Dr. Schubert und von Florida – USA durch Delafield gewonnen, Moffat belegte bei den Amerikanischen Meisterschaften den 4. Platz. Der Holländer Dekkers, bisher der erfolgreichste Pilot auf *Diamant*, gewann 1967 Journées de Ghent und den Coupe Atlantique. 1968 siegte Dekkers in der Holländischen Meisterschaft und erflog neue holländische Rekorde über 100, 200 und 300 km-Dreiecksflüge. 1969 wiederholte er seinen Sieg in der Holländischen Staatsmeisterschaft, siegte in Cinq Jours des Ardennes in Saint Aubert und belegte den 3. Platz in der Belgischen Meisterschaft. Sieger dieser Meisterschaft wurde Gehrer auf *Diamant HBV*. 1968 gelang Dr. James Brennig auf *Diamant* der erste 500 km-Dreiecksflug über England und Mr. Jinks flog neue Rekorde über 100, 300 und 500 km über Australien. René Comte stellte in den USA zwei neue Schweizer Rekorde auf, einen Streckenrekord über 700 km und einen Dreieckgeschwindigkeitsrekord über 300 km. Den größten Erfolg erzielten bei den Weltmeisterschaften 1968 in Leszno / Polen Rudolf Seiler – Schweiz und Dr. Alf Schubert – Österreich mit dem 3. und 4. Platz mit drei Tagessiegen bei sieben Wettkämpfen. 1971 wurde Siegfried Puch in der Offenen Klasse Meister von Österreich.

Baumuster		Diamant		
		HBV	16,5	18
Abmessungen (dimensions)				
Spannweite	m	15	16,5	18
Länge	m	7,56	7,56	7,72
Flügelfläche	m^2	9,52	13,30	14,28
Seitenverhältnis		23,15	20,50	22,7
Gewichte (weights)				
Rüstgewicht	kg	190	270	280
Zuladung	kg	110	80–140	80–160
Fluggewicht	kg	300	350–410	360–440
Flächenbelastung	kg/m^2	28,5	26,3–30,8	25,6–30,8
Leistungen (performances)				
Mindestgeschwindigkeit	km/h	60	60	60
Höchstgeschwindigkeit	km/h	270	240	270
Sinkgeschwindigkeit	m/sec	0,60 b. 72 km/h	0,55 b. 74 km/h	0,52 b. 72 km/h
Höchstgeschwindigkeit im Windenschlepp	km/h			110 km/h
Höchstgeschwindigkeit i. Flugzeugschlepp	km/h			150 km/h
Gleitzahl			39 bei 100 km/h	42 bei 100 km/h
Profil		Wortmann		

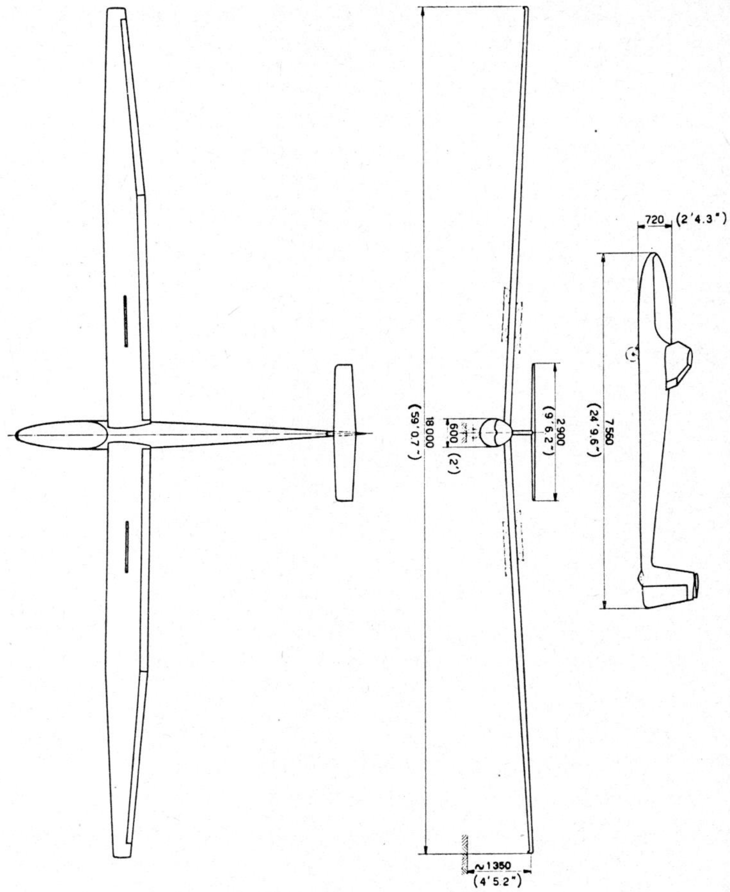

Übersichtszeichnung Diamant 18.

Mg 23

Der erfolgreichste Segelflugzeugkonstrukteur Österreichs war Ing. Erwin Musger, der sowohl als Konstrukteur wie als Flieger dem Segelflug Jahrzehnte verbunden war. Musgers erste Konstruktion, *Mg 2,* stammt aus dem Jahre 1930 – ein freitragender Schulterdecker mit Knickflügel und einer Spannweite von 18 m. Sie ging sehr bald zu Bruch. Aus den Überresten konstruierte Musger 1931 die *Mg 4,* das erste Österreichische Leistungssegelflugzeug. Die Flächen waren die gleichen geblieben, der Rumpf wurde umgebaut, aus dem Schulterdecker wurde ein Hochdecker mit gedämpftem Höhenruder. Die Gleitzahl von 1:24 ließ eine Reihe von beachtlichen Streckenflügen zu. Eine Weiterentwicklung wurde die *Mg 10.*

Am erfolgreichsten war Musger 1935 mit der Konstruktion des Leistungsdoppelsitzers *Mg 9,* mit dem er selbst am 4. Juni 1936 mit 8,09 Stunden einen Österreichischen Dauerrekord aufstellte. Und am 10. September 1938 flogen Sepp Führinger und Toni Kahlbacher Weltrekord mit 40 Stunden und 51 Minuten. Noch vor dem Zweiten Weltkrieg entstand das Schulflugzeug *Mg 12.*

Nach der Wiederzulassung des Segelfluges in Deutschland und Österreich setzte sich der Holzindustrielle Josef Oberlerchner, wie schon vor dem Zweiten Weltkrieg, erneut mit einem eigenen Flugzeugbau für den Segelflug ein. Er forderte eine Reihe von Konstrukteuren zum Bau eines neuen Doppelsitzers auf. Die Wahl fiel auf die *Mg 19,* eine Weiterentwicklung der *Mg 9,* von Ing. Erwin Musger. Im Juni 1951 konnte mit dem Bau der Mustermaschine begonnen werden und bereits am 25. November 1951 wurden am Flugplatz Klagenfurt durch die beiden bekannten Leistungsflieger Alois Hasenknopf und Toni Kahlbacher die ersten Flüge durchgeführt. Die *Mg 19* blieb der bekannteste österreichische Doppelsitzer und startete auch mit Erfolg bei den Segelflugmeisterschaften 1956 in Saint Yan.

Die letzte Konstruktion von Erwin Musger wurde 1955 der Leistungseinsitzer *Mg 23,* entwickelt aus der Mg 19-Serie. Der Prototyp dieses freitragenden Schulterdeckers flog zum erstenmal am 25. Juni 1955. Mit diesem Flugzeug erreichte auch Österreich den internationalen Standard. Die *Mg 23* bewährte sich bei den Weltmeisterschaften 1956 und 1958. Mit einer verbesserten Plexiglashaube und einem größeren Seitenleitwerk entstand 1962 die *Mg 23 SL.* Sie wurde auch als letztes Segelflugzeug in Serie bei Josef Oberlerchner gebaut, ehe dieser Pionier den Segelflugzeugbau einstellte. Das Flugzeug war in konventioneller Bauweise hergestellt: Einholmiger Holzflügel mit drehsteifer Sperrholznase und den bekannten Schempp-Hirth-Bremsklappen. Die mit dem *Mg 19* gemachten Erfahrungen wurden ausgewertet und der Hauptholm so weit als möglich zurückversetzt; an der Flügelwurzel befindet er sich in 45% der Flügeltiefe. Die Rippen sind in dem kleinen Abstand von 125 mm angebracht. Vor dem Holm ist der Flügel mit dickem Sperrholz beplankt, dessen äußere Schichtung mit dem Holm parallel verläuft. Daraus ergibt sich ein sehr glatter Flügel mit annehmbarer Steifheit. Es wurde der Versuch unternommen, mit einfachsten Mitteln eine feste, einwandfreie Oberfläche zu erhalten.

Der Sperrholzschalenrumpf hat einen verstärkten Vorderteil. Die abwerfbare Plexiglashaube ist vorne aufschiebbar. Das Leitwerk hat einholmige, sperrholzbeplankte Flossen, die Ruder waren stoffbespannt, das Höhenleitwerk kann angeklappt werden. Das Fahrwerk besteht aus einem ungefederten bremsbaren Rad, einer gummigefederten Nasenkufe und einem Schleifsporn.

Doppelsitziges Leistungssegelflugzeug Mg 9.

Prototyp des Leistungseinsitzers Mg 23 am 1. Juli 1955.

Mit der *Mg 23* wurden, wie schon vorher mit der *Mg 19,* eine Reihe von Österreichischen Staatsmeisterschaften gewonnen und zahlreiche nationale Rekorde aufgestellt. Ferner startete die Nationalmannschaft von Österreich bei den Weltmeisterschaften 1956 und 1958 mit der *Mg 23.*

Mg 19 im Start auf dem Flugplatz Graz.

Übersichtszeichnung Mg 23.

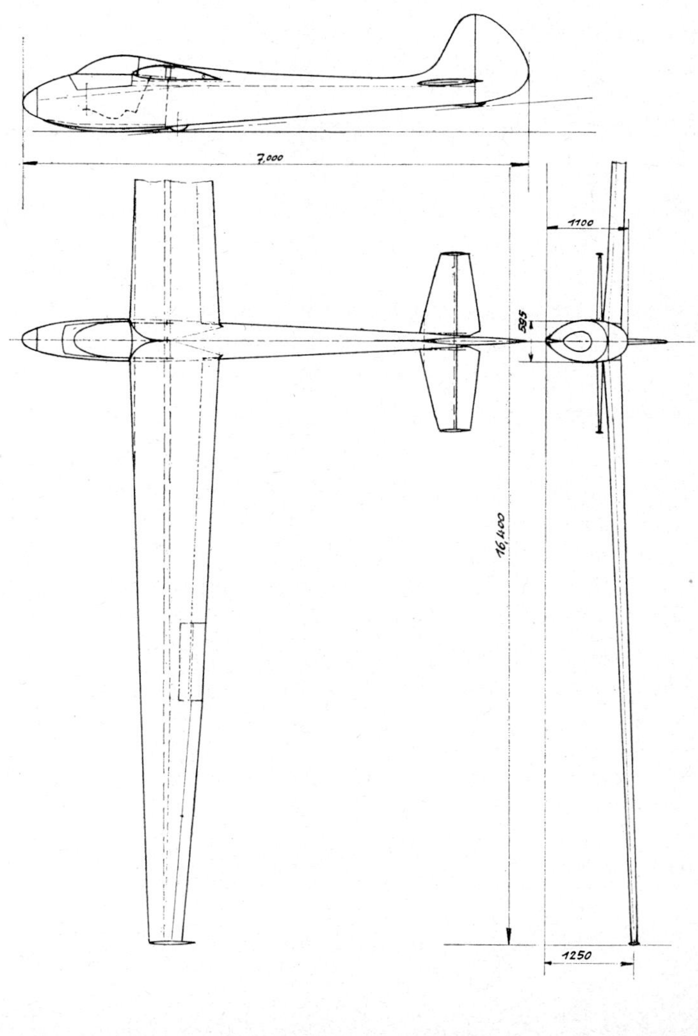

Baumuster	Mg 23	
Abmessungen (dimensions)		
Spannweite	16,40	m
Länge	7,11	m
Flügelfläche	14,207	m^2
Seitenverhältnis	18,54	
Gewichte (weights)		
Rüstgewicht	240,00	kg
Zuladung	120,00	kg
Fluggewicht	360,00	kg
Flächenbelastung	25,30	kg/m^2
Leistungen (performances)		
Mindestgeschwindigkeit	60,00	km/h
Höchstgeschwindigkeit	180,00	km/h
Sinkgeschwindigkeit	0,66 m/sec bei 68 km/h	
Höchstgeschw. im Windenschlepp	80,00	km/h
Höchstgeschw. im Flugzeugschlepp	130,00	km/h
Gleitzahl	32	
Profil	NACA 63 015	

Slingsby Sky

Nach den ersten erfolgreichen Besuchen deutscher Segelflieger in England beschäftigte sich der Möbelfabrikant F. N. Slingsby seit 1930 mit dem Segelflugzeugbau. In den ersten Jahren war es der Nachbau deutscher Typen. Dann aber entwickelte Slingsby eigene Flugzeuge, von denen *Gull* und *King Kite* durch ihre Teilnahme am 1. Internationalen Wettbewerb 1937 auf der Wasserkuppe über England hinaus bekannt wurden. Beide Typen entwickelte die Firma Slingsby nach dem Zweiten Weltkrieg weiter bis zu den Versionen *Gull IV* und *Kite II.* Aus den Erfahrungen beider Typen konstruierte die Firma Slingsby in Kirbymoorside/York 1949/50 das Leistungssegelflugzeug *Sky.* Es wurde dies der erste große Erfolg einer nichtdeutschen Konstruktion in der Geschichte des Segelfluges. Bereits die beiden Prototypen belegten bei den englischen Meisterschaften 1951 in Great Hucklow/Derbyshire den 1. und 2. Platz. Bei den Weltmeisterschaften 1952 in Madrid siegte Philip Wills auf *Sky.* Neben der englischen Mannschaft flogen Holländer und Argentinier diese britische Konstruktion und belegten den 1., 3., 4., 7. und 9. Platz. 1956 wurde Juez in St. Yan Vizeweltmeister und Stephenson kam auf den 6. Platz. Alle englischen Meisterschaften und Rekorde der fünfziger Jahre wurden auf *Sky* erflogen, von dem über 200 Muster in alle Welt gingen.

Sky war eine Holzkonstruktion, hauptsächlich aus Sitka-Rottannen- und Birkensperrholz. Kein britisches Segelflugzeug wurde so erprobt wie *Sky,* allein über 100 Testflüge führten zur endgültigen Konstruktion. Der dünne Kastenflügel hatte ein Seitenverhältnis von 18,7 – das höchste, das bis dort bei englischen Flugzeugen angewendet worden war. Rumpfnase und Kabine glichen sehr stark den Vorgängerflugzeugen *Gull IV* und *Kite II.* Die Kabine war doppelt beplankt und mit einer geblasenen Perspexhaube versehen. Der Rumpf hinter der Kabine war als Halbschale gebaut. Die Fläche hatte eine 3 m längere Spannweite als *Gull IV* und war mit drei Bolzen mit dem Rumpf verbunden. Der Innenteil war rechteckig, die Außenflügel trapezförmig, mit einem runden Randbogen versehen. Die großen Querruder nahmen 54 % der Flügellänge ein.

Slingsby Sky im Fluge.

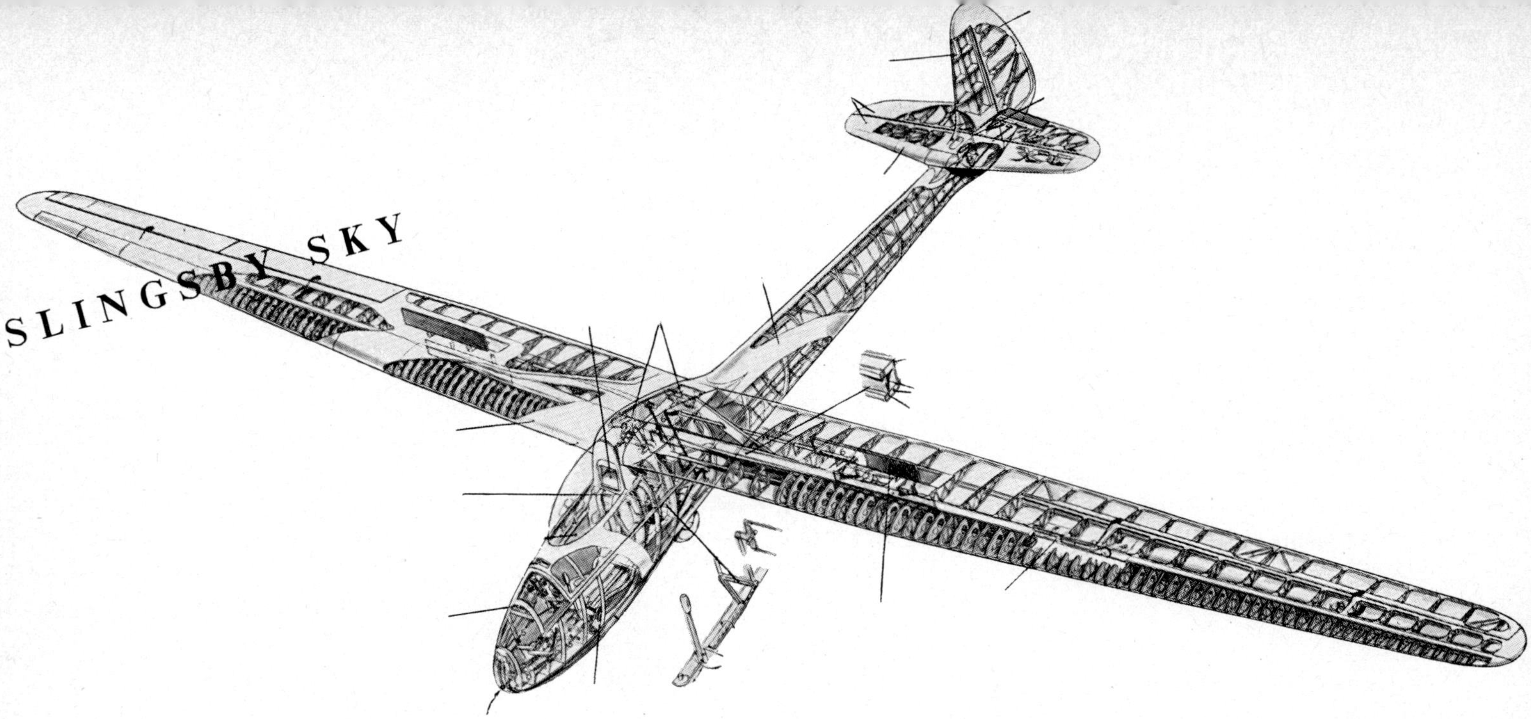

Aufbau des Prototyps Sky.

Baumuster	Sky		Fluggewicht	363,00	kg
			Flächenbelastung	20,90	kg/m²
Abmessungen (dimensions)			*Leistungen (performances)*		
Spannweite	18,00	m	Mindestgeschwindigkeit	54,00	km/h
Länge	7,65	m	Höchstgeschwindigkeit	182,00	km/h
Flügelfläche	17,37	m²	Sinkgeschwindigkeit	0,658 m/sec bei 62 km/h	
Seitenverhältnis	18,70		Höchstgeschw. im Windenschlepp	82,00	km/h
Gewichte (weights)			Höchstgeschw. im Flugzeugschlepp	104,00	km/h
Rüstgewicht	255,00	kg	Gleitzahl	27,50	
Zuladung	108,00	kg	*Profil*	Gö 547	

Slingsby Skylark

Aus dem Leistungssegelflugzeug *Sky* entwickelte Slingsby 1952 das sehr leichte Leistungssegelflugzeug *37 Skylark* mit der kurzen Spannweite von 13,71 m. Der Erstflug erfolgte am 26. Juli 1953. Der Rumpf des Prototyps war eckig, die Serienflugzeuge erhielten einen Rumpf mit ovalem Querschnitt. Die *Skylark* war wie die *Sky* ein freitragender Schulterdecker. Es war das erste englische Segelflugzeug mit Tragflächen der NACA 6-Serie. Auf die Oberflächenbearbeitung wurde besonderer Wert gelegt. Für die englischen Thermikbedingungen entstand daraus die *Skylark 2,* nach den Vorschriften und Maßen der Standardklasse für Segelflugzeuge gebaut. *Skylark 2* war, wie alle Slingsby-Konstruktionen, aus Sperrholz, die Rumpfspitze aber aus Fiberglas. Die Erfahrungen führten zur *Skylark 3* und *3 B.* Die letzte Version stellte die *Skylark 4* dar, die ihren Erstflug im Februar 1961 durchführte. *Skylark 4* erhielt einen neuen Rumpf, sowie neue Außenflügel und Querruder. Dadurch wurden die Leistungen im Schnellflug wesentlich verbessert. Ebenso entstand in einem neuartigen Verfahren der Firma Slingsby eine große Haube, die bei guter aerodynamischer Form freie Sicht nach allen Seiten gewährte.

Abmessungen (dimensions)		
Spannweite	18,20	m
Länge	7,60	m
Flügelfläche	16,10	m^2
Seitenverhältnis	20,50	
Gewichte (weights)		
Rüstgewicht	256,00	kg
Zuladung	120,00	kg
Fluggewicht	376,00	kg
Flächenbelastung	23,50	kg/m^2
Leistungen (performances)		
Mindestgeschwindigkeit	60,00	km/h
Höchstgeschwindigkeit	220,00	km/h
Sinkgeschwindigkeit	0,53 m/sec bei 69 km/h	
Höchstgeschw. im Windenschlepp	115,00	km/h
Höchstgeschw. im Flugzeugschlepp	132,00	km/h
Gleitzahl	36,00 bei 76,00 km/h	
Profil	NACA 63_3 – 620	

Skylark 3 (Wettbewerbsnummer 43) und Skylark 4 (Nr. 39) bei den Weltmeisterschaften 1965 in South Cerny / England.

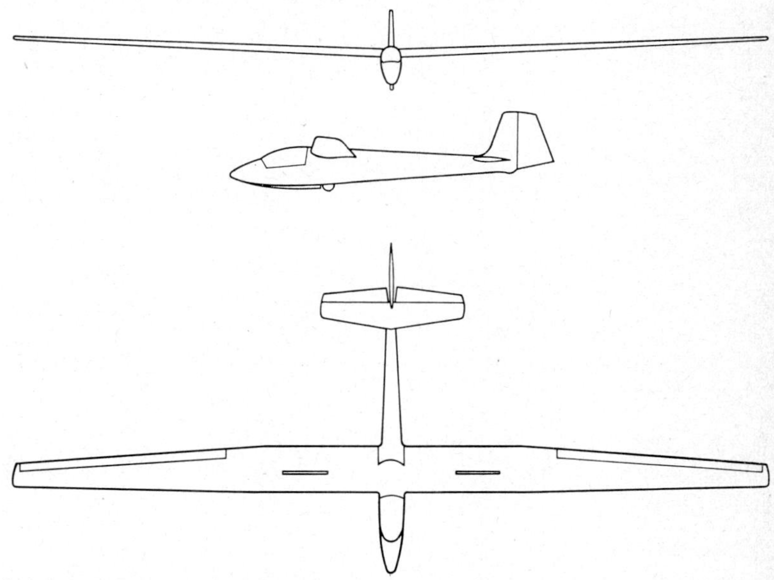
Übersichtszeichnung Skylark 4.

Slingsby T 51 Dart

Der OSTIV-Preis für das beste Segelflugzeug der Standardklasse fiel bei den Weltmeisterschaften 1965 nach dem Urteil der internationalen Jury Ilbert de Boer (Holland), Julian Bojanowski (Polen), Paul Schweizer (USA) und Hans Zacher (Deutschland) an die Engländer F. N. Slingsby, J. C. Reussner und W. Slater für die Konstruktion der *Dart 15,* einer Verkleinerung der *Dart 17* auf die Maße der Standardklasse. Es war die vorläufig letzte

Konstruktion der Slingsby-Werke, da die Anlagen dieser ältesten britischen Segelflugzeugfabrik 1969 bis auf die Grundmauern abbrannten. Die *Dart* besticht durch ihre elegante Form, wenngleich der Rumpf etwas lang geraten erscheint. Nach einer Reihe von Flugzeugen für die Offene Klasse war die *Dart* die erste erfolgreiche Konstruktion der Briten in der Standardklasse. Der freitragende Schulterdecker ist in herkömmlicher Bauweise hergestellt. Neben der bewährten Sperrholz-Schalenbauweise bestehen der Rumpfvorderteil vom Hauptspant bis zur Rumpfspitze, die Nase des Pendelhöhenruders, die Randbögen von Flügel und Leitwerken, der Übergang vom Flügel zum Rumpf und vom Rumpf zur Seitenflosse und die Endleisten des Seitenruders aus GFK. Der zweiteilige Holzflügel mit drehsteifer Sperrholznase besitzt einen doppelten Kastenholm, der bis zur Hälfte der Spannweite reicht und dann bis zur Flügelspitze in einfacher Ausführung gebaut ist. Die aufklappbare, abwerfbare Haube aus Perspex gewährt gute Sicht nach allen Seiten. Aufbau und Anschlüsse sind sehr einfach durchgeführt und beschleunigen die Montage. S. H. Georgeson stellte mit der *Dart 15* im Januar 1965 entlang der neuseeländischen Alpen einen neuen Weltrekord im Zielflug mit Rückkehr auf. George Burton, der bereits 1964 mit Erfolg bei den »Acht Tagen von Angers« gestartet war, belegte bei den Weltmeisterschaften 1965 in England mit der *Dart 15* in der Standardklasse den 5. Platz.

Übersichtszeichnung Slingsby T 51 Dart.

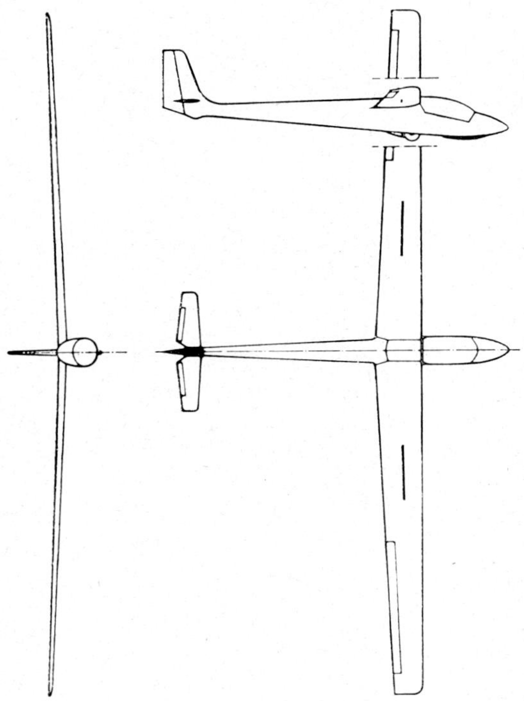

Abmessungen (dimensions)		
Spannweite	15,00	m
Länge	7,75	m
Flügelfläche	12,50	m^2
Seitenverhältnis	18,00	
Gewichte (weights)		
Rüstgewicht	218,00	kg
Zuladung	122,00	kg
Fluggewicht	340,00	kg
Flächenbelastung	27,20	kg/m^2
Leistungen (performances)		
Mindestgeschwindigkeit	63,00	km/h
Höchstgeschwindigkeit	214,00	km/h
Sinkgeschwindigkeit	0,69 m/sec bei 74 km/h	
Höchstgeschw. im Windenschlepp	127,00	km/h
Höchstgeschw. im Flugzeugschlepp	145,00	km/h
Gleitzahl	33,00 bei 80,00 km/h	
Profil	NACA 643 – 618 bis 615	

Bréguet 901

Bréguet, eine der ältesten Flugzeugfirmen der Welt, widmete sich nach dem Zweiten Weltkrieg auch dem Segelflugzeugbau. Als erste Konstruktion entstand 1948 der freitragende Mitteldecker *Bréguet 900.* Charakteristische konstruktive Kennzeichen waren die Wirbelkeulen an den Flächenenden und die Spaltklappen im Innenflügel. Auf dem Jungfernflug legte der Prototyp am 13. Mai 1949 eine Strecke von 470 km zurück. 1953 entwickelten die Bréguet-Werke in Übereinkunft mit dem Französischen Amt für Flugtechnik für den Französischen Aero-Club, vor allem für die bevorstehende Weltmeisterschaft, aus der *Bréguet 900* durch Cayla ein neues Leistungssegelflugzeug: *Bréguet 901,* das beste und erfolgreichste Segelflugzeug der französischen Luftfahrt. Aus der Erfahrung mit der 900 erhielt der *Typ 901* eine größere Spannweite, ein besseres Seitenverhältnis, eine größere Flächenbelastung und damit wesentlich bessere Flugeigenschaften und Flugleistungen, bessere Kurvenfähigkeit bei kleinerer Geschwindigkeit zur Ausnutzung enger Thermikschläuche und eine bessere Steuerfähigkeit im Kurvenflug.

Im März 1954 fand der Erstflug statt.

Der Mitteldecker mit 17,32 m Spannweite ist eine Holzkonstruktion, bei der Flügel und Leitwerk mit Sperrholz beplankt und stoffbespannt sind. Der halblaminare Flügel hat ein Profil der NACA-Reihe 63. Die Tragflügel sind als Kastenholm gebaut und haben an den Flügelenden zum Schutz der Querruder und zur Verringerung der Randwirbel kleine Stromlinienkörper. Hervorragend die tadellose Oberfläche des Flügels, die keinerlei Profilabweichungen und Dellen aufwies.

Die Steuerdrücke sind bei allen Fluggeschwindigkeiten sehr gering, was auf die konsequente Verwendung von abgedichteten Kugellagern für alle Gelenke zurückgeführt wird. Der Steuerknüppel ist bewußt kurz gehalten, so daß der Arm auf dem Oberschenkel aufliegen kann.

Besonders erwähnenswert ist die Kinematik der Wölbungsklappen, die an festen Auslegern auf der Flügelunterseite derart aufgehängt sind, daß sie sich mittels zweier Schwinghebel nach hinten und zugleich nach unten drehend bewegen können, d. h. also sowohl nach unten ausschlagen als auch die Gesamtflügelfläche etwas vergrößern. Die außenliegende »Hebelei« hat man anscheinend in Kauf genommen.

Bei den großen Geschwindigkeiten erhöhen die Fowlerklappen, auf -4° eingestellt, die Leistung der Maschine. Mit gefülltem Wassertank (75 kg in mehreren kleinen Behältern in der Flügelnase, Ablaßöffnungen an beiden Seiten des Rumpfes unter den Tragflügeln) werden bei hohen Geschwindigkeiten die Werte wesentlich verbessert. Das geringste Sinken hat die Maschine bei leerem Wassertank mit 0,60 m pro Sekunde bei 72 km/h. Mit ausgefahrenen Klappen beträgt die Mindest-Sinkgeschwindigkeit 0,65 m/s bei 60 km/h. Bester Gleitwinkel 1:36 bei 85 km/h. Der Rumpf der *Bréguet 901* ist in Schalenbauweise ausgeführt. Er besitzt ebenfalls eine hervorragende Oberflächenglätte. Die große geblasene Plexiglas-Haube schmiegt sich voll in das Rumpfprofil ein und bietet dem Piloten ausgezeichnete Sicht. Das Leitwerk besitzt die übliche Anordnung, ist aber sehr formschön gestaltet. Der Rumpf geht organisch in das elliptische Seitenleitwerk über. Das auf dem schmalen Rumpfheck aufgesetzte Höhenleitwerk ist zum leichten Transport und zum einfacheren Auf- und Abrüsten hochklappbar.

1956 wurde das erfolgreiche Muster zur *Bréguet 901 S 1* weiterentwickelt. Das neue Baumuster erhielt andere Landeklappen und ein größeres Leitwerk. Der Rumpf wurde um einen halben Meter verlängert und das größte Fluggewicht auf 420 kg gesteigert, wobei sich eine Flächenbelastung von 28 kg/m^2 ergab.

Im gleichen Jahr entstand eine doppelsitzige Version mit der Typenbezeichnung *Bréguet 904.* Der Erstflug fand am 26. Mai 1956 statt.

Die *Bréguet 901* wurde das erfolgreichste Segelflugzeug Frankreichs. Sie gewann als einzige nichtdeutsche Konstruktion zweimal die Weltmeisterschaft: 1954 mit Gerard Pierre – Paris und 1956 mit dem Amerikaner Paul McCready. Mit der *Bréguet 901* wurden sämtliche Segelflugrekorde Frankreichs, teilweise mehrfach, verbessert. Barbera gelang im Februar 1958 ein Flug über die Alpen in ihrer gesamten Ausdehnung mit 460 km Strecke.

Baumuster	Bréguet
Entwurf	J. Cayla
Baujahr	1956
Abmessungen (dimensions)	
Spannweite	17,32 m
Länge	7,57 m
Flügelfläche	15,00 m^2
Seitenverhältnis	20
Gewichte (weights)	
Rüstgewicht	265,00 kg
Zuladung	165,00 kg
Fluggewicht	430,00 kg
Flächenbelastung	28,00 kg/m^2
Leistungen (performances)	
Mindestgeschwindigkeit	62,00 km/h
Höchstgeschwindigkeit	220,00 km/h
Sinkgeschwindigkeit . . .	0,65 m/sec bei 70 km/h
Höchstgeschw. im Windenschlepp . .	100,00 km/h
Höchstgeschw. im Flugzeugschlepp .	150,00 km/h
Gleitzahl	35 bei 80 km/h
Profil	NACA 63-Serie

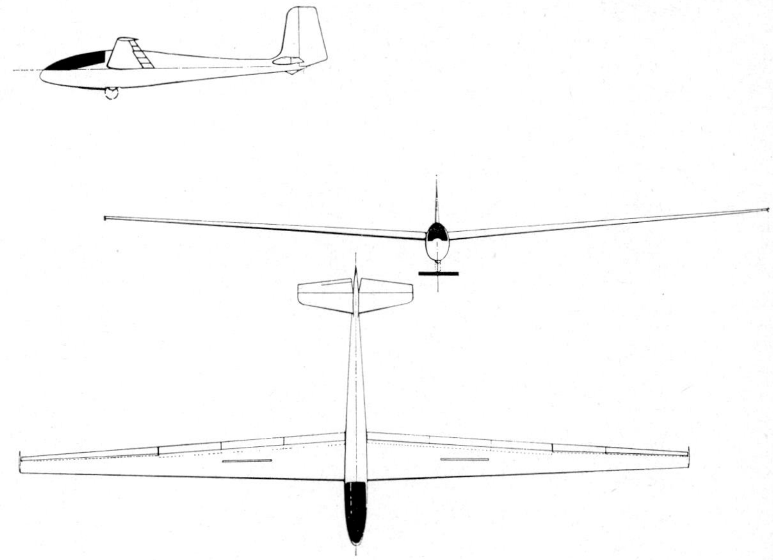

Übersichtszeichnung Bréguet 901 S 1.

Baumuster	Bréguet 904
Entwurf	R. Jarland
Baujahr	Mai 1956
Abmessungen (dimensions)	
Spannweite	20,04 m
Länge	9,00 m
Flügelfläche	20,00 m^2
Seitenverhältnis	20
Gewichte (weights)	
Rüstgewicht	405,00 kg
Zuladung	285,00 kg
Fluggewicht	690,00 kg
Flächenbelastung	34,50 kg/m^2
Leistungen (performances)	
Mindestgeschwindigkeit	62,00 km/h
Höchstgeschwindigkeit	220,00 km/h
Sinkgeschwindigkeit . . .	0,70 m/sec bei 70 km/h
Höchstgeschw. im Windenschlepp . .	100,00 km/h
Höchstgeschw. im Flugzeugschlepp .	150,00 km/h
Gleitzahl	35
Profil	NACA 63-Serie

Interessante Detailaufnahme der Bréguet 901. Man beachte das Fahrwerk, die Klappen und den Rumpf-Leitwerk-Übergang.

M-100 S

Schon 1924 schrieb die Lega Aero nationale Italiens einen 1. Internationalen Segelflug-Wettbewerb in Asiago aus. Die Italiener erschienen damals schon mit eigenen Flugzeugen, die aber gegen die deutschen Konstruktionen *Der Alte Dessauer, Moritz, Konsul* und *Deutschland* nicht bestehen konnten und von denen der deutsche Teilnehmer Fritz Papenmeyer erzählt: »In der Rhön wäre keines von ihnen zum Start zugelassen worden, da sie nicht lufttüchtig waren. Um so mehr zu bewundern war der Schneid des kleinen Kapitäns Canavesi, mit der er eine Maschine nach der anderen zu ‚Kleinholz' verarbeitete, ohne selbst Schaden dabei zu nehmen.«

Die Leistungen der deutschen Teilnehmer blieben nicht ohne Wirkung. 1926 entstand durch die Studenten der Universität Pavia *GP I,* 1931 als bestes Flugzeug *Balestruccio.* Als erfolgreichster Konstrukteur erwies sich in den nächsten Jahren L. Teichfuß, der Vater von *Gabbiano, Avanguardista, Nibbio.* 1936 kamen die Italiener zu den Olympischen Spielen nach Berlin mit *Arione* und 1939 war Italien bei dem Ausscheidungswettbewerb um das Olympiaeinheitssegelflugzeug mit den Typen *Pelicano* und *AI 3* vertreten. Seit 1934 trat das Istituto di Aeronautica des Polytechnikums Mailand mit den *C.V.V.*-Typen hervor, von denen *C.V.V.-6 Canguro* und *C.V.V.-7 Pinocchio* am bekanntesten wurden.

Nach dem Zweiten Weltkrieg führte Italien regelmäßig seine Nationalen Meisterschaften durch und war auf fast allen Weltmeisterschaften mit eigenen Konstruktionen vertreten: 1948 mit dem Einsitzer *Arcore,* 1952 mit dem Leistungsflugzeug *Pinocchio* und dem Doppelsitzer *Canguro,* auf dem der alte Kämpe Mantelli den 4. Platz belegte und 1954 Vizeweltmeister wurde. 1954 erschien der Einsitzer *Spillo,* 1956 *Eolo,* 1960 aber die bisher erfolgreichste italienische Konstruktion, *M-100 S.*

Dieses Segelflugzeug der Standardklasse ist eine Konstruktion der Gebrüder Alberto und Piero Morelli und wurde nach OSTIV/FAI-Richtlinien entworfen. Sie ging als Siegerflugzeug aus einem Entwurfswettbewerb für einen italienischen Standardleistungssegler hervor, den der italienische Aero-Club ausgeschrieben hatte. Der Prototyp flog im Januar 1960. Mit dem Standard-Flugzeug *M-100 S* starteten die Italiener bei den Weltmeisterschaften 1960, 1963 und 1965. Der Hochdecker in robuster Holzbauweise mit Sperrholzbeplankung hat eine geräumige Kabine mit guter Sicht. Die Ruder und teilweise auch die Tragflächen sind stoffbespannt. Der Flügel ist einholmig mit einer als Torsionsröhre ausgebildeten Flügelnase. Als Profil wurde ein modifiziertes NACA-63-Profil gewählt. Auffallend die besonders wirksamen Sturzflugbremsen, die in Form von je drei Drehplattenpaare aus verstärktem Polyester an den Flügelober- und -unterseiten ausgeführt sind. Beim OSTIV-Wettbewerb 1963 in Argentinien gelang die Montage ohne Werkzeug in einer Minute 32 Sekunden, der Abbau in einer Minute zehn Sekunden, da die Verbindungselemente an der Zelle verbleiben. Der Rumpf ist in Schalenbauweise hergestellt und wird durch vier Stringer verstärkt. Das halb in den Rumpf versenkte Landerad ist starr. Zur leichteren Wartung läßt sich das Instrumentenbrett nach vorn umklappen. Der Serienbau begann 1961 in Italien bei der Firma Avionautica Rio S. p. A. in Sarnico (Bergamo), 1963 übernahm Frankreich den Lizenzbau bei Carman in Moulins (Allier). Seitdem fliegen etwa 100 Muster dieser italienischen Konstruktion in Europa und Amerika.

Eine weitere interessante italienische Konstruktion: Der Leistungseinsitzer Eolo.

Baumuster	M-100 S	
Abmessungen (dimensions)		
Spannweite	15,00	m
Länge	6,46	m
Flügelfläche	13,10	m^2
Seitenverhältnis	17,20	
Gewichte (weights)		
Rüstgewicht	200,00	kg
Zuladung	115,00	kg
Fluggewicht	315,00	kg
Flächenbelastung	24,00	kg/m^2
Leistungen (performances)		
Mindestgeschwindigkeit	51,00	km/h
Höchstgeschwindigkeit	230,00	km/h
Sinkgeschwindigkeit	0,62 m/sec bei 67 km/h	
Höchstgeschw. im Windenschlepp	100,00	km/h
Höchstgeschw. im Flugzeugschlepp	150,00	km/h
Gleitzahl	32 bei 77 km/h	
Profil	mod. NACA-63	

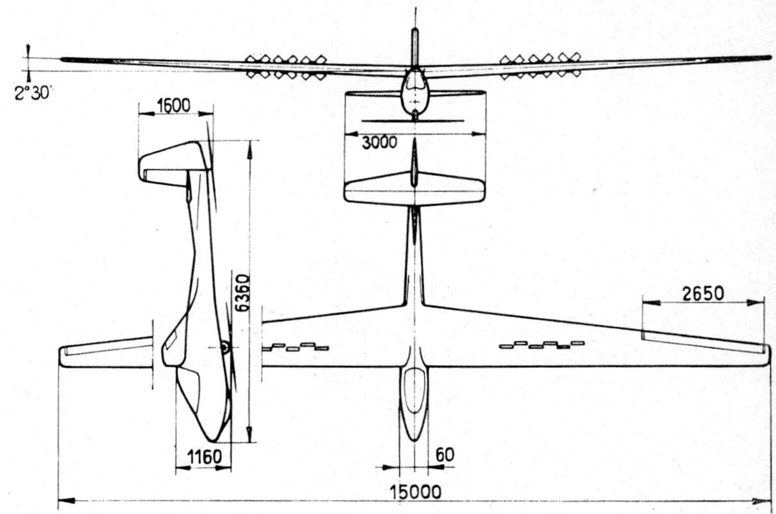

Übersichtszeichnung M 100 S.

PIK-16 Vasama (Pfeil)

Den OSTIV-Preis 1963 für das beste Standardflugzeug bei den Weltmeisterschaften in Junin/Argentinien erhielt die finnische Konstruktion *Vasama.* Damit trat der finnische Segelflug, angeregt von der Deutschen Segelflug-Expedition 1935, erstmals in den Mittelpunkt des Interesses. Unter den Konstrukteuren Tuomo Tervo, Jorma Jalkanen und Kurt Hedström befand sich auch der bekannte Leistungsflieger Jalkanen. Nach den Erfahrungen mit dem Vormuster *PIK 3 c Kajava* im Jahre 1957 entstand 1960 *PIK-16.* Der Erstflug erfolgte am 1. Juni 1961. Diese erste Version *OH-XVA* hatte noch ein V-Leitwerk. Dies wurde neben weiteren Änderungen und Verbesserungen in der Serienausführung durch ein Leitwerk in Normalbauweise ersetzt, u. a. wurde auch die Flügelnase in Sandwichbauweise ausgeführt.

Vasama ist ein freitragender Schulterdecker in Ganzholzbauweise unter hauptsächlicher Verwendung finnischen Kiefern- und Birkenholzes. Auffallend bei dieser Konstruktion ist der außerordentlich dünne Flügel, den die Konstrukteure wählten, um den besten Gleitwinkel zu erreichen. Der zweiteilige Flügel mit Kastenholm und Torsionsnase wiegt nur 105 kg. Die sehr gut bearbeitete Oberfläche läßt gute Leistungen zu. Für die Konstruktion des Flügels wählte das Team an der Wurzel das Wortmann-Profil FX-05-188, t/c 14%, die Flügelenden haben das Profil NACA 63_2-615. Der Rumpf ist in Schalenbauweise aus Holz, das Rumpfvorderteil besteht aus Glasfaser-Kunststoff. Die Plexiglashaube ist in einem Stück geblasen.
Mit dem Leistungsflugzeug *Vasama* wurden mehrere finnische Rekorde aufgestellt. 1963 belegte Horma bei den Weltmeisterschaften in Argentinien den 3. Platz in der Standardklasse und erzielte damit den bisher größten internationalen Erfolg des finnischen Segelfluges.

Die Serienausführung der Vasama erhielt ein Leitwerk in Normalbauweise.

Baumuster	PIK-16 Vasama	
Abmessungen (dimensions)		
Spannweite	15,00	m
Länge	5,97	m
Flügelfläche	11,70	m^2
Seitenverhältnis	19,20	
Gewichte (weights)		
Rüstgewicht	166,00	kg
Zuladung	64–115	kg
Fluggewicht	230–281	kg
Flächenbelastung	19,7–24	kg/m^2
Leistungen (performances)		
Mindestgeschwindigkeit	62,00	km/h
Höchstgeschwindigkeit	250,00	km/h
Sinkgeschwindigkeit	0,59 m/sec bei 73 km/h	
Höchstgeschw. im Windenschlepp	140,00	km/h
Höchstgeschw. im Flugzeugschlepp	150,00	km/h
Gleitzahl	34,5 bei 86 km/h	
Profil	Flügelwurzel: Wortmann FX-05-188 Flügelende: NACA 62_2-615	

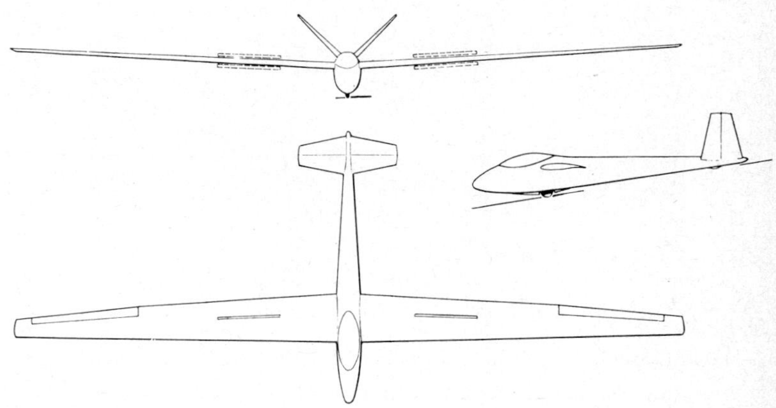

Den OSTIV-Preis 1963 für das beste Segelflugzeug der Standardklasse erhielt die finnische Konstruktion Vasama. Die Übersichtszeichnung zeigt den Prototyp mit dem V-Leitwerk.

Orao

Das erste nichtdeutsche Segelflugzeug, das durch seine Leistungen in aller Welt überraschte, war die jugoslawische Konstruktion *Orao.* Die *Orao* war die Sensation der Weltmeisterschaften 1950 in Örebro / Schweden. Unter sieben *Weihen* belegte die *Orao II* mit M. Borisek den 3. Platz. Dieser jugoslawische »Adler« wurde von allen Teilnehmern aus elf Nationen begeistert nachgeflogen.
1929 begann der Flugzeugbau in Jugoslawien mit dem Nachbau eines *Zöglings.* Vor dem Zweiten Weltkrieg kamen die ersten eigenen Konstruktionen. Von 1947 an aber erlebte der Segelflug in Jugoslawien einen unglaublichen Aufstieg, der ihn für zehn Jahre leistungsmäßig, fliegerisch wie technisch in die Spitzenländer der Welt führte. 1947 entwarfen die drei Diplom-Ingenieure Boris Cijan, Stanko Obad und Miha Mazovec mit dem *Orao* ein großartiges Hochleistungssegelflugzeug, einen freitragenden Mitteldecker von 19 m Spannweite. Obad war bereits durch *Musa,* Cijan durch *Skakavac* bekanntgeworden. Dieses hervorragende Team wollte ein Hochleistungssegelflugzeug schaffen, das leicht geflogen werden konnte und in Leistung und Eigenschaften die damals bekannten Flugzeuge nach Möglichkeit übertreffen sollte. Von vornherein war bei dem Entwurf an keine Serienherstellung gedacht. Neue Wege wurden eingeschlagen, um vor allem moderne aerodynamische Gesichtspunkte berücksichtigen zu können und so allmählich den semilaminaren Weg vorzubereiten. Besonderer Wert wurde auf die aerodynamische Lösung des Flügel-Rumpf-Übergangs gelegt, um eine lange Laminarhaltung an Rumpf und Leitwerk zu bekommen. Die entscheidende Rolle für die Leistungssteigerung spielte die Oberflächenbearbeitung von Flügel, Rumpf und Leitwerk. Leitendes Entwurfsziel war eine große Geschwindigkeitsspanne – hohe Reiseleistung im Streckenflug und durch Wölbungsklappen verringerte Geschwindigkeit für enges Kreisen. Das klassische Gö 549-Profil wurde, um semilaminare Effekte zu erzielen, modifiziert und zugleich auf größtmögliche Glätte der Sperrholzbeplankung geachtet. Der Zusammenhang zwischen Widerstand einerseits und Flächenbelastung und Flügelstreckung andererseits wurde nach den Arbeiten von Lippisch berechnet. So kam man bei dem Prototyp des *Orao* auf eine Flächenbelastung von 21,55 kg/m² und eine Streckung von 20,29.
Für den Entwurf des Querruders war die Möglichkeit eines schnellen Einleitens der Kurve maßgebend. Am Flügel sind drei verschiedene Querruderarten angeordnet. Und zwar anschließend an die Schlitzklappe ein statisch ausgeglichenes Wölbungsquerruder, das

Die Orao II war bei den Weltmeisterschaften 1950 in Schweden die große Überraschung.

mit der Schlitzklappe zwangsläufig gekoppelt wurde, und deshalb sowohl als Landeklappe wie als Querruder arbeitet. Daran anschließend das Hauptquerruder, gewichtlich ausgeglichen, und schließlich ein kurzes Hilfsquerruder eigener Bauart. Der Flügel mit 19 m Spannweite und dünnen Flügelschnitten mußte genügende Biege- und Torsionsfestigkeit haben, um einen geschlossenen unteren Schwingungsbereich zu vermeiden. Um diese Biegesteifigkeit zu erreichen, wurde ein Duralholm gewählt. Dieser ermöglicht einfache und leichte Holmbeschläge. Der *Orao* hat also einen Hauptholm aus Leichtmetall, jedoch Holzrippen und Sperrholznase. Um die gewünschte Glätte der Flügelbeplankung zu erhalten, wurde die Sperrholzbeplankung bis zur Klappennase durchgeführt.

Für Höhenleitwerk und Seitenleitwerk wurden Laminarprofile eigenen Entwurfs verwendet.

Beim Rumpf wurde auf möglichst lange Laminarhaltung und aerodynamische Güte des Übergangs zum Tragflügel geachtet. Die Gesamtoberfläche des Rumpfes beträgt 9,29 m^2 (beim *Reiher* etwa 12,5 m^2). Der Rumpfvorderteil wurde in normaler Bauart durchgeführt. Der Rumpfhinterteil ist eine Schale in Sandwich-Bauart. Um die Höhe des Rumpfvorderteils gering zu halten, wählten die Konstrukteure schon damals die halbliegende Sitzanordnung des Flugzeugführers mit einstellbarer Rückenlehne.

Die Flugerprobung wurde von den bekannten Leistungsfliegern M. Borisek und M. Pusik durchgeführt und brachte die erwarteten Leistungen.

Für die Weltmeisterschaft 1950 wurde die *Orao II* in zwei Mustern entwickelt, die sich äußerlich nur in der V-Stellung des Höhenleitwerks unterschieden. Leider stürzte Borisek wenige Wochen nach seinem großen Erfolg bei der Weltmeisterschaft tödlich ab, wobei auch das erfolgreiche Flugzeug von Örebro vernichtet wurde.

1954 entwickelte das Team als viertes Baumuster die *Orao II c*-Version, die in vielen Einzelteilen verbessert wurde und dadurch vor allem ein wesentlich höheres Gewicht erhielt. Bis zum Erscheinen des *Meteor* blieb *Orao* der Spitzenvogel des jugoslawischen Segelfluges und hielt noch Jahre später den Nationalen Streckenrekord mit einem Flug von Subotica nach Saloniki in Griechenland mit nahezu 600 km.

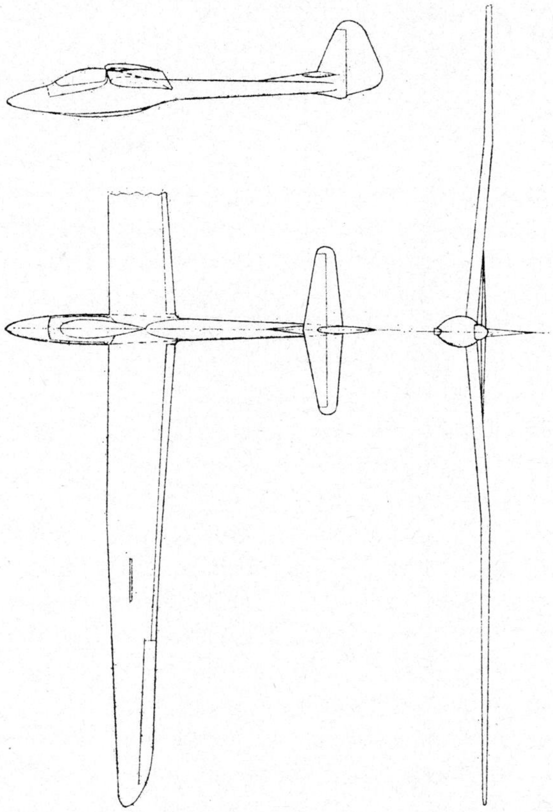

Übersichtszeichnung Orao II c.

Baumuster	ORAO IIc	
Abmessungen (dimensions)		
Spannweite	19,00	m
Länge	7,75	m
Flügelfläche	18,00	m^2
Seitenverhältnis	20,30	
Gewichte (weights)		
Rüstgewicht	365,00	kg
Zuladung	90,00	kg
Fluggewicht	455,00	kg
Flächenbelastung	25,00	kg/m^2
Leistungen (performances)		
Mindestgeschwindigkeit	55,00	km/h
Höchstgeschwindigkeit	210,00	km/h
Sinkgeschwindigkeit	0,6 m/sec	bei 77 km/h
Höchstgeschw. im Windenschlepp		
Höchstgeschw. im Flugzeugschlepp	135,00	km/h
Gleitzahl	36,60	
Profil	Gö 549 mod.	

Meteor

Angeregt durch den großen internationalen Erfolg mit dem Entwurf des *Orao* schuf das gleiche Team 1954 mit dem *Meteor* das erste Ganzmetall-Segelflugzeug mit 20 m Spannweite, einziehbarem Fahrgestell und Laminarprofil. Am 4. Mai 1956 wurde der *Meteor* auf dem Belgrader Flugplatz Zemun eingeflogen. Anschließend war dieses Hochleistungssegelflugzeug in St. Yan / Frankreich das meistbeachtete Flugzeug der Weltmeisterschaft. Saradic belegte auf Anhieb unter der Elite der Welt den 4. Platz. Zwei Jahre später in Polen erflog sich Komac ebenfalls den 4. Platz, und Saradic kam unter den 37 Teilnehmern der Offenen Klasse auf den 11. Platz. Mrak erreichte 1960 in Köln den 18. Platz – die gleiche Meisterschaft, auf der während des OSTIV-Kongresses Dipl.-Ing. Boris Josef Cijan die OSTIV-Plakette für seine technisch und wissenschaftlich gleich hoch zu bewertende Leistung im Segelflug erhielt. 1965 in England gehörte Ciril Kriznar auf dem 5. Platz der Offenen Klasse unter 41 Teilnehmern erneut zur Weltelite. Mrak hielt 1958 auf *Meteor* für kurze Zeit den Geschwindigkeitsweltrekord im 100 km-Dreiecksflug und Komac im 300 km-Dreiecksflug. Jahrelang galt der Frauenweltrekord von Cvetka Klanonik. Für die Weltmeisterschaft 1968 in Leszno / Polen hatte Dipl.-Ing. Obad die beiden *Meteore* restlos überholt. Mit den zehn Jahre alten Pionieren einer neuen Zeit im Segelflugzeugbau belegte unter 68 Teilnehmern Miadrag Gatolin den 27. und Ziva Franc den 37. Platz. In der übrigen Zeit stehen die beiden *Meteore* den jugoslawischen Leistungsfliegern im Segelflugzentrum Vrsac bei Belgrad zur Verfügung.

Meteor mit Mrak bei den Weltmeisterschaften 1960 in Köln. Man beachte die einziehbare Kufe.

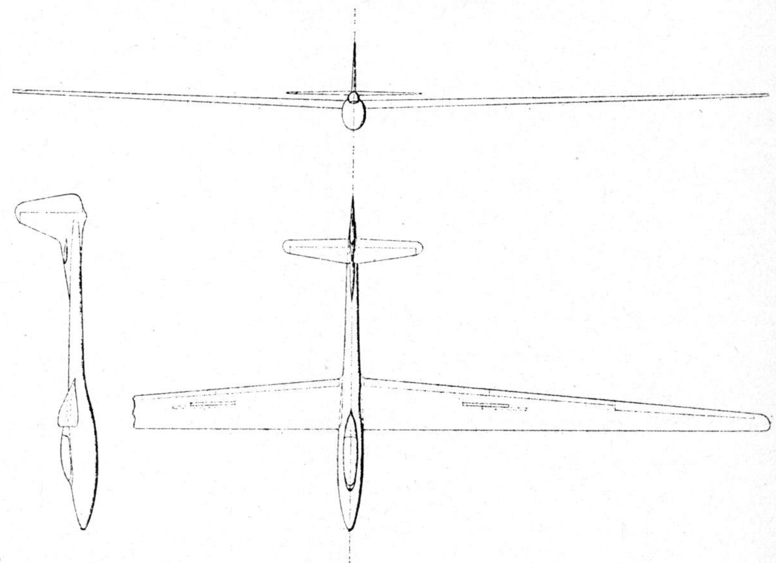

Übersichtszeichnung Meteor.

Baumuster	Meteor	
Abmessungen (dimensions)		
Spannweite	20,00	m
Länge	8,00	m
Flügelfläche	16,00	m²
Seitenverhältnis	25	
Gewichte (weights)		
Rüstgewicht	355,00	kg
Zuladung	96,00	kg
Fluggewicht	451,00	kg
Flächenbelastung	30,50	kg/m²
Leistungen (performances)		
Mindestgeschwindigkeit	67,00	km/h
Höchstgeschwindigkeit	227,00	km/h
Sinkgeschwindigkeit	0,54 m/sec bei 77 km/h	
Höchstgeschw. im Windenschlepp	110,00	km/h
Höchstgeschw. im Flugzeugschlepp	150,00	km/h
Gleitzahl	42	
Profil	NACA 63_2-616,5	

Polen

Polen gehört neben Deutschland zu den ältesten Segelflugnationen der Welt. Der polnische Segelflug hatte seine ersten Erfolge 1928 durch die Akademische Fliegergruppe Lemberg zu verzeichnen. Das erste Segelfluggelände entstand in Bezmiechowa in den Ostkarpaten. 1934 flog Olenski über sechs Stunden und Baranowski überflog mit Hilfe einer Gewitterfront zum ersten Male die 100 km-Grenze, Blaicher erreichte 3035 m Höhe. Im ersten Internationalen Segelflugwettbewerb 1937 auf der Wasserkuppe zählten die Polen mit Mynarski, Zabsky und Baranowski zu den besten Teilnehmern. Auch zu dieser ersten internationalen Begegnung brachten die Polen eigene Konstruktionen mit. Als eine der wenigen Nationen gingen die Polen auf konstruktivem Gebiet von Anfang an ihre eigenen und erfolgreichen Wege. Das Übungsflugzeug *Komar* (dem Baby ähnlich) diente lange Jahre in der Schulung und in der Ausbildung der Leistungsflieger. In der Rhön überraschten die Polen mit dem *Orlik.* 1939 kam eine *Orlik* zur Weltausstellung nach New York, diente dann der Navy zu Versuchszwecken und geriet in den Kriegsjahren in Vergessenheit. Dann erwarb sie Paul McCready, der mit dieser polnischen Konstruktion überraschenderweise 1948 und 1949 Nationaler Champion wurde. Nach dem Zweiten Weltkrieg gehörte Polen zu den ersten Nationen, die trotz vieler anderer Sorgen den Segelflug sofort wieder aufbauten. 1948 wurde der Prototyp des Übungsflugzeuges *Mucha* gebaut. 1949 startete in Zar die *Mucha* bereits im Wettbewerb der Ostblockstaaten. 1953, als die Polen nach neun nationalen Segelflug-Wettbewerben ihren zehnten Wettbewerb erstmals als polnische Meisterschaft austrugen, war die *IS-2 Mucha* bereits das Einheitssegelflugzeug.

Komar war das beliebteste und erfolgreichste polnische Übungsflugzeug vor dem II. Weltkrieg.

Die schärfste Konkurrenz für die deutsche Meise beim internationalen Vergleichsfliegen 1939 in Rom war die polnische Konstruktion Orlik.

SZD-22 „Mucha" Standard

Die erste berühmte und erfolgreiche Konstruktion des polnischen Segelfluges nach dem Zweiten Weltkrieg wurde die *SZD-22 »Mucha« Standard.* Sie hat eine lange Entwicklungsgeschichte. 1947 entwarfen Franciszek Kotowski und Irena Kaniewska die *IS-2 Mucha* mit dem Kennzeichen SP-561. Der Prototyp dieses Leistungseinsitzers mit 15 m Spannweite wurde von Piotr Mynarski, der 1937 beim 1. Internationalen Wettbewerb auf der Wasserkuppe gestartet war, am 24. April 1948 eingeflogen. Mit einigen Änderungen entstand daraus *IS-2 Mucha bis* SP-887, erster Start am 21. Mai 1949. Von ihr wurden 19 Stück gebaut. Eine weitere Verbesserung stellte die *IS-2 Mucha ter,* SP-1046 dar, die

Pierwsky am 10. Juli 1950 einflog. Von ihr entstanden in den Jahren 1950/51 114 Exemplare. Andrzeja Zieminskiego legte damit 1953 einen neuen polnischen Rekord von 615 km zurück, den 1957 Jan Gawecki auf 637 km verbesserte. Rowniez Rudolf Kopernok schaffte als erster Pole einen Zielflug mit Rückkehr Kattowitz–Leszno über 500 km. Im Wettbewerb 1951 stiegen mit dieser *Mucha* 23 Piloten auf über 3000 m Höhe und sechs erreichten die »Brillanten-Höhe« von über 5000 m, 15 Piloten legten die Zielflugstrecke Inowroclaw–Lublin über 347 km zurück. Schon damals konnten es sich die Polen leisten, Wettbewerbe mit einem Einheitssegelflugzeug durchzuführen. 1950 erhielt die *Mucha* ein Laminarprofil, erprobt in dem Prototyp *IS-7 Osa,* SP-1047.

1952 erlebte die *Mucha*-Serie eine weitere Verbesserung, vor allem in der Gestaltung des Rumpfes und des Führersitzes. Durch Pierwszy entstand der Prototyp SZD-12 *Mucha 100,* SP-1400, der am 14. November 1953 von Adam Zientek eingeflogen wurde. Der Flugzeugrumpf dieses Standardsegelflugzeuges wurde von 6,8 auf 7 m verlängert, das Fluggewicht von 260 auf 290 kg vergrößert, die Instrumentierung wurde wesentlich reicher.

Eine weitere Verbesserung war der Typ *SZD-12 A Mucha 100 A,* SP-1448, der 1956 entwickelt und am 21. September 1956 eingeflogen wurde. Von der *Mucha 100* entstanden 350 Exemplare, von denen 70 in zehn Länder exportiert wurden.

Als der Aero-Club von Polen mit der Austragung der Weltmeisterschaft 1958 beauftragt wurde, erfuhren die *Mucha* durch die Konstrukteure Nowakowski, Grzywacz und Zatwarnicki eine grundsätzlich neue Auslegung. Es entstand *SZD-22 Mucha Standard.*

Der Prototyp, SP-1748, flog erstmals am 10. Februar 1958 unter Adam Zientka. Mit diesem Typ starteten die Polen bei der Weltmeisterschaft 1958 und stellten mit Adam Witek den überlegenen Sieger in der Standardklasse. Einige Änderungen führten zum zweiten Prototyp SP-1749, der am 6. Juni 1958 seinen Erstflug erlebte.

Nach den Weltmeisterschaften wurde *Mucha Standard* in drei Varianten als *SZD-22 A, SZD-22 B* und *SZD-22 C* gebaut. Der Typ A wurde unter dem Kennzeichen SP-2102 am 2. Oktober 1959 von A. S. Skrzydlewski eingeflogen und anschließend eine Serie von 15 Stück hergestellt. Typ B, SP-2107, startete mit Adam Zientka erstmals am 16. Februar 1960 und C, SP-2119, flog erstmals am 28. Juli 1960. Von der B-Serie wurden in dem Werk Zaklady Sprzetu Lotnictwa Sportowego 40 Stück gebaut, von der C-Serie 100 Stück, allein 86 Muster wurden in 20 Länder exportiert. Den Abschluß dieser immer wieder verbesserten Konstruktion bildete der Prototyp des Musters *SZD-22 E* am 9. Januar 1961, der einen vollkommen neuen Flügel erhielt, der dann in der Konstruktion *SZD-25 Lis* wieder Verwendung fand. Neben kleinen Änderungen unterschieden sich die letzten Varianten bei der B- und C-Serie durch den Einbau der

Mucha Standard im Fluge.

Möglichkeit für Wasserballast und durch die Stoffbespannung des Flügels bei der C-Serie. Die Ballastanlage bei der B- und C-Serie bestand aus zwei Gummibehältern von 28 Litern, die in die Flügelnase eingeschoben wurden. Da eine Änderung des Fluggewichts während des Fluges nach den FAI-Regeln für die Standard-Klasse nicht erlaubt ist, konnten die Behälter nur auf dem Boden entleert werden. Bei einem D-Muster wurde das Rad etwas nach vorne verschoben und auch die Kufe verändert. Der freitragende Schulterdecker war in Holzbauweise hergestellt. Der zweiteilige Trapezflügel hatte einen Holm, war mit Sperrholz beplankt, hinten mit Stoff bespannt. Er war mit sehr wirkungsvollen Querrudern und Bremsklappen ausgestattet. Der in Halbschalenbauweise hergestellte Rumpf mit Sperrholzbeplankung hatte ein abbremsbares Rad und eine Kufe. Die Kabinenhaube öffnete sich nach hinten und konnte im Notfall abgeworfen werden. Das Höhenleitwerk war mit einer Trimmklappe versehen. In der mehrfach verbesserten Kabine war vor dem Instrumentenbrett ein aufklappbarer Tisch für Navigationsgeräte des Piloten.

Die Internationale Segelflugmeisterschaft in Polen des Jahres 1961 wurde ausschließlich mit 55 *Mucha Standard* bestritten. Am letzten Wettbewerbstag, am 17. Juli, flogen 26 Piloten über 500 km, wobei der Italiener Renato Vitelli mit 507 km einen neuen Rekord für Italien aufstellte. Im gleichen Jahr gewann Attilio Pronzati die Segelflugmeisterschaft von Italien auf einer *Mucha Standard.* Mit dem Zielflug mit Rückkehr über 387 km von Lucyna Bajewska am 26. Juni 1960 steht die *Mucha Standard* auch einmal in der Weltrekordliste der FAI vermerkt.

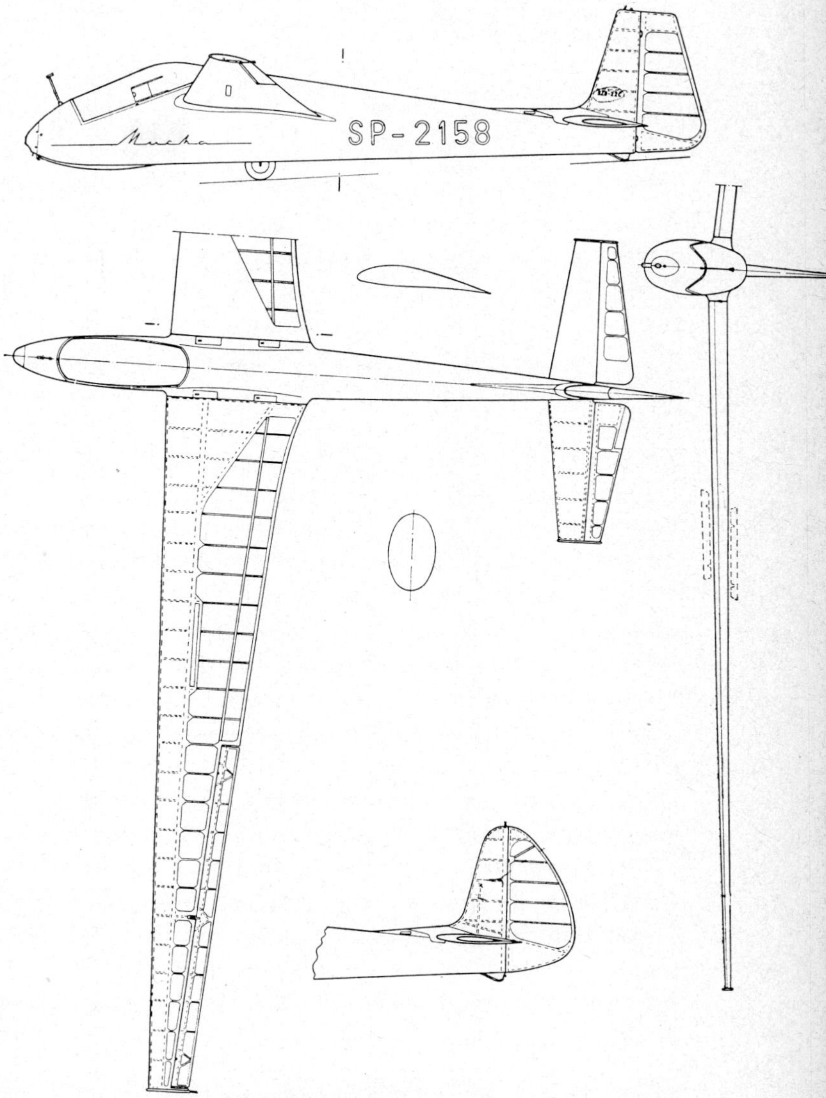

Übersichtszeichnung SZD-22 Mucha Standard.

Baumuster	Mucha-Standard	
Abmessungen (dimensions)		
Spannweite	14,98	m
Länge	7,00	m
Flügelfläche	12,75	m^2
Seitenverhältnis	17,6	
Gewichte (weights)		
Rüstgewicht	240,00	kg
Zuladung	110,00	kg

Fluggewicht	350,00	kg
Flächenbelastung	25,60	kg/m^2
Leistungen (performances)		
Mindestgeschwindigkeit	59,00	km/h
Höchstgeschwindigkeit	250,00	km/h
Sinkgeschwindigkeit	0,73 m/sec bei 71 km/h	
Höchstgeschw. im Windenschlepp	100,00	km/h
Höchstgeschw. im Flugzeugschlepp	150,00	km/h
Gleitzahl	27,8 bei 75 km/h	
Profil	Gö 549	

SZD-8 Jaskolka

Nach der *Mucha* gelang den polnischen Konstrukteuren mit dem Entwurf der Schwalbe, des Leistungseinsitzers *Jaskolka,* ein weiteres Flugzeug von internationaler Bedeutung. Der Prototyp von *SZD-8 Jaskolka* flog mit dem Kennzeichen SP-1222 erstmals am 21. September 1951, der zweite Prototyp SP-1223 am 3. Dezember 1951. Dann vergingen drei Jahre ehe die verbesserte *Jaskolka* in Serie hergestellt wurde. 1954 starteten *SZD-14 X Jaskolka M* und *SZD-8* bis W *Jaskolka W* ihren Erstflug, am 3. Februar 1955 folgte *SZD-8* bis Z *Jaskolka Z,* jener Typ, der die größte Serie erlebte. Vor allem erfuhr der Rumpf immer wieder Verbesserungen. Der Prototyp hatte noch eine Länge von 6,74 m, die Z-Serie aber 7,42 m. Unverändert blieb bei allen Versionen die Spannweite von 16 m. *Jaskolka* war ein freitragender Mitteldecker in der herkömmlichen Bauart aus Holz. Konstruktive Merkmale waren die eigenartig geformte Plexiglashaube und das halb einziehbare Rad.

Der Flügel ist zweiteilig, einholmig, trapezförmig, ganz mit Sperrholz beplankt, besitzt eine V-Stellung von 4°, Fowlerklappen, Sturzflugbremsen Typ Göppingen, automatische Koppelung der Steuerantriebe an allen Trennstellen. Die Wölbungsklappen können bei 0°, 12° und 25° blockiert werden. Die plattenartigen Sturzflugbremsen können im Stand automatisch geschlossen gehalten werden. Die mit Endkeulen versehenen Flügel haben Positionslichter und Entlader für die statische Elektrizität. Ein großer Vorteil ist der am Rumpfheck eingebaute aber wegsteckbare Griff zum Heben und Transportieren des Rumpfes. Der vordere Teil der Führersitzverglasung ist fest eingebaut, die eigentliche Haube ist nach hinten aufschiebbar.

Von den *Jaskolka-Typen* wurden von 1953 bis 1961 insgesamt 80 Stück gebaut, viele für den Export. Vom 15. Mai 1954 bis zum 16. Mai 1960 gelangen mit diesem Leistungsflugzeug 15 Weltrekorde. Hervorgehoben seien aus dem Jahre 1959 der Zielflug mit Rückkehr von Ludwik Misiek über 533,6 km und der Frauen-Zielflugweltrekord von Pelagia Majewska über 562,6 km. Bei der Weltmeisterschaft 1956 in St. Yan belegte Gorzelak auf *Jaskolka* den 3. Platz und der polnische Segelflug-Oldtimer Gora unter 45 Teilnehmern den 24. Platz. Auch die belgischen Teilnehmer bevorzugten die polnische Konstruktion *Jaskolka.* 1958 über dem heimatlichen Himmel von Leszno begann Makula auf *Jaskolka* mit dem 5. Platz in der Offenen Klasse seine große internationale Laufbahn. Gorzelak belegte diesmal Platz 14. Die *Jaskolka* wurde bei dieser Weltmeisterschaft noch den Teilnehmern aus Rhodesien, UdSSR, Dänemark, Argentinien, Südafrika, Japan und Neuseeland zur Verfügung gestellt. Die letzte Version war 1960 das Versuchsflugzeug *SZD-17 X Jaskolka L,* entwickelt aus der *Jaskolka Z* mit Laminarflügel und V-Leitwerk, wobei die Flächenkonstruktion beibehalten wurde. Die *Jaskolka,* die als Leistungsflugzeug den polnischen Segelflug

SZD 8 ter ZO Jaskolka ter ZO im Fluge.

fast ein Jahrzehnt lang beherrschte, wurde 1961 von den bahnbrechenden Konstruktionen *Foka* und *Zefir* abgelöst.

Baumuster	SZD-8 Jaskolka
Abmessungen (dimensions)	
Spannweite	16,00 m
Länge	7,42 m
Flügelfläche	13,60 m^2
Seitenverhältnis	18,8
Gewichte (weights)	
Rüstgewicht	270,00 kg
Zuladung	100,00 kg
Fluggewicht	370,00 kg
Flächenbelastung	27,20 kg/m^2
Leistungen (performances)	
Mindestgeschwindigkeit	50,00 km/h
Höchstgeschwindigkeit	250,00 km/h
Sinkgeschwindigkeit	0,75 m/sec bei 74 km/h
Höchstgeschw. im Windenschlepp	110,00 km/h
Höchstgeschw. im Flugzeugschlepp	150,00 km/h
Gleitzahl	28,5 bei 83 km/h
Profil	NACA 23012 A

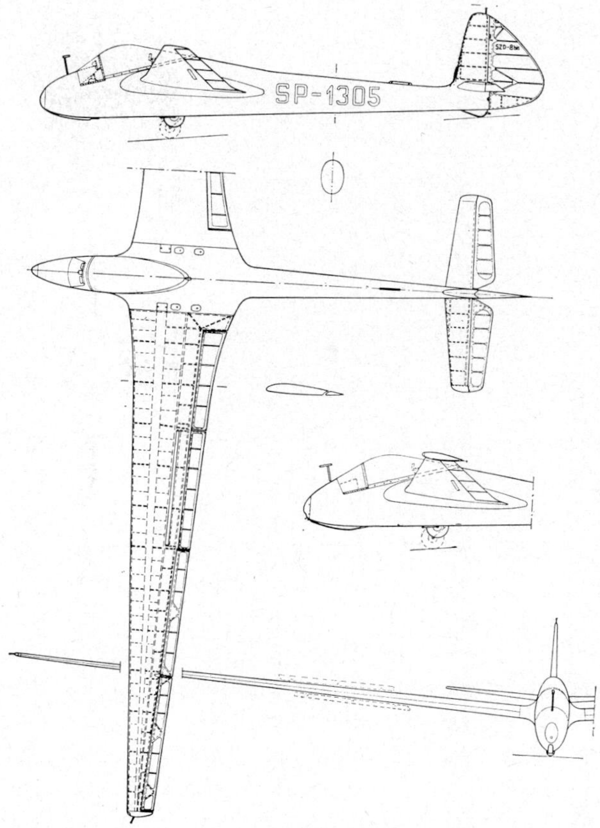

Übersichtszeichnung SZD - 8 Jaskolka

SZD-19 Zefir

Die Sensation – man muß dieses Wort in wahrster Bedeutung nehmen – die Sensation der Segelflugweltmeisterschaften 1960 auf dem Butzweilerhof bei Köln war das Erscheinen der polnischen Konstruktionen *Zefir* und *Foka*.

Die *Zefir* war fraglos in dieser Meisterschaft das eleganteste Flugzeug, fand täglich das größte Interesse, nicht nur wegen seiner rassigen Linienführung und vieler origineller konstruktiver Lösungen, sondern auch wegen seiner hervorragenden Leistungen. In vier Konkurrenzen kamen die polnischen Piloten Makula und Popiel jeweils auf den 1. Platz und belegten am Ende in der Offenen Klasse den 2. und 3. Platz. Der junge Konstrukteur Bogumil Szuba mußte täglich in vielen Sprachen Interviews und Aufklärungen geben.

Das Versuchsmuster *SZD-19 X Zefir* entstand bereits in den Jahren 1957/58 und erlebte unter Kennzeichen SP-841 unter Führung von Stanislawa Skrzydlewskiego am 31. Dezember 1958 seinen Jungfernflug. Bestechend war bei dieser Konstruktion bereits der Rumpfbau mit einem herkömmlichen Leitwerk. 1959 wurde das Flugzeug im Hinblick auf die Segelflug-Weltmeisterschaften 1960 völlig neu konstruiert.

Mit Hochdruck wurde daran gearbeitet und schließlich wurde der Prototyp *SZD-19-2 Zefir 2* mit dem Kennzei-

Das Leistungssegelflugzeug Zefir war die große Überraschung der Segelflug-Weltmeisterschaften 1960 in Köln.

chen SP-2067 am 11. März 1960 eingeflogen. Bis zur Eröffnung der Weltmeisterschaft am 4. Juni 1960 konnten zwei Muster fertiggestellt werden, die direkt aus dem Werk nach Köln kamen. In der Konstruktion wurden neben Holz auch Schaumstoff-Sandwiches und Glasfaser-Laminat-Schalen verwendet. Der zweiteilige Rechteck-Trapezflügel mit großer Streckung hat einen breiten Keson-Träger, der das Tragelement bildet. Erstmals in der Geschichte des polnischen Segelflugzeugbaus fand ein Laminarprofil aus der NACA-Reihe Verwendung. Dank des besonders sorgfältigen Herstellungsverfahrens sowie der genauen Ausführung wurde das Laminarprofil des Tragflügels genau eingehalten. Der Flügel ist mit sehr wirkungsvollen 35% Auftriebsklappen sowie mit massenausgeglichenen Querrudern ausgerüstet, die ein sehr enges Thermikkreisen ermöglichen. Die Flügelholme gehen in breite Holmenden mit Metallbeschlägen über, die in zwei Paaren von Stahlbacken zusammengeschraubt wurden. Dabei wurde der Rumpf mit vier Konuszapfen mit den Flügeln verbunden. Diese Montage fand viel Interesse, wurde nachgebaut und verfeinert. Der Rumpf, in Schalenbauweise hergestellt, wurde sowohl außen wie auch innen mit Laminat verkleidet, wie auch die aerodynamisch ausgezeichnet gelösten Übergänge der Flächen in den Rumpf. Durch die halbliegende Stellung des Piloten, die viel Aufsehen erregte, und nach der Erfahrung für Jahre von vielen Konstrukteuren übernommen wurde, konnte der Rumpfquerschnitt sehr klein gehalten werden. Ebenso war das Instrumentenbrett erstmals auf einer besonderen Säule montiert, so daß die Kontrolle der Instrumente leicht durchgeführt werden konnte und trotz der großen Zahl der Instrumente das Sehfeld des Piloten nicht eingeengt war. Die Schleppkupplung befand sich am Fahrwerk und wurde nach dem Auslösen des Schleppseils mit dem Rad voll eingezogen. Das Rad selbst war mit einer Backenbremse ausgerüstet. Für kurze Landungen sowie zur Begrenzung der Sturzfluggeschwindigkeit war ein wirksamer Bremsschirm eingebaut, eine weitere konstruktive Einzelheit, die viel Beachtung fand.

Das Leitwerk war im Vergleich zum Versuchsmuster vollkommen umkonstruiert und glich mehr dem eines Linienflugzeuges als der bisherigen Segelflugzeuge.

Nach den großartigen Erfolgen bei der Weltmeisterschaft 1960 gingen in Polen Bestellungen aus aller Welt ein, so daß von der *Zefir 2* mehr Muster exportiert als im eigenen Land geflogen wurden. Nach den ersten Erfahrungen brachte der Konstrukteur einige Verbesserungen an, die zum Typ *SZD-19-A (Zefir 2 A)* führten, der am 24. Januar 1962 mit dem Kennzeichen SP-237 eingeflogen wurde. Mit dieser Ausführung belegte Polen bei der Weltmeisterschaft 1963 in Argentinien mit den Piloten Makula und Popiel den 1. und 2. Platz. Makula erflog damit mit 717,5 km Strecke, im 100 km Dreieck mit 102,1 km/h, im 200 km Dreieck mit 93,929 km/h neue polnische Rekorde. Auch diese *Zefir* wurde ein sehr wertvoller Exportartikel.

Der Fortschritt in den anderen Ländern forderte auch in Polen eine weitere Verbesserung. In den Segelflugzeugbau- und Versuchsbetrieben in Bielsko wurde weiter gearbeitet, um vor allem die Gleitzahl von 35 möglichst bis 40 zu bringen. Diese Weiterentwicklung sollte bis zur Weltmeisterschaft in South Cerny 1965 fertig werden. Der Termin konnte nicht eingehalten werden. Der Erstflug dieses neuen Flugzeuges der *SZD-29 Zefir 2* fand am 26. April 1965 statt. Das Ziel war erreicht. Die *Zefir 3* hatte eine beste Gleitzahl von 42. Die Spannweite wurde von 17 m auf 19 m vergrößert, der Flügelumriß zum Trapezflügel umgewandelt und wohl zum erstenmal im Segelflugzeugbau Spreizklappen entlang der ganzen Spannweite einschließlich der Querruder angebracht. Der Rumpf wurde von 7,05 m auf 8 m verlängert, Plattensteuerflächen verwendet, die Pilotenkabine nocheinmal modernisiert und wieder ein Bremsfallschirm eingebaut. Die Flugleistungen wurden erheblich gesteigert. So wurde die beste Gleitzahl bei 103 km/h Geschwindigkeit erreicht und das geringste Sinken bei 100 km/h. Zur Weltmeisterschaft reichte es nicht mehr, aber anschließend gewann Popiel 1965 überlegen die Segelflugmeisterschaft von Polen.

Das Leitwerk wurde wiederum umgebaut, so daß man beim *Zefir 3* von einem neuen Flugzeug sprechen kann. Bis zur Weltmeisterschaft 1968 wurde auch dieses Muster zur *Zefir 4* verbessert. Jan Wroblewski belegte über dem heimatlichen Gelände von Leszno den 14. Platz. Die inzwischen entstandenen Kunststoffvögel waren an Leistung überlegen. Sie hatten aber vieles von den konstruktiven Einzelheiten der polnischen *Zefir* übernommen.

Baumuster		Zefir	
		2	3 u. 4
Abmessungen (dimensions)			
Spannweite	m	17	19
Länge	m	7,20	8,00
Flügelfläche	m^2	14,00	15,70
Seitenverhältnis		20,60	23,00
Gewichte (weights)			
Rüstgewicht	kg	330	434
Zuladung	kg	85	90
Fluggewicht	kg	415	524
Flächenbelastung	kg/m^2	30,0	33,4
Leistungen (performances)			
Mindest-geschwindigkeit	km/h	62	65
Höchst-geschwindigkeit	km/h	220	300
Sink-geschwindigkeit	m/sec	0,72 b. 87 km/h	0,66 b. 100 km/h
Höchstgeschwindigkeit im Windenschlepp	km/h	130	130
Höchstgeschwindigkeit i. Flugzeugschlepp	km/h	140	140
Gleitzahl		35 bei 95 km/h	42 bei 103 km/h
Profil		NACA 65_2 515	

Übersichtszeichnung SZD-19-2 A Zefir 2 A.

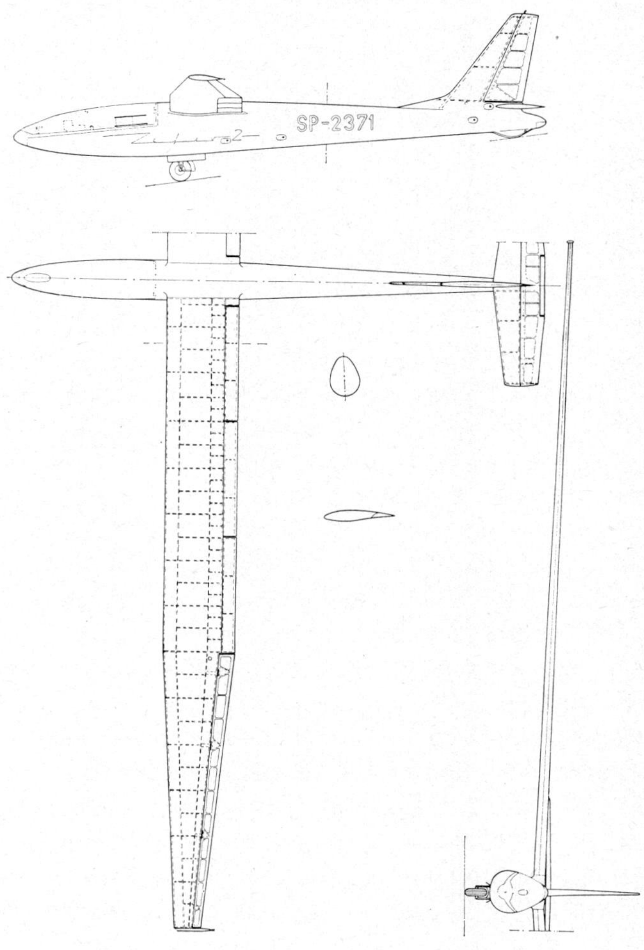

SZD-24 Foka

Fast möchte man glauben, die *Foka* des polnischen Segelflugzeugwerkes Szybowcowy Zaklad Doswiadczalny (SZD) in Bielsko-Biala zwischen Krakau und Kattowitz sei die Standardausführung des *Zefir*. Und doch handelt es sich bei dieser großartigen Konstruktion der Standardklasse, die den Namen Seewolf trägt, um einen eigenen Entwurf, für den Dipl.-Ing. Wladislaw Okarmus unter Mithilfe von Prof. Mynarski verantwortlich zeichnet. Es soll sogar das Erstlingswerk von Okarmus als Segelflugzeugkonstrukteur gewesen sein. Doch geht man sicherlich nicht fehl in der Annahme, daß die drei Buchstaben SZD die Gewähr dafür geben, daß viele Erfahrungen – vor allem auch bei der Entwicklung des *Zefir* – beim Entwurf der *Foka* verwertet wurden. Das gilt augenfällig bei der Gestaltung des Pilotensitzes. Auch die Werkstoffe sind bei beiden Typen gleich: Holz, Stoff, Schaumstoff und Glaslaminate.
Die *Foka* war das Siegerflugzeug eines Wettbewerbes in Polen, der 1958 nach den Segelflugweltmeisterschaften für den Entwurf eines Standard-Segelflugzeuges für die nächsten Weltmeisterschaften ausgeschrieben worden war. Der erste Prototyp flog unter Adam Zientek am 2. Mai 1960. Der zweite Prototyp *SZD-24 A Foka A* mit dem Kennzeichen SP 2070 startete erstmals am 24. Mai 1960 und vertrat wenige Tage später Polen bei den Weltmeisterschaften in Köln. Der Weltmeister von 1958, Adam Witek, gehörte täglich zu den Favoriten und belegte am Ende den 3. Platz in der Standardklasse. 1961 wurden drei Muster der *SZD-24 B Foka B* gebaut. Der Erstflug des geänderten Musters erfolgte am 20. Januar 1961. Mit geringfügigen Änderungen begann im Herbst des gleichen Jahres die Serienproduktion mit der Bezeichnung *SZD-24 C Foka C*. Das erste Serienmuster, SP-2364, startete am 27. September 1961. Wenige Wochen später, am 28. Oktober 1961, erfolgte der Erststart einer weiter verbesserten Version, der *SZD 24-2 Foka 2*. Die Erfahrungen aus dem Entwurf der *Foka 3* führten zur Konstruktion der *SZD 24-4 Foka 4,* die mit dem Kennzeichen SP-2414 erstmals am 26. Februar 1962 flog. Sie wurde das erfolgreichste Muster. Bei der Weltmeisterschaft in England 1965 siegte Polen mit diesem Standardflugzeug sehr eindrucksvoll sogar in der Offenen Klasse mit Jan Wroblewski, belegte in der Offenen Klasse den 4. Platz mit Edward Makula und stellte in der Standardklasse mit Franciszek Kepka und Jerzy Popiel den 3. und 4. Sieger. Mit der *Foka* erzielte Polen nicht weniger als sieben Weltrekorde im Geschwindigkeitsflug, im Zielflug und im Zielflug mit Rückkehr. Die beste Leistung vollbrachte Jan Wroblewski am 28. Juli 1963 mit dem Weltrekord im Zielflug mit Rückkehr über 678,9 km. Im Mai 1964 legte der Pole H. Lisiecki einen Streckenflug von 744 km zurück. 1962 gewann Camille Labor die Französische Meisterschaft, 1963 Jacky Lacheny den Europa-Cup auf der *Foka*. 1963 stellte die *Foka* den Sieger in der Meisterschaft in Argentinien, 1965 in England. Bei der Polnischen Meisterschaft des gleichen Jahres schafften bei 40 gestarteten *Foka* 38 das ausgeschriebene Dreieck von 534 km. Gebaut wurden über 200 Muster.
Das Segelflugzeug *SZD-24 Foka* ist ein Holzbau mit weitgehender Berücksichtigung von Sandwichschalen sowie Laminaten. Der zweiteilige Laminarflügel von Trapezform hat leichte Pfeilung und ist mit sehr wirksamen Bremsklappen ausgestattet. Erwähnenswert ist die selbsttätige Blockierung. Die Schaumstoffsandwich-Flügelschalen wurden in einem einfachen Unterdruckverfahren angefertigt. Im Falle einer Beschädigung bestand die Möglichkeit, einzelne Felder der Schale zu ersetzen. Diese Bauweise sicherte große Profilgenauigkeit. Die beim Montieren in den Rumpf hineinragenden Holmwurzeln wurden dort mit einem einsteckbaren Doppelkonus-Spreizbolzen verbunden. Querruder- und Klappenanschlüsse verbanden sich beim Montieren automatisch. Diese Anordnung ermöglichte eine schnelle Montage. Bestechend war die Konstruktion des Führersitzes. Dank der halbliegenden Anordnung des Piloten sowie einer seitlichen Führung der Höhen- und Querruderantriebe konnte der Rumpfquerschnitt wesentlich herabgesetzt werden. Die größte Rumpfhöhe betrug nur 86 cm. Diese Konstruktionsmerkmale beeinflußten von da an den Segelflugzeugbau in aller Welt. Die Gesamtauslage war ein Sprung in die Zukunft. Der Rumpf war mit Laminat- sowie Sperrholz beplankt. Die Haube war im Gegensatz zum *Zefir* nicht aufklappbar, sondern nach vorne aufschieb-

bar und konnte im Notfall abgeworfen werden. Neu war auch der Säulenpilz für die Instrumente. Durch diese Anordnung konnten die Instrumente bequem beobachtet und gewartet werden und das Sehfeld des Piloten wurde nicht eingeengt. Die gesamte Wanne des Cockpit bestand aus Glaslaminaten. Die Rückenlehne des Piloten konnte im Fluge nachgestellt werden. Eines der auffallendsten Konstruktionsmerkmale war die Schrägstellung der Seitenflosse. Das Seitenleitwerk war gleich dem eines Düsenjägers noch stärker gepfeilt als beim *Zefir.* Die sorgfältige aerodynamische Ausarbeitung ermöglichte hervorragende Flugleistungen. Der Kurvenwechsel von 45° bis 45° war in fast drei Sekunden möglich. Die einzelnen Varianten der *Foka* vom Prototyp bis *Foka 4* wiesen neben vielen Verbesserungen aus der Erfahrung keine grundsätzlichen Änderungen auf. Dies erfolgte erst 1967 bei der Entwicklung der *Foka 5.* Diese Version unterschied sich durch ein T-förmiges Pendel-Höhenleitwerk, dessen Befestigungsschraube

SZD-24-4 Foka 4 im Fluge.

gleichzeitig als Massenausgleich dient. Um die Flugeigenschaften bei kleineren Geschwindigkeiten noch zu verbessern, wurde der trapezförmige Flügel der *Foka 5* mit einem modifizierten Profil NACA 63_3 – 618 und NACA 4415 versehen. Der Kabinenraum wurde noch geräumiger und bietet dem Piloten mehr Sitzkomfort.

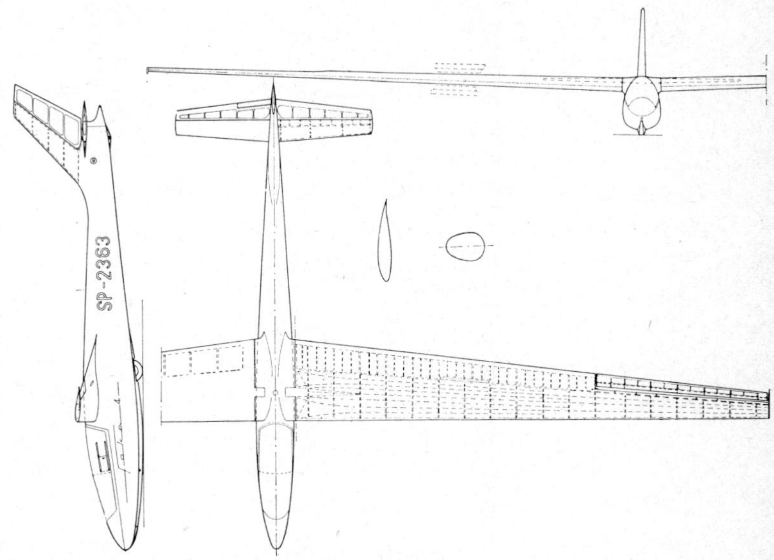

Übersichtszeichnung SZD-24-4 Foka 4.

Baumuster		Foka		
			Foka 4	Foka 5
Abmessungen (dimensions)				
Spannweite	m	14,98	14,98	14,98
Länge	m	7,00	7,00	7,17
Flügelfläche	m^2	12,16	12,16	12,16
Seitenverhältnis		18,50	18,50	18,50
Gewichte (weights)				
Rüstgewicht	kg	237	228	256
Zuladung	kg	85	85	129
Fluggewicht	kg	322	313	385
Flächenbelastung	kg/m^2	26,8	29,0	31,7
Leistungen (performances)				
Mindestgeschwindigkeit	km/h	62	64	68
Höchstgeschwindigkeit	km/h	250	260	260
Sinkgeschwindigkeit	m/sec	0,66	b. 75 km/h	0,65
Höchstgeschwindigkeit im Windenschlepp	km/h		140	140
Höchstgeschwindigkeit i. Flugzeugschlepp	km/h		140	140
Gleitzahl		34 bei 86 km/h	34 bei 84 km/h	34 bei 94 km/h
Profil			NACA 63_3 618	

SDZ-43 „Orion" und Jantar

Überraschte der polnische Segelflug bei den Segelflugweltmeisterschaften 1960 in Köln die internationale Fachwelt mit den Hochleistungssegelflugzeugen »Zefir« und »Foka«, so erschienen die Polen zur Weltmeisterschaft 1970 in den Vereinigten Staaten mit der Neukonstruktion »Kobra«, die auf Anhieb in der Standardklasse mit der »Kobra 15« unter Führung von Jan Wroblewski und Francicze< Kepka den zweiten und dritten Platz belegten und in der Offenen Klasse als »Kobra 17« mit Edward Makula auf den fünften Platz kam. Anschließend wurde diese Neukonstruktion vor allem in den Ländern Osteuropas geflogen und noch bei der Weltmeisterschaft 1972 in Vrsac/Jugoslawien starteten die Teilnehmer aus Ungarn, Bulgarien, der DDR und aus der Tschechoslowakei auf diesem Typ.

In Polen selbst aber wurden bereits neue Pläne geschmiedet. Im Segelflugbau- und -erprobungszentrum SZD (heute Segelflugerprobungs- und -Entwicklungszentrum OBRS) begannen die Arbeiten zum ersten polnischen Segelflugzeug aus glasfaserverstärktem Kunststoff. Das Fehlen entsprechender einheimischer Werkstoffe erschwerte die Arbeit. Es wurde aber geschafft. Dipl.-Ing. Wieslaw Gembala leistete die Vorarbeit für die bislang unbekannte Technologie. Ein ganzer Stab von Diplom-Ingenieuren wirkte bei der technischen Dokumentation, bei den Festigkeitsuntersuchungen und dem Bau mit. Den letzten Schliff bekam die Neukonstruktion durch zahllose Erprobungsflüge der Testpiloten, unter denen sich auch der mehrfache Weltmeisterschaftsteilnehmer Jerzy Popiel befand. Bis zur Weltmeisterschaft wurden zwei Prototypen gebaut. Sie waren in der Teilnehmerliste der Weltmeisterschaft die großen Unbekannten, da niemand die Neukonstruktion kannte. Es war die »Jantar«, von der eine Version mit 17,5 m und eine zweite mit 19 m Spannweite gebaut wurde. Und wie in all den Meisterschaften seit 1956 stand auch diesmal ein Pole auf dem Siegertreppchen. Stanislav Kluk belegte auf »Jantar« unter 38 Piloten den 3. Platz. Sein Kamerad Henrik Muszczynski kam auf den achten Platz.

Über den Aufbau des Segelflugzeuges sei wenig berichtet. Die Polen gaben sich große Mühe, in ihrem ersten Baumuster in Kunststoffbauweise einen Laminatverband zu benützen. Das gilt sowohl für die Flächen als für den Vorderteil des Rumpfes (die konische Rumpfröhre ist aus 1 mm-starkem Duralblech gerollt) und dem T-Leitwerk. Der 17,5 m-Prototyp wurde am 14. Februar 1972 durch Ing. Jerzy Smielkiewicz eingeflogen, die 19 m-Version folgte am 13. Mai 1972 mit Jerzy Popiel, und im Juli folgte im jugoslawischen Segelflugzentrum Vrsac bereits die große Bewährung.

Noch größer war die Überraschung in der Standardklasse. In Polen wurde im Dezember 1970 der Auftrag für ein Wettbewerbsflugzeug der Standardklasse für die Weltmeisterschaft 1972 gegeben. Technische Dokumentation und Konstruktion dieser Neukonstruktion wurden innerhalb von drei Monaten fertiggestellt. In acht Monaten waren die beiden Prototypen gebaut. Am 30. Dezember 1971 führte Adam Zientek den Erstflug durch. Es folgten Änderungen und wieder Erprobung, und in Vrsac stellte das neue Standardflugzeug »Orion« mit Jan Wroblewski den neuen Weltmeister! Wroblewski war damit nach Heintz Huth der zweite Segelflieger der Welt, der sich zum zweiten Mal den höchsten Titel erflog, den der Sport zu vergeben hat: Weltmeister. Mit ihm stand auf dem Siegerpodium Franciczek Kepka, der zum dritten Mal dritter Weltmeister wurde, diesmal auf »Orion«.

»Orion« ist ein Segelflugzeug in Gemischtbauweise, bei der neben dem klassischen Holz auch Metall und GFK-Laminat verwendet worden sind. Die Aerodynamik der Tragflächen basiert auf der Erfahrung mit den »Kobra«-Flächen, von der auch andere Baueinzelheiten übernommen worden sind. Großen Einfluß übte auch der »Jantar« aus, der zur gleichen Zeit im polnischen Segelflugzentrum gebaut und erprobt wurde. »Orion« ist ein Schulterdecker mit zweiteiligem Trapezflügel, stark eingeschnürtem Rumpf und T-Leitwerk. Der vordere Rumpfteil ist wie die Tragflächen aus Holz, GFK-beschichtet. Der Schwanz ist eine Metallröhre ohne Spanten, an der die metallene seitliche Dämpfungsflosse befestigt ist.

Beide Typen sind, wie all ihre Vorgänger, hervorragende Beweise des Ideenreichtums der polnischen Ingenieure und des hohen Standards der polnischen Werkstattarbeit.

A-15

Der bekannteste Konstrukteur im Segelflug der Sowjetunion ist Oleg Antonov. Von ihm stammt die berühmte Serie der A-Konstruktionen. Die erfolgreichste Vorkriegskonstruktion war die *»Rot-Front-7«*, mit der u. a. Olga Klepikova 1939 den bis 1951 gültigen Strecken-Weltrekord von 749 km erflog. Antonov bevorzugte bei seinen Konstruktionen nach dem Zweiten Weltkrieg das V-Leitwerk und die Ganzmetallbauweise. 1950 entstand der Einsitzer *A-11* mit 16,5 m Spannweite, von dem etwa 150 Exemplare gebaut worden sind. Im gleichen Jahre wurde *A-13* fertiggestellt, der Erstflug erfolgte am 5. Mai 1958. *A-13,* das nur eine Spannweite von 12,1 m hatte, war vor allem für den Kunstflug gedacht. Da Rumpf und Leitwerk von dem Einsitzer *A-11* übernommen worden waren, konnten die Flächen jederzeit ausgetauscht werden. Von *A-13* wurden etwa 200 Muster gebaut.

Der Leistungseinsitzer *A-15* bedeutete einen erheblichen Fortschritt. Rein äußerlich blieb bei diesem Flugzeug der Offenen Klasse nur die Metallbauweise und das V-Leitwerk der früheren Typen. Sonst ist die Gesamtform des freitragenden Schulterdeckers in Ganzmetallbauweise wesentlich eleganter. *A-15* wurde mit dem Ziel konstruiert, eine hohe Geschwindigkeit bei geringem Sinken durch hervorragende aerodynamische Qualität zu erreichen. Die Oberfläche von Flügel, Rumpf und Leitwerk ist mit einer leichten Legierung bedeckt. Die einholmige Fläche hat Laminarprofil und Fowler-Klappen. Im Tragflügel ist ein 50-Liter-Tank für Wasserballast eingebaut. Auch der Rumpf ist aus Ganzmetall, in Schalenbauweise hergestellt. Er hat ein einziehbares, bremsbares Einradfahrwerk.

Der Erstflug erfolgte am 26. März 1960 und schon wenige Wochen später waren mit dem Leistungseinsitzer *A-15* mehrere Weltrekorde geflogen. Neben den Geschwindigkeitsrekorden wurde der Rekord im Zielstreckenflug vom 18. Juni 1960 mit 714,023 km durch Mikhail Vierietiennikov erst nach drei Jahren überboten.

Das sowjetrussische Ganzmetall-Segelflugzeug A 15 wurde bei den Segelflug-Weltmeisterschaften 1965 in England von den russischen und ungarischen Teilnehmern geflogen.

Baumuster	A-15
Abmessungen (dimensions)	
Spannweite	17,00 m
Länge	7,20 m
Flügelfläche	12,00 m^2
Seitenverhältnis	24
Gewichte (weights)	
Rüstgewicht	300,00 kg
Zuladung	80,00 kg
Fluggewicht	380,00 kg
Flächenbelastung	31,60 kg/m^2
Leistungen (performances)	
Mindestgeschwindigkeit	55,00 km/h
Höchstgeschwindigkeit	250,00 km/h
Sinkgeschwindigkeit	0,60 bei 90 km/h
Höchstgeschw. im Windenschlepp	120,00 km/h
Höchstgeschw. im Flugzeugschlepp	140,00 km/h
Gleitzahl	40
Profil	Flügelwurzel: NACA 64_3-618
	Flügelende: NACA 63_3-616

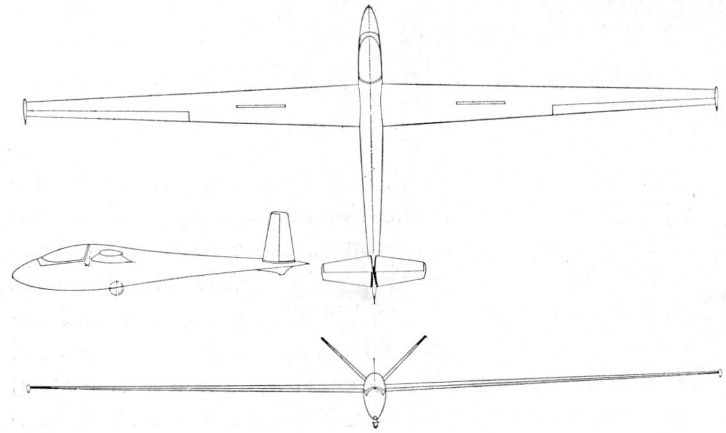

Übersichtszeichnung A 15.

Roß – Johnson – 5 (RJ-5)

Im Winter 1947/48 wünschte sich der damals nur in den Vereinigten Staaten bekannte Leistungsflieger Richard Johnson ein Segelflugzeug für ganz besondere Leistungen mit einem Gleitwinkel möglichst nahe an der Traumgrenze von 1:40. In vielen Unterhaltungen war er sich mit Harald Roß vollkommen einig. So überließ Johnson seinem Freund den anfänglichen Entwurf. Dick Lyon, ein Ingenieur der Hughes Aircraft, schlug für dieses Idealflugzeug ein neues Laminarprofil vor. Stan Hall und einige seiner Mitarbeiter von Northrop übernahmen die mühsamen statischen Untersuchungen und die Berechnung der Auftriebsverteilung über dem Flügel. Johnson selbst ging 1948 ans Mississippi State College zu Dr. Raspet und wurde von ihm und der Arbeit in diesem Institut maßgeblich beeinflußt. In zahllosen Flugversuchen gewann er neue Erkenntnisse. Inzwischen arbeitete Harland an der Konstruktion und deren Verwirklichung. Der Entwurf der Metallflügel fiel ihm schwerer, als er erwartet hatte. Im Winter 1949/50 vollendete Harland die Holme und die Flügelnase; Klappen, Querruder und der Schalenrumpf waren im Anfangsstadium und doch steckten in der Arbeit bereits 2200 Stunden.

Harland und Roß einigten sich, das Flugzeug im Mississippi State College zu vollenden. Nach den neuesten Erfahrungen machten die beiden Konstrukteure statt des vorgesehenen Mitteldeckers aus der *RJ-5* einen Schulterdecker. Dann verkleinerten sie den Anstellwinkel so, daß die Rumpfnase bei einer Fluggeschwindigkeit von 130 km/h genau in die Anströmrichtung zu liegen kam. Das ergibt teilweise ungünstigere Start- und Landeeigenschaften, dafür aber erhält man bei hohen Geschwindigkeiten flachere Gleitwinkel. Wie richtig der Gedanke war, bewiesen die späteren Flüge von Johnson, bei denen die günstigste Reisegeschwindigkeit selten unter 145 km/h lag. Besondere Sorgfalt legten Roß und Johnson auf die Lösung des Problems der Steuerung beim Kurvenwechsel. Bis zur Nationalen Meisterschaft 1950 wurde das Flugzeug fertiggestellt. Es entstand eines der ersten Leistungsflugzeuge mit laminarem Tragflügel mit dem Profil NACA 63_2 - 615. Der freitragende Schulterdecker war in Gemischtbauweise hergestellt. Der Trapezflügel wurde aus Metall gebaut, der Flügelholm bestand aus Aluminium. Ein senkvernietetes Metallgerüst hatte eine drehsteife Metallnase und war dahinter mit Stoff bespannt. Flügelvorderkante und Querruder waren aus Holz. Die beiden Flügel wurden in der Rumpfachse durch acht 12,7 mm-Bolzen in den Duralanschlüssen zusammengehalten. Der Flügel erhielt zwei Duralholme in 20 % und 50 % der Flügeltiefe. Der Flügel war nach vielen Vorversuchen mit größter Sorgfalt gespachtelt und poliert. Gerade der Flügel mußte immer wieder verbessert werden, erzielte dann aber eine gemessene beste Gleitzahl von über 40, die bis dort von keiner anderen Segelflugzeugkonstruktion erreicht worden war. Der Rumpf war eine Standard-Holzschalenkonstruktion, bei der für das Gerippe Tanne und für die Haut Mahagoni-Sperrholz verwendet wurde. Der Querschnitt war elliptisch. Die Führersitzverkleidung wurde mehrfach geändert. Die Kufe war anfänglich verkleidet, später einziehbar. Das Leitwerk in herkömmlicher Bauart war aus Tanne, Sperrholz und Stoff gefertigt. Hervorzuheben das gute Seitenverhältnis, das vom aerodynamischen Standpunkt von Vorteil ist in Stabilität, Steuerbarkeit und Widerstand. Nach den 2200 Arbeitsstunden von Roß kostete die Vollendung noch einmal 1900 Stunden und die Verbesserung im Winter 1950/51 weitere 1200 Stunden. Skizze S. 160 zeigt sehr deutlich den Einfluß systematischer Veränderungen der *RJ-5* auf die Gleitzahl und zugleich die verschiedenen Veränderungen in den Jahren 1950/51.

1951 verbesserte Richard H. Johnson den seit 1939 bestehenden Streckenweltrekord mit der *RJ-5* ganz beträchtlich auf 851 km. Kein Wunder, daß die europäischen Segelflieger auf den Wundervogel ganz besonders gespannt waren, als 1952 Johnson mit seiner *RJ-5* zur Weltmeisterschaft in Madrid erschien. Interessant war vielen Beobachtern die Feststellung, daß die Oberfläche nicht hochglänzend poliert, sondern nach dem Schleifen mit feineren Schleifmitteln nicht nachbehandelt, sondern leicht stumpf blieb. Farbe und Form brachten der *RJ-5* sehr schnell den Spitznamen »Maha-

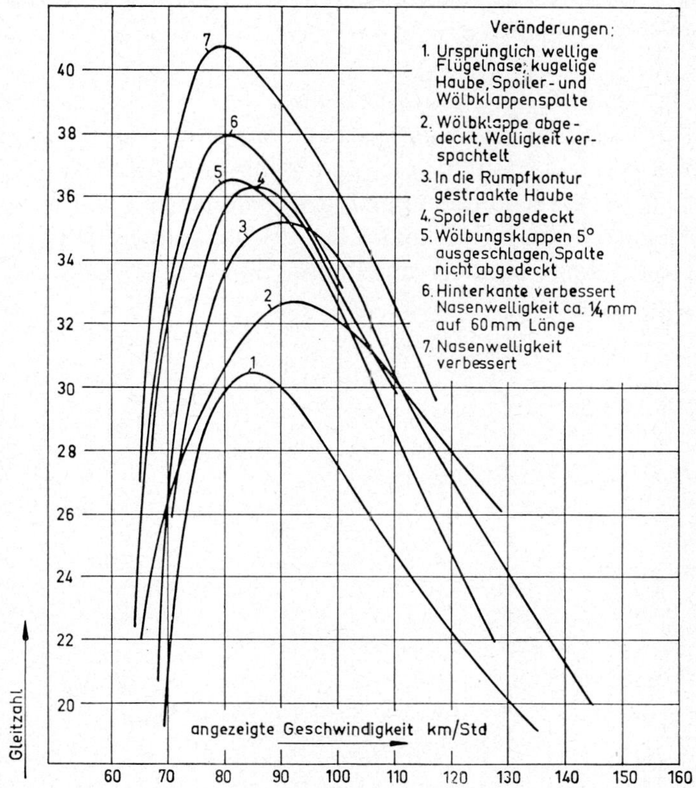

Einfluß systematischer Veränderungen der RJ 5 auf die Gleitzahl.

goni-Bomber« ein. Den Fachleuten war aber sehr bald klar, daß die *RJ-5* in aerodynamischen Fragen und zur Erzielung einer hydraulischen glatten Oberfläche entscheidende Impulse gegeben hatte. Es steht heute außer Frage, daß das Segelflugzeug *RJ-5* mit seinen konstruktiven und baulichen Maßnahmen und mit deren Auswirkung auf die Leistungen eines Segelflugzeuges eine neue Epoche im Segelflugzeugbau der Welt eingeleitet hat. Die unbestreitbaren Erfolge der *RJ-5* und die durch ihren Entwurf gewonnenen Erkenntnisse gaben allen Konstrukteuren der Welt den Mut, mit diesen Erkenntnissen weiterzuarbeiten.

Als Weiterentwicklung schuf Johnson für die Weltmei-

RHJ 6, eine Weiterentwicklung der RJ 5.

sterschaft 1960 den Doppelsitzer *RHJ-6 »Adastra I«*. Auffallend war die eigenartige Anordnung eines T-Leitwerkes. Der Erstflug erfolgte am 3. April 1960. Bei der Weltmeisterschaft belegte Johnson damit den 15. Platz. Anschließend hat er das Leitwerk in konventioneller Weise umkonstruiert und dabei beträchtlich Gewicht eingespart.

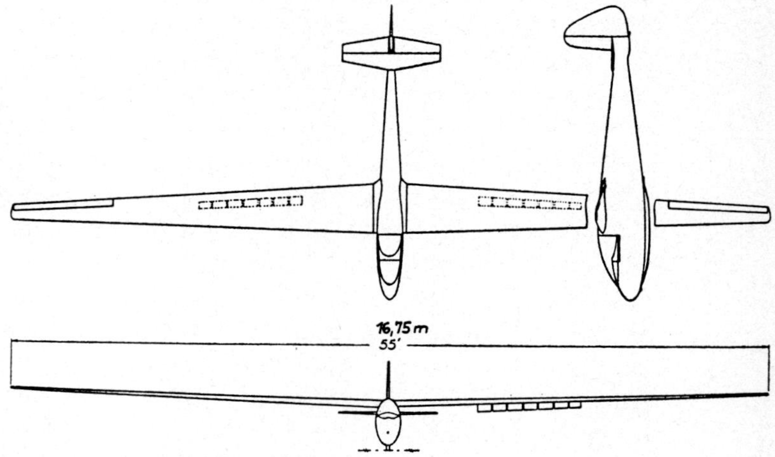

Übersichtszeichnung RJ 5.

Baumuster	RJ 5	
Abmessungen (dimensions)		
Spannweite	16,75	m
Länge	6,30	m
Flügelfläche	11,50	m^2
Seitenverhältnis	24,50	
Gewichte (weights)		
Rüstgewicht	223,00	kg
Zuladung	90,00	kg
Fluggewicht	313,00	kg
Flächenbelastung	26,40	kg/m^2
Leistungen (performances)		
Mindestgeschwindigkeit	65,00	km/h
Höchstgeschwindigkeit	210,00	km/h
Sinkgeschwindigkeit	0,60	m/sec
Höchstgeschw. im Flugzeugschlepp	110,00	km/h
Höchstgeschw. im Windenschlepp	140,00	km/h
Gleitzahl	35	
Profil	NACA $63_2 - 615$	

HP 8 bis HP 15

Richard E. Schreder, von seinen Kameraden »Dick« genannt, war nicht nur mehrfacher *Soaring Champion of America*, vielfacher Inhaber von Welt- und Nationalen Rekorden, sondern ist auch einer der erfahrensten und erfolgreichsten Segelflugkonstrukteure von Amerika. Wie die meisten Konstrukteure der Vereinigten Staaten ist auch Schreder Anhänger der Metallbauweise. Schreder ist der Überzeugung, daß Leichtmetall leichter zu verarbeiten sei als Holz, es sei witterungsbeständig und es sei – im Gegensatz zu Plastik – in der Festigkeit unabhängig von der Wärme, ein für Amerika, vor allem für die Hitze in und über Texas wichtiger Gesichtspunkt. Selbst Reparaturen sind nach seiner Meinung in Metall leichter und schneller auszuführen als in Holz. Und nicht zuletzt habe Aluminium bei etwaigen Unfällen eine höhere Energieaufnahme. Bei seinen meisten Konstruktionen benützt Schreder die Aluminiumlegierung AlCuMg plattiert; die Blechdicken sind im Rumpfvorderteil 1 mm, im hinteren Teil 0,813 mm, auf dem Flügel 0,635 mm. Ein weiteres Kennzeichen aller HP-Typen ist das V-Leitwerk.
Schreder hat seine Ganzmetall-Segelflugzeuge nicht

nur selbst konstruiert, sondern auch in der eigenen Werkstatt selbst gebaut. Alle Konstruktionen sind durch ihren einfachen Aufbau zum Selbstbau geeignet, so daß die HP-Typen vor allem in USA viel nachgebaut wurden. Erfolgreichster Pilot auf den *Air Mate* HP-Typen war Dick Schreder selbst. Er war auf allen Weltmeisterschaften im vorderen Feld zu finden und das, obwohl seine Konstruktionen in allererster Linie sich bei Texas-Flugwetter bewährten.

Die erste bekannte und erfolgreiche Konstruktion nach den Erfahrungen auf der *HP 7* aus dem Jahre 1957 war das Leistungssegelflugzeug *HP-8* in Ganzmetallausführung mit Laminarflügeln, das am 24. Juli 1958 seinen Erstflug durchführte. Das Flugzeug hatte eine Spannweite von 15,65 m, eine Flügelfläche von 10,25 m^2, ein Seitenverhältnis von 23,8. Als Profil benützte Schreder NACA 65_3-618. Die Länge betrug 6,36 m, das Leergewicht wurde mit 290,7 kg angegeben, das Fluggewicht mit 386 kg. Die Flächenbelastung betrug 37,6 kg/m^2. Die *HP-8* war für eine Höchstgeschwindigkeit von 218 km/h, im Flugzeugschlepp mit 194 km/h und im Windenschlepp mit 121 km/h zugelassen. Die Landegeschwindigkeit betrug 64,5 km/h. Die beste Sinkgeschwindigkeit von 0,64 m/sec wurde bei 80,5 km/h erreicht.

Zur Weltmeisterschaft 1960 auf dem Butzweilerhof bei Köln kam Richard Schreder mit der *HP-9,* die zu diesem Zeitpunkt noch nicht ausgereift erschien. Interessant war bei der *HP-10* die Flügelbauweise: Ganzmetall-Sandwich mit Aluwabenkern. Er verwendete lediglich einen Nasen- und einen Hilfsholm. Die meisten Kräfte wurden von der Sandwichschale aufgenommen bezw. übertragen. Die Klappen der Schreder *HP-10* ließen sich auf 90° ausfahren und wirkten als Luftbremsen. Die *HP-10,* ein freitragender Mitteldecker mit festem Fahrwerk, V-Leitwerk und Landeklappen war mit 14,63 m Spannweite ein Flugzeug der Standardklasse. Die beste Gleitzahl betrug 40 bei 72 km/h, das geringste Sinken 0,49 m/sec bei 64 km/h.

Die bekannteste Konstruktion wurde die *HP 11,* die Schreder für die Weltmeisterschaft 1963 entwickelt hatte. Auch die *HP 11,* die 1962 vollendet wurde, war ein freitragender Mitteldecker in Ganzmetallbauweise mit V-Leitwerk. Die *HP 11* sollte nicht nur bei den Texas-Aufwinden eingesetzt werden, sondern auch bei schlechten thermischen Bedingungen hervorragende Flugleistungen aufweisen. Auffallend am Tragflügel die Flügelstreckung von 26, die schmalen Querruder und Landeklappen. Das Tragflügelprofil war NACA 65_3-618. Im Flügel waren 30 verschiedene Rippen im Abstand von 25 cm. Jede Rippe hatte einen Nasenteil und ein Mittelstück, das sich vom Hauptholm bis zum Hilfsholm erstreckte. Jede Rippe hatte sechs kreisförmige Erleichterungsausschnitte, die zusätzlich zur Aufnahme von Wasserballast-Rohren dienten. Insgesamt konnte Schreder 182 kg Wasserballast in sechs Rohren mitführen. Die Tragflügelbeplankung bestand aus 0,6 mm Aluminiumblech, das zum Schutz gegen Korrosion mit einer Schicht von 0,03 mm korrosionsbeständigem Aluminium (ALCLAD genannt) versehen ist. Sämtliche Nieten sind versenkt und dadurch eine erstaunlich glatte Oberfläche erzielt. Das Vorderteil des Rumpfes besteht aus einem verschweißten Rohrrahmen. Auf dem rechteckigen Querschnitt der Rohre erfolgte die Aluminiumbeplankung. Das Hinterteil des Rumpfes ist in Schalenbauweise mit ovalem Querschnitt ausgeführt. Das große V-Leitwerk ist in einer Stellung von 45° gebaut. Mit der *HP 11* erzielte Richard Schreder auch seinen größten fliegerischen Erfolg, als er 1963 in Junin hinter den beiden siegenden Polen den 3. Platz in der Offenen Klasse belegte.

Mit der HP 12 kam Dick Schreder zur Weltmeisterschaft 1965 nach England.

1965 erschien Schreder zur Weltmeisterschaft in England mit der Neukonstruktion *HP-12,* wiederum ein Flugzeug der Standardklasse. Interessant die Klappen an den Flügelhinterkanten, die als Bremsklappen ausgeschlagen werden und für den Laminarflügel im eingefahrenen Zustand nur einen sehr geringen Widerstand bedeuten. Auch von der *HP-14* hat Schreder den Prototyp selbst gebaut. Dann schloß er für dieses Leistungssegelflugzeug der Offenen Klasse einen Lizenzvertrag mit Slingsby in England ab, wo das Flugzeug seit 1969 in Serie gebaut wird. Der freitragende Mitteldecker besitzt einen einholmigen, zweiteiligen Leichtmetallflügel mit Wölbklappen bis 90°, die pneumatisch betätigt werden. Der Rumpf ist wiederum in Leichtmetallschalenbauweise hergestellt mit eingestrakter Haube. Der Flugzeugführer hat die heute allgemein übliche halbliegende Stellung. Das bremsbare Fahrwerk ist hydraulisch einziehbar. Dazu besitzt die *HP-14* ein steuerbares Spornrad.
Als letzte Konstruktion entstand im Winter 1968/69 die *HP-15,* die im März 1969 eingeflogen wurde. Hervorzuheben die außergewöhnliche Streckung von 33 bei nur 15,3 m Spannweite. Wie alle bisherigen Schreder-Konstruktionen wiederum in Leichtmetall und ebenfalls für den Nachbau ausgelegt.

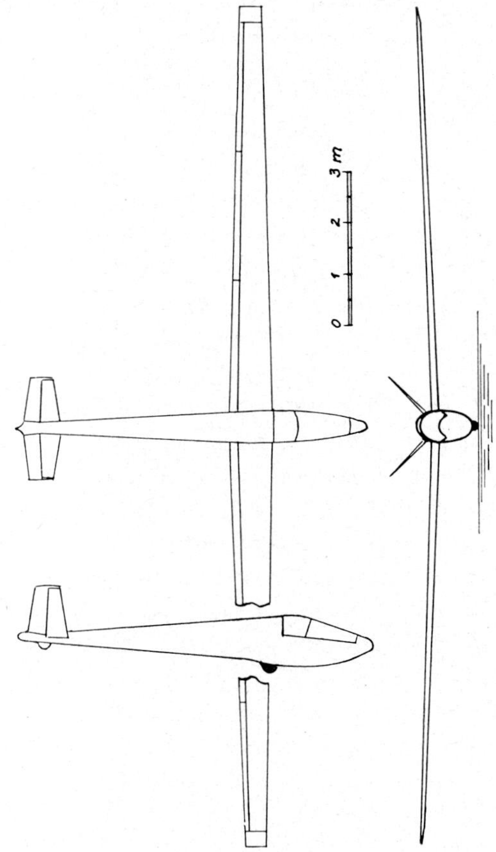

Übersichtszeichnung Schreder HP 11.

Baumuster		HP-10	HP-11	HP-14
Abmessungen (dimensions)				
Spannweite	m	14,63	15,88	18,00
Länge	m	6,38	6,70	7,25
Flügelfläche	m^2	10,22	9,66	13,60
Seitenverhältnis		20,60	26,00	23,90
Gewichte (weights)				
Rüstgewicht	kg	177,00	159,00	252,00
Zuladung	kg	123,00	113,00	128,00
Fluggewicht	kg	300,00	272,00	380,00
Flächenbelastung	kg/m^2	28,40	28,10	28,00
Leistungen (performances)				
Mindestgeschwindigkeit	km/h	50,00	70,00	65,00
Höchstgeschwindigkeit	km/h	240,00	250,00	255,00
Sinkgeschwindigkeit	m/sec	0,49	0,50	0,52
Höchstgeschwindigkeit				
im Windenschlepp	km/h		130,00	
i. Flugzeugschlepp	km/h		180,00	
Gleitzahl		40,00	42,00	44,00
Profil			NACA 65_3-618	FX 61-163 Wortmann

SISU

Eines der interessantesten und erfolgreichsten amerikanischen Segelflugzeuge ist das mehrfache Weltrekordflugzeug *SISU I* von Leonard A. Niemi – ein Musterstück an Präzision und Ausdauer. Sechs Jahre lang berechnete, konstruierte und baute der Convair-Ingenieur in seiner kleinen Garage an diesem Prototyp, der von vornherein nur als Versuchsträger für die *SISU I A* gedacht war. Dieser Prototyp wurde am 20. Dezember 1958 eingeflogen.

Schon nach den ersten Flügen galt der freitragende Mitteldecker mit Einziehfahrwerk und V-Leitwerk als das leistungsfähigste amerikanische Segelflugzeug. Wie alle amerikanischen Konstrukteure bevorzugte auch Niemi die Metallbauweise. Der Metallholm nimmt 60% der Flügeltiefe ein. Die Flügelnase besteht aus glasfaserverstärktem Kunststoff mit Schaumstoffüllung. Der Prototyp hatte wölbungsverändernde Klappen, die Serienversion *SISU I A* erhielt Spaltklappen. Die Flächen haben leichte V-Stellung. Im Flug läßt sich die schnelle *SISU* leicht und ausgeglichen steuern. Die Flügelklappen können im Schleppflug oder für die Landung, für Thermikkreisen oder Schnellflug ausgefahren werden. Zur Verkürzung der Landung sind in die Laminarflügel Sturzflugbremsen eingebaut. Fahrwerk und Schleppvorrichtung sind einziehbar. Der beste Geschwindigkeitsbereich erstreckt sich von 75 km/h bis 200 km/h. Die vorzügliche Sicht aus der Kabine und die ausgezeichneten Schnellflugeigenschaften sind weitere Kennzeichen dieser Konstruktion.

Die hervorragenden Flugeigenschaften bewies Alvon Parker, der am 31. Juli 1964 in einem zehneinhalbstündigen Flug mit 1041,5 km einen neuen, für unerreichbar gehaltenen Streckenrekord von Odessa/Texas nach Kimhall aufstellte und der 1969 den Zielflugrekord von Odessa nach Blanding/Utah in einem fast zehnstündigen Flug von 837 km auf 917 km verbesserte.

Übersichtszeichnung Sisu I A.

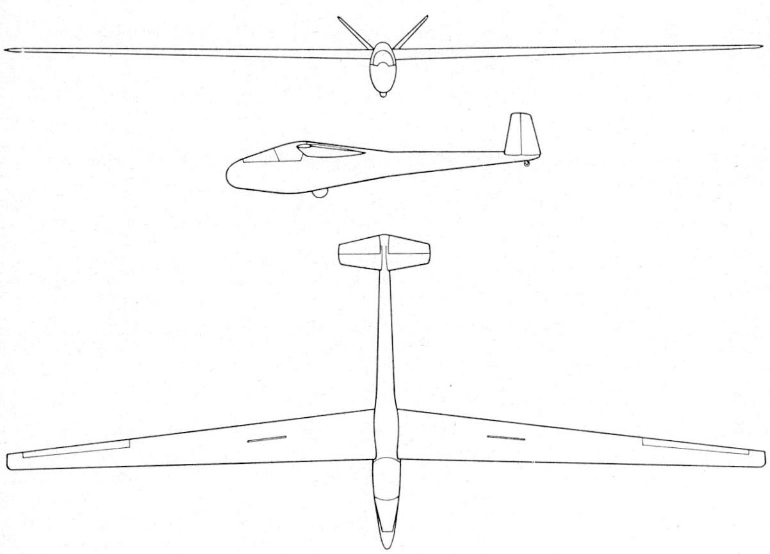

Mit Sisu I 4 flog Alvon Parker als erster über die ersehnte 1000 km-Grenze.

Baumuster	SISU I A	
Abmessungen (dimensions)		
Spannweite	15,25	m
Länge	6,34	m
Flügelfläche	10,03	m^2
Seitenverhältnis	23,10	
Gewichte (weights)		
Rüstgewicht	227,00	kg
Zuladung	96,00	kg
Fluggewicht	323,00	kg
Flächenbelastung	32,05	kg/m^2
Leistungen (performances)		
Mindestgeschwindigkeit	66,00	km/h
Höchstgeschwindigkeit	260,00	km/h
Sinkgeschwindigkeit	0,63 bei 88 km/h	
Höchstgeschw. im Windenschlepp	130,00	km/h
Höchstgeschw. im Flugzeugschlepp	190,00	km/h
Gleitzahl	41,4 bei 100 km/h	
Profil	NACA 65_3-418	

Schweizer Aircraft Corporation

Das größte amerikanische Werk im Segelflugzeugbau ist die Schweizer Aircraft Corp. in Elmira, dort, wo auch die ersten Segelflugwettbewerbe in den Vereinigten Staaten durchgeführt wurden. Sie sind auch das älteste Werk. Der Schweizer Segelflugzeugbau geht schon auf die Zeit zurück, als 1930/31 Wolf Hirth amerikanische Segelflugrekorde aufstellte. Ferner führten die Gebrüder Paul und Ernest Schweizer die Ganzmetallbauweise im amerikanischen Segelflug ein und sind ihr über Jahrzehnte treu geblieben. 1937 entstand mit der SGU-1-6 die erste eigene Konstruktion in Ganzmetallbauweise. Während des Zweiten Weltkrieges bauten die Werke in großer Zahl die Doppelsitzer *SGS-2-8* und *SGS-2-12,* die für die Schulung bei der USAF eingesetzt wurden. In der militärischen Typenbezeichnung hießen diese beiden Trainingsflugzeuge *TG-2* und *TG-3 A.*

Nach dem Zweiten Weltkrieg widmeten sich die Gebrüder Schweizer wieder dem reinen Sportsegelflug und konstruierten den Einsitzer *SGU-1-19* mit zweiholmigem Holzflügel, abgestrebt, Rumpf aus Stahlrohr mit Stoffbespannung. Das Leitwerk war aus Aluminium. Mit einer um einen Meter vergrößerten Spannweite hieß der Typ *SGU-1-20.* Für den amerikanischen Segelflugwettbewerb 1947 brachte die Schweizer Aircraft Corp. den Leistungseinsitzer *SGS-1-21* in zwei Exemplaren heraus. Mit dem Prototyp gewann Dick Comey, damals Manager der SSA, den Texas-Wettbewerb des gleichen Jahres. Sein letzter Flug ging über 480 km nach New Mexiko. Die *1-21* war ein Ganzmetallflugzeug mit freitragendem Flügel, bei dem nur Stoff für die Bespannung der Flügelhinterteile benutzt wurde. Auf Grund der Erfahrungen mit diesem ersten Leistungsflugzeug entwickelten die Gebrüder Schweizer das Leistungsflugzeug *Schweizer-1-23.* Es hatte wesentlich bessere Leistungen, aber kleinere Ausmaße und einfacheren Aufbau. Der Erstflug dieses freitragenden Mitteldeckers in Ganzmetallbauweise fand am 4. Juli 1948 statt. Die Tragfläche – ein rechteckiges Mittelstück und verjüngte Außenteile – war zweiholmig ausgeführt, wobei der Hauptholm vorwiegend auf Biegung beansprucht wurde, während der zweite Holm Schubkräfte in Flugrichtung und Torsionskräfte übertrug. Der Hauptholm hatte an der Wurzel eine Höhe von 14,9 cm. Der Rumpf war in Halbschalenbauweise mit relativ dicker Beplankung und nur wenigen Formspanten ausgeführt. Die Querruder erstreckten sich über den ganzen verjüngten Außenteil des Flügels. 1950 ging dieser Typ in Serie,

Schweizer Ganzmetall-Leistungssegelflugzeug 1-23 mit Ernest Schweizer am Steuer.

der die erfolgreichste Konstruktion der Schweizer Aircraft Corp. wurde und laufend Änderungen und Verbesserungen erfuhr. Die *1-23 D* erhielt 2 m größere Spannweite und sollte mit einer Flügelstreckung von 15,6 die Anforderungen für wettkampfmäßige Flüge verbessern. Die *1-23 B* war eine Sonderausführung, die mit verlängerten Flächen die gleiche Flügelfläche wie die *1-23 D* erhalten sollte. Die *1-23 C* war das gleiche Flugzeug mit stärkerem Holm und stärkerer Beplankung. Die *1-23 E* war das gleiche Flugzeug mit verlängerten Flügelspitzen, nunmehr 17,3 m Spannweite gegen 13,36 m des Prototyps. Erstmals waren bei diesem Typ Sturzflugbremsen eingebaut. Mit einer stärkeren Beplankung hieß der Typ *1-23 F.* Bei den Flächen wie auch bei der Rumpfhaut, die beide in 0,4 mm-Leichtmetallblech gefertigt waren, fiel die ausgezeichnete Versenknietung auf, die auch an den Nietstellen keinerlei Unebenheit erkennen ließ. Mit der *1-23 E,* deren Höchstgeschwindigkeit bei 210 km/h lag, belegte Paul MacCready bei der Weltmeisterschaft 1954 in England unter 33 Teilnehmern den 4. Platz. Die letzte Ausführung erhielt die Bezeichnung *Schweizer 1-23 H,* ein Leistungsflugzeug der Offenen Klasse mit 16,052 m Spannweite, das im August 1959 seinen Erstflug erlebte. Um allen Anforderungen gerecht zu werden, entwickelten die Gebrüder Schweizer daraus die *1-23 H 15* – die Standardklasse-Ausführung der *1-23 H.* Der einzige Unterschied bestand in der Verkürzung der Spannweite auf 15 m. Wie alle Schweizer Typen ein freitragender Mitteldecker in Ganzmetallbauweise, die für ihre Robustheit bekannt waren. Der Flügel war einholmig mit Aluminiumholm, aluminiumbeplankt, mit DFS-Bremsklappen. Der Rumpf war in Aluminiumschalenbauweise hergestellt mit abwerfbarer Haube und ungefedertem bremsbaren Ballonrad. Von der Schweizer *1-23* wurden fast 100 Muster gebaut, 10 % der in USA eingesetzten Segelflugzeuge. Paul Bikle belegte mit der Standardausführung den 12. Platz bei den Weltmeisterschaften 1960 in Köln. Noch wertvoller aber erscheint sein Höhenweltrekord, der seit dem 25. Februar 1961 besteht. Auf der Version *SGS 1-23 E* erreichte er eine absolute Höhe von 14102 m und hält damit auch den Weltrekord im Höhengewinn mit 12894 m. Der absolute Höhenweltrekord war bereits vorher im amerikanischen Besitz, als William Ivans am 30. Dezember 1950 auf dem gleichen Typ 12832 m erreicht hatte, ein Höhengewinn von 9174,5 m. 1952 hatte der Amerikaner William Coverdale mit 418,98 km den Zielflugweltrekord mit Rückkehr für drei Jahre auf *1-23* in Besitz. Neben all den Erfolgen im amerikanischen Segelflug hatte Paul Bikle 1957 auch den Geschwindigkeits-Weltrekord im 200 km-Dreiecksflug auf *1-23* inne.

Übersichtszeichnung Schweizer 1-23.

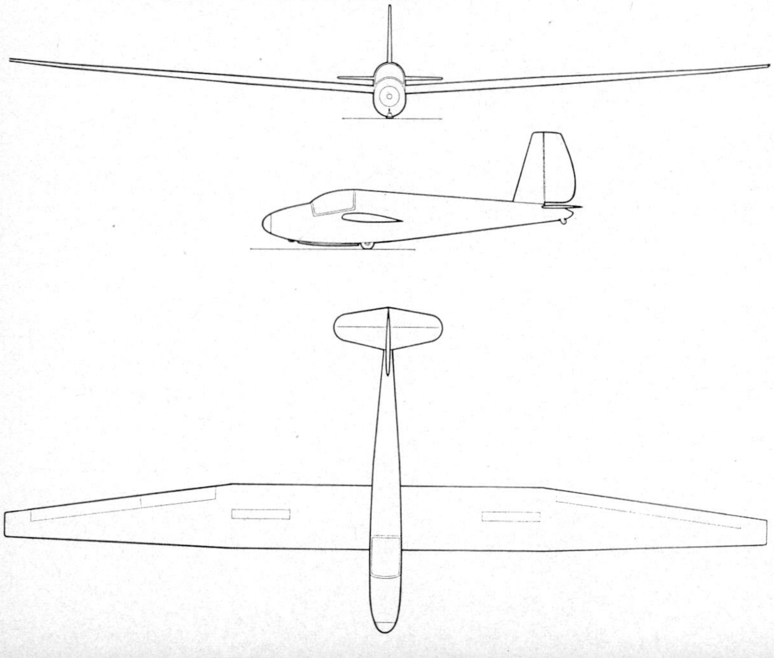

Um ein Flugzeug für den Eigenbau zu besitzen, entwickelte Schweizer 1953 das Trainingsflugzeug *1-26.* Es wurde in Bausatzform geliefert, mit einer Spannweite von 12,20 m. Mit diesem Typ konnte im September 1955 erstmals in den Vereinigten Staaten ein Wettbewerb mit einem Einheitssegelflugzeugtyp geführt werden, den Lt. David McNay mit 1983 von 2000 möglichen Punkten gewinnen konnte. Als letzte Einsitzerkonstruktion brachte Schweizer die *1-29* heraus. Unverändert blieb der Rumpf der *1-23.* Zur Verbesserung der Richtungsstabilität wurde eine Flosse auf dem Oberteil des Rumpfes angebracht. Der Tragflügel ist rechteckig, um einen Laminarflügel ausführen zu können.

Die Produktion des amerikanischen Werkes zeigt gleichzeitig den vielfach eingesetzten Doppelsitzer *2-22* auf. Für die Weltmeisterschaften 1954 und für die Forschungsflüge in Bishop/Kalifornien in der Welle baute Schweizer den Doppelsitzer *2-25* mit 18,9 m Spannweite, auf dem Smith/Kidder den 3. Platz in Camphill belegten, und 1956 kamen Trager/Miller nach mehrfacher Führung am letzten Tage auf den 4. Platz. Nach diesen Erfahrungen entstand 1962 der Doppelsitzer *2-32* mit der geringeren Spannweite von 17,40 m, einer bedeutend kleineren Flügeloberfläche und einer größeren Flügelstreckung. Interessant, daß die Flächenbelastung der *2-32* mit 29,3 kg/m² viel höher liegt als die 24,9 kg/m² der *2-25.*

Baumuster		Schweizer 1-23		
		Prototyp 1948	1-23 H	H 15
Abmessungen (dimensions)				
Spannweite	m	13,36	16,05	14,98
Länge	m	6,20	6,32	6,23
Flügelfläche	m²	13,84	15,32	14,81
Seitenverhältnis		12,88	16,90	15,2
Gewichte (weights)				
Rüstgewicht	kg	162,00	218,00	215,00
Zuladung	kg	110,00	122,00	125,00
Fluggewicht	kg	272,00	340,00	340,00
Flächenbelastung	kg/m²	16,20	22,20	22,90
Leistungen (performances)				
Mindest-geschwindigkeit	km/h	60,00	65,00	65,00
Höchst-geschwindigkeit	km/h	177,00	225,00	225,00
Sink-geschwindigkeit	m/sec	0,79	0,62	0,67
Höchstgeschwindigkeit im Windenschlepp	km/h	110,00	110,00	110,00
Höchstgeschwindigkeit i. Flugzeugschlepp	km/h	145,00	177,00	177,00
Gleitzahl		24,60	30,80	29,2
Profil		NACA 43 012 A		

Baumuster		Schweizer-Doppelsitzer	
		2-25	2-32
Baujahr:		1954	1962
Abmessungen (dimensions)			
Länge	m	18,90	17,40
Spannweite	m	6,95	8,15
Flügelfläche	m²	20,50	16,70
Seitenverhältnis		17,35	18,05
Gewichte (weights)			
Rüstgewicht	kg	290,00	318,00
Zuladung	kg	235,00	172,00
Fluggewicht	kg	525,00	490,00
Flächenbelastung	kg/m²	24,90	29,30
Leistungen (performances)			
Mindest-geschwindigkeit	km/h	80,00	80,00
Höchst-geschwindigkeit	km/h	230,00	252,00
Sink-geschwindigkeit	m/sec	0,62	0,63
Höchstgeschwindigkeit im Windenschlepp	km/h	110,00	110,00
Höchstgeschwindigkeit im Flugzeugschlepp	km/h	180,00	180,00
Gleitzahl		30,00	35,00
Profil		NACA 63_3-618	

Doppelsitzer

Wenngleich sich der Gedanke eines doppelsitzigen Segelflugzeuges erst mit den neuen Startarten des Windenschlepps und des Flugzeugschlepps zu Beginn der dreißiger Jahre durchsetzen konnte, gab es doch solche Konstruktionen schon von Beginn des Segelfluges an. Sie waren — was nahegelegen wäre — nicht, wie im Motorflug, zur Schulung gedacht, sondern für Passagierflüge und letztendlich für Leistungsflüge im Doppelsitzer.

Den ersten Doppelsitzer konstruierte der bekannte holländische Flugzeugkonstrukteur Antony *Fokker,* mit dem er im Rhönwettbewerb am 26. August 1922 mit Seekatz über der Wasserkuppe 13 Minuten flog. Dann ging er nach England und segelte am 16. September 1922 über Itford-Hill 37 Minuten, die fünf Tage später der Engländer Olley auf 49 Minuten verbesserte.

Den zweiten bekannten Doppelsitzer in der Geschichte des Segelfluges brachten 1923 die Darmstädter Studenten mit dem verstrebten Schulterdecker *Margarete* zum Rhön-Wettbewerb auf die Wasserkuppe. Das Flugzeug, konstruiert von E. Schatzki und Rudolf Kärcher, war benannt nach »Mamma« Margarete Freifrau von Loeßl, der Frau von Eugen von Loeßl. *Margarete*, Spannweite 15,3 m, Flügelfläche 22,5 m, Rüstgewicht 200 kg, Profil Gö 533, flog in der Rhön von 1923 bis 1927, bis sie zu Bruch ging. Die größten Erfolge erzielte Paul Hesselbach 1925, als er am 30. August über der Wasserkuppe 3 Stunden und 6 Minuten und am 1. Oktober über der Krim in Rußland 5 Stunden und 52 Minuten segelte. Ein weiterer Doppelsitzer aus dieser Zeit war der zweikufige Eineinhalbdecker *Breslau.*

Die erste Konstruktion außerhalb Deutschlands war der russische Doppelsitzer *Niscegorodez,* mit dem Jungmeister über der Krim am 10. Oktober 1925 mit 336 m Startüberhöhung und 10 km Strecke neue Weltbestleistungen für Doppelsitzer flog. Die Flugwissenschaftliche Arbeitsgruppe an der Gewerbehochschule Cöthen entwarf 1926 den Doppelsitzer *Cöthen,* auf dem Ferdinand Schulz über Rossitten am 3. Juni 1926 mit 9 Stunden 21 Minuten neuen Weltrekord flog und dabei 330 km Pendelstrecke zurücklegte.

1929 entwarf Alexander Lippisch in der Rhön-Rossitten-Gesellschaft den Doppelsitzer *Rhönadler* (nicht zu verwechseln mit dem späteren Leistungssegelflugzeug von Jacobs). Gebaut wurde der *Rhönadler* beim Flugzeugbau Schleicher-Poppenhausen. Mit einem ahnungslosen Bauernsohn aus Poppenhausen stellte der unvergessliche Günther Groenhoff am 30. Juli 1929 in einem Flug von 2 Stunden zwei neue Weltrekorde für Doppelsitzer auf, als er 33 km bis in die Nähe von Römhild segelte und in diesem Wolkenflug 1250 m Höhe erreichte.

Eine Sonderstellung in der Reihe der mehrsitzigen Segelflugzeuge nimmt das dreisitzige Kabinensegelflugzeug *Obs* ein, das Lippisch im Jahre 1930 als eine erste Verwirklichung der Idee eines Groß-Segelflugzeuges entwickelte. Wie schon der Name andeutet, war dieses Segelflugzeug als ein fliegendes Forschungs-Observatorium gedacht. Mit einer Spannweite von 26 m gehört die *Obs* zu den größten Flugzeugen der Segelfluggeschichte. Heini Dittmar verbesserte auf *Obs* am 14. Mai 1935 den Höhenweltrekord für Doppelsitzer auf 2800 m.

Nachdem um 1930 der Windenschlepp und der Flugzeugschlepp als neue Startarten sich bewährt hatten, kam Wolf Hirth als erster auf den Gedanken — ähnlich wie im Motorflug — am Doppelsteuer Schüler in das Geheimnis des motorlosen Fluges einzuweisen. Das war schon 1932 bei der *Grunau 8* der Fall und hat nach reicher Erfahrung die konstruktive Verwirklichung in der *Goevier* gefunden. Der eigentliche Aufschwung der Schulung und des Leistungsfluges mit dem Doppelsitzer kam durch die Konstruktion des *Kranich* von Hans Jacobs 1936. Ehe aber auf die entscheidende Entwicklung in Deutschland eingegangen werden soll, noch ein Blick auf die Doppelsitzerkonstruktionen in aller Welt.

Zur gleichen Zeit als Wolf Hirth die *Grunau 8* baute, konstruierte 1932 in Polen Czerwinski den Doppelsitzer *CW 4* mit 18 m Spannweite. In Großbritannien entstand noch vor dem Zweiten Weltkrieg der abgestrebte Hochdecker *Falcon III,* in Österreich entwickelte Erwin Musger *Mg 19,* in der Schweiz entstanden während des Krieges *S 21* und *Spyr V.*

Eine besondere Entwicklung nahmen die Doppelsitzer-Konstruktionen in Amerika und England. In beiden Ländern wurden diese Flugzeuge für die Ausbildung von

Militärpiloten oder als Vorstufe der Lastensegler entwickelt, haben daher wenig mit dem eigentlichen Segelflug zu tun. In den Vereinigten Staaten wurden fünf Typen der TG-Serie (Training Glider) entwickelt. Und zwar *TG 1* von Frankfort, *TG 2* und *TG 3 a* von Schweizer, *TG 4 a* von Laister-Kauffmann und *TG 32* von Pratt-Read. Insgesamt wurden davon in den Kriegsjahren 389 gebaut.
In Deutschland entstanden vor dem Zweiten Weltkrieg *Mü 10, Kranich* und *Goevier,* über die ausführlich berichtet wird. Im Krieg baute Hütter noch die *Hütter Hi 21,* die aber erst 1944 fertiggestellt werden konnte und nach dem Kriege noch von amerikanischen Soldaten in Nabern geflogen wurde.
In Frankreich wurden in größeren Serien *Nord Caudron C-800* und *Castel Mauboussin 25-S* gebaut.
Die British Gliding Association versuchte 1947 mit einem Preisausschreiben für die beste Konstruktion von Zweisitzern diese Richtung neu zu beleben. Sieger des Ausschreibens wurde Hug Kendall mit *Crabpot.* Zweite D. J. Farrar und L. G. McFarlane mit ihrem Entwurf 39, Dritter A. C. Mattocks mit *Nimbus.* Über die Prototypen und über eine nationale Bedeutung kam dieser Wettbewerb nicht hinaus.

Bis 1950 waren folgende Doppelsitzer am häufigsten gebaut worden:

Kranich	Deutschland	400 Stück
C-800	Frankreich	270 Stück
Goevier	Deutschland	125 Stück
Laister-Kauffmann TG 4 a	USA	125 Stück
Schweizer TG 3 a	USA	110 Stück
Slingsby Sedbergh T-21 B	Großbritannien	106 Stück
Castel 25 S	Frankreich	100 Stück
Slingsby Tandem Tutor	Großbritannien	77 Stück
Pratt-Read TG-32	USA	74 Stück
Schweizer TG-2	USA	55 Stück

Um nun die Entwicklung von Doppelsitzer-Konstruktionen besonders zu fördern, schrieb die FAI ab 1952 eine eigene Weltmeisterschaft in der Doppelsitzerklasse aus. Dadurch entstanden eigene Konstruktionen in fast allen Ländern der Welt. Bei den Weltmeisterschaften 1952 in Spanien wurde diese Klasse von den deutschen Konstruktionen *Kranich II, Kranich III* und *Condor IV* beherrscht. Dazu kam der italienische Doppelsitzer *Canguro.* Weltmeister wurde Juez-Spanien vor den beiden deutschen Teilnehmern Frowein und Hanna Reitsch. Aber schon 1954 in Camphill brachte fast jede Nation ihre eigene Konstruktion mit. Sieger wurden die beiden Jugoslawen Rain/Komac auf *Kosava* vor Mantelli/Braghini - Italien auf *Canguro* und Smith/Kidder - USA auf *Schweizer 2-25.* Ähnlich war es bei den Weltmeisterschaften 1956 in St. Yan. Diesmal siegten Goodhart/Foster - Großbritannien auf *Slingsby* vor Rain/Stepanovic - Jugoslawien auf *Kosava* und Sadoux/Bazet - Argentinien auf *Condor IV.*
Als man nun glaubte, mit den Konstruktionen dieser Weltmeisterschaften den Höhepunkt in der Entwicklung von Doppelsitzern erreicht zu haben, wurde die Weltmeisterschaft in dieser Klasse wieder abgeschafft und seit 1958 die Weltmeisterschaft nur noch für Einsitzer in der Offenen und in der Standardklasse ausgetragen. Wie entscheidend die sportlichen Wettkämpfe die Arbeit der Konstrukteure beeinflußt, beweist wohl am klarsten die Tatsache, daß seitdem keine entscheidende Neuerung im Bau von Doppelsitzern erfolgte. Der Doppelsitzer dient seit jenen Jahren in der Hauptsache der Schulung und der Einweisung. Leistungsflüge auf Doppelsitzern werden nur noch selten durchgeführt. Dementsprechend alt sind auch die Rekorde in dieser Klasse. In der Bundesrepublik waren an der Jahreswende 1970/71 im Verzeichnis des Luftfahrt-Bundesamtes in Braunschweig 1144 doppelsitzige Segelflugzeuge zugelassen. An der Spitze stand die Ka 7 mit 333 Muster, gefolgt von der Bergfalke-Serie mit 229 Flugzeugen. Dann folgten wieder drei Kaiser-Konstruktionen: die Rhönlerche mit 173, die AS-K 13 mit 128 und die Ka 2 mit 71 Flugzeugen. Erstaunlich, daß dann mit der Mü 13 E (51) und dem Doppelraab (49) zwei Muster aus den Anfangsjahren der Wiederzulassung kamen. Ferner flogen 33 Specht und 30 Kranich III. Hervorgehoben seien noch die Konstruktionen aus der Vorkriegszeit, waren doch noch immer sechs Kranich II und fünf Goevier zugelassen. Den größten Erfolg, den je eine ausländische Konstruktion auf dem deutschen Markt erzielte, gelang dem tschechischen Doppelsitzer Blanik, von dem 20 Flugzeuge gemeldet waren.

Den ersten Doppelsitzer in der Segelfluggeschichte baute der bekannte holländische Konstrukteur Antony Fokker 1922.

Die Darmstädter Studenten bauten 1923 den Doppelsitzer „Margarete“, auf dem Botsch, Fuchs, Hesselbach gute Flugleistungen erzielten und auf dem Nehring, Laubenthal und auch andere das Fliegen erlernten.

Aus der Schule der Hannoveraner stammte der Doppelsitzer „Deutschland“, mit der Arthur Martens auch 1924 in Asiago in Italien flog.

Im Rhönwettbewerb 1925 erschien der Doppelsitzer „Breslau“, konstruiert von Ksoll, geflogen von Tracinski.

Ein türkischer Doppelsitzer aus der Zeit vor dem Zweiten Weltkrieg.

Ein japanischer Versuch zur Lösung des Problems, der Doppelsitzer SM-206 (Sato-Mayeda) aus dem Jahre 1953.

Auf dem amerikanischen Doppelsitzer Laister-Kauffmann erlebten auf der Insel Juist unter Jan Eilers viele deutsche Nachkriegsflieger ihre erste Ausbildung.

Ein russischer Doppelsitzer über Inönü. (Erinnert in seiner Auslegung an die Austria.)

Wohl der interessanteste Doppelsitzer, der je gebaut wurde: Die HKS 1.

Mü 10 – „Milan"

Zu den aktivsten Akademischen Fliegergruppen gehörte schon in den frühesten Jahren des Segelfluges die Akaflieg München. 1927 kam sie mit ihrer ersten Konstruktion, dem *Münchner Kindl* heraus, 1928 folgte als weitere Entwicklung *Kakadu,* 1930/31 die *Austria* von August Kupper und 1931 *Alexander der Kleine* von Thoenes.
Ein neuer Entwicklungsabschnitt begann, als Egon Scheibe die Leitung dieser Gruppe übernahm. Ein Kennzeichen seiner Konstruktionen war das damals noch wenig bekannte Rumpfgerüst aus geschweißten Stahlrohren.
Bereits 1932 konstruierte er den Doppelsitzer *Mü 10* mit dem Namen *Milan,* der aus verschiedenen Gründen erst 1934 fertiggestellt werden konnte. Diese erste eigene Konstruktion des späteren Dipl.-Ing. Egon Scheibe war einer der ersten deutschen Leistungsdoppelsitzer, war eines der ersten Segelflugzeuge mit Stahlrohrrumpf und besaß erstmals ein eingebautes Rad. Daß dieser Doppelsitzer später erst- und einmalige Flüge durchführen sollte, konnte Scheibe damals noch nicht ahnen.
Der freitragende Schulterdecker hatte eine Spannweite von 17,80 m. Der einholmige Flügel war zweiteilig ausgeführt, wobei die Teile für die damals vorgesehene Montage unsymmetrisch waren. Beim Aufbau wurde zuerst der größere rechte Flügel an drei Punkten mit dem Rumpf verbunden; der linke Flügel dann nur noch am rechten Flügel angeschlossen. Die Skelettlinie war über den ganzen Flügel gleich. Das Profil wurde nach außen verdickt, um an den Enden größeren Höchstauftrieb zu erreichen. Die Querruder aus Stahlrohr waren in Rollen gelagert. Der Antrieb erfolgte mit Stoßstange. Der Rumpf wurde aus Stahlrohr gebaut, »um« – wie es Scheibe damals begründete – »vor allem den zweiten Mann im Rumpf ohne Schwächung des Rumpfverbandes bei guten Einsteigemöglichkeiten unterzubringen«. Unten im Rumpf waren vor dem Schwerpunkt zwei Räder eingebaut zur Verkürzung der Startstrecke bei Schleppstarts und zur Erleichterung des Transportes im Gelände. Davor lag noch eine gummigefederte Hilfskufe. Das Leitwerk war ungedämpft; Höhen- und Seitenruder einfach und schnell zu montieren.
Am 21. Juli 1934 führte die *Mü 10,* die eine Einzelkonstruktion blieb, ihre ersten Flüge mit Egon Scheibe durch. »Gretchen«, wie Rudolf Ziegler in Fliegerkreisen hieß, stellte dann bereits am 20. August 1934 einen großartigen Doppelsitzer-Streckenweltrekord auf, als er in 5 1/2 Stunden 327 km vom Hesselberg bis Prcice bei Tabor-CSSR flog. Übers Jahr erregte er mit einem 180 km-Flug von Hannover nach Cuxhaven Aufsehen.
Ab 1936 wurde Dipl.-Ing. Ludwig Karch, in Fliegerkreisen nur als »Emil« bekannt, der einmalige Meister des *Milan.* Der Flug im Hochgebirge war das Ziel von Ludwig Karch. Er wurde der unerreichte Meister des Alpensegelfluges. So oft wie kein anderer Segelflieger der Welt hat Karch die Alpen von Norden nach Süden überquert, zuerst hoch über den Bergen, dann in den Bergtälern, den Aufwind mit seinem *Milan* in verwegenen

Der erste deutsche Leistungs-Doppelsitzer Mü 10 Milan, Sieger in der Rhön 1937, Sieger im ISTUS-Wettbewerb, Bezwinger der Alpen.

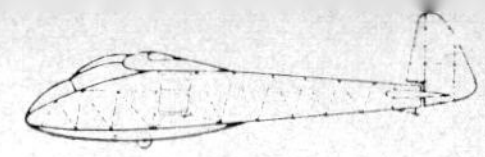

Flügen an den Felswänden suchend. Er flog von Salzburg und von Bern, von Prien und von Unterwössen immer wieder in die Bergtäler und über die Alpen, so erstmals am 24. Mai 1936 bei der ISTUS-Tagung in Bern, als er 132 km über die Zentralalpenkette nach Obertraubur bei Lienz flog. 1937 bei der ISTUS-Tagung in Salzburg gelang ihm die beste Streckenleistung mit seinem Kameraden Klein bei einem Flug über die Alpen 195 km bis Fara d'Alpago in Italien, wobei er gleichzeitig mit 2980 Meter über Ausklinkhöhe einen neuen Höhenweltrekord für Doppelsitzer aufstellte. Wenige Wochen später wurde er mit Zimmermann auf der *Mü 10* überlegener Sieger des 18. Rhön-Segelflug-Wettbewerbes. Von 13 ausgeschriebenen Zielflügen gelangen ihm im *Milan* nicht weniger als zwölf. Bei der ISTUS-Tagung 1938, wiederum in Bern, überquerte er erneut die Alpen in einem 132 km-Flug. Gegen Ende des Krieges verbargen die Studenten der Akaflieg München den *Milan* im Dachstuhl einer Flugzeughalle in Prien. Als ihnen das Versteck zu unsicher wurde, brachten sie den *Milan* aus Sicherheitsgründen in das Deutsche Museum. Nach der Wiederzulassung des Segelfluges »liehen« sie ihn dort aus, überholten ihn, und mit der Zulassungsnummer D-1001 wurde der *Milan* das erste in Bayern wieder zugelassene Flugzeug. Erneut diente er Ludwig Karch mit vielen Kameraden zur weiteren Erforschung des Alpensegelfluges. 1957 segelte Karch am 30. Juni von Prien 185 km nach Maniago in Oberitalien und am 7. Juli 215 km nach Udine. Sein längster Flug über den Alpen war 1957 ein Dreiecksflug mit 260 km: Von Unterwössen über Zell am Ziller, Zell am See zurück nach Unterwössen. Fast jeden Berg der deutschen Alpen umsegelte Ludwig Karch mit Freunden und Passagieren, sei es der Wetterstein, die Zugspitze, die Karwendelspitze, am liebsten aber das Massiv des Wilden Kaiser. Insgesamt flog der Doppelsitzer *Mü 10 Milan* über 2000 Flugstunden, ehe er 25 Jahre nach seinem Jungfernflug 1959 endgültig Aufnahme im Deutschen Museum fand.

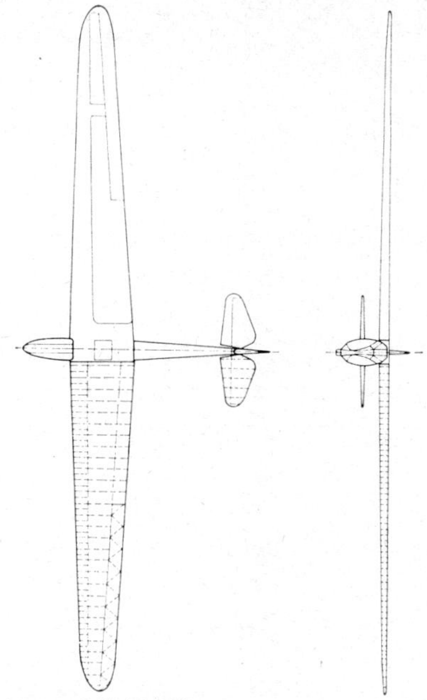

Übersichtszeichnung Mü 10 Milan.

Baumuster	Milan	
Abmessungen (dimensions)		
Spannweite	17,80	m
Länge	6,75	m
Flügelfläche	20,00	m²
Seitenverhältnis	15,85	
Gewichte (weights)		
Rüstgewicht	185,00	kg
Zuladung	180,00	kg
Fluggewicht	365,00	kg
Flächenbelastung	18,25	kg/m²
Leistungen (performances)		
Mindestgeschwindigkeit	45,00	km/h
Höchstgeschwindigkeit	180,00	km/h
Sinkgeschwindigkeit . . .	0,65 m/sec bei 50 km/h	
Höchstgeschw. im Windenschlepp . .	90,00	km/h
Höchstgeschw. im Flugzeugschlepp .	100,00	km/h
Gleitzahl	22 bei 72 km/h	
Profil	Münchner	

„Kranich"

Das doppelsitzige Leistungssegelflugzeug *Kranich* ist schon in seinem Aussehen ein vergrößerter *Rhönsperber,* in seiner Konstruktion eine Weiterentwicklung des *Rhönsperbers,* da die Erfahrungen, die mit dem Sperber gesammelt wurden, bei dem Entwurf des Doppelsitzers Anwendung fanden. Der *Kranich* wurde von Hans Jacobs, damals Leiter der Abteilung Segelflug des DFS, entworfen und unter Mitarbeit von Ing. Lück konstruiert. Der Prototyp wurde im Herbst 1935 im DFS gebaut, die spätere Serie bei Schweyer in Mannheim. Mit dem *Kranich* begann die große Zeit der Doppelsitzer. Sie brachten eine vollkommen neue Schulmethode, wurden doch von da an die meisten Segelflieger – ähnlich wie im Motorflug – am Doppelsteuer ausgebildet. Sie dienten für Überprüfungsflüge von Segelfliegern, um den Stand ihres fliegerischen Könnens durch die Hochdeckerbauweise nicht erreicht werden kann.

Der Unterschied zwischen *Kranich 1* und dem in großer Serie gebauten *Kranich 2* bestand in einigen Verstärkungen, in einer bequemeren Anordnung der Sitze und im Einbau der Bremsklappen.

Der *Kranich* war ein ganz in Holz ausgeführter freitragender Mitteldecker mit zweiteiligem Knickflügel, der sich nach außen stark verjüngt, zwei Holme hat und vorn durch Sperrholz, hinten durch Stoff verkleidet ist. Der Flügel mit einer Spannweite von 18 m hat leichte Pfeilform, um den hinteren Führer im Schwerpunkt anordnen zu können. Bis zum Knickflügel wurde das Profil 535 verwendet und von dort auf einen symmetrischen Flügelquerschnitt gestrakt. Das Höhenruder besitzt steuerbare Trimmklappe. Der Rumpf ist wie üblich als Sperrholzröhre ausgebildet. Um den hinteren Rumpfausschnitt für den Führersitz zu versteifen, wurde ein kräftiger Stringer eingezogen, der nach vorne in eine Stoßdiagonale ausläuft. Zur weiteren Versteifung der Führerräume sind diese mit einer durchgehenden In-

Der meistgebaute deutsche Doppelsitzer vor dem Zweiten Weltkrieg: Kranich II von Hans Jacobs.

festzustellen und eingeschlichene Fehler auszuschalten. Sie wurden eingesetzt für die Thermik- und Blindflugschulung. Der *Kranich* war aber ein so gut gelungener Wurf, daß er sich zugleich als Leistungsflugzeug vielfach bewährte.

Bei diesem Doppelsitzer wurde die Mitteldeckerbauweise gewählt, um auch dem hinten fliegenden Führer oder Lehrer besonders nach oben und hinten gute Sicht zu geben, die für den Thermikflug erforderlich ist und

nenbeplankung und einem kräftigen Fußboden versehen. Die hintereinander angeordneten Sitze sind durch eine gemeinsame abwerfbare Plexiglashaube verkleidet. Das Flugzeug hat eine Eschenholzkufe und ein abwerfbares zweirädriges Fahrwerk. Die zuerst vorgesehenen Störklappen wurden durch eine Sturzflugbremse ersetzt.

Als Leistungsflugzeug erzielte der *Kranich* eine großartige Rekordserie. Die erste Bestleistung gelang Spilger/Hohenner am 3. Mai 1937 mit einem Höhenrekord von 2276 m, den Ziller/Quadfasel am 18. September 1937 über Grunau auf 3304 m und die Franzosen Rousselet/Faivre über Saint Auban am 21. September 1948 (beide Rekorde auf *Kranich*) auf 6780 m verbesserten. Im Wettbewerb der Streckenrekorde besaßen im Mai 1937 Beck/Knies mit 193 km kurz den Weltrekord. Als deutscher Rekord wurden die 397 km von Ludwig Hofmann/Wilcken vom 31. Mai 1938 erst 30 Jahre später überboten. Ebenso der Zielflugrekord von Otto Braeutigam/Hannes Meyer mit 363,798 km, die beide am 21. 4. 1939 von Großrückerswalde nach Wien zurücklegten. Der Pole Pakilewicz stellte am 19. Juli 1951 mit 511,5 km einen Weltrekord für Doppelsitzer im Zielflug auf. Am 10. August 1938 gelang Heinz Huth mit dem Fluggast Brandt auf der Strecke Hamburg-Hannover und zurück mit 258,8 km ein neuer Weltrekord im Zielflug mit Rückkehr zum Startplatz. Einsitzig erzielte Erwin Ziller am 21. November 1938 über Grunau auf *Kranich II* mit 6838 m einen neuen deutschen Rekord in der Höhe über Start, der über 20 Jahre Bestand hatte. Eine Sensation war der absolute Höhenrekord von Erich Klöckner am 11. Oktober 1940 über Ainring mit 11 410 Meter.

Im Wettkampf der Dauerflieger kamen Meier/Schneider am 29. Juni 1938 über dem Hornberg auf 21 Stunden und 2 Minuten. Der Flug von Boedecker/Zander vom 9. bis 11. Dezember 1938 mit 50 Stunden und 15 Minuten in Eiseskälte über Rossitten zählte zu den berühmtesten Dauerflügen des Segelfluges. Zahlenmäßig konnte er erst 1952 überboten werden.

Im Rhön-Segelflug-Wettbewerb 1937 erflogen sich Otto Braeutigam/Steinert den 2. Platz in der Gesamtwertung, während 1938 und 1939 die Doppelsitzer in einer eigenen Klasse geführt wurden, wobei ausschließlich *Kraniche* zum Einsatz kamen. 1938 siegten Romeis/Schillinger vor Vergens/Trippke und 1939 im letzten Segelflug-Wettbewerb vor dem Kriege Kühnold/Schröder vor Romeis/Prestele. Und noch 1952 bei der ersten Doppelsitzerwertung bei den Weltmeisterschaften siegten die Spanier Juez und Bermudez de Castro auf *Kranich II*. Unter den 17 Teilnehmern aus zehn Nationen flogen nicht weniger als elf diese deutsche Konstruktion aus dem Jahre 1935.

Baumuster	Kranich	
Abmessungen (dimensions)		
Spannweite	18,00	m
Länge	7,70	m
Flügelfläche	22,70	m^2
Seitenverhältnis	14,3	
Gewichte (weights)		
Rüstgewicht	255,00	kg
Zuladung	180,00	kg
Fluggewicht	435,00	kg
Flächenbelastung	15,30	kg/m^2
Leistungen (performances)		
Mindestgeschwindigkeit	70,00	km/h
Höchstgeschwindigkeit	215,00	km/h
Sinkgeschwindigkeit	0,69	m/sec
Höchstgeschw. im Windenschlepp	90,00	km/h
Höchstgeschw. im Flugzeugschlepp	100,00	km/h
Gleitzahl	23,6	
Profil	Gö 535	

Übersichtszeichnung Doppelsitzer Kranich.

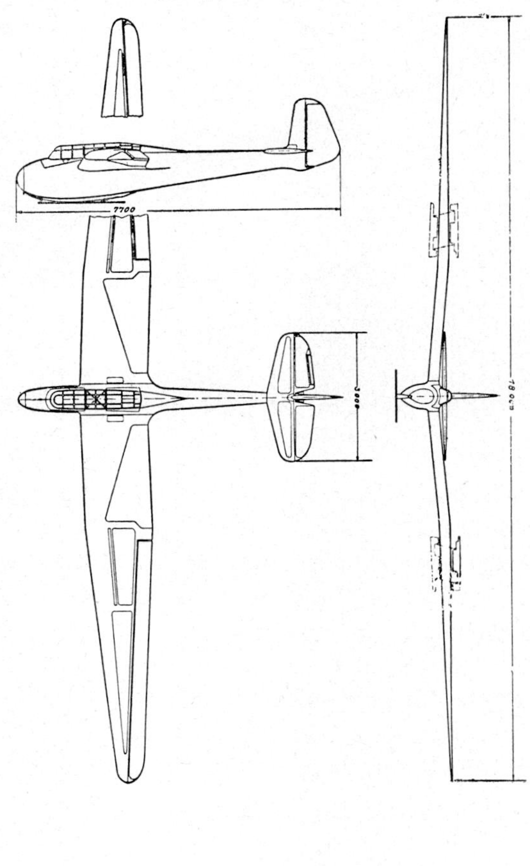

Goevier (Göppingen 4)

Wolf Hirth kam in der Segelflugausbildung als erster auf den Gedanken – ähnlich wie im Motorflug – Schüler am Doppelsteuer auszubilden. Das war schon bei der *Grunau 8* der Fall und führte nach reicher Erfahrung zur Konstruktion des Doppelsitzers *Goevier* (Göppingen 4), den der Flugzeugbau Schempp-Hirth 1938 herausbrachte. Mit dieser Konstruktion von Dipl.-Ing. Wolf Hirth und Dipl.-Ing. Wolfgang Hütter unter Mitarbeit von Ulrich Hütter wurde erstmalig ein Doppelsitzer-Schul- und Übungsflugzeug mit nebeneinanderliegenden Sitzen geschaffen. Nach einer mehr als einjährigen Entwicklungsarbeit erfolgten die Musterprüfung und die Zulassung im Februar 1939. Dann ging das Muster in den Serienbau.

Nach der Wiederzulassung des Segelfluges in Deutschland und vor allem des Segelflugzeugbaues am 19. 6. 1951 galt es, möglichst rasch ein geeignetes Schul- und Übungsflugzeug zur Verfügung zu haben. Da bei den meisten Neukonstruktionen vom Entwurf über das erste Musterflugzeug bis zum Abschluß der Musterprüfung und Herstellung dieses Typs innerhalb eines durchdachten Serienbaues ein sehr weiter Weg ist, entschlossen sich Wolf Hirth und Martin Schempp zunächst nicht mit einer Neukonstruktion, sondern mit dem bereits bewährten und mustergeprüften *Goevier* ihre Fertigung zu beginnen.

Das Flugzeug ist ein freitragender Mitteldecker, Flächen und Rumpf ganz aus Sperrholz hergestellt. Das Seitenleitwerk ist freitragend. Die Höhenflosse ist zum Schutz gegen Beschädigungen hochgelegt, und nach unten verstrebt. Das Flugzeug besitzt ein Fahrwerk, das aus einem kleinen Rad mit Ballonbereifung besteht und sowohl den Start als auch den Transport erleichtert. Das Rad ist bremsbar. Die Verständigung zwischen Fluglehrer und Schüler ist bei den nebeneinanderliegenden Sitzen sehr gut. Doch bedeutet diese Anordnung für viele Fluglehrer und Schüler eine Umstellung, da sie sich an das Sitzen und die Sichtverhältnisse außerhalb der Längsachse des Flugzeuges gewöhnen mußten. Die Nachteile des etwas größeren Rumpfquerschnitts werden durch einen günstig geformten Übergang vom Flügel zum Rumpf weitgehend ausgeglichen.

Bei der Baureihe III nach dem Kriege wurde durch günstige Holmlamellierung eine hohe Zuladungsfähigkeit erreicht. Außerdem wurde der Rumpf um 50 cm, von 6,74 m auf 6,24 m verkürzt, der Seitenruderumriß geändert, sowie das Seitenruder mit einem Ausgleichshorn versehen. Erreicht wurden dadurch neben einem besseren Wirkungsgrad ein harmonischer Ausgleich der Steuerkräfte und eine vorteilhaftere Schwerpunktlage. Ferner wurde das Gewicht erhöht, damit auch die Zuladungsmöglichkeit. Mit den Konstruktionsänderungen

Doppelsitzer mit Sitzen nebeneinander: Goevier vom Sportflugzeugbau Schempp-Hirth.

wurde auch die Leistung gesteigert, die Gleitzahl von 1:19 auf 1:20 und die Sinkgeschwindigkeit von 1,0 m/sec auf 0,9 m/sec.

Insgesamt wurden 120 *Goevier* gebaut, von denen allein aus der letzten Serie 20 in die Niederlande geliefert wurden. Vom 1. bis 3. Juni 1939 flogen Führinger und Hofmann am Hundsheimer Kogel mit 49 Stunden und 45 Minuten damaligen Dauerweltrekord.

Baumuster	Goevier
Abmessungen (dimensions)	
Spannweite	14,80 m
Länge	6,24 m
Flügelfläche	19,00 m²
Seitenverhältnis	11,5
Gewichte (weights)	
Rüstgewicht	225,00 kg
Zuladung	185,00 kg
Fluggewicht	410,00 kg
Flächenbelastung	21,50 kg/m²
Leistungen (performances)	
Mindestgeschwindigkeit	70,00 km/h
Höchstgeschwindigkeit	200,00 km/h
Sinkgeschwindigkeit	0,90 m/sec
Höchstgeschw. im Windenschlepp	90,00 km/h
Höchstgeschw. im Flugzeugschlepp	110,00 km/h
Gleitzahl	20
Profil	Joukowsky geändert

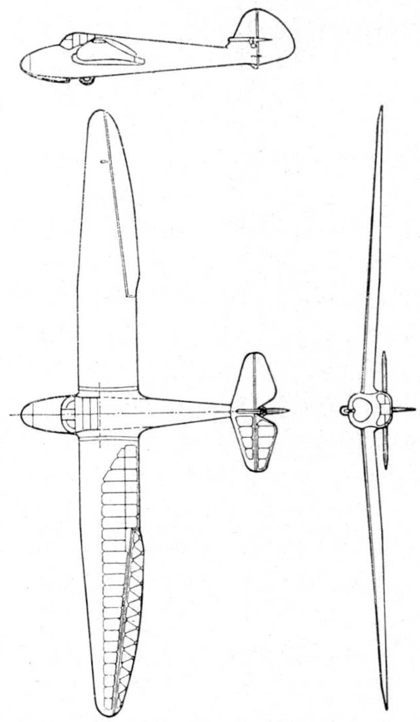
Übersichtszeichnung Goevier, Göppingen 4.

Doppelraab

Eine der interessantesten Konstruktionen nach der Wiederzulassung des Segelfluges in Deutschland war das von dem Münchner Gewerbeoberlehrer Fritz Raab (geb. 25. Januar 1909 in Riedering bei Rosenheim) konstruierte doppelsitzige Schul- und Übungsflugzeug *Doppelraab.* Das interessanteste dabei war die eigenartige Sitzanordnung für Lehrer und Schüler, die dem Flugzeug das besondere Gepräge gab. Fritz Raab, der selbst von 1930 bis 1936 in den Gruppen an vielen Typen mitgebaut hatte, ging es darum, im Wiederaufbau des Segelfluges in Deutschland ein Flugzeug zu schaffen, das vor allem im Eigenbau der Gruppen möglich war. Das Flugzeug selbst erlebte laufend Verbesserungen und kam in sechs Baureihen heraus. Fritz Raab konstruierte den *Doppelraab* in den Jahren 1949/50 und baute das erste Musterflugzeug, V-0 beim Aero-Club Dachau. Dieser erste *Doppelraab* flog erstmalig am 5. August 1951 und stand auch im Mittelpunkt des Interesses beim ersten Rhön-Treffen im August 1951 auf der Wasserkuppe. Der *Doppelraab* V-1 wurde als Versuchsserie in drei Stück im Frühjahr 1950 gebaut. Das wesentliche Merkmal waren hier die zwei Räder hintereinander. Dieser *Doppelraab* flog erstmals am 28. März 1952 während der Segelfliegertagung in Ziegenhain/Hessen. V-1a hatte lediglich eine längere Kufe statt des vorderen Rades. V-2 und V-3 waren Ausführungen der Firma Wolf Hirth mit einem Stuhlsitz. In dieser Ausführung wurden hochwertige Stahlrohre der Qualität 1604 verwendet. Da der größte Teil der Steueranlage nicht verschraubt sondern verschweißt war, wurde diese Ausführung nur für den Industriebau zugelassen. Der *Doppelraab* V-5 hatte gegenüber dem Baumuster V-3 eingebaute Störklappen und wurde von der Firma Wolf Hirth serienmäßig im Lizenzbau hergestellt, wobei die Firma für die Gruppen den *Doppelraab* für Zusammen- und Fertigbau auch in Bau-

kastenform lieferte. Die Musterprüfung der Baureihen 3 und 5 wurde im Oktober 1953 abgeschlossen. Bei der Baureihe 4 war das handelsübliche Stahlrohr St 35.29 verwendet worden. Da hierbei die Schweißarbeiten wesentlich erleichtert waren, wurde diese Baureihe zum Nachbau für die Gruppen zugelassen. Der Bauaufwand war kaum größer als bei einem *Grunau Baby.*
1955 versuchte Fritz Raab in der Baureihe 6 durch Vergrößerung der Flächen eine Leistungssteigerung zu erzielen. Völlig neu war das Tragwerk durchgearbeitet und von 12,75 m auf 13,40 m vergrößert. Am Rumpf wurde die Arbeitsaufnahme der Kufen verbessert und die Kufenbefestigung neu gestaltet. Die neuen Tragflächen konnten aber auch an die Rümpfe der bisherigen Baureihen angeschlossen werden. Die Baureihe 6 erlaubte eine höhere Zuladung. Insgesamt wurden vom *Doppelraab* über 300 Stück gebaut.
Er diente der Schulung und wurde besonders gerne für die Überprüfung ehemaliger Segelflugzeugführer eingesetzt, die nach jahrelanger Pause wieder am Knüppel sitzen konnten. Ebenso beliebt war der *Doppelraab* für Passagierflüge. Rumpf: Der Rumpf war zweiteilig, von vorne und bis zum hinteren Flügelanschlußpunkt als Stahlrohrkonstruktion ausgebildet, mit Stoffbespannung. Der dahinterliegende Leitwerksträger war aus Holz. Sitze schwerpunktnah hintereinander; der rückwärtige Sitz (für Fluglehrer oder Passagier) lag um 26 cm höher. Der Steuerknüppel hatte eine kleine Kröpfung und war somit auch vom Lehrer auf dem Rücksitz ohne weiteres zu erreichen und konnte von dort bis zu den Anschlägen betätigt werden. Der vordere Sitz, der Schülersitz, war in der herkömmlichen Art aller Segelflugzeuge ausgebaut.
Flügel: Das gesamte Tragwerk selbst war ein durch Profilstahlrohrstreben abgestützter zweiteiliger Schulterdecker in Holzbauweise. Die einholmige Holzkonstruktion der Fläche hatte eine drehsteife Sperrholznase, der Rest Stoffbespannung. Der Rippenumriß änderte sich erst ab Querruderbeginn, so daß von den 62 Rippen eines Flügels 28 gleichen Umriß hatten, was für den Gruppenbau von besonderem Vorteil war. Von Rippe 9 bis Rippe 20 war der Flügel auf ein symmetrisches Profil ausgestrakt. Umriß bis zum Strebenansatz rechteckig, von da ab verjüngt mit gerundeten Enden. Störklappen nur auf der Oberseite.
Bei einer Konstruktion von Raab aus dem Jahr 1935 (R 2) zeigte ein frei entwickeltes Profil so gute Eigenschaften, daß es in geringer Abwandlung auch beim *Doppelraab* Anwendung fand. In Verbindung mit dem Strak zum Flügelende brachte das Profil auch hier ideale Eigenschaften für die Schulung. In den Profilsammlungen ist dieses Profil nicht aufgenommen.
Leitwerk: Der Leitwerksträger war eine Holzkonstruktion aus Holmen mit dreieckigem Querschnitt. Die Außenbeplankung von 1,5 mm machte den Träger drehsteif. Das Höhenleitwerk war gedämpft und zweiteilig. Beim Transport konnte das Höhenleitwerk hochgeklappt werden, das Ruder blieb angeschlossen.

Der Prototyp des Doppelraab mit dem bezeichnenden Namen „Start“ zum Wiederbeginn des deutschen Segelfluges.

Doppelraab V-1, eine Variation mit zwei Rädern.

Doppelraab als Baukasten für den Selbstbau in den Gruppen. Rechts: Der Stahlrohrrumpf des Doppelraab mit der interessanten Sitzanordnung von Fluglehrer (hinten) und Schüler (vorne und tiefer).

Der *Doppelraab* ist eines der letzten Segelflugzeuge in Deutschland gewesen, das aus der handwerklichen Amateurflugzeugbauer-Tradition heraus konstruiert wurde. In der Zeichnung war das Flugzeug ganz speziell für den Nachbau verständlich gemacht. Der Eigenbau von Fluggerät wurde gerade mit dem *Doppelraab* nach dem Zweiten Weltkrieg wieder belebt. Die Nachbaulizenzen gingen auch nach Nord- und Südamerika, nach Afrika, in den vorderen Orient und in viele europäische Länder. Sogar im nördlichen Eismeer auf der Insel Spitzbergen war einmal ein *Doppelraab.* Noch 1973 flogen in der Bundesrepublik mehrere *Doppelraab.*

Baumuster			Doppelraab	
Abmessungen (dimensions)				
	Baureihe I-IV		Baureihe VI	
Spannweite	12,76	m	13,40	m
Länge	6,90	m	6,90	m
Flügelfläche . . .	18,00	m²	17,20	m²
Seitenverhältnis . .	9,74		10,25	
Gewichte (weights)				
Rüstgewicht . . .	185,00	kg	192,00	kg

Zuladung	195,00	kg	220,00	kg
Fluggewicht . . .	380,00	kg	412,00	kg
Flächenbelastung .	22,60	kg/m²	24,40	kg/m²
Leistungen (performances)				
Mindestgeschwindigkeit			50,00	km/h
Höchstgeschwindigkeit			190,00	km/h
Sinkgeschwindigkeit			0,85	km/h
Höchstgeschw. im Windenschlepp . .			85,00	km/h
Höchstgeschw. im Flugzeugschlepp .			110,00	km/h
Gleitzahl			20	

Übersichtszeichnung Doppelraab.

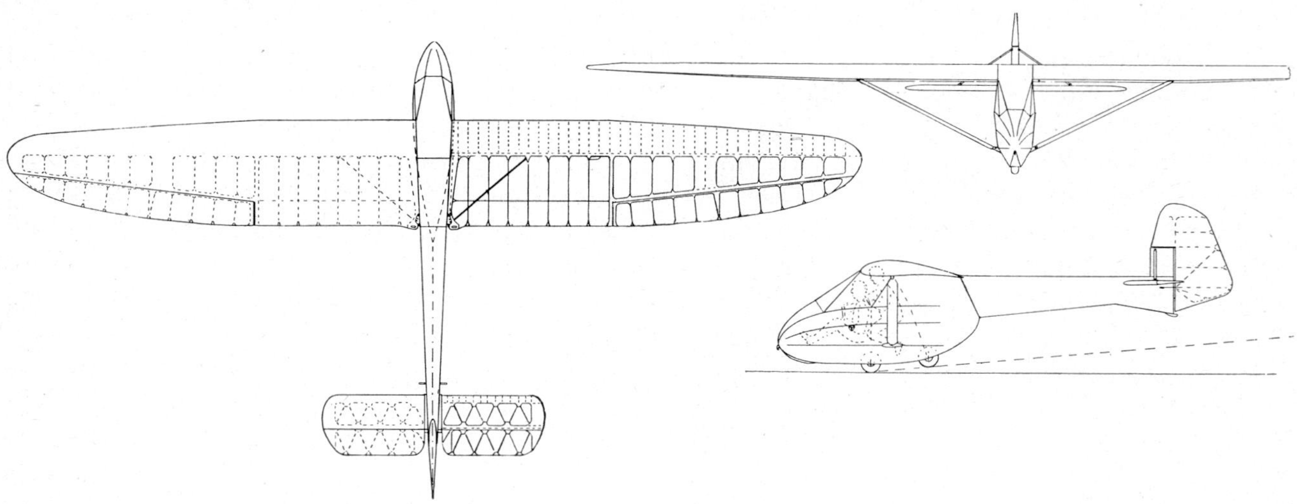

Condor IV

Um der Forderung der Segelflieger nach der Wiederzulassung ihres Sportes im Jahre 1951 nach einem Leistungsdoppelsitzer gerecht zu werden, entwickelte Heini Dittmar aus dem Leistungseinsitzer *Condor III* den Doppelsitzer *Condor IV*. Rein äußerlich unterschieden sich die beiden Typen kaum. Die Führersitze sind

Condor IV über dem Nebelhorn mit Heini Dittmar.

hintereinander angeordnet. Der zweite Führer sitzt genau im Schwerpunkt. Die Änderungen lagen in einer Vergrößerung der Spannweite von 17,25 m auf 18 m, ferner im veränderten Rumpfvorderteil für die Unterbringung des zweiten Sitzes, im vergrößerten hinteren Rumpfquerschnitt und in einem höher gelegten Höhenruder. Der *Condor IV* wurde als Hochdecker gebaut, um großen Bodenabstand an den Flächenenden zu erhalten. Wie alle Typen der *Condor*-Serie bestand das Tragwerk aus einem zweiteiligen freitragenden Knickflügel in Holzbauweise. Die Sperrholznasenbeplankung reichte etwa 25 cm hinter den Holm auf der Oberseite. Die Außenflügelbeplankung erhielt unter dem Sperrholz eine 5 mm Balsaschicht. Profil Gö 532, an den Enden ein abgeändertes Gö 409. Der Rumpf war eine normale Holzkonstruktion mit durchgehender Beplankung. Die Plexiglashaube ging über beide Sitze. Der *Condor IV* wurde mit einer Serie bei Ferdinand Bernhard Schmetz in Herzogenrath bei Aachen gebaut. Er startete mit Erfolg in den Doppelsitzer-Wettbewerben der Deutschen Meisterschaft und der Weltmeisterschaft. Den größten Erfolg erzielte Ernst-Günther Haase im August 1952, als er vom Klippeneck aus den ersten Weltrekord Deutschlands nach der Wiederzulassung des Segelfluges aufstellte. Mit dem Argentinier Lombroni als Begleiter erzielte er auf einem 100 km-Dreieckskurs eine Geschwindigkeit von 80,90 km/h und verbesserte damit gleichzeitig den Weltrekord in der Einsitzer- wie in der Doppelsitzerklasse.

Baumuster	Condor IV
Abmessungen (dimensions)	
Spannweite	18,00 m
Länge	8,30 m
Flügelfläche	21,30 m^2
Seitenverhältnis	15,2
Gewichte (weights)	
Rüstgewicht	330,00 kg
Zuladung	180,00 kg
Fluggewicht	510,00 kg
Flächenbelastung	24,90 kg/m^2
Leistungen (performances)	
Mindestgeschwindigkeit	60,00 km/h
Höchstgeschwindigkeit	210,00 km/h
Sinkgeschwindigkeit	0,71 m/sec bei 70 km/h
Höchstgeschw. im Windenschlepp	100,00 km/h
Höchstgeschw. im Flugzeugschlepp	110,00 km/h
Gleitzahl	30 bei 80 km/h
Profil	Gö 532

Übersichtszeichnung Condor IV.

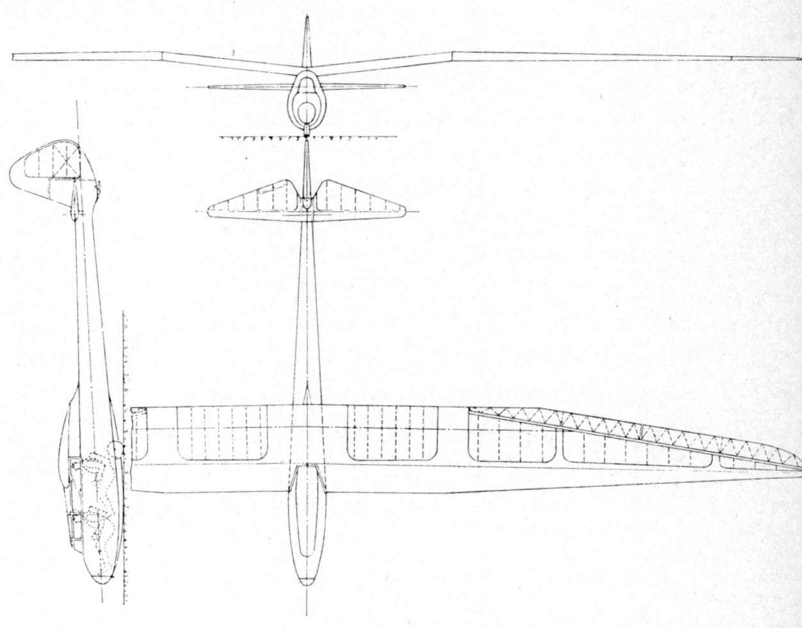

Kranich III – der letzte Entwurf von Hans Jacobs

Hans Jacobs, der 20 Jahre die erfolgreichsten deutschen Segelflugzeuge konstruierte, schuf 1951 als seinen letzten Entwurf den Schul- und Leistungsdoppelsitzer *Kranich III.* Der Name könnte irreführend sein, denn dieser freitragende Mitteldecker in Gemischtbauweise war keine Weiterentwicklung des *Kranich II* aus der Vorkriegszeit, sondern eine vollständige Neukonstruktion. Die Grundkonstruktion stammt von Jacobs, wurde aber von Focke-Wulf umgebaut und herausgebracht. Der Tragflächenaufbau hatte bei leichter V-Form einen einholmigen, zweiteiligen Trapezflügel mit dem bewährten Weihe-Profil. Um einwandfreie Flugeigenschaften zu gewährleisten, wurde für den *Kranich III* die um etwa 2 m^2 vergrößerte Weihe-Fläche verwandt. Der Flügel selbst lag bedeutend tiefer am Rumpf als bei den früheren *Kranich*-Mustern. Jacobs benützte die Bremsklappen nach dem System Schempp-Hirth. Die Fläche mit 18,30 m Spannweite endete auf beiden Seiten mit Wirbelkeulen. Als einzige seiner Konstruktionen sah Jacobs beim *Kranich III* einen stoffbespannten Stahlrohrrumpf vor, mit einigen Formleisten. Der Rumpf hatte vorne trapezförmigen Querschnitt, hinten ein auf der Spitze stehendes Rechteck. Die sehr geräumigen hintereinander liegenden Sitze hatten eine gemeinsame Plexiglashaube mit Schiebefenster. Der zweite Flugzeugführer saß etwa im Schwerpunkt. Der Leitwerksaufbau war normal. Der *Kranich III* wurde am 19. Juni 1952 für 500 kg, am 23. Juli 1953 auf 520 kg und am 16. Januar 1959 auf 550 kg max Fluggewicht zugelassen.

Den ersten Flug führte Hanna Reitsch am 1. Mai 1952 auf dem V-Muster D-3002 durch. Das Flugzeug trug die Werknummer 51. Das zweite Muster, Werknummer 52, Kennzeichen D-3505, ging an Dr. Ernst Frowein. Insgesamt wurden 37 *Kranich III* gebaut. Das letzte Flugzeug, Werknummer 87, wurde 1957 an die Flugsportgruppe in Lemwerder geliefert. Dieser *Kranich III* flog noch 1969 in Afrika. Mit ihm stellten Klaus Keim und R. Bachmann 1967 den Weltrekord im Zielflug mit Rückkehr über 620,66 km auf. Bereits die beiden ersten V-Muster belegten bei den Weltmeisterschaften 1952 in Madrid mit Dr. Ernst Frowein und Hanna Reitsch in der Klasse der Doppelsitzer den 2. und 3. Platz. Im Deutschen Segelflugwettbewerb 1953 erflog sich Hanna Reitsch mit dem *Kranich III* den 4. Platz. Unter den zehn Teilnehmern in der Doppelsitzerklasse beim 2. Segelflug-Wettbewerb in Oerlinghausen 1955 starteten nicht weniger als sieben *Kranich III* und belegten mit Huth – Hamburg, Remm – Berlin und Hahn – Hannover auch die ersten drei Plätze. 1954 stellten die beiden Franzosen Bertrand Dauvin und Henri Couston mit einem *Kranich III* vom 6. April, 6.12 Uhr, bis 8. April, 15.22 Uhr, mit 57 Stunden und zehn Minuten den letzten von der FAI geführten Dauerweltrekord für Doppelsitzer auf.

Baumuster	Kranich III	
Abmessungen (dimensions)		
Spannweite	18,30	m
Länge	9,08	m
Flügelfläche	21,00	m^2
Seitenverhältnis	15,9	
Gewichte (weights)		
Rüstgewicht	320,00	kg
Zuladung	200,00	kg
Fluggewicht	520,00	kg
Flächenbelastung	25,00	kg/m^2
Leistungen (performances)		
Mindestgeschwindigkeit	65,00	km/h
Höchstgeschwindigkeit	180,00	km/h
Sinkgeschwindigkeit	0,70 m/sec bei 80 km/h	
Höchstgeschw. im Windenschlepp	100,00	km/h
Höchstgeschw. im Flugzeugschlepp	130,00	km/h
Gleitzahl	30 bei 95 km/h	

Doppelsitzer Kranich III, der letzte Entwurf von Hans Jacobs.

Der „Bergfalke" von 1951 bis 1969
Von der Mü 13 E bis zum „Bergfalke III"

Am 19. Juni 1951 wurde der Segelflug in Deutschland wieder zugelassen. Aus Freude über das langersehnte Ereignis rief der Deutsche Aero-Club am 11. August zu einem Fest der Freundschaft auf den Berg der Flieger. 50 000 strömten aus ganz Deutschland zur Wasserkuppe. Unter den elf Flugzeugen, die aus ganz Mitteleuropa zur Wasserkuppe kamen, erregte der Doppelsitzer *Mü 13 E* das größte Aufsehen. Es war die erste Konstruktion des 1951 in Dachau von Dipl.-Ing. Egon Scheibe gegründeten Flugzeugbaus. Und Egon Scheibe war kein Unbekannter. Seit 1928 war er in der Luftfahrt tätig, an der Technischen Hochschule München studierte er Flugzeugbau und gehörte zu den aktivsten Mitgliedern der Akaflieg München. Er arbeitete 1929 mit am *Kakadu* von Dr. Kupper, an der *Mü 4* und an der *Mü 6,* an dem Leichtmotorflugzeug *Mü 8* und an den beiden bekanntesten Segelflugzeugen der »Münchner Schule« vor dem Zweiten Weltkrieg, an dem Doppelsitzer *Mü 10 »Milan«* und an dem Leistungssegelflugzeug *Mü 13.* 1951 hatte er sich in Dachau selbständig gemacht. Der Prototyp des Doppelsitzers *Mü 13 E* wurde noch in Innsbruck gebaut und so erschien er denn auf der Wasserkuppe auch mit österreichischem Kennzeichen, OE-0138.

Unter Verwendung der Erfahrungen aus *Mü 10* und *Mü 13* konstruierte Egon Scheibe 1950 den Doppelsitzer *Mü 13 E,* der den für seine Heimat bezeichnenden Namen *Bergfalke* erhielt. An der statischen Durcharbeitung des Musters war Prof. Krauß von der T. H. München maßgeblich beteiligt. Den Prototyp erbaute die Segelfliegergruppe Jenbach in Tirol unter Leitung von Dr. Konschegg, der auch am 5. August 1951 den Erstflug in Innsbruck im Windenschlepp durchführte. Beim Rhöntreffen war die Nachfrage derart groß, daß die *Mü 13 E* anschließend bei dem Flugzeugbau Scheibe in Dachau am 15. November 1951 in Serie ging. In den Jahren des Wiederaufbaus des Segelfluges in Deutschland wurden allein 1952 bis 1953 insgesamt etwa 170 dieser Doppelsitzer gebaut. Mehr als die Hälfte wurde gegen alle Erwartung als Fertigmaschinen geliefert. Der Gruppenbau hatte nicht mehr die Bedeutung, wie vor dem Zweiten Weltkrieg. Für den Selbstbau lieferte Scheibe Rumpfgerüst, Holme und Beschläge.

Beim *Bergfalken I* waren die Mittelanschlüsse für Flügel und Rumpf zu kompliziert. Durch die Vereinfachung entstand der *Bergfalke II* mit dem vorgepfeilten Flügel. Der Prototyp flog im Frühjahr 1953. Durch weitere Verbesserungen entstand 1955 der *Bergfalke II/55.* Vom *Bergfalken II* in seinen beiden Ausführungen wurden zwischen 1953 und 1963 etwa 300 Flugzeuge hergestellt.

1963 entstand der *Bergfalke III,* in dem die Erfahrungen eines Jahrzehnts ihren Niederschlag fanden, Erfahrungen, die beim Bau und Betrieb von einigen hundert Segelflugzeugen dieses Musters gesammelt werden konnten.

Der *Bergfalke III* wird in erster Linie für Schulbetrieb und Übungsflüge verwendet, wird aber auf Grund seiner guten Flugleistungen auch erfolgreich für den Leistungsflug eingesetzt. Die Flugeigenschaften sind so abgestimmt, daß ein Schüler ohne Schwierigkeiten auf ein anderes Muster umsteigen kann.

Die Bauweise als Mitteldecker gewährleistet von beiden Sitzen eine gute Sicht nach allen Seiten, was besonders für die Fluglehrer sehr angenehm ist und die Flugsicherheit durch die ungehinderte Beobachtungsmöglichkeit des Luftraums erheblich fördert.

Die Festigkeit entspricht der Beanspruchungsgruppe 2 der deutschen Bauvorschriften; das Bruchlastvielfache ist 8.

Für den Verwendungszweck als Schulflugzeug wurde die gesamte Konstruktion robust ausgeführt, so daß der *Bergfalke III* sehr gute Dauerbetriebseigenschaften aufweist. Flügel und Leitwerk des *Bergfalke III* sind aus Holz gebaut, der Rumpf ist ein stoffbespanntes Stahlrohrgerüst. Der zweiteilige Flügel wird in der Rumpfmitte gekuppelt; er hat einen Kastenholm mit Gurten aus Buchenschichtholz. Die Verleimung erfolgt mit Aerodux-Kunstharzleim. Das Tragflügelprofil ist 14,5% dick, es stammt aus der Mü-Reihe, die sich vor allem durch angenehmes Verhalten im Langsamflug auszeichnet.

Die Bremsklappen aus Metall sind für Gleitwinkelsteuerung und als Sturzflugbremsen geeignet. Die Querruder sind aus Stahlrohr, stoffbespannt. Im Rumpf liegen die beiden Sitze hintereinander. Das Rumpfvorderteil ist mit einer Kunststoffschale verkleidet. Die Haube aus Plexiglas geht über beide Sitze und ist seitlich klappbar. Das Fahrtgeräusch ist sehr gering, so daß eine gute Verständigung zwischen beiden Insassen möglich ist.

Der hintere Sitz liegt etwa im Schwerpunkt. Die Sitzräume sind ausreichend dimensioniert, so daß auch große Piloten genügend Platz haben. In jedem der beiden Sitze ist reichlich Platz für ein Instrumentenbrett, welches nach Belieben ausgerüstet werden kann. Als Rücklehne sind wahlweise Rückenfallschirme oder Rückenkissen zu verwenden.

Das Fahrwerk besteht aus einer Kufe, in der das Rad fest eingebaut ist. Die Kufe ist gegen den Rumpf durch eine Schraubenfeder und eine Druckgummipackung gefedert. Die Federung ist sehr weich, was besonders vom Fluglehrer angenehm empfunden wird.

Das Rad liegt unter dem Schwerpunkt, so daß beim Start im Flugzeugschlepp die Kufe nicht bremst. Das Rad ist bremsbar. Als Sporn ist ein luftgefedertes Rad 200 x 50 eingebaut. Für den Windenstart ist eine Schleppkupplung unter dem Rumpf eingebaut; die Kupplung für den Flugzeugschlepp befindet sich in der Rumpfspitze.

Das Leitwerk ist gedämpft. Das Höhenruder besitzt eine Flettnertrimmung. Die Steuerung für Querruder und Höhenruder erfolgt mit Stoßstangen; für das Seitenruder sind Seile vorgesehen. Der Knüppel im hinteren Sitz ist herausnehmbar. Die Pedale im vorderen und hinteren Sitz können in ihrer Neigung verstellt werden.

Bei der Konstruktion des *Bergfalken III* wurde Wert auf schnelle und einfache Montage gelegt. Die beiden Tragflügel werden auf vier rumpffeste Bolzen geschoben, der Holm in Rumpfmitte durch einen Hauptbolzen

Der Prototyp der Mü 13 E, noch mit dem österreichischen Kennzeichen, beim Rhöntreffen 1951.

Die letzte Version dieses Doppelsitzers von Egon Scheibe, Bergfalke III.

gekoppelt. Der Bremsklappenantrieb wird dabei automatisch angeschlossen. Das Höhenleitwerk paßt auf drei feste Bolzen und wird durch eine Flügelmutter am Rumpf festgehalten. Der Anschluß des Höhenruderantriebes an die Stoßstange erfolgt durch einen losen Bolzen. Von diesen drei Typen wurden über 500 Stück gebaut. Am 15. Januar 1970 erflogen Otto Winter und Guido Achleitner auf Bergfalke über Zell am See in Österreich mit 8360 m einen neuen deutschen absoluten Höhenrekord in der Klasse der Doppelsitzer.
Seit Frühjahr 1969 baute Scheibe eine Ausführung des Bergfalken mit 17,2 m Spannweite und Wortmann-Laminarprofil als *Bergfalke IV,* mit einer Gleitzahl von ca. 33 und guten Schnellflugleistungen für ausgesprochene Leistungsflüge.

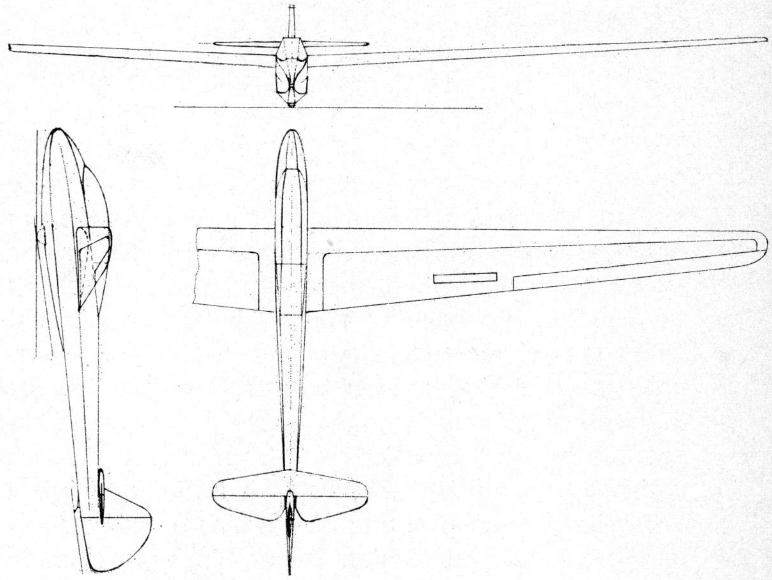

Übersichtszeichnung Mü 13 E-Bergfalke.

Baumuster		Mü 13 E	Bergfalke II 55	Bergfalke III
Baujahr		1951	1955	1963
Abmessungen (dimensions)				
Spannweite	m	17,20	16,60	16,60
Länge	m	7,90	8,00	8,00
Flügelfläche	m^2	18,60	17,70	17,70
Seitenverhältnis		15,8	15,6	15,6
Gewichte (weights)				
Rüstgewicht	kg	250,00	260,00	275,00
Zuladung	kg	180,00	180,00	190,00
Fluggewicht	kg	430,00	440,00	465,00
Flächenbelastung	kg/m^2	23,10	24,800	26,00
Leistungen (performances)				
Mindestgeschw.	km/h	50,00	53,00	58,00
Höchstgeschw.	km/h	160,00	160,00	180,00
Sinkgeschw.	m/sec	0,73	0,72	0,72
Höchstg. im W'schl.	km/h	85,00	85,00	95,00
Höchstg. im F'schl.	km/h	120,00	120,00	120,00
Gleitzahl		26	28	28
Profil		Mü-Profil 14,5%		

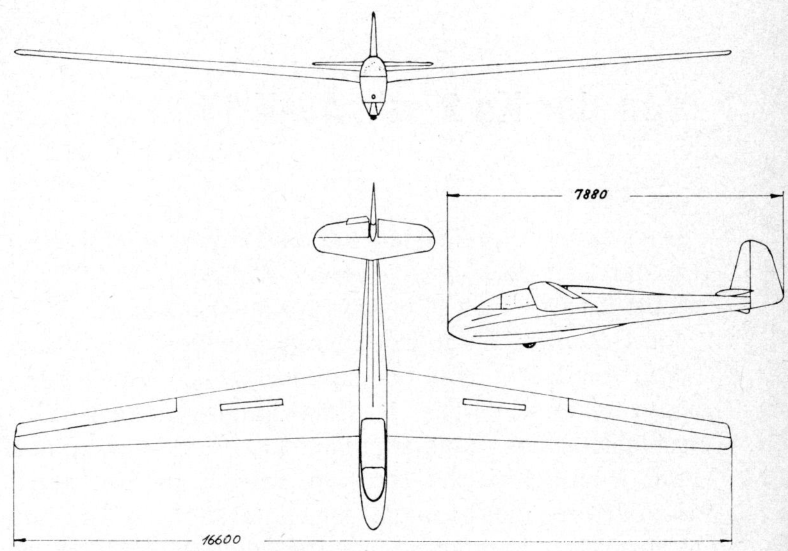

Übersichtszeichnung Bergfalke III.

Rhönlerche

Die fünfte Konstruktion von Rudolf Kaiser wurde eines der erfolgreichsten Schul- und Übungsflugzeuge der Nachkriegszeit. Bei Schleicher entstand 1955 für den harten Schul- und Übungsbetrieb die *Rhönlerche.* Der abgestrebte Hochdecker von 13 m Spannweite hat einen einholmigen Holzflügel mit drehsteifer Sperrholznase und eingebauten Störklappen. Der robuste Stahlrohrrumpf (mit Formgebungsleisten und stoffbespannt) ergab größtmöglichen Unfallschutz. Einfach und billig im Aufbau, läßt sich die *Rhönlerche* leicht und schnell montieren und ist mit einem gut gefederten Rad handlich am Boden. Da die Flugeigenschaften ausgeglichen und harmlos sind, blieb die *Rhönlerche* weit über ein Jahrzehnt ein beliebtes Schulflugzeug, von dem über 500 Stück gebaut wurden.

Baumuster	Rhönlerche	
Abmessungen (dimensions)		
Spannweite	13,00	m
Länge	7,30	m
Flügelfläche	16,34	m^2
Seitenverhältnis	10,3	
Gewichte (weights)		
Rüstgewicht	210,00	kg
Zuladung	190,00	kg
Fluggewicht	400,00	kg
Flächenbelastung	23,80	kg/m^2
Leistungen (performances)		
Mindestgeschwindigkeit	50,00	km/h
Höchstgeschwindigkeit	170,00	km/h
Sinkgeschwindigkeit	0,90 bis 1,0	m/sec
Höchstgeschw. im Windenschlepp	90,00	km/h
Höchstgeschw. im Flugzeugschlepp	120,00	km/h
Gleitzahl	19	
Profil	Gö 533	

Von der Ka 2 zur AS-K 13

Einer der erfolgreichsten Segelflugzeugkonstrukteure in der Zeit nach dem Zweiten Weltkrieg wurde Ing. Rudolf Kaiser aus dem Dorfe Waldsachsen am Fuße des Coburger Flugplatzes Brandensteinsebene. Sein Weg vom Dorfjungen bis zum ausgezeichneten Segelflugzeugkonstrukteur ist die interessanteste Geschichte eines Selfmademan. Als Autodidakt baute sich Rudolf Kaiser 1950/51 im väterlichen Heuboden sein erstes eigenes Segelflugzeug. Rudolf Kaiser hatte sich einen Jugendtraum selbst verwirklicht. Ostern 1952 flog die *Ka 1* zum ersten Mal. Auf diesem Übungseinsitzer von 10 m Spannweite, 5,50 m Länge, 95 kg Gewicht, einem abgestrebten Hochdecker mit einem V-Leitwerk als interessantem Konstruktionsversuch erflog sich Kaiser das Silberne Leistungsabzeichen. Mit diesem geglückten Erstbau war auch die weitere berufliche Tätigkeit von Kaiser entschieden. Rudolf Kaiser blieb Flieger und Konstrukteur, beides aus leidenschaftlicher Überzeugung.

Im Herbst 1952 trat Rudolf Kaiser beim Flugzeugbau Alexander Schleicher ein, jenem Werk in Poppenhausen am Fuße der Wasserkuppe, das seit den Anfängen der Segelflugbewegung mit dem Flugzeugbau verbunden ist. Dort entwickelte er im Winter 1952/53 den Leistungsdoppelsitzer *Ka 2* nach den »Entwurfsgrundlagen für Segelflugzeuge«, die Walter Stender 1952 in der »Weltluftfahrt« veröffentlicht hatte. Nachdem die Spannweite von 15 m auf 16 m vergrößert worden war, die Flächen mehr V-Form und mehr Schränkung erhalten hatten, entstand daraus die *K 2 b,* ein Flugzeug für die Schulung bis zum Leistungsflug. Mit dieser Konstruktion gab es in der Ausbildung des jungen Segelfliegers keinen Sprung mehr vom Schulflugzeug zum Leistungsflugzeug. Die *Ka 2 b* erfreute sich bei den Gruppen weiter Verbreitung.

Diese Entwicklungslinie wurde 1957 weitergeführt. Die

Doppelsitzer von Rudolf Kaiser: Im Vordergrund Rhönlerche, im Hintergrund am Start Ka 2.

Ka 2 b erhielt einen Stahlrohrrumpf, hieß nunmehr *Ka 7* und sollte die Vorteile einer Stahlrohrrumpfkonstruktion von der Schulung bis zum Leistungsflug ausnützen. Die Flächen blieben die gleichen, das Profil war aus Gö 535 und Gö 549 entwickelt worden. Ein weiterer Vorteil war die klappbare Haube. Das robuste Flugzeug wird noch heute bei vielen Gruppen mit Erfolg eingesetzt. 1965 konstruierte Kaiser diesen Doppelsitzer in einen Mitteldecker um. Dadurch konnte er eine besonders große Haube erhalten, die gute Sicht nach allen Seiten ermöglichte. Ebenso wurde die Sitzmöglichkeit verbessert, und ein gefedertes Einrad-Fahrwerk machte die Landungen weicher. Diese letzte Leistungs-Doppelsitzer-Konstruktion erhielt die Typenbezeichnung *AS-K 13,* von der bis 1973 nahezu 450 Stück gebaut wurden.

Der Rumpf, ein Stahlrohrgerüst mit Formleisten und Stoffbespannung ist mit einer GFK-Schale verkleidet. In Verlängerung der Haube bis zum Höhenleitwerk ist das Rumpfoberteil mit einer Sperrholzschale verkleidet. Die Sitze sind hintereinander vor dem Hauptspant. Die Sitzmöglichkeit ist durch Schalensitze aus glasfaser-verstärktem Kunststoff verbessert und ein gefedertes Einrad-Fahrwerk macht härtere Landungen ungefährlicher. Die einteilige, gezogene Plexiglashaube ist nach der Seite klappbar.

Der einholmige Holzflügel mit drehsteifer Sperrholznase besitzt einen Kiefernholm und hat negative Pfeilung 6° in der t/4-Linie, V-Stellung + 5° in der Flügelmittellinie. Schempp-Hirth-Sturzflugbremsen aus Metall, Profil aus Gö 535 und 549 entwickelt. Am Leitwerk sind die Flossen einholmig und mit Sperrholz beplankt. Ruder mit drehsteifer Sperrholznase, sonst stoffbespannt. Querruder mit diagonal beplankter Sperrholznase, sonst stoffbespannt. Am Höhenruder ist eine Flettner-Trimmung angebaut. Die Höhen- und Quersteuerung erfolgt durch Stoßstangen, Seitensteuerung durch Steuerseile. Verstellbare Pedale.

Seitdem Rudolf Kaiser seine Doppelsitzer konstruiert hat, wurden die meisten deutschen Rekorde dieser Klasse auf seinen Typen erflogen. Der am 24. Januar 1959 von Dieter Schmidt und Karl Pummer auf *Ka 2 b* aufgestellte Rekord für Höhengewinn mit 6907 m hatte 14 Jahre später noch immer Gültigkeit. Auf *Ka 2* und *Ka 7* wurden alle deutschen Strecken- und Zielflugrekorde laufend verbessert. Den Höhepunkt stellte der Flug von Siegfried Baumgartl und Walter Schewe dar, die mit einer *AS-K 13* mitten aus dem Club- und Schulbetrieb am 25. April 1972 mit einem Flug von der Schwarzen Heide bei Dinslaken nach Angers/Avrille in Frankreich über 714 km einen neuen Zielflugweltrekord und einen neuen deutschen Streckenrekord für Doppelsitzer aufgestellt haben.

Bauart		Ka 2	Ka 7	AS-K 13
Abmessungen (dimensions)				
Spannweite	m	15,00	16,00	16,00
Länge	m	8,10	8,10	8,18
Flügelfläche	m^2	16,80	17,50	17,50
Seitenverhältnis		14,6	14,60	14,6
Gewichte (weights)				
Rüstgewicht	kg	250,00	280,00	290,00
Zuladung	kg	200,00	200,00	190,00
Fluggewicht	kg	450,00	480,00	480,00
Flächenbelastung	kg/m^2	26,70	25,40	26,80
Leistungen (performances)				
Mindestgeschw.	km/h	65,00	65,00	61,00
Höchstgeschw.	km/h	170,00	170,00	200,00
Sinkgeschw.	m/sec	0,85	0,85	0,80
Höchstg. im W'schl.	km/h	100,00	100,00	100,00
Höchstg. im F'schl.	km/h	130,00	130,00	140,00
Gleitzahl		26	26	28
Profil		Kreuzung zwischen Gö 535 und Gö 549		

Übersichtszeichnung Ka 2.

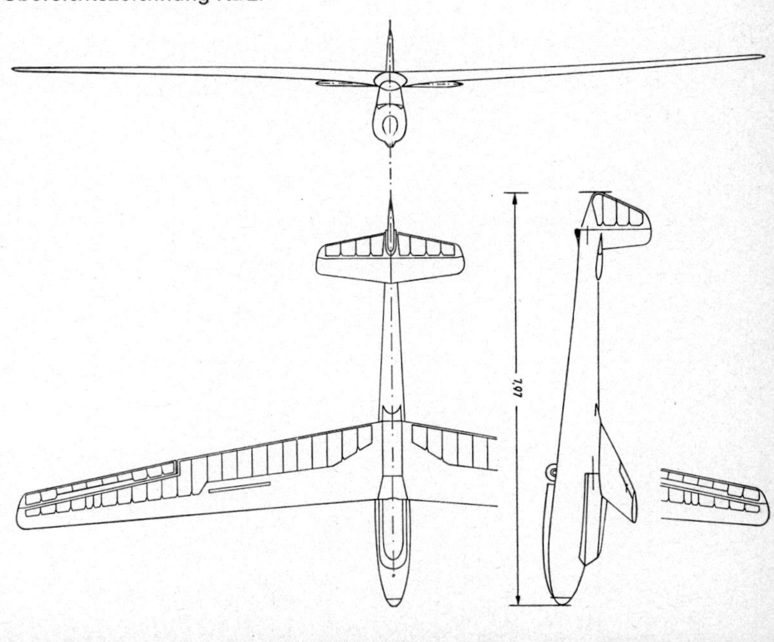

Doppelsitzer / Ausland

Der Leistungsflug mit dem Doppelsitzer ist im Ausland wesentlich stärker betrieben worden als in Deutschland. Kein Wunder also, daß viele Länder darangingen, eigene Konstruktionen für die Doppelsitzerklasse zu entwerfen. Das galt vor allem für die Ostblockstaaten und Frankreich. So ist es verständlich, daß die Weltmeisterschaften in der Doppelsitzerklasse immer vom Ausland gewonnen worden sind: 1952 in Madrid durch den Spanier Juez, 1954 in Camphill durch die Jugoslawen Rain und Komac, 1956 in St. Yan durch die Engländer Goodhart und Foster. Ebenso sind die Weltrekorde, vor allem im Strecken- und Höhenflug sowohl bei den Männern wie bei den Frauen in Händen von Sowjetrussen, Polen, Amerikanern und Engländern. Auch ihre Konstruktionen haben eine beachtliche Höhe erreicht. Hier die wichtigsten Entwürfe:

Kosava

Eine der interessantesten und erfolgreichsten Doppelsitzerkonstruktionen der Welt schufen die beiden jugoslawischen Konstrukteure Dip.-Ing. Milos Ilic und Dipl.-Ing. Adrijan Kisovec mit dem *Kosava* (Nordwind). Das Segelflugzeug entstand 1952 im Auftrag der jugoslawischen Sportflugorganisation und sollte in erster Linie den deutschen *Kranich* ersetzen. Gleichzeitig sollte die Neukonstruktion günstige Schnellflugeigenschaften und geringe Sinkgeschwindigkeit im Langsamflug und im Thermikkreisen zeigen. Beide Ziele wurden in hervorragendem Maße erreicht, in allererster Linie durch eine wohlüberlegte Formgebung, durch die Profilwahl und durch die sehr wirksamen Wölbungsklappen mit positivem und negativem Klappenausschlag. Um die Kräfte beim Hauptanschluß möglichst niedrig zu halten und bei der Ausführung der Oberfläche des Flügels Wellenbildungen in der Holmgegend zu vermeiden, wurde eine relativ große Zuspitzung des Flügels gewählt und der Holm auf 34% der Flügelsehne verlegt. Die Zuspitzung des Flügels beträgt 0,231 bzw. 4,33. Dadurch erzielte man eine hervorragende Wendigkeit um die Längsachse. Der ungünstige Einfluß dieser Zuspitzung auf die Ablösung der Strömung bei überzogenem Flug wurde durch die Vorpfeilung, die in 25% der Flügelsehne rund 4,5° beträgt, ausgeglichen. Diese Vorpfeilung wurde vor allem auch für den einsitzigen Flug gewählt, da sich dadurch der Schwerpunkt des Flugzeuges nicht verschiebt. Der zweite Pilot sitzt praktisch im Schwerpunkt. Die Sicht- und Raumverhältnisse der Kabine mit den hintereinander angeordneten Sitzen sind sehr

Der jugoslawische Doppelsitzer Kosava beim Deutschen Segelflugwettbewerb 1953 in Oerlinghausen.

günstig. Aus Fertigungsgründen wurde eine einfache Schränkung des Flügels gewählt, der einen leichten Knick aufweist. Für gute Flugleistungen trotz der geringen Flügelstreckung von 17,3 wählten die Konstrukteure dünne Profile. Der Flügelholm hat eine relative mittlere Höhe von nur 0,7 % im Verhältnis zur Spannweite. Um angenehme Flugeigenschaften zu erzielen und außerdem die Wirkung der Querruder auch bei hohen Geschwindigkeiten zu erhalten, wurde das Außenquerruder 100%ig ausgewuchtet. An Stelle der bei dem Prototyp nur auf der Flügelunterseite angebrachten Sturzflugbremsen wurde bei dem zweiten Prototyp später die besser wirkende Schempp-Hirth-Bremse eingebaut. Hervorzuheben die sehr gepflegte Oberfläche, die bei der herkömmlichen Holzbauweise durch saubere Arbeit erzielt wurde.

Neuartig war die Verwendung von Klappen und Querrudern, vor allem für den Schnellflug. Durch den Ausschlag der Klappen und der Querruder nach oben wird die Wölbung des Profils geändert und damit Auftrieb und Widerstand verringert, wobei der beste Gleitwinkel sogar noch verbessert werden konnte. Man erreichte durch diese konstruktive Neuerung eine Erhöhung der Reisegeschwindigkeit bei bestem Gleitwinkel um etwa 15 km/h.

Bei der *Kosava* verwendete man zwei Ausschläge um 6° und 9° nach oben. Die 6° erzielen die Gleitwinkelverbesserung und Erhöhung der Reisegeschwindigkeit. Bei dem Ausschlag von 9° wird der Flügel praktisch autostabil und die Torsionsmomente werden fast null. Dies ist für Wolkenflug und für unerwünschte gefährliche Lagen von besonderer Bedeutung. Außerdem erreicht man mit diesem Ausschlag eine weitere Verbesserung der Flugleistungen bei Geschwindigkeiten von über 150 km/h.

Selbstverständlich werden die Klappen auch für den Langsamflug verwendet, vor allem dann, wenn es gilt, einen besonders engen Thermikschlauch auszukreisen. Auch für den Ausschlag nach unten gibt es zwei Stellungen:

1. Klappen 15°, Innenquerruder etwa 10°, Außenquerruder etwa 5°; 2. Klappen 30°, Innenquerruder etwa 15°, Außenquerruder etwa 10°. Der erste Ausschlag wird oft beim Kreisen verwendet, während der zweite hauptsächlich für den Windenstart oder beim Abheben im Flugzeugschlepp vorgesehen ist.

Der Rumpf wurde in der üblichen Halbschalenbauweise ausgeführt und hat im Bereich der Führersitze für eine gute Steifigkeit des langen Rumpfvorderteils doppelte Beplankung. Auch die Leitwerkflächen wurden in der üblichen Bauweise hergestellt, wobei das Höhenruder 100%ig ausgewuchtet wurde. Der Prototyp wurde im März 1953 eingeflogen und eilte dann von Erfolg zu Erfolg. Wenige Wochen nach dem Jungfernflug siegte der sympathische Bozo Komac bei den Jugoslawischen Meisterschaften und stellte gleichzeitig einen Jugoslawischen Rekord im Zielflug mit Rückkehr für Einsitzer auf. Wenige Wochen später belegte Komac mit diesem Doppelsitzer bei den ersten Deutschen Segelflugmeisterschaften der Nachkriegszeit in Oerlinghausen den 3. Platz hinter Pierre und Haase. Übers Jahr siegten die Jugoslawen Zvonimir Rain und Bozo Komac überlegen bei den Segelflugweltmeisterschaften in Camphill in der Doppelsitzerklasse. Dann gelangen Komac eine Reihe hervorragender Streckenflüge, so auch der neue jugoslawische Rekord von Vrsac an der rumänischen Grenze bis Bitolj an der griechischen Grenze über 460 km. 1955 holte sich Komac mit dem Doppelsitzer erneut die Jugoslawische Meisterschaft im Wettbewerb mit den 20 besten jugoslawischen Piloten. Im Juni 1956 stellte Rain einen neuen Weltrekord auf der 300 km-Dreieckstrecke mit einer Durchschnittsgeschwindigkeit von 64,5 km/h auf und belegte wenige Wochen später in Saint Yan bei den zum letzten Male ausgetragenen Doppelsitzerflügen der Weltmeisterschaft den 2. Platz. 1957 siegte Aleksander Saradic überlegen bei den internationalen Segelflugmeisterschaften von Ungarn, wobei Saradic in sieben Flugtagen vier Tagessiege erzielte. Seitdem stehen die beiden *Kosava* nach wie vor den jugoslawischen Fliegern zur Verfügung.

Man fragt sich, warum Jugoslawien von dieser hervorragenden Konstruktion nur zwei Prototypen bauen ließ. In der Glanzzeit der Doppelsitzer wäre die *Kosava* auch außerhalb Jugoslawiens ein begehrtes Flugzeug gewesen. Die *Kosava* war 1953 in Oerlinghausen, 1954 in Camphill und 1956 in Saint Yan immer von Interessenten umlagert.

Baumuster	Kosava	
Abmessungen (dimensions)		
Spannweite	19,125	m
Länge	8,33	m
Flügelfläche	21,12	m^2
Seitenverhältnis	17,3	
Gewichte (weights)		
Rüstgewicht	370,00	kg
Zuladung	205,00	kg
Fluggewicht	575,00	kg
Flächenbelastung	27,20	kg/m^2
Leistungen (performances)		
Mindestgeschwindigkeit	57,00	km/h
Höchstgeschwindigkeit	220,00	km/h
Profil . . Gö 549-m/an der Flügelspitze: CAGI 731-M		
Höchstgeschw. im Windenschlepp . .	90,00	km/h
Höchstgeschw. im Flugzeugschlepp .	130,00	km/h
Gleitzahl	33,5	

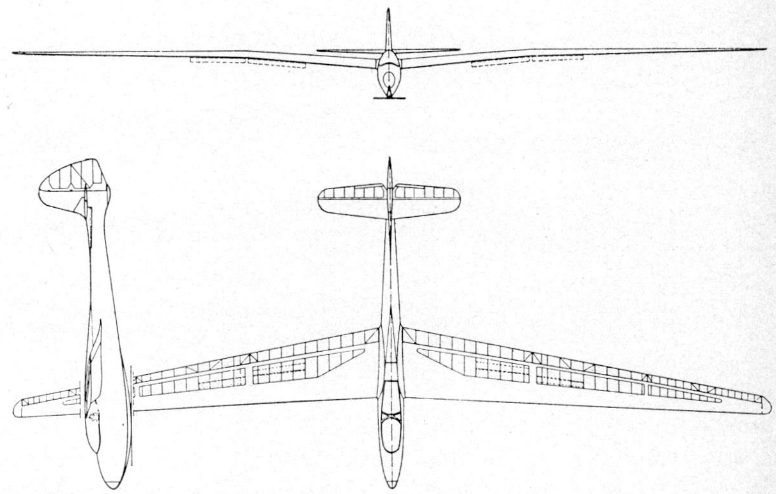

Übersichtszeichnung Kosava.

L 13 Blanik

Die größte Serie aller Doppelsitzer erlebte die tschechische Konstruktion *L 13 Blanik.* VZLU Letnany schuf mit dem Ganzmetall-Doppelsitzer eine Konstruktion, die sich seit dem Frühjahr 1956 unverändert im Serienbau befindet und von der bislang über 1200 Flugzeuge in 36 Länder geliefert wurden.

Durch die solide Bauweise, den vielseitigen Verwendungszweck, den geringen Wartungsaufwand und durch die ausgezeichneten Flugeigenschaften erfreut sich der Doppelsitzer *Blanik* sowohl in zahlreichen Segelflugschulen als auch im Leistungsflug größter Beliebtheit. Der freitragende Hochdecker hat eine Spannweite von 16,20 m und ist vollkunstflugtauglich. Der einholmige Tragflügel ist trapezförmig und mit DFS-Bremsklappen aus Metall ausgerüstet. Der Rumpf ist in Halbschalenbauweise mit ovalem Querschnitt hergestellt. Die Sitze liegen hintereinander. Das Kabinendach ist klappbar und im Notfall abwerfbar. Das Rumpfheck ist hinter der geräumigen Kabine mit den hintereinanderliegenden Sitzen aus zwei Hälften zusammengenietet und durch Spanten versteift. Auch das Leitwerk ist aus Ganzmetall. Vor dem Schwerpunkt befindet sich das einziehbare Laufrad mit ölgedämpfter Federung und einer äußerst wirksamen Trommelbremse.

Von den über 1200 fabrizierten Flugzeugen gingen allein über 700 an die Segelflugschulen der Sowjetunion. Zwölfmal wurden Doppelsitzerflüge auf dem *Blanik* in die Weltrekordliste der FAI aufgenommen und viele nationale Rekorde auf dieser tschechischen Konstruktion aufgestellt. Noch 1970 wurden die Weltrekorde in der Klasse der Doppelsitzer im Streckenflug und Zielflug vom *Blanik* gehalten. Bei den Männern flog der Russe Juri Konzentsor mit Fluggast am 3. Juni 1967 921,954 km, bei den Frauen steht der Streckenrekord durch Parlowa und Filomachkina (UdSSR) seit dem 3. Juni 1967 auf 864,862 km. Die gleiche Strecke legten am gleichen Tage die Russinnen Gorokhava und

Die tschechoslowakische Konstruktion Blanik aus Ganzmetall wurde der meistgebaute Doppelsitzer der Segelfluggeschichte.

Koslowa als Zielflug zurück und überboten damit sogar den Weltrekord der Männer Antonov/Oplathko (UdSSR), die am 24. April 1964 den Zielflugrekord mit 702,744 km, ebenfalls auf *Blanik,* aufstellten.
Der chilenische Segelflieger Alejo Williamson überflog mit dem *Blanik* die Anden, das zweithöchste Gebirgsmassiv der Welt und wurde dafür 1969 mit der Lilienthal-Medaille der FAI ausgezeichnet. 1969 entwickelte die tschechoslowakische Luftfahrtindustrie aus dem doppelsitzigen Segelflugzeug einen Motorsegler. Der *Blanik* erhielt einen M-150 JaWa-Motor mit 42 PS aufgesetzt, der eine Holzluftschraube V-210 treibt. Diese motorisierte Version erhielt die Typenbezeichnung *L 13 J Blanik.*

Baumuster	Blanik
Abmessungen (dimensions)	
Spannweite	16,20 m
Länge	8,40 m
Flügelfläche	19,15 m²
Gewichte (weights)	
Rüstgewicht	292,00 kg
Zuladung	208,00 kg
Fluggewicht	500,00 kg
Flächenbelastung	24,60 kg/m²
Leistungen (performances)	
Mindestgeschwindigkeit	60,00 km/h
Höchstgeschwindigkeit	250,00 km/h
Sinkgeschwindigkeit	0,82 m/sec bei 83 km/h
Höchstgeschw. im Windenschlepp	120,00 km/h
Höchstgeschw. im Flugzeugschlepp	140,00 km/h
Gleitzahl	28
Profil	
Flügelwurzel:	NACA 63_2A - 615
Flügelende:	NACA 63_2A - 612

Übersichtszeichnung Blanik.

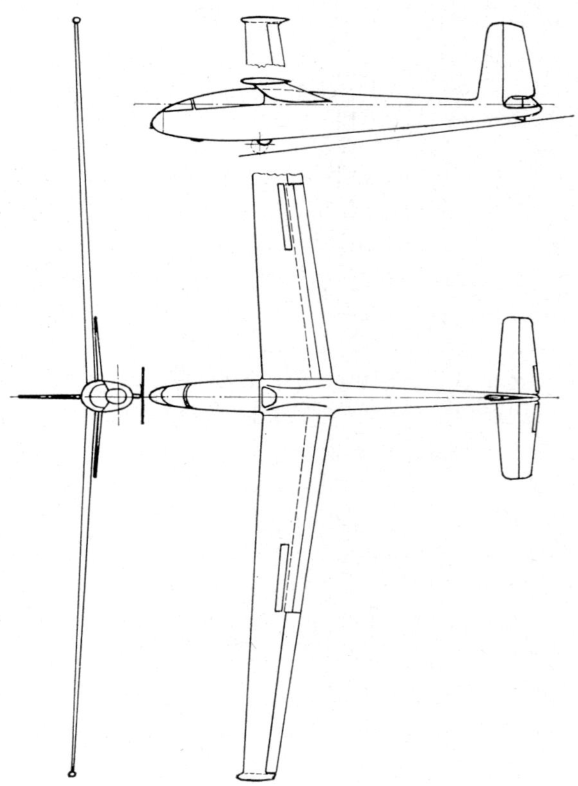

Bocian

Als erfolgreichsten Doppelsitzer des polnischen Segelfluges schufen die Konstrukteure des Institutes für Segelflugforschung (Szybowcowy Zaklad Doswiadczalny = SZD) den *Bocian.* Erfolgreich in jeder Hinsicht: als Konstruktion, im Leistungsflug und in der aufgelegten Serie. Die Konstrukteure waren Mariana Wasilewskiego, Romana Zatwarnickiego und Justyna Sandauer. Der Doppelsitzer *Bocian* wurde in Polen sowohl in der Schulung wie für den Leistungsflug eingesetzt. Eine besondere Aufgabe war die Einführung des Flugschülers am Doppelsteuer in die Geheimnisse des Wolken- und Kunstfluges. Nach den großen Erfolgen am heimatlichen Himmel lieferte Polen den Doppelsitzer *Bocian* in fast alle segelflugtreibende Länder der Welt, auch in die Bundesrepublik.

Der erste Prototyp *SZD-9 SP-1217* erlebte seinen Erstflug am 10. März 1952, der zweite Prototyp *SZD-9-2 SP-1218* am 16. Juni 1952. Die Testflüge ergaben eine den und das Leitwerk erfuhr weitere Änderungen. So entstand *SZD-9* bis *1 C* – kurz *Bocian-C.* Diese am meisten gebaute Serie flog mit dem Prototyp *SP-1550* erstmalig am 9. Februar 1954. Ehe 1958 *Bocian-D* erschien, wurden dazwischen noch einige Sonderkonstruktionen gebaut, so 1956 *Bocian Z* und *Bocian Puls. Bocian-D* startete erstmals am 29. April 1958 mit dem Baumuster SP-1842. *Bocian S* und *Bocian II* blieben Projekte.

Mit dem Doppelsitzer *Bocian* flogen polnische Segelflieger in genau 13 Jahren vom 14. Juli 1955 bis 14. Juli 1968 nicht weniger als 29 Weltrekorde, aus denen vor allem die Serienflüge der polnischen Segelfliegerin P. Majewska, der erfolgreichsten Segelfliegerin der Welt, hervorzuheben sind. So flog Majewska einen Streckenrekord mit 562,4 km, ihr letzter Weltrekord im Zielflug der Doppelsitzerklasse stand auf 540,4 km und im Zielflug mit Rückkehr kam Majewska 1968 auf 467,2 km. Der mehrfache polnische Meister Kepka stellte mit 636,6 km einen neuen Weltrekord der Männer im Zielflug auf. Notarski/Sandauer belegten bei der Weltmeisterschaft 1956 in St. Yan unter 13 Teilnehmern den 6. Platz.

Der polnische Doppelsitzer Bocian bei den Segelflugweltmeisterschaften 1956 in St. Yan.

Reihe von Verbesserungen, ehe *Bocian* in Serie ging. Das erste Serienflugzeug *SZD-9* bis *1 A Bocian SP-1306* flog zum ersten Mal am 13. März 1953. Der Hauptunterschied zu den beiden Prototypen war das vergrößerte Seitenruder. Als der Doppelsitzer ein größeres Höhenleitwerk erhielt, entstand die *Bocian-B*-Serie. Der Prototyp *SZD-9* bis *1 B SP-1364* flog erstmalig am 29. Juli 1953. Noch waren die Testpiloten nicht ganz einverstan-

Die letzte Serienversion *SZD-9* bis *1 D Bocian,* die seit 1960 auch am meisten exportiert wurde, war wie alle Bocian-Typen, ein freitragender Mitteldecker in Holzbauweise. Der zweite Pilot sitzt in der Nähe des Schwerpunktes, so daß für den Einmannflug keinerlei Trimmungsänderungen notwendig werden. Zur Verbesserung der Sicht erhielt *Bocian* eine große Plexihaube und der Tragflügel eine leicht negative Pfeilung.

Für den Erstpiloten ist die Plexihaube seitwärts aufklappbar, die des zweiten nach hinten verschiebbar. Der Rumpf ist in der herkömmlichen Schalenbauweise mit ovalem Querschnitt hergestellt und ganz mit Sperrholz beplankt. Er besitzt ein mit einer Backenbremse ausgerüstetes Fahrwerkrad, eine abgefederte Kufe sowie einen Schwanzsporn. Das Tragwerk besteht aus einem zweiteiligen, trapezförmigen, zweiholmigen, leicht negativ gepfeilten Flügel. Er ist an der Flügelnase sperrholzbeplankt und hinter dem zweiten Holm mit Stoff bezogen. Wie bei dem Einsitzer *Jaskolka* sind die Flügel zu beiden Seiten des Rumpfes angebracht. Vertikal eingeführte Zentralbolzen festigen die Rumpf-Tragflügelverbindung. Die von der Kabine zugänglichen Hauptbeschläge gewährleisten eine schnelle Montage. Wohldurchdacht sind die Differentialquerruder und die großen Bremsklappen, die – wie beim Doppelsitzer üblich – von beiden Piloten bedient werden können. Das Leitwerk ist in Normalbauweise aus Holz hergestellt, die Seitenflosse fest mit dem Rumpf verbunden.

Mit 500 kg Fluggewicht gehört *Bocian* zu den schwersten Doppelsitzern. Und doch hat dieser polnische »Storch« eine sehr elegante Linienführung, die auch an die polnischen Einsitzer *Mucha* und *Jaskolka* erinnert, und damit wieder einmal die Teamarbeit in der polnischen Segelflugforschung beweist.

Übersichtszeichnung SZD-9 bis 1 D Bocian.

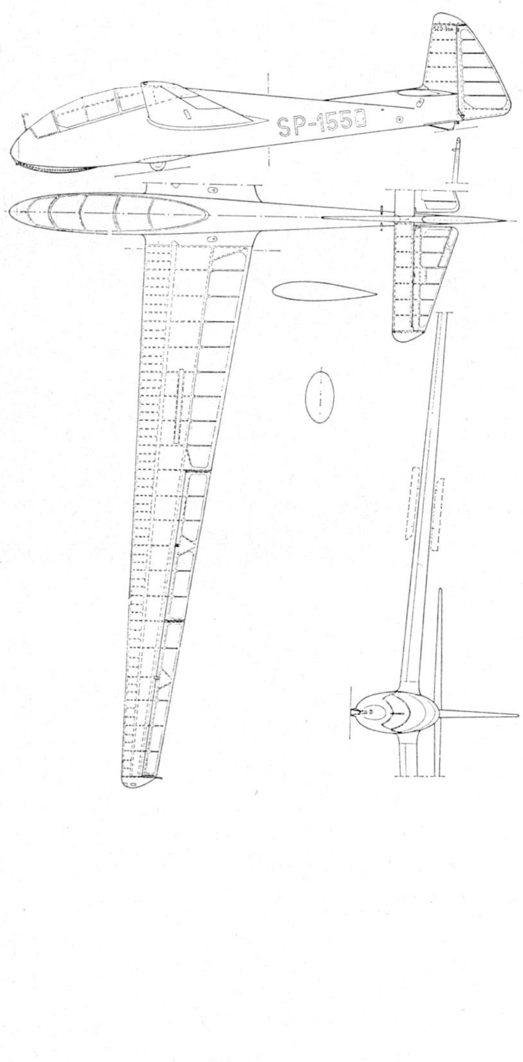

Baumuster		SZD-9 bis 1 D (Bocian)
Abmessungen (dimensions)		
Spannweite	18,10	m
Länge	8,20	m
Flügelfläche	20,00	m^2
Seitenverhältnis	16,2	
Gewichte (weights)		
Rüstgewicht	326,00	kg
Zuladung	174,00	kg
Fluggewicht	500,00	kg
Flächenbelastung	25,00	kg/m^2
Leistungen (performances)		
Mindestgeschwindigkeit	52,00	km/h
Höchstgeschwindigkeit	200,00	km/h
Sinkgeschwindigkeit	0,82 m/sec bei 72 km/h	
Höchstgeschw. im Windenschlepp	115,00	km/h
Höchstgeschw. im Flugzeugschlepp	140,00	km/h
Gleitzahl	26	
Profil an der Wurzel	NACA 43018	
an der Spitze	NACA 43012 A	

Die Entwicklung der bekanntesten Leistungssegler und wichtigsten Profile

Leistungssegler von der Blauen Maus bis zum DFS-Reiher

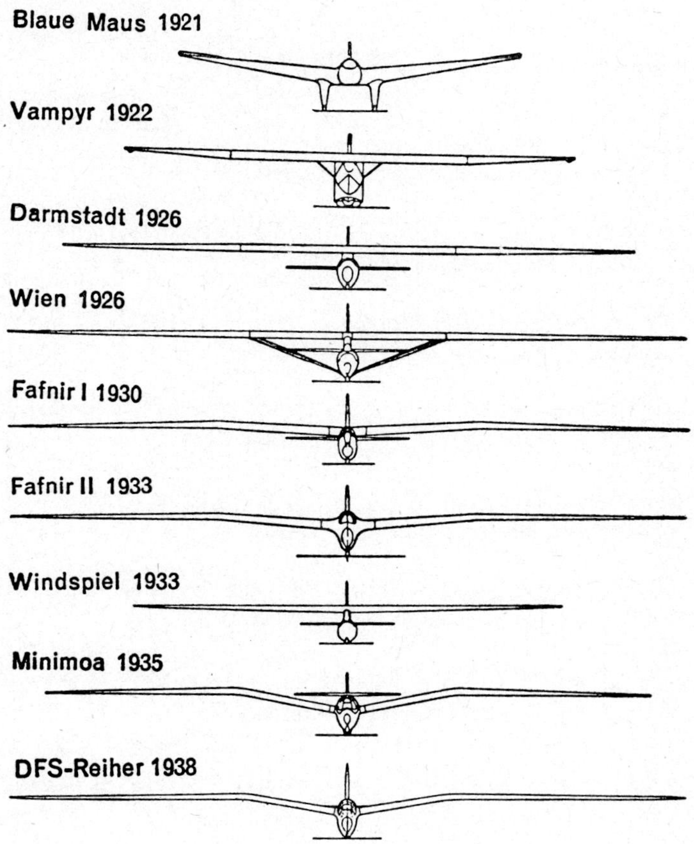

Charakteristische Profile ihrer Zeit

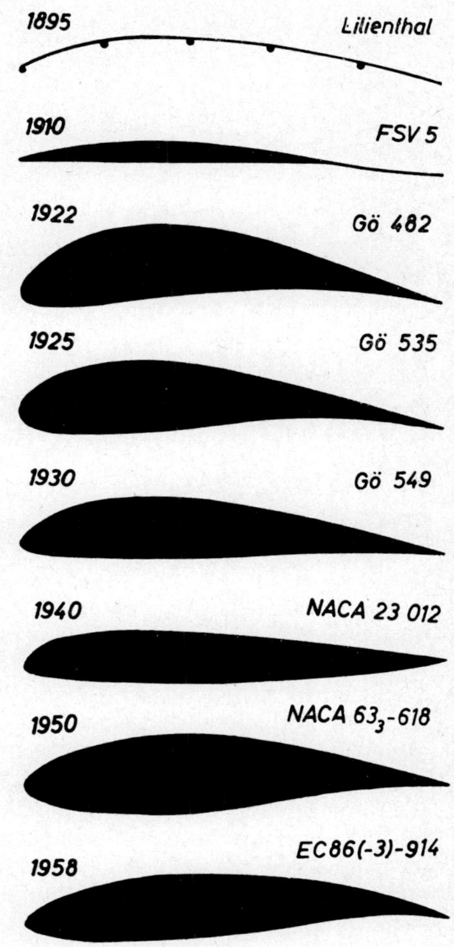